中国工程院院士
是国家设立的工程科学技术方面的最高学术称号，为终身荣誉。

中国工程院院士传记

孙永福自传

孙永福 著

中国铁道出版社有限公司

人民出版社

图书在版编目（CIP）数据

孙永福自传 / 孙永福著 . —— 北京：中国铁道出版社有限公司：人民出版社，2021.2

ISBN 978-7-113-27732-1

Ⅰ. ①孙… Ⅱ. ①孙… Ⅲ. ①孙永福 – 自传 Ⅳ. ① K827=7

中国版本图书馆 CIP 数据核字 (2021) 第 020043 号

书　　名：**孙永福自传**

作　　者：孙永福

责任编辑：王晓罡　卢 笛　　　　电话：（010）51873343

图片编辑：王　鑫

装帧设计：崔丽芳

责任校对：孙　玫

责任印制：赵星辰

出版发行：中国铁道出版社有限公司（100054，北京市西城区右安门西街 8 号）

印　　刷：中煤（北京）印务有限公司

版　　次：2021 年 2 月第 1 版　2021 年 2 月第 1 次印刷

开　　本：700 mm×1 000 mm 1/16　印张：33.75　插页：14　字数：400 千

书　　号：ISBN 978-7-113-27732-1

定　　价：128.00 元

▲ 1965 年，参加铁道部先进代表座谈会后
在天安门留影

▲ 1974 年坦赞铁路建设中，
在赞比亚姆库希留影

▲ 1970 年 7 月 1 日成昆铁路通车典礼，作为四川省代表团成员乘坐首趟彩车从西昌
至昆明

▲ 1987 年 5 月 6 日，衡广复线大瑶山隧道胜利贯通

➤ 1987 年 12 月 26 日，祝贺大秦铁路军都山隧道贯通

▲ 1998 年 8 月 19 日凌晨，在松花江畔看望哈尔滨铁路局抗洪抢险的铁路职工

▲ 1996 年 9 月 1 日，庆祝京九铁路通车，在深圳站为深圳至北京西首趟旅客列车授方向牌

▲ 2003 年，在青藏铁路拉萨河特大桥工地

▲ 2002 年 8 月，在青藏铁路昆仑山隧道看望施工人员

▲ 2001 年冬季夜晚，检查青藏铁路桥梁墩台混凝土养生温度

◀ 2002 年，在青藏铁路风火山隧道研究施工措施

▲ 2005 年 8 月 24 日，海拔 5072 米唐古拉山车站铺通仪式（前左为青海省省长宋秀岩）

▲ 2005 年 10 月 12 日，青藏铁路铺轨到达拉萨站，全线胜利铺通

▲ 2006 年 8 月 22 日，铁道部举行青藏铁路建设纪念盘赠送仪式（右 2 为铁道部副部长卢春房）

◀2008 年，在全国政协常委会上作大会发言

▲2008 年 1 月 8 日，青藏铁路工程荣获国家科技进步奖特等奖。中央领导同志颁发特等奖证书

▲ 1992 年，参加中共十四次全国代表大会

▲ 1999 年 3 月，参加第九届全国人大会议

▲ 1990 年 9 月 12 日，中国北疆铁路与苏联土西铁路接轨仪式（右为苏联交通部副部长尼基金）

▲ 1997 年 6 月 26 日，尼日利亚铁路改造项目开工（由中土公司承包）

▲ 2000 年 10 月，访日期间会见日本友好人士冈田宏先生（右）

▲ 2004 年 11 月 4 日，在人民大会堂会见奥地利副总理兼交通、创新和技术部部长戈尔巴赫（前右）

▲ 2019 年 4 月，考察川藏铁路（雅安至林芝）途中

▲ 2017 年 7 月，京沪高铁时速 350 公里复兴号动车组试运行

▲ 2011 年，在中南大学向博士生授予博士学位

▲ 2017 年，祝贺比尔·盖茨当选为中国工程院外籍院士

▲ 先后担任秘书工作的马力（左2）、孟凤朝（右3）、王晓州（左1）、吕忠扬（右2）、牛丰（右1）

◀ 2010 年 12 月，
在台湾大学作报告

▲ 在国家大剧院参加健康快车"2019 音乐送光明"慈善演唱会

▲ 1986 年，拜望茅以升先生

▲ 2017 年 4 月，茅以升科技教育基金会在安徽省金寨县修建的"铁道工程师金寨圆梦桥"竣工

▲ 2005 年，中国工程院院长徐匡迪（左）颁发中国工程院院士证书

▲ 2013 年 3 月，铁道部留念

中国工程院院士传记系列丛书

领导小组

顾　问：宋　健　　徐匡迪　　周　济

组　长：李晓红

副组长：陈左宁　　蒋茂凝　　邓秀新　　辛广伟

成　员：陈建峰　　陈永平　　徐　进　　梁晓捷

　　　　唐海英　　安耀辉

编审委员会

主　任：陈左宁　　蒋茂凝　　邓秀新

副主任：陈鹏鸣　　徐　进　　陈永平

成　员：葛能全　　唐海英　　吴晓东　　黎青山

　　　　赵　千　　张　健　　侯　春　　陈姝婷

编撰出版办公室

主　任：赵　千　　张　健

成　员：侯　春　　徐　晖　　方鹤婷　　姬　学

　　　　黄海涛　　王爱红　　宗玉生　　张　松

　　　　王小文　　张秉瑜　　张文韬　　聂淑琴

总　序

　　20 世纪是中华民族千载难逢的伟大时代。千百万先烈前贤用鲜血和生命争得了百年巨变、民族复兴，推翻了帝制，击败了外侮，建立了新中国，独立于世界，赢得了尊严，不再受辱。改革开放，经济腾飞，科教兴国，生产力大发展，告别了饥寒，实现了小康。工业化雷鸣电掣，现代化指日可待。巨潮洪流，不容阻抑。

　　忆百年前之清末，从慈禧太后到满朝文武开始感到科学技术的重要，办"洋务"，派留学，改教育。但时机瞬逝，清廷被辛亥革命推翻。五四运动，民情激昂，吁求"德、赛"升堂，民主治国，科教兴邦。接踵而来的，是 18 年内战、8 年抗日和 3 年解放战争。恃科学救国的青年学子，负笈留学或寒窗苦读，多数未遇机会，辜负了碧血丹心。

　　1928 年 6 月 9 日，蔡元培主持建立了中国第一个国立综合性科研机构——中央研究院，设理化实业研究所、地质研究所、社会科学研究所和观象台 4 个研究机构，标志着国家建制科研机构的开始。20 年后，1948 年 3 月 26 日遴选出 81 位院士（理工 53 位，人文 28 位），几乎都是 20 世纪初留学海外、卓有成就的科学家。

中国科技事业的大发展是在新中国成立以后。1949 年 11 月 1 日成立了中国科学院，郭沫若任院长。1950—1960 年有 2500 多名留学海外的科学家、工程师回到祖国，成为大规模发展中国科技事业的第一批领导骨干。国家按计划向苏联、东欧各国派遣 1.8 万名各类科技人员留学，全都按期回国，成为建立科研和现代工业的骨干力量。高等学校从新中国成立初期的 200 所增加到 600 多所，年招生增至 28 万人。到 21 世纪初，大学有 2263 所，年招生 600 多万人，科技人力总资源量超过 5000 万人，具有大学本科以上学历的科技人才达 1600 万人，已接近最发达国家水平。

新中国成立以来，从一穷二白成长为科技大国。年产钢铁从 1949 年的 15 万吨增加到 2011 年的粗钢 6.8 亿吨、钢材 8.8 亿吨，几乎是 8 个最发达国家（G8）总年产量的两倍，20 世纪 50 年代钢铁超英赶美的梦想终于成真。水泥年产 20 亿吨，超过全世界其他国家总产量。中国已是粮、棉、肉、蛋、水产、化肥等世界第一生产大国，保障了十几亿人口的食品和穿衣安全。制造业、土木、水利、电力、交通、运输、电子通信、超级计算机等领域正迅速逼近世界前沿。"两弹一星"、高峡平湖、南水北调、高公高铁、航空航天等伟大工程的成功实施，无可争议地表明了中国科技事业的进步。

党的十一届三中全会以后，改革开放，全国工作转向以经济建设为中心。加速实现工业化是当务之急。大规模社会性基础设施建设、大科学工程、国防工程等是工业化社会的命脉，是数十年、上百年才能完成的任务。中国科学院张光斗、王大珩、师昌绪、张维、侯祥麟、罗沛霖等学部委员（院士）认为，为了顺利完成中华民族这项历史性任务，必须提高工程科学的地位，加速培养更多的工程科技人才。中国科学院原设的技术科学部已不能满足工程科学发展的时代需要。他们于 1992 年致书党中央、国务院，建议建立"中国工程科学技术院"，选举那些在工程科学中做出重大的、创造性成就和贡献，热爱祖国，学风正派的科学家和工程师为院士，授予终身荣誉，赋予科研和建设任务，指导学科发展，培养人才，对国家重大工程科学问题提出咨询建议。中央接受了他们的建议，于 1993 年决定建立中国工程院，聘请 30 名中国科学院院士和遴选 66 名院士共 96 名为中国工程院首批院士。1994 年 6 月 3 日，召开了中国工程院成立大会，选举朱光亚院士为首任院长。中国工程院成立后，全体院士紧密团结全国工程科技界共同奋斗，在各条战线上都发挥了重要作用，做出了新的贡献。

中国的现代科技事业比欧美落后了 200 年，虽然在 20 世纪有了巨大进步，但与发达国家相比，还有较大差距。祖国的工业化、现代化建设，任重道远，还需要有数代人的持续奋斗才能完成。况且，世界在进步，科学无止境，社会无终态。欲把中国建设成科技强国，屹立于世界，必须持续培养造就数代以千万计的优秀科学家和工程师，服膺接力，担当使命，开拓创新，更立新功。

中国工程院决定组织出版《中国工程院院士传记》丛书，以记录他们对祖国和社会的丰功伟绩，传承他们治学为人的高尚品德、开拓创新的科学精神。他们是科技战线的功臣、民族振兴的脊梁。我们相信，这套传记的出版，能为史书增添新章，成为史乘中宝贵的科学财富，俾后人传承前贤筚路蓝缕的创业勇气、魄力和为国家、人民舍身奋斗的奉献精神。这就是中国前进的路。

宋健

在我年届八旬之际，回顾自己一生的学习、工作和生活，心情激动，感慨良多。经过三年多酝酿思考和伏案笔耕，终于写成了这部自传，旨在记述自己的成长道路和主要工作，表达对铁路的深厚感情、对党和人民的真诚感恩以及对人生真谛的点滴感悟。

我这一辈子就干了一件事，学铁路、修铁路、管铁路。1955年我选择学习铁路工程专业，初衷是为了今后能够"修桥铺路积功德"。1962年我大学毕业，在郑州铁路局工作两年后，奉调支援西南三线建设。在铁道部第二工程局（现中铁二局）工作整整20年，成年在荒郊野外钻山沟、修铁路，风餐露宿，四海为家。当自己参与修建的一条条铁路开通运营时，内心涌现出一种成就感，觉得修铁路虽苦犹荣，苦中有乐。

1984年12月，我到铁道部任副部长后，按照部党组分工，先是主管铁路建设，其后是主管改革、计划、劳资等综合部门工作，再后是奉命组织指挥青藏铁路建设，亲历和见证了我国铁路发生的巨大变化：路网规模扩大，装备更新换代，管理水平提升，运能大幅增长。我国铁路已走出"严重制约"国民经济发展的困境，进入"基本适应"发展需要的阶段。以高原铁路、高速铁路、重载铁路为代表，中国铁路技术已进入世界前列。当我看到铁路对国家经济、社会发展和国防建设发挥的重要作用，看到人民群众深情地称赞铁路是"致富路""幸福路"时，作为一名铁路老职工，我由衷地感到喜悦和欣慰。情系铁路，奉献铁路，矢志不渝，这是我的初心所在。

从一个农家寒门子弟，能够成长为国家政府部门高级领导干部，我从内心感恩党和人民的培养和教育。感恩图报的决心，鞭策我一辈子跟着党走，一辈子为人民服务。学校老师的谆谆教导，单位领导的言传身教，不仅使我增长知识，而且使我学会做人。在我成长道路的不同时期，都得到老前辈的激励、指导和提携。我刚到铁道部任职时，全国政协副主席、铁道部老部长吕正操亲切地鼓励说："要抓好大事，多干实事。"陈璞如部长热情地勉励我："要放手工作，敢于担当。"这些教诲成为我工作的座右铭。在铁道部领导岗位的工作得到许多同志的帮助和支持，使我能够顺利地完成各项铁路重任。我把这些恩德牢记心间，成为发奋工作的强大动力。

人生道路多磨难、多曲折，要靠自己走出来。虽然会受到多种因素影响，但自身坚持奋斗、勇往直前的精神最为关键。我认为特别重要的是：要养成终身学习和勤于思考的习惯，坚持不断"充电"学习，联系实际应用，使自己成为既有专业深度又有知识广度、像"图钉"那样的复合型人才。要具有战略思维、系统思维和辩证思维，以全局、整体、动态的视角洞察世界和研究处理问题。要珍惜自己的机遇，把每项重大工程都当成是施展才华的大舞台，不断创造新业绩。遇到困难或受到挫折时，要自我鼓气、自我激励，坚信光明就在前头。这些是我在人生征途奋进中的一些切身感悟。

载入这本自传的内容，都是自己亲历的史实，共有十章。第一、二章概要回顾了我的童年生活、求学之路以及铁路基层锻炼成长；第三、四、五章主要记述了我到铁道部任职后，在"七五""八五"期间重点铁路建设情况，对涉及"九五"的几个项目主要回顾了项目决策经过（这时部领导分工有调整）；第六章集中反映青藏铁路建设，这是中央交给我的专项任务；第七、八、九章阐述了我对铁路改革发展的思考以及重大外事活动；第十章简介了我对丰富多彩生活的深情挚爱。这些都是我毕生难以忘怀的珍贵记忆，在某种程度上也留下了中国铁路发展历程的一些清晰印记。

在铁道部任职 22 年间，我先后辅佐过 6 任部长。有的是革命老前辈，有的是资深老铁路，也有后来居上的年轻人。无论哪任部长，我都积极当好助手，维护领导班子团结，做好自己分管的工作，既要"到位"，又不"越位"。我深切感受到各位老领导对我的关心和爱护，心情愉悦，工作顺利，结下了难以忘怀的情谊。

"桐花万里丹山路，雏凤清于老凤声。"我庆幸自己赶上了改革开放的好时代。现在安度晚年，享受天伦之乐，仍然喜闻铁路高质量发展取得的新成果。我深信，在推进交通强国建设中，铁路先行将创造新辉煌，为全面建设社会主义现代化强国和实现中华民族伟大复兴的中国梦，做出新的更大贡献！

孙永福

二〇二〇年十一月二日

目　录

第八章　促进铁路发展

第九章　对外友好合作

第十章　珍爱多彩生活

附　录

后　记　523

【第一章】 离乡求学铁路

　　我是陕西长安人。1941 年农历正月二十六日出生在长安县韦曲东村。父亲读过私塾，在良师指导下学习中医，边务农边行医，被乡亲邻里尊称为"先生"。父母亲给我起名叫孙步云，上学时按家族谱系给我起名叫孙永福，期望我能学业有成，永志造福惠民。

一、长安是吾故乡

　　故乡长安位于秦岭北麓广阔的原野上，是西安的古称。从周朝开始到秦汉隋唐近两千年，共有 13 个朝代建都长安。长安是中国历史上建都朝代最多、建都时间最长的都城，也是世界四大文明古都之一。这里是中华文明的发祥地、中华文化的杰出代表、丝绸之路的东方起点，铸就了中华民族的辉煌盛世。

　　长安一年四季分明，光照充足，雨量适中，秋短春长，自然灾害较少，实为宜居之地。在悠久历史和灿烂文化的庇荫和映照下，长安乡村佛、道、儒活跃共生，"耕读世家"之风备受崇尚，书法、绘画、雕刻广为普及，社火、秦腔、皮影非常盛行。各村大都有农民自乐班，七八个农民在休闲时聚在一起自娱自乐。我的祖辈就在这里一代接一代地劳作生息，到我的父母这一代，依然在这块土地上过着中国传统的农耕生活。我生于韦曲，长于韦曲，少年时代和家人一起在韦曲农村度过。长安韦曲是我的生命之根、灵魂之家。

　　由于古都长安历史悠久，当地每个村镇都有如同珍宝似的典故，我家所在的韦曲东村也是如此。韦曲得名于西汉。韦曲的"韦"取自贵族姓氏，汉宣帝时的丞相韦贤最初居住于此。韦贤声誉卓著、远近知名，朝廷认为他是难得的人才，就征召他为博士。汉昭帝曾拜他为师，向他请教《诗经》。韦贤有四个儿子，小儿子韦玄成才学超众，受到皇帝重用，成为汉元帝时的丞相，由此在民间留下了"遗子黄金满籝，不如教子一经"的谚语。韦曲的"曲"是指引水环曲成渠，意指流觞取饮、灌溉农田、人畜兴旺。"韦"与"曲"相合，就有了富有历史文化色彩的地名——韦曲。唐代诗圣杜甫在《奉陪郑驸马韦曲二首》中写道："韦曲花无赖，家家恼煞人。"意思是说，韦曲花开这样美丽可爱，家家户户都是满园春色，实在是惹人心动到了极点，由此可见韦曲的迷人景色。经历千年频繁战乱，现在韦曲已无韦姓人氏，韦曲东村仅住着孙、田两姓人家。新中国成立后，韦曲一直是长安县（2002年撤县，设立西安市长安区）人民政府所在地。

　　父亲孙权甫慈祥厚道，充满爱心，乐于助人，在默默承担六口之家生活重担的同时，还用所学中医为乡党们看病，经常有求必应地步行到邻村出诊，颇受四邻乡党敬重。每到农忙时节，常有乡党邻里自愿来到我家出手相助。母亲杨春兰仁慈善良，待人真诚，性格开朗，勤恳操持着家务，日子再苦再艰难，母亲都会想尽各种办法挺过难关。

　　我上有一个姐姐孙凤云，下有一个妹妹孙霞云和一个弟弟孙瑞云，我们四个孩子和父母在一起，虽然生活艰苦，但感到家庭十分温暖。记得我年幼时争着下田学锄草、浇水，捡柴火、拉小车，很想减轻父母劳累。我家有几亩旱地，但粮食产量很低，每年春季都会青黄不接，经常需要借粮充饥。为解决家中人口多、粮食少的困难，父亲改种了一些比小麦成熟早的青稞。由于加工条件有限，磨成的青稞面颗粒较粗，吃起来仍有芒刺在喉、难以下咽的感觉，可我却大口吞咽，让父母感到宽慰。每当夜幕降临时，父母亲坐在炕上给我们讲苏武牧羊、岳飞精忠报国的故事，还教我们吟唱《满江红》等词曲，对我们进行启蒙教育。一家人其乐融融的亲情，让我至今难以忘怀。

　　父母亲的启蒙教育，引发了我幼小心灵对学文化学知识的好奇，不到5岁就让父亲送我去长安县韦曲第四小学上学了。这所学校由县政府命名，上课就在村里的祠堂，一间教室安放三行小书桌，每一行学生是一个年级。授课老师热情耐心，鼓励学生早到学校自习。我不甘落后，每天都争取早到教室。那时家里没有钟表，我经常在半夜睡梦中惊醒，看到窗户有亮光就立刻起身，穿上衣服就往学校跑，等到了学校才察觉天还没亮，原来窗外的亮光是月光映照的。由于村中乡亲们崇尚耕读世家，每家每户都尽可能地创造条件让小孩子识字写字。当时我家父母没有钱买练习写字的笔墨纸张，就用一个小罐装上黄土，加上水搅拌成稀泥浆，用毛笔蘸着泥水在土坯（当地方言称"胡基"）上写大字，等泥水渗入土坯风干后，又可以在土坯上继续写大字了。我就是在这样的条件下开始练习写大字的。

1949 年 5 月 20 日（农历四月二十三日）凌晨，中国人民解放军第 6 军从咸阳渭河北岸强渡渭河，彻底打垮了国民党军在渭河以南构筑的防线，攻入西安市区。国民党西安团管区和民众自卫总队宣布起义，到中午时解放西安的战斗胜利结束。我的家乡迎来了解放。

我那时虽然只有 8 岁多一点，却清楚地记得解放前几天的惊人情景。当时小麦陆续成熟，四处都是金色麦浪，已有少数麦田收割完毕成了空地。清晨，我到塬上去捡拾麦田的麦茬，背回家当柴火烧饭用。从塬上往河川望去，看到公路上挤满了匆匆南行的国民党军队。回到家里问父亲才知道，国民党军队向南逃窜时还到村里抓壮丁当挑夫。村中男人都躲藏起来，家里只剩下妇女和儿童。就在西安解放这一天，我看到有的解放军战士穿着黄军装，打着绑腿，端着上了刺刀的长枪，站在村里高地上警戒；有的解放军战士在农家庭院支锅做饭、炒"棋子豆"（作为行军干粮的"小面块"）；有的解放军战士坐在长条凳上手摇发电机发电报。他们纪律严明，从不扰民。这个时候，我们小学已经有了用粗糙黄纸印制的陕甘宁边区政府宣传材料。邻居堂兄带着我和几个儿童，抬着装满石灰水的小桶，在村里土墙上刷写"欢迎解放军！"的标语。在人群集中的场所，我们集体背诵宣传材料上的顺口溜："四月二十三，解放咱西安，胡匪（胡宗南）好像一溜烟，夹着尾巴蹿南山（秦岭）。"在随后日子里，我从大人口中接连不断地听到解放军南追逃敌，取得节节胜利的喜讯！

二、梦想早些工作

1949 年 10 月 1 日，毛泽东主席在北京天安门举行的开国大典上向全世界庄严宣告："中华人民共和国中央人民政府今天成立了！"新中国的成立，结束了中国一百多年来被侵略被奴役的屈辱历史，开辟了中国历史新纪元，使中国真正成为独立自主的国家，中国人民从此站起来了！新中国成立后，农村头等大事是实行土地改革，彻底摧毁存在了两千多年的封建土地制度，让农民翻身得到土地成为主人。土地改革在长安轰轰烈烈地开展起来，学校老师因势利导地教育我们跟共产党走，拥护土地改革。在老师教育下，我和同学们都成了土地改革的小宣传员。

我家当时人口多、壮劳动力少，生活比较困难，姐姐读完小学就辍学在家务农。我虽然在读小学，但看到家中困境，就萌生了想去参加工作减轻家里负担的念头。1951 年 6 月我还不到 10 岁半，有一天听别人说西安市银行学校招生，就和同村三个小伙伴一起去报名。主管人员说：你年龄太小，个子又矮，等长大一些再来报名吧。我很无奈地又回到韦曲四小上学。

可喜的是，这时我们学校开始建设新校园。小学生们都参加了搬运砖瓦的建校劳动，让我接受了集体劳动锻炼。新校园建成后，老师们编写教材、油印成册，发给我们学习。我的语文老师叫孟明镜，毕业于西安师范学校（三年后又到西北师范学院读本科）。他身材修长，声音清朗，文质彬彬，在教学中特别重视采用形象比喻和相互比较的方法，让学生辨识有关字词的含义。这种教学方法容易让学生理解并牢记，我对此印象非常深刻。

1950 年 6 月 25 日，朝鲜战争爆发，美帝国主义把战火烧到了鸭绿江边。为了保家卫国和捍卫世界和平，1950 年 10 月 19 日中国人民志愿军"雄赳赳气昂昂，跨过鸭绿江"，开始了抗美援朝的正义之战。著名作家魏巍从前线战场采访回国后，于 1951年 4 月 11 日在《人民日报》发表了著名的报告文学《谁是最可爱的人》。孟老师看到这篇文章，立即把这篇文章作为我们的语文教材，要求学生熟练背诵，还要在班上谈读后感想。我在背诵这篇课文时，努力克服地方口音的影响，把文章的每一个字都读出声韵。为了用语气把标点符号读正确，我专门在背诵时加上有趣描述。例如原文写道："也许还有人心里隐隐约约地说：你说的就是那些'兵'吗？"我怕忘了"兵"字的着重号，就记为："你说的就是那些戴帽子的兵（即'兵'）吗？"我在谈感想时说："谁是我们最可爱的人呢？是我们的志愿军部队，是我们的志愿军战士，他们就是最可爱的人。"我的感言反映了同学们的共同心声，大家都从内心敬仰志愿军叔叔，表示要向他们学习！孟老师看我十分用心，点名让我在全班高声背诵这篇感人至深的课文，听后还给予称赞，用毛笔写了一封表扬信。我父母看后非常高兴，把孟老师写的表扬信贴在家里墙上。事后不久，由于表现突出，我加入了中国少年先锋队。转眼几十年过去了，每当回忆起小学情景，我都由衷感谢孟老师对我心灵上的启迪和思想上的教育，多年来一直与他保持联系。在 2000 年千禧之年到来时，我还专程回故乡拜望了孟明镜老师。

1952 年 9 月，我在 11 岁半时进入西安市中华中学（后改为西安市第三初级中学）学习。中华中学距离韦曲东村有 10 多公里，一个往返需要几个小时，因此不能走读，只能住校。当时家里没钱供我在学校食堂吃饭，只能自带干粮。所以每逢周三、周六下午放学后，我都要步行往返几十里路回家背馒头，在校一日三餐吃馒头、就咸菜、喝开水。那时居住在西安城里的堂姐孙秋云、孙春云、孙碧云，看到我在校生活艰苦，就从自身微薄的收入挤出一点钱资助我，虽然数额有限，让我感到十分温暖。后来学校了解到我的经济困难，经过审核批准，发给我"人民助学金"，才使我的住校伙食有了改善。

中学学习气氛非常浓厚，学生思想也很活跃。同学们课余闲谈时常对授课老师评头品足，尤其爱说俄语老师的笑话。俄语老师名叫达马拉，是一位苏联女青年，虽然会说几句汉语，却不认识汉字。她为了方便记忆，就把我们全班同学编上学号，我是 10 号。有一次，一位同学在课堂上回答她的提问时故意说调皮话，逗她生气。她听不懂，就问我："10 号，这位同学说的是什么？"还有一次，班上一位同学站在黑板前写不出她说的俄语，她就对我说："10号，请你上台来写！"当我在黑板上熟练地写出她说的俄语时，她满意地用俄语对我说："很好！"在这位俄语老师教导下，当时学习的俄语歌曲，我在几十年后仍然能够唱出来。

转眼在中学就读了三年。1955年6月初中毕业考试一结束，我就面临着毕业后的去向选择。那时班里绝大多数同学都准备升高中，而我却没有这个念头，一心想去考中等专业学校。如果能够考上中专，不仅不需自己缴纳学费，而且在校全部伙食生活费用都由国家承担，这对我和我的家庭来说简直太重要了。最初，我想报考西安电力学校，因为学校组织我们参观过西安发电厂，我感到火力发电非常神秘又很伟大，发出来的电能给人们带来光明，能够成为生产动力。特别是我看到村里一条贴在电线杆上醒目的红色标语，上面写着："共产主义就是苏维埃政权加全国电气化！"这更激发了我想报考电力学校的热情。既然电力工业对国家发展这么重要，我去学习电力专业肯定没错。可是没过几天，学校墙报上又贴出了"铁道部天水铁路工程学校"的招生广告，上面写着"大型建筑专业——培养工程师的摇篮"等醒目大字。我被这份广告强烈吸引，感到特别兴奋，令我更加动心。当时，老百姓都把银行、铁道、邮政视为"铁饭碗"，福利好、待遇高。报考铁路工程学校，可以"修桥筑路、造福民众"，是永积功德、造福惠民的善举，符合父亲给我取名的初衷。如果能够考取这所学校，在校学习生活费用由国家承担，家里不再为筹集学费和伙食费发愁，可为父母减轻经济负担。于是我毅然决然地报考了该校的桥梁隧道专业。

我兴致勃勃地参加完招生统一考试，就回到家里一边务农一边等待考试结果。据说报考这所学校的学生很多，竞争很激烈，我有些心神不安，等待的焦虑感如同起伏的波涛一浪胜似一浪。就在我几乎灰心的时候，父亲从韦曲街上的一家商号里（我写的通信地址）拿回了我被铁道部天水铁路工程学校录取的通知书。看到这份通知书，全家人都特别高兴，因为该校在西安只有10个招生名额，而报名者却多达100余人，能被录取实在不易！父母亲虽然对我远离家乡很不放心，但为了支持我学习铁路专业，又不得不准备西行的衣服。姐姐和妹妹、弟弟也舍不得我走，留恋在一起时的亲热生活。我就在这样的氛围中度过了一段众亲相送、依依不舍的难忘时光。

1955年8月28日上午，父母亲提着行李，把我送到西安火车站。临分别时，我清楚地看见父母亲眼中满含泪花挥手相送，忍不住大声说道："请父母亲放心，儿子一定努力学习！"拿着学校寄来的铁路乘车免票，我登上西行列车离开了故乡。在与父母告别时，我知道父亲患病正在医院治疗。为了给父亲治病，母亲把家里能卖的东西全都卖了。但我万万没有想到的是，西安火车站一别，竟然是我与父亲见的最后一面。在以后的几十年里，每当我想起这一场景，心底深处的痛楚难以言状，更增添了我对父亲的无比思念。

三、考入铁路中专

进了铁路门，就是铁路人。自从我考取铁道部天水铁路工程学校，迈进学校大门的第一天起，就深深地爱上了铁路，树立了为国家铁路建设做贡献的理想和志向。

天水铁路工程学校在解放前修建的天水西站位置，北依山坡、南临渭河的台地上建设校区。天水西站大楼就是学校办公楼，墙角镶嵌着由中华民国交通部次长凌鸿勋署名的一块黑色大理石奠基石。1950年5月1日，铁道部西北铁路干线工程局在天水成立，主要任务是尽快修复宝（鸡）天（水）铁路，迅速修建天（水）兰（州）铁路。修建铁路需要人才，西北铁路干线工程局铁路人员训练所由此应运而生。1952年10月1日，天兰铁路正式建成通车，同年12月铁路人员训练所更名为"天水铁路学校"，成为一所综合性多专业中等技术学校。1955年6月更名为"铁道部天水铁路工程学校"，设有铁道线路、桥梁隧道、工程机械等专业。我所学的是桥隧专业。

我初次走出故乡远离父母，刚入校时十分想家，但由于学校安排的课程很多、压力较大，要集中精力学习，很快就适应了学校紧张的学习生活，想家的念头也就深深地埋在了心底。谁知刚在校学习生活了两个多月，我就突如其来地生了一场大病。那是1955年11月的一天清晨，我起床时忽然感到浑身无力，双腿不能伸直、站不起来，情急之中不知所措，吓得一下子就哭出声来。同室学友见状，急忙把我背到校医务室，医生检查后认为病情比较严重，立即将我转送到邻近的铁路疗养院做进一步检查，最后确诊为急性风湿关节炎。在医生和同学们的精心照料下，经过一段时间打针和服药，我的病情基本得到了控制，双腿可以伸直了，但仍然浑身疼痛。为了不影响学习，我坚持带病上课，一直到期末考试结束也没有请假。1956 年 1 月学校放寒假，我乘火车回到了离别近半年的西安。母亲得知我带病学习十分心疼，接着她又沉痛地对我说，父亲已在三个月前病逝，怕影响我的学习，当时没有告诉我。闻知此噩耗，我顿时泪如泉涌，感到非常悲痛，同时也在心里暗暗发誓，一定要更加发奋刻苦学习，以优异成绩告慰父亲的在天之灵。由于我的学习努力和表现突出，1956 年 7 月我光荣地加入了中国共产主义青年团。

学校旨在培养实用型铁路工程技术人才。教师大都是有实践经验的工程师。如桥隧科主任周大本（1958 年被调入兰州铁道学院任教授），浙江大学毕业后参加宝（鸡）天（水）、天（水）兰（州）铁路建设，在校讲授"桥梁工程"。有的教师是教育专家，如副校长顾兆泰，美国康奈尔大学毕业，为我们讲授"地基与基础工程"，他的夫人朱宝丽为我们教授"电工学"（1958 年他们夫妇一同调到唐山铁道学院任教授）。学生来源有应届初中毕业生，也有从铁路单位选送的调干学员（称为"调干生"）。例如，与我同届的机械科学生胡友梅就是保送入学的调干生。1952 年她成为我国第一名女推土机手，《人民日报》刊登了她驾驶推土机修筑铁路的英姿照片。电影《马兰花开》里的主人公马兰，就是以胡友梅为原型创作的。我们这些通过考试录取的初中毕业生和调干生在一起，可以学到许多实用知识。学校特别重视实践，培养学生实干能力。除了各种实验活动外，每年都有一个多月的教学实习。我曾在校办机械工厂学过钳工、焊工、电工，在铁路工地学过测量、检测，在兰青铁路八盘峡车站修过桥涵站场。

在校学习期间，全国开展的反右派斗争、"大跃进"和人民公社化运动，也不可避免地波及我们学校，产生了很大影响。1957年反右派斗争时，学校就有教师被批斗，如一位曾在沈阳苏家屯车站当过站长的老师，在全校师生大会上被指责"借'大鸣大放'之机向党进攻"。但大家对这位教师印象并不差，认为他有实践经验，讲课十分生动。不仅有些教师被批斗，而且有的学生被开除，我们班就有三位同学被送回原籍。其中有一位同学特别酷爱数学，自学了莫斯科大学《高等数学》全部教材，但他对当时的一些事看不惯，爱发牢骚，被视为"问题"受到处分。1958年"大跃进"时，学校也响应"15年'超英赶美'，钢产量要上1070万吨（比上年钢产量翻一番）"的号召，发动学生参加了捡废铁、炼生铁活动。在这一时期，学校有的同学家里来信说，建立了人民公社吃大食堂，这成了我们对人民公社形象的直观理解。后来实践表明，这种高指标、瞎指挥、浮夸风、"共产风"带来了极大危害，教训十分沉痛！

时光荏苒，转眼间我在天水铁路工程学校学习三年期满毕业。我志愿投身于热火朝天的兰新铁路建设。意想不到的是，学校保送我到大学继续深造。我真是喜忧参半，喜的是可以多学知识，忧的是无力缓解家庭经济困难。我母亲得知后说："这是好事。

你不要担心家里，有困难挺一挺就过去了。"母亲支持我上大学，更坚定了我的信心。

四、选送大学深造

早在 1954 年 10 月 12 日，中国政府和苏联政府发表了修建兰州—乌鲁木齐—阿拉木图铁路并组织联运的联合公报。后来根据联合公报精神，铁道部组建新疆铁道学院，拟与苏联新西伯利亚铁道学院合作，为我国铁路培养服务于中苏友谊之路（从中国新疆维吾尔自治区首府乌鲁木齐到哈萨克苏维埃社会主义共和国首府阿拉木图）建设和开办国际联运的工程技术人才。我满怀激情地唱着《我们新疆好地方》，进入新疆铁道学院桥梁隧道系学习。这时一个偶然机会，我有幸帮助老红军覃长生（铁一局政治部主任）整理革命回忆录。覃长生是个出身贫苦的放牛娃，十五六岁时就参加革命，经历了两万五千里长征，参加过抗日战争、解放战争，多次负伤，屡建战功，具有坚定的革命意志和理想信念。有作家把覃长生老红军的革命故事编写成《放牛娃娃当红军》，搬上舞台广为宣传。老红军的感人事迹，使我受到深刻的革命传统教育，也使我深思一个问题：人为什么活着？革命老前辈就是为理想信念视死如归！这为我一生坚定不移地跟着党走，打下了坚实的思想基础。

随后，按铁道部教育局培养高等院校预备教师的安排，我奉调到长沙的湖南大学桥梁隧道系桥梁专业学习。1960 年铁道部会商教育部、湖南省决定将湖南大学有关铁路专业的几个系分出来，组建长沙铁道学院。1960 年 9 月 15 日，长沙铁道学院正式宣布成立，大部分教职员工和学生在新建校区开学，少部分仍留在湖南大学。我们桥梁隧道专业除毕业班留在湖南大学外，其余全部都在新校区上课。由于新校区正在完善之中，所以还要步行到湖南大学去做实验。长沙铁道学院前身是 1953 年全国高校院系调整时成立的中南土木建筑学院（后来改为湖南大学），追溯源头是 1903 年为开矿修路开办的"湖南官立高等实业学堂"。在长沙铁道学院桥隧系学习期间，我认为自己有铁路学校桥隧专业知识基础，所以不满足于 58 级教学进程，主动选学 57 级课程。那时正是经济困难时期，大家都吃不饱肚子，还要参加建校劳动。我坚持少睡觉、多读书，珍惜宝贵时光，暑假不回家，顶着酷暑在校学习，浑身是汗就到水龙头下冲凉，蚊虫叮咬就坐在蚊帐里看书。1960 年 5 月 20 日，我光荣地成为中国共产党预备党员，一年后按期转为正式党员。1961 年我跳了一级，完全进入桥隧系 57 级桥梁班学习了。

学校老教授多是留学欧美的，年轻教授则是留苏回国的。如毕业于美国康奈尔大学的桂铭敬教授，曾先后在粤汉铁路、湘桂铁路主持技术工作，担任过宝天、天兰铁路工程局副局长、湘桂黔铁路局副局长等要职。毕业于美国普渡大学研究院的李吟秋教授，曾先后在京奉铁路、天津工务局、云南省铁路等任职。李廉锟教授编著的《结构力学》教材，多年来作为全国统一教材。我很赞赏学校强调打好专业基础、培养独立思考能力，课堂上教师与学生互动，气氛比较活跃。我的课程设计，多次受到老师表扬。1962 年上半年进行毕业设计，我选择的毕业设计题目是《东江大桥设计》。主要包括：建桥意义、桥址选择、水文计算、桥孔布局、墩台结构、预应力混凝土梁设计等。指导教师是徐铭枢教授，助理教师是贾瑞珍老师。这份毕业设计受到院评审委员会一致好评。

长沙铁道学院桥隧系是 5 年制，我只读了 4 年，提前一年毕业。这件事当时曾在学院引起了一番争议。学院主管部门认为没有提前毕业的先例。桥隧系主任谢绂忠教授（苏联列宁格勒铁道学院副博士）认为应尊重事实，力挺提前毕业。谢绂忠教授在院务会议上据理力争说："孙永福在校加入中国共产党，是学生中的杰出代表，学习成绩优秀，完全符合毕业条件。"最终，院务会议审议通过，同意提前一年毕业，发给 5 年制毕业证书（即桥梁隧道系桥梁专门化 57 级毕业证书）。

自出生农家到大学毕业的 21 年间，我从旧中国走到新社会，看到了故乡解放和新中国成立，享受了父母亲人的呵护和关爱，经历了永别父亲的揪心痛楚和悲伤，饱尝了求学之路的艰辛和不易。对学校党团组织给予我的培养教育，老师们孜孜不倦的教诲指导，我感恩戴德。由此更加坚定了我立志投身铁路、报效祖国，永远修桥筑路、为民造福的理想与信念。

【第二章】 基层砥砺成长

从大学毕业后，我兴高采烈地走上工作岗位。决心长期在铁路基层第一线经受锻炼，积累丰富的实践经验，做出自己应有的贡献。

一、郑州铁路启程

1962 年 12 月我到郑州铁路局工作，被分配到工务处桥梁鉴定队任见习生。郑州铁路局地处中原，管内京广铁路、陇海铁路等都是运输繁忙的大干线，郑州更是全国铁路重要枢纽。桥梁鉴定队主要职责是对运营铁路既有桥梁进行静态和动态检测，并对桥梁安全可靠性做出评价，为桥梁维护和修理提供技术依据。

初到郑州铁路局上班，就看到会议室墙上镜框里镶嵌着一幅 1952 年毛泽东主席视察黄河大桥的照片，陪同毛主席视察的是铁道部部长滕代远和时任郑州铁路局局长刘建章（1981 年任铁道部部长）。看到毛主席亲自到黄河大桥视察，我的心情十分激动，为自己能从事铁路桥梁安全工作感到自豪。

桥梁鉴定队队长刘振汉，从事桥梁建设和维修工作多年，具有丰富的实践经验。在他的指导下，我很快熟悉了业务技术，见习期一年未满就能独立开展桥梁裂纹检测工作了。我对郑州铁路局管辖范围内的桥梁，全面进行检查并做了详细记录，对有些桥梁进行长期监测，及时提出有关建议。工务处总工程师汪成昆检查工作时给我热情鼓励，希望我主攻钢筋混凝土梁裂纹问题。因为，铁路系统大量使用钢筋混凝土桥梁，由于种种原因许多钢筋混凝土梁都出现裂纹，成为学术界和工程界都十分关注的热点、难点问题。我用了一年多时间，白天到桥梁现场检查裂纹，晚上查阅文献资料，逐渐形成了一些自己的看法。我从初中到大学都学习俄语，所以一直阅读俄文期刊。中苏关系紧张之后，俄文期刊看不到了，我开始学习英语，查阅英语文献。在研究基础上，1964年我撰写了《钢筋混凝土梁裂纹检查方法》，在《铁路标准设计通讯》上发表后，铁道部工务局认为有推广价值。同时我与两位工程师联合署名（由我执笔）发表论文《钢筋混凝土梁预应力混凝土梁裂纹原因分析》，由我在中国土木工程学会河南省分会召开的年会上作了报告，对改进钢筋混凝土梁设计、施工和维护提出了具体建议。

正当我潜心钻研桥梁裂纹时，突然接到了工作调动命令。1964年9月下旬，领导找我谈话，说铁道部组织西南铁路大会战，要"抽调好人好马上前线"，局里决定调我到西南铁路工程局工作。我当即表态：我是共产党员，坚决服从组织需要！接过调令，我收拾行李后就回西安，把工作调动之事告诉母亲。我母亲虽有不舍但仍鼓励我说，不管到哪里都要好好干。告别母亲和亲友后，我就直接登上了南下列车。

二、参加西南会战

我带着调令，前往铁道部西南铁路工程局报到。经查阅资料，我对西南铁路工程局有了一些初步了解。该局成立于 1950 年 6 月 12 日，是新中国成立的第一个铁路工程局，局长由解放军第 17 军政委、军长赵健民兼任（后来，赵健民任铁道部副部长、云南省委书记、山东省省长等职务）。十多年来，西南铁路工程局艰苦奋战，在西南地区修建了多条铁路新线。1952 年 7 月 1 日成渝铁路通车，实现了四川人民 40 多年的夙愿。毛泽东主席亲笔题词："庆祝成渝铁路通车，继续努力修筑天成铁路。"天（水）成（都）铁路后改为宝（鸡）成（都）铁路，1958 年元旦建成通车，"蜀道从此不再难"。接着，该局投入了川黔、黔滇（贵昆）、成昆等铁路建设。局名几经更改，1961 年重建西南铁路工程局。我为自己能到铁路建设的英雄劲旅工作而感到荣幸。

为了适应西南铁路大会战需要，铁道部西南铁路工程局把局机关从成都迁往贵阳办公，以便靠前指挥川黔、黔滇（贵昆）铁路建设。当时通往贵阳的铁路只有黔桂线。我坐火车从郑州南下，经柳州、河池，国庆节那一天到了独山，再经过都匀到达贵阳。当时，西南铁路工程局机关位于贵阳黔灵公园附近，从各地新调来的人员没有地方住，都被安排在一栋尚未竣工的大楼里，没有门窗，四面透风。来时一路上看到的是十万大山，到贵阳又遇到细雨连绵，真像民间传说的"天无三日晴，地无三里平，人无三分银"。尽管如此，当我被分配到局施工技术处技术科从事桥梁专业技术工作时，想到可以发挥专业特长，心里仍很高兴。

局里把我们新调来的人员集中在一起，先进行形势教育。20世纪60年代，美、苏两国加紧对我国进行军事威胁。实际上，新中国从成立之日起，就面临着美国的封杀。1950年美国侵略朝鲜，入侵我国台湾海峡，中国进行"抗美援朝、保家卫国"。1955年美国在越南发动的战争，威胁我国的国土安全。20世纪50年代末，中苏关系恶化，1960年苏联撤走全部在华工作的专家，撕毁了与中国合作的几乎所有经济合同，随即在中苏、中蒙边境屯兵百万蠢蠢欲动。1964年8月，毛泽东主席在党中央工作会议上大声疾呼："要准备帝国主义可能发动侵略战争！"毛泽东主席提出，将全国地区划分为一、二、三线，沿海地区为一线，中部地区为二线，后方地区为三线，以加强战备工作。通常说的"三线"，是指京广铁路以西的内地，以此作为战略后方基地。党中央决定集中力量进行三线建设，制定了加快西南经济建设和国防建设的决策。毛泽东主席说："工业交通部门要搬家，成昆、川黔、滇黔这三条铁路要抓紧修好。"毛泽东主席还说，"成昆铁路要快修"，"成昆线修不好，我睡不着觉"。参加西南铁路大会战的广大指战员，决心修好西南三条铁路，要让毛主席睡好觉。这使我对西南铁路大会战的重要意义有了深刻认识，深感参加西南铁路大会战责任重大、十分光荣。

为了贯彻落实党中央的战略部署，1964 年 9 月成立了西南铁路建设总指挥部，设在成都市总府街（我曾到这里参加过两次会议）。总指挥由中共中央西南局第一书记李井泉担任，铁道部代部长吕正操（1965 年 1 月任部长）、铁道兵副司令员郭维城等领导同志任副总指挥。在总指挥部之下，设立西南铁路建设工地指挥部（以下简称"西工指"），由铁道部、铁道兵联合组成，吕正操任司令员，领导同志还有刘建章、郭维城、彭敏、黎光及黄新义同志（1966 年 1 月 6 日在成都宣布任副司令员），机关设在贵州安顺（后来迁往四川西昌）。

西工指领导提出了修建三线铁路的方针，就是："一个思想"，毛泽东的伟大战略思想；"三大任务"，建路（高速度、高标准、高质量、低造价修成三条铁路），建章（建立中国铁路建设规章制度），建军（建设一支思想、作风、技术过硬的队伍）；"一个作风"（即三八作风）；"八字要求"（即从难、从严、落实、过硬）。用这一方针统一认识，统一思想，统一行动。为争取主动，赢得时间，要集中力量打歼灭战，作出了先取川黔、次取黔滇（贵昆）、会战成昆的部署安排。根据毛泽东主席批示的"精心设计，精心施工"和开展设计革命的要求，制定了"设计条例"，要求设计单位"下楼出院"，铁二院机关从成都迁到西昌办公。我所在的西南铁路工程局扩编后全员达 16.9 万余人，管辖 14 个工程处和 4 个专业处，负责川黔铁路全线、黔滇（贵昆）铁路贵阳至水城段、成昆铁路成都至西昌段施工任务。铁道兵第一、五、七、

八、十师及 2 个直属团等共约 17 万人，负责黔滇铁路水城至昆明段和成昆铁路西昌至昆明段施工任务。

首战川黔线

施工技术处技术科是老中青三结合。三个年轻人都是二十多岁，各自独当一面。黄子昂是隧道专业，刘砚昆是线路站场专业，我是桥梁专业，虽有分工但合作默契。我们在参与重大技术研究中向年长的工程师学习，同时也围绕难题奋力攻关。

桥梁专业遇到的最大难题，是不同时期设计的桥梁配套问题。十多年来，西南铁路三大干线经过几上几下的曲折历程，不同时期采用的技术标准不同、桥梁设计图号不同，致使桥梁墩台检查设施等必须个别设计，工作量很大。我系统清理了钢筋混凝土梁、预应力混凝土梁和墩台设计文件，找出存在的差异和问题，研究提出解决方案，编制了一套适用于不同图号的桥梁配套设计图（图号：西南桥 004）。经局审查后颁布实施，收到良好反响，各工程处都认为很实用，显著提高了工作效率。后来，西工指批准该图为西南铁路建设通用图，铁道兵施工地段也广泛采用。

川黔铁路排在西南铁路大会战首位，工期紧、任务重，我到现场去的机会较多。这条从重庆至贵阳全长 463 公里的铁路，1956 年就开工了，1962 年重庆小南海至赶水段通车后全线停工。1964 年 9 月复工，西南铁路工程局 5 个工程处 4.3 万人参加建设。控制工期的重点工程有：凉风垭隧道，长 4270 米，是当时全国最长隧道；娄山关隧道，长 2147 米；乌江大桥是乌江天险上第一座桥，长 319 米，采用 2 孔 44 米结合梁 +7 孔 27.7 米预应力混凝土梁，石砌墩台。桥梁方面变更设计很多，主要由技术科负责审查，特别是有关施工质量问题，必须现场调查解决。

在遵义工作期间，我参观了遵义会议旧址，听了讲解员对会议召开情况的详细介绍，观看了展陈的大量珍贵实物、图片和会议室原貌及有关书籍。1935 年 1 月初，中国工农红军长征到达遵义后，中华苏维埃共和国中央革命军事委员会于 1 月 15 日至 17 日，在这座中西合璧两层楼房的主楼小客厅里，召开了中共中央政治局扩大会议（即遵义会议）。这次会议确立了以毛泽东为代表的新的中央领导集体，在中国革命最危急的关头挽救了党，挽救了红军，挽救了中国革命，是中国共产党历史上一次生死攸关的转折点。从此，中国革命就在以毛泽东为代表的正确路线指引下走上了胜利发展的道路。通过参观，我受到了革命传统教育，加深了对党的历史的理解，也从中汲取了为西南铁路大会战多做贡献的力量。

1965 年春天，川黔铁路主体工程进入最后阶段。铺轨作业从南北两端加快推进，贵阳端铺轨遇到"洞内架梁"的大难题。西南地区石灰岩发育，溶洞暗河分布较广，桥梁桩基施工和隧道掘进时遇到溶洞都要有特殊措施应对。虾子河隧道施工中遇到溶洞群，最大溶洞近 200 平方米，像个"大礼堂"，于是设计了一座"洞中桥"（跨度 27.7 米预应力混凝土梁，一片梁重近 100 吨）。由于悬臂式架桥机在隧道内无法起臂作业，处长要我设计一个洞内架梁方案。经过几天思考、计算、绘图，我提出的洞内架梁设计方案是：在 2 个小平板车上安装 2 组工字钢梁，承担跨度 27.7 米预应力混凝土梁荷载。在前进方向隧道拱部预埋锚杆安装定滑轮，通过卷扬机钢丝绳牵引预应力混凝土梁，在工字钢梁顶部滚轴上向前滑移，然后落梁就位。铺架队按这个方案完成了虾子河隧道洞内架梁任务，为铁路建设增添了光彩。

在川黔铁路抢通车的同时，也进行了"工改兵"试点。西南铁路大会战全面展开时，就传达了吕正操司令员关于"工改兵"的指示（已向党中央汇报），意在把铁道兵和铁道部基建队伍统一起来，保持解放军的组织形式和传统，属中央军委建制，在"兵"的基础上，突出铁道工程技术兵种特性，担负全国铁路建设任务。西南铁路工程局党委书记黄新义、局长刘文研究后，在担任川黔铁路施工任务的第五工程处 510 队进行"工改兵"试点。局领导曾交代我一项机密任务，就是研究"工改兵"机构设置方案。我绘制了一张约 2 米长的机构设置图，铁道部西南铁路工程局改为"中国人民解放军西南铁道工程纵队"，设司令部、政治部、后勤部，管辖 14 个支队、6 个专业队伍。据说"西工指"开会时，有的军队领导同志不赞同，试点迫于停止。后来"文化大革命"中有些人还把此事当作吕正操的所谓"反党篡军罪行"进行批判。

为了抢时间、早通车，西工指强调"先通后备""固本简末"，有些工程留待通车之后再做（这是特定时期的建设要求，见效快但有后遗症）。我在铺轨现场看到的奋战景象是，职工顶风冒雨在泥水浸泡的钢轨上运送轨料。1965 年 7 月 8 日，川黔铁路终于在贵州省桐梓县白沙窝中桥南端接轨。10 月 1 日举行了全线通车典礼。我有幸作为先进个人成为四川省代表团成员，在重庆乘坐第一列彩车前往贵阳。在列车行进途中，我向代表们介绍了川黔铁路重点工程建设情况。到达贵阳后，贵州省委、省政府在花溪迎宾馆宴请四川省代表团，川黔两省领导和代表们共同欢庆川黔铁路胜利通车。

再战黔滇线

黔滇（贵昆）铁路从贵阳经水城、宣威等地到昆明，全长639公里。线路蜿蜒于云贵高原上，地处乌蒙腹地，溶洞暗河遍布，煤层瓦斯富集。1959年铁道兵在岩脚寨隧道（全长2715米）施工时，曾两次发生瓦斯爆炸事故，造成惨重伤亡，教训极为深刻。这次事故使我对黔滇（贵昆）铁路早有了解。

1964年9月黔滇（贵昆）铁路全线复工时，西南铁路工程局负责贵阳至水城西段工程，部署5万余人。隧道工程是控制全线通车的关键。除了通过活动断层地带容易坍塌外，溶洞有突泥突水危险，煤层有瓦斯爆炸危险，必须制定安全措施，预防事故发生。为了加强防瓦斯爆炸的技术力量，从煤炭部门调来一些骨干队伍，专门从事防爆作业。在岩脚寨隧道复工时，西南铁路工程局采取了"三防"措施（防瓦斯突出、防岩溶突水、防混凝土腐蚀）。有的车站受地形限制只能设在隧道里，这样就要开挖大跨度隧道，如新窑四线隧道是当时全国最大跨度隧道。

难度大的控制工程还有滥坝软土路基。滥坝至水城线路约30公里，经过地质复杂、断层纵横、地下水特别发育的地区，地基全是软土淤泥，厚度在 2 米至 10 米，甚至 10 米以上。当时由铁道科学研究院、铁二院等单位 20 多位技术人员组成"软土战斗组"，西南铁路工程局总工程师刘建熙（1931 年美国康奈尔大学硕士）担任组长。岩土专家们提出了多种整治方案，分别进行了现场试验。由于该地区软土层深，采取挖除换填不可取，抛填片石挤淤也未解决问题，打沙桩或打入混凝土桩效果比较明显，但是现场无法预制钢筋混凝土管桩。有一天晚上，刘总工程师带我乘坐火车前往六盘水地区检查工程。刘总给我出了一道题，他说，地质复杂的软土路基要打桩，现场没有钢筋混凝土管桩，只有钢筋混凝土电杆，用震动打桩机施工会不会开裂？打入电杆对路堤稳定性有多大效果？我在列车上开始进行振动下沉电杆应力计算，并研究了平面布置，检算了路堤稳定性等。第二天早晨，我向刘总工程师汇报说，在缺乏管桩情况下可以用钢筋混凝土电杆代替，只是效果要比管桩差些。到达软土路基工地后，刘总工程师要求施工单位试打电杆并进行观测，取得经验再推广。在实践基础上，总结了整治软土经验："深建桥、低筑档、两米换填石、平底打砂桩，综合治理不能忘。"这就为软土路基建设提供了技术指导。

1965 年中央领导朱德、贺龙等亲临西南铁路建设工地视察，给全体建设者以极大鼓舞。1965 年 11 月，邓小平、李富春等中央领导同志视察西南铁路建设，在成昆线关村坝隧道掌子面观看隧道开挖作业后，到川黔线看了凉风垭隧道和乌江大桥等工程。11 月 23 日，邓小平同志在贵阳车站接见了参加西南铁路工程局政治工作座谈会的各处政治处主任及贵阳地区部分处级干部，深入到黔滇（贵昆）铁路铺轨前方视察，参观了关寨隧道施工和大桥架梁作业。西南铁路工程局黄新义政委、刘文局长做了简要汇报。黄新义政委请邓小平同志为铁路题词，邓小平同志兴致勃勃地题写了"关寨隧道"四个大字。邓小平同志的视察有力地推动了西南铁路建设，使西南铁路建设大会战进入黄金时期。

西南铁路大会战热火朝天，捷报频传。遵照周恩来总理指示，中央许多文艺团体分期分批到西南铁路建设工地进行慰问演出，许多科学家、专家到西南铁路建设工地献计献策。1965 年，著名数学家华罗庚教授不顾体弱、腿脚不便，沿着凹凸不平的施工便道，来到西南铁路建设工地，向职工讲解运用"统筹法"来提高工效。在西南铁路工程局机关，我聆听了华罗庚教授的报告。华罗庚教授像面对面拉家常一样开讲了。他说，搞铁路工程建设都要做施工组织设计，"统筹法"就是一种改善组织管理的数学方法。他没有用数学语言，而是讲了一件日常生活中的趣事，一下子把大家吸引住了。他说，一位妇女早晨起床后要干的事情很多，要洗脸、刷牙、梳头，又要烧开水，还要用开水做早饭。这么多事情，烧开水最费时，所以是关键。如果这位妇女能抓住这个关键，起床后先把水烧上，再去洗脸、刷牙、梳头，这样时间利用合理，整个进程可以提前。他停了一下，把话题转到铁路工程上来说，桥梁隧道施工有许多工序，我们分析一下哪个工序费时最长，它就是关键工序。抓住关键工序设法早点开工，这对提前工期有决定意义。他用日常生活的事例做比喻，用通俗易懂的语言深入浅出地讲解了深奥的数学理论，对我启发很大。我知道统筹法属于运筹学范畴，但联系实际应用不够。华罗庚教授讲的这一课，使我对工程管理兴趣更浓，更加主动地学习工程管理方面的知识。

黔滇（贵昆）铁路于1966年3月4日在贵州省水城西站以西26公里的观音崖大桥上接轨。西南铁路工程局铺轨队和铁道兵铺轨队在桥上握手庆贺。1966年7月黔滇（贵昆）铁路正式交付运营，标志着西南铁路大会战取得了又一个重大胜利。

决战成昆线

成昆铁路自四川成都出发，经峨眉、甘洛、西昌，云南米易至昆明，全长1096公里。经过四川盆地、横断山脉和云贵高原三个地理单元，约三分之二以上线路沿大渡河、金沙江水系蜿蜒于崇山峻岭之间。地形崎岖连绵，地质极其复杂，工程特别艰巨。早年法国人看过后直摇头，解放后苏联专家看了也说修不成，认为这是修建铁路的"禁区"。1958年成昆铁路开工仪式在四川省境内沙木拉达隧道举行，1959年因国民经济调整压缩被迫下马。1960年再次上马，不久再次下马。1961年第三次上马，1962年第三次下马。1964年在党中央关于加快三线建设的战略指引下，加快建设攀枝花钢铁基地，当年四季度成昆铁路重点工程正式复工。西南铁路工程局部分施工队伍进驻工地。

西南铁路工程局承担的成昆铁路北段任务尤为艰巨。线路穿越大渡河大峡谷，攀缘崎岖连绵的大凉山小凉山，许多地方人迹罕至，塌方、滑坡、泥石流、溶洞、暗河、高地应力岩爆等灾害严重，被誉为"世界地质博物馆"。重点工程关村坝隧道、沙木拉达隧道复工后，开局成绩良好。完成川黔、贵昆铁路建设任务的施工队伍陆续向成昆铁路转移集结。整个成昆铁路已形成最后决战态势，令人欢欣鼓舞。

1966 年 1 月我的工作又有变动，被调到局办公室工作，担任西南铁路工程局政委黄新义同志的秘书。黄新义同志是一位深受职工敬仰的老红军，1929 年参加洪湖赤卫队，经过两万五千里长征，参加过土地革命、抗日战争、解放战争，曾任 120 师 716 团政委、晋绥军区后勤部政委。在战争年代，他先后 8 次负伤。有一次他双腿负伤仍在指挥作战，被战士用担架抬下阵地，接受国际主义战士白求恩医生的抢救和治疗。1950 年，他受命担任成都市军管会交通口总代表。1952 年后历任西南铁路工程局副局长、局长、党委书记、政治委员，组织队伍建设成渝、宝成、川黔等铁路。西南铁路工程局局长刘文、政治部主任陈晋，都是 1964 年铁道部调来加强西南铁路建设的老同志。以黄新义、刘文、陈晋为首的党委常委对全局会战作出了统筹部署。坚强有力的领导班子向全局发出了"通好川黔、战好贵昆、上好成昆"的战斗号令，组织指挥西南铁路工程局在大会战中创造了一个又一个奇迹，取得了一个又一个胜利，多次受到西工指领导的表彰。

黄新义政委在战争年代英勇奋战，身体多处受伤，腿上留下残疾，行走有些不便。但他仍然深入桥头洞内检查工作。他患有严重的胃溃疡、十二指肠溃疡，医生嘱咐少吃多餐。到工地检查工作时，他常常是让食堂煮个鸡蛋充饥。他提倡实事求是，说实话、干实事，不说空话、不搞浮夸，特别强调做好思想政治工作，发扬"开路先锋"精神，创造优异成绩，让毛主席、党中央放心。黄新义老领导的思想作风、工作作风成为我学习的楷模，突出表现在三方面：重视集体领导，重大问题由局党委常委研究决定，绝不独断专行；重视发挥知识分子作用，政治上关心、技术上放手，如推举总工程师刘建熙为全国人大代表候选人，支持刘总工程师的技术决策等；重视职工反映，包括劳动保护、生活困难等。有不少领导同志反映，黄新义政委关心干部职工，使人感到特别亲切。他特别重视把上级精神和本局实际结合起来；把政治工作和经济建设结合起来，创造性地开展工作，树立典型推动全局。如"硬骨干工程队""五朵金花"等就是当时名扬西南铁路的先进典型。《人民日报》一位记者在工地采访报道中写道："黄新义同志善于总结政治工作和生产管理经验，重视树立典型、培养先进，努力建设一支思想、作风、技术过硬的施工队伍。"我从中深受教育和启发。

我经常受领导指派到基层搞调查研究。这不仅使我了解更多的工程情况，而且也是自己深入学习的好机会。全长 6107 米的关村坝隧道 1965 年元月和 2 月连创双口月成洞各百米的优异成绩，3 月 9 日中共中央发来贺电。接着又连续创造了单口月成洞 200 米和 300 米的新纪录。后来我到关村坝隧道方知该隧道是石灰岩地层，坚硬岩石也有风险。隧道开挖过程曾发生 7 次岩爆，落下的石块最大为 3.5 米 × 1.1 米 × 0.35 米。岩爆特点是：在发生前无明显预兆；爆落的石块常呈中间厚、周边薄、不规则的片状；大多发生在钻爆以后 2 ~ 3 小时内的开挖工作面及附近的顶板，但也有发生在距工作面较远的地方。经专家分析认为，这是由于隧道埋深大，因此地应力大。石灰岩地层开挖后形成临空面，高地应力得到释放，发出爆破声并有石块落下。经研究采取了喷水降温、锚杆钢丝网防护等措施后，预防了岩爆落石伤人事故。沙木拉达隧道位于成昆铁路北段普雄至泸沽间，全长6379米，最大深埋600米，地质主要是红色沙、页岩地层，断层多、裂隙水大，被称为"水帘洞"，施工中治水防塌是关键。隧道曾发生4次大涌水，在反坡地段导坑被淹，不得不两次停工处理水患。跨越大渡河支流老昌沟的"一线天"石拱桥（跨度54米），仅用99天就建成了，真是奇迹。我看到工地一副对联十分醒目，上联是"身居一线天"，下联是"心胸比海宽"，横批是"乐在其中"可见我们职工的崇高境界。在孙水河5号大桥工地，预应力混凝土梁战斗组主持设计并用悬臂灌注法施工，主跨为"32米+64米+32米"，达到当时国际先进水平。桥梁、隧道、路基等专业主攻技术难关的"战斗组"有几十个，推动了成昆铁路技术进步。

1966年1月初，西工指印发了《铁路勘测设计工作条例》（原称《设计三十条》）。我看到后如获至宝，反复学习思考，深感这是指导铁路勘测设计工作的纲领性文件，不仅明确了指导思想、基本原则，而且有具体要求，便于操作。使我铭记在心的内容很多，如"要全面理解多、快、好、省，做到好中求多、好中求快、好中求省，反对只讲多、快，降低标准，不顾质量"；"要结合实际情况选用标准设计，反对生搬硬套"；"要尽量绕避地质不良地段，无法绕避的地段要做周密的、切实可靠的工程措施，先期处理，一次歼灭，不留后患"；隧道设计坚持"早进晚出"原则；桥梁设计坚持"宁宽勿窄"原则；路基设计"尽量避免高填深挖"。这些建路经验结晶，体现了科学管理思想，在西南铁路建设中发挥了重要作用，对我从事铁路建设事业产生了深远影响。

1966 年 2 月西南铁路工程局机关从贵阳市迁至四川省甘洛县，当年 8 月更名为铁道部第二工程局（以下简称"铁二局"）。甘洛（彝语，意为"甘姓人居住的山谷"）地处四川大凉山北部，境内重峦叠嶂、沟壑纵横、交通阻塞。1965 年建县，从奴隶制的废墟上一步跨千年进入社会主义社会。成昆铁路由北向南纵贯县境。铁二局机关设于此地，主要是为了便于指挥成昆铁路北段会战。我们到达时，这里只是山沟里的一个小镇，甘洛河从镇上流过。我坐汽车从峨边到甘洛，沿途看到大凉山地形艰险、地质复杂，基本上没有正式公路。汽车在陡峭岩坡上开凿的"冂"形断面道路上行驶，一边是山，一边是河，俗称"老虎嘴"。在大渡河上架起钢索，工人们靠索道跨河作业。全局主要施工队伍集结会战成昆铁路，广大职工充满英雄气概："雄文四卷（《毛泽东选集》），风枪一杆，敢问天下何处是难关？""天高我敢攀，地厚我敢钻，险山恶水听调遣，英雄面前无难关！""迎战不怕艰险多，施工不怕流汗多。人民幸福用船载，我愿汗水流成河。"成昆铁路的巨大成就令全国震惊，成为"北有大庆，南有成昆"的典范。（1974 年我国政府把以成昆铁路为主题的牙雕赠送给联合国展示，连同美国阿波罗宇宙飞船带回的月岩，苏联第一颗人造卫星模型，被联合国评为"象征 20 世纪人类征服大自然的三大奇迹"。1985 年成昆铁路建设荣获国家科技进步奖特等奖。）

彝族群众对奋战大凉山的铁二局施工队伍热情欢迎，万分感激。铁二局文工团采风时深为感动，创作了彝族女声小合唱《卡莎莎》，广为传唱，堪称佳作。"卡莎莎"是彝语，表示"谢谢"或"特别感谢"之意。我记得这首脍炙人口的歌词是这样的：

> 铁路修到凉山下，彝家的心里乐开了花。
>
> 炸开了高山架起了桥，一条铁路修到我们家。
>
> 修路的大哥啊，卡莎莎！
>
> 春天帮我们来播种，秋天帮我们收庄稼。
>
> 给我们阿依（男孩）治好了病，还教阿米子（女孩）学文化。
>
> 修路的大哥啊，卡莎莎！
>
> 一手送上兰花烟，一手送上金尖茶，
>
> 千言万语说不尽，只有一句心里话：
>
> 卡莎莎，卡莎莎，
>
> 修路的大哥啊，卡莎莎！

1966 年 4 月 7 日，西南铁路工程局五好职工代表大会在成都召开，我荣幸地出席了会议。国务院副总理贺龙、中共中央西南局书记李井泉等领导同志接见会议代表及局领导，并合影留念。这次会议，实际上是决战成昆的再动员。与会代表受到表彰和鼓励，以更高的热情和更大的干劲，投身到成昆决战中去，创造更加辉煌的业绩。

正当成昆铁路攻坚克难不断挺进的关键时期，发生了"文化大革命"。自 1966 年"五一六通知"之后，"文化大革命"迅疾而猛烈地席卷全国。当时我们在成昆铁路建设工地上虽有所闻，但施工生产仍在进行。到了 1966 年底，"红卫兵"来到西昌、甘洛"点火"，职工队伍开始形成对立的两派。1967 年 1 月全国刮起"夺权风暴"，西工指领导被夺权，铁二局领导也被打倒，开大会进行批判。两派群众组织对立情绪愈演愈烈，逐步发展成"武斗"。许多职工逃离工地，成昆铁路建设受到严重破坏。

在西南铁路大会战开始时，吕正操司令员提出了一整套贯彻毛主席、党中央关于三线建设战略决策的部署要求，贯彻马列主义、毛泽东思想，执行建路、建军、建章"三大任务"，处理好人与人、人与物、人与自然的矛盾，高速度、高质量、高标准、低造价地建设西南铁路，取得重大成就。给我印象最深的是吕正操部长有"大将风度"，他集中精力抓大政方针，抓调查研究，抓重要决策，而且结合实际，勇于革新，敢于担当。造反派、红卫兵不顾事实，把这些都说成是反毛泽东思想的"正操思想"，诬蔑吕正操是反党篡军的野心家，是走资本主义道路的当权派。诬蔑西工指副政委刘建章是"正操思想"的狗头军师，政治部主任黎光是"正操思想"的吹鼓手。这些也都很快波及铁二局，首先被揪出来批斗的是政委黄新义、局长刘文和政治部主任陈晋。造反派认为黄、刘、陈贯彻"正操思想"，搞的是资本主义、修正主义，所以"必须打倒在地，再踩上一只脚"！（党的十一届三中全会后，这些受迫害的领导干部恢复工作。1980 年黄新义同志任铁道部基建总局党组书记，后任铁道部政治部副主任。）

我不愿介入两派群众组织之争，再加上我是局领导秘书，人家也不要我参加，所以我只能同几个要好的同事在一起，"斗私批修""自我革命"。为躲避武斗，我在成都铁路局一位同学的单身宿舍里借住了几个月。这时我只能到新华书店看书，或者到图书馆借书。有两本书对我有深刻影响。一本是《实用内科学》，我逐章自学并做了笔记。这不仅使我对人体生理系统，包括呼吸系统、血液系统、消化系统等有了全面认识，增强了自我保健能力，而且使我对著名航空航天专家钱学森倡导的"系统工程"产生了浓厚兴趣。另一本书是《回忆与思考》，这是苏联元帅朱可夫光辉人生的纪实。这位在第二次世界大战中功勋卓著的苏联元帅，从当骑兵开始，经历了许多领导岗位的锻炼和考验。在每个新领导岗位上，他都能发挥已有专业优势，同时尽快学习新专业知识，使自己成为一个称职的领导者，创造出新的辉煌业绩。朱可夫元帅高度概括说："革命使每个人有可能施展力量、探索并认识到自己是人民创造力的一部分。"这种坚持学习、不断创新的精神，令我景仰，值得学习。

1967年8月，根据国务院、中央军委来电，西工指由铁道兵接管。西工指领导的铁道部所属设计、施工单位一律归铁道兵统一领导，但建制和供给关系不变。1969年10月，成都军区派部队对铁二局实行军事管制，制止派性武斗，恢复施工生产。1969年初，我被送到设在西昌的"五七"干校。这个地方叫"马道"，距西昌城区较远，原先是一个农场。所谓"五七"干校，就是特殊历史时期集中容纳党政机关干部、科研文教部门知识分子进行体力劳动和接受思想教育的地方。铁二局组织部分机关干部被编为 3 个连队，主要是种菜、种粮，开展大批判。1970 年 3 月，我回到局机关办事组工作，参加工程总结及援建坦赞铁路组队工作。

1970 年 5 月 26 日晚 8 时许，成昆铁路冕宁县境内盐井沟发生了泥石流灾难，冲走在工棚内休息的职工、家属和解放军，共死亡 104 人。我随局领导一起赶赴现场调查并做好善后工作。这一严重灾害发生原因很清楚，暴雨形成巨量泥石流沿沟下泻，冲垮了第四工程处两个工程队在沟口修建的临时房屋，连屋架带屋里休息人员一起冲进孙水河。不幸中的万幸是当晚在车站站坪上放映露天电影，许多职工和家属看电影去了，没有待在工棚里。不然，灾害造成的死亡人数会更多。这个教训极其深刻，临时房屋选址不当，不应建在深沟两边。虽然此处无空地可用，只能在沟边建房，但缺乏有效的防护措施。从工程技术角度，我总结了形成泥石流的三大要素：一是自然坡度陡；二是雨量集中；三是有松散堆积体（矿渣）。大量的松散堆积体是形成泥石流的物质条件，地形高差大、沟底纵坡陡是形成泥石流的动力条件，连降暴雨则是激发泥石流的水源条件。除此之外，还要强调人为因素影响。这里的松散堆积体，就是人为因素（开矿）造成的。在暴雨袭击下，矿渣被水浸泡饱和失稳，随之顺着陡坡向下倾泻，势能变成动能，形成泥石流灾害。所以防止泥石流灾害要针对这三个条件，从源头治理。

1970 年 6 月 29 日，成昆铁路在铁二局管内两河口接轨。7 月 1 日，在四川省境内西昌站隆重举行了成昆线通车典礼。我作为四川省代表团成员，到攀枝花钢厂参观了第一炉铁水浇注作业，乘坐首发列车从西昌到昆明。云南省委、省政府在连云宾馆宴请四川省代表团。

成昆铁路通车后，除少量施工队伍继续完成收尾配套工程外，铁二局部分队伍调给其他工程局、铁路局，大批施工队伍又开赴贵州、湖南，参加湘黔、枝柳铁路大会战。

转战湘黔枝柳

成昆铁路通车后，铁二局机关没有迁回成都，而是再次到贵阳办公，并在湘黔、枝柳铁路交会的湖南怀化设立了前方指挥部。我要求到前方指挥部工作，更多接近施工现场。这时，铁二局在湖南省、贵州省境内的施工队伍，分别由广州军区、昆明军区派部队实行军管。

湘黔铁路从湖南省娄底站引出，经怀化、新化进入贵州省境内，经镇远、凯里、贵定至贵阳，其中新建娄底至贵定全长902公里（金竹山至贵定632公里）；枝柳铁路从湖北省枝城站向南，跨越长江天堑，经湖南省石门、吉首、怀化，再到广西壮族自治区三江直达柳州，全长886.6公里。这两条新建大干线对完善我国铁路网有重要作用，同时也是加强战备的迫切需要。湘黔、枝柳铁路会战总指挥部主要由广州军区领导负责，昆明军区领导很少，铁道部和地方政府已被夺权，无领导人参加，只派了工作人员。湘黔枝柳铁路会战突出大打"人民战争"，施工队伍除铁道部所属铁二局、铁四局等承担重点工程外，其余全靠民兵队伍完成。三省区民兵总员达130万人。我在铁二局怀化前方指挥部主要从事调查研究、总结典型经验。当时，极左思潮登峰造极，就连铺轨机上的电机因暴雨受潮不能启动，也被认为是"有阶级敌人搞破坏"。施工队伍全部改为部队营连编制，施工技术管理弱化，铁路部门思想压力很大。

在湘黔铁路建设中，铁二局只承担了隧道、桥梁、铺轨架梁及重点土石方和站后配套工程的部分施工任务。桥隧施工创造大面积丰产纪录，用锚固桩整治滑坡收到良好效果，新型铺轨架梁机械发挥重要作用。1972年10月13日，在贵州省施秉县翕塘胜利接轨，国务院、中央军委发来了贺电。山区民众吹着芦笙，跳起舞蹈，高歌"铁路开进苗家寨，青山挂上银飘带，村村寨寨连北京，山花朵朵向阳开"。枝柳铁路湖南境内是"一次定测"，边设计、边施工，暴露问题很多，开工后不得不"补充定测"。湘黔铁路1974年12月通车，枝柳铁路1978年全线接轨，1982年方交付运营。

1971年9月，我和黄宁同志结婚了。黄宁是老领导黄新义和辛锐（1937年参加革命）的长女，出生在陕北，1967年第三军医大学（现陆军军医大学）毕业后，被分配到兰州军区武威第十医院工作（后来调成都军区总医院、北京海军总医院任主任医师，第二军医大学教授，曾被公派赴日本研修一年）。我们回到西安、成都，举行了简朴的结婚仪式。

当我假满回到湖南怀化铁二局指挥部机关时，又赶上军管会以"精简"为名办"学习班"，把他们认为"文化大革命"中有"问题"的人员全部集中起来编成四个连队，我又被送进"学习班"

接受教育。学习班有许多限制人身自由的规定，如不准同外界联系，亲人探视只能在会客室见面；不准单独行动，实行二人同行制，互相进行监督。在"学习班"时要我划清界限，揭发检举他人。我自认为没错，不能说违心的话、办违心的事。经过几个月"学习"，我被放出来工作了。

1973 年 5 月，我向局领导提出参加援建坦赞铁路的请求。获准后我一下子觉得精神轻松多了。6 月 30 日，铁二局军管会奉命撤销。

三、援建坦赞铁路

1973 年 7 月初，由我带队同其他四位干部一起乘坐巴基斯坦航空公司班机，从北京飞往坦桑尼亚首都达累斯萨拉姆。出国前，由铁道部外事局、援外办在北京对援坦赞人员进行了培训，提出了严格的纪律要求。尽管北京气候炎热，但我们都身穿定制的深色毛料中山装，在候机厅长椅上正襟危坐，连衣领上的风纪扣也不敢解开。飞机经我国新疆维吾尔自治区上空，在巴基斯坦首都伊斯兰堡机场降落，跑道上热浪滚滚，候机厅也闷热难耐，大家浑身流汗。这时，我想到出发前铁道部外事局让我带着一张 5 英镑纸币，立即给大家买了汽水解渴。大约 1 小时后登机，飞机经卡拉奇飞越印度洋，抵达坦桑尼亚首都达累斯萨拉姆机场。刚下飞机，我就因发高烧住进了铁路医院。两天后，我到驻在坦桑尼亚西部姆贝亚的中国援建坦赞铁路工作组报到。工作组下设四个组：办事组、生产组、后勤组、政工组。我被分配到办事组，主要负责收集工程信息和进行调查研究。

20 世纪 60 年代，非洲民族解放斗争风起云涌。坦桑尼亚、赞比亚先后独立，迫切希望发展民族经济。为修建铁路，他们寻求西方一些国家支持，也找过苏联和世界银行，都未能如愿。最后他们把求助的目光转向东方，得到中国领导人的积极回应。中坦赞三国领导人作出了修建坦赞铁路的伟大决策。

坦桑尼亚位于非洲东部，自然资源丰富，多个野生动物保护区、乞力马扎罗山（海拔 5895 米）和东非大裂谷等皆为旅游胜地，以农业为主，工业不发达。赞比亚是非洲中南部内陆国，经济结构单一，以矿业为主，素有"铜矿之国"美誉，旅游资源有维多利亚瀑布和野生动物园。坦赞铁路自坦桑尼亚首都达累斯萨拉姆至赞比亚的新卡皮里姆波希，全长 1860.5 公里，其中坦境 975.9 公里，赞境 884.6 公里。由铁三院完成全线勘测设计任务，技术标准为单线，轨距 1067 毫米，最小曲线半径 200 米，最大坡道 20‰，由内燃机车牵引。全线工程自东向西分为五段推进：坦境内达姆段（达累斯萨拉姆至姆林巴），长 502 公里；姆马段（姆林巴至马坎巴科），长 156.9 公里，线路穿越东非大裂谷，地形地质复杂，工程最为艰巨；马通段（马坎巴科至通杜马），长 317 公里；赞境内通谦段（通杜马至谦比西河桥），长 330.6 公里；谦卡段（谦比西桥至新卡皮里姆波希），长 554 公里。1970 年 10 月 26 日正式开工，1975 年 10 月 23 日全线通车。1976 年 7 月 14 日线路正式移交给坦赞两国政府，由坦赞铁路局经营管理。

坦赞铁路是我国最大的对外援助项目，由中国援建坦赞铁路工作组在坦赞组织实施。铁道部从机关到各工程局、设计院、铁路局、机车车辆工厂及部属各单位，都选派了优秀职工参加坦赞铁路建设和运营管理工作。铁二局组建了第三、第四、第五机筑队、隧道工程队及电力安装队等，共计11324人（第一批8113人，第二批3201人），是援建坦赞铁路的主要施工力量。我到达坦桑尼亚时，正在铺设坦桑尼亚境内最后一段钢轨。1973年7月22日铺轨到达坦赞两国国境，在海关广场举行了庆祝坦赞铁路铺轨过境大会。坦桑尼亚总统尼雷尔、赞比亚总统卡翁达、中国驻坦桑尼亚大使李文耀、中国驻赞比亚大使李强奋及邻国贵宾出席。卡翁达总统摸着进入赞比亚境内第一组轨排，激动地说："终于把你盼来了！"

铺轨跨过国境站之后，赞比亚境内铁路工程进度加快。1973年11月，我向中国援建坦赞铁路工作组组长布克同志汇报，作为年轻技术干部，希望到基层锻炼。布克组长表示支持，批准我到三机队工作。三机队是铁二局派遣队伍之一，1970年11月到达坦桑尼亚后，首战是应急支援达累斯萨拉姆至姆林巴段施工，第二战是奋战姆林巴至马坎巴科段"烂泥塘"。在完成坦桑尼亚境内施工任务回国休假后，部分职工重返赞比亚姆库希投入第三战，负责坦赞铁路最后一段工程，即赛伦杰至新卡皮里姆波希段295公里施工任务。我到三机队向政委张明德和队长宋起凤报到后，被安排主管生产组，负责施工组织和施工技术工作。总工程师谢淮昌、副总工程师唐立华向我介绍了管段工程情况。我看完设计文件，查看了全段现场，研究了施工部署。三机队管段内地形比较平缓，地表水系发育，线路多次跨越大北公路，因此桥梁多，软土地基多，是全段技术难度大的控制工程。

我在施工部署中特别强调采用先进技术，更要重视严格管理，使工程质量经受住历史考验。桥梁基础大都采用钻孔灌注桩，防止塌孔是关键，因此全部采用钢护筒。跨公路立交桥施工不能影响公路正常运输，设计单位研究采用钢混结合梁结构，我认为是个好方案。我们先在桥位架设钢板梁，在钢板梁上就地灌注钢筋混凝土桥面板，使钢板梁与钢筋混凝土桥面板形成一个整体结构，共同承受列车荷载。线路通过沼泽地时，采取多种措施修建软土路基。最困难的是鲁西瓦西湖畔路堤，不仅基础要牢、堤身要强，而且要隔水防渗，我们采取综合措施治理，质量优异，效果良好。1974 年 9 月，赞比亚总统卡翁达率领 40 多位官员视察地区工作，对湖畔路堤工程质量高度称赞。

坦赞铁路在终点站新卡皮里姆波希，要与赞比亚既有铁路接轨，有两处线路与大北公路交叉。经研究，决定将公路干线改造抬高，使公路以桥梁形式跨越坦赞铁路。这个要求很高，因为公路改造修建立交桥时，必须先建临时公路保持畅通，同时公路改造必须按英国标准达标。我认真学习英国公路标准，制定了三条措施：一是认真处理地基，达到承载标准；二是选用好填料，分层填筑砂砾石土壤，用振动压路机碾压密实；三是强化路基顶层，采用砾石土加气化石灰洒水碾压。路基建成后，用 40 吨载重汽车在路基顶面行驶，没有一点车辆压痕。在路基检验合格后铺设沥青路面。我们向有经验的外国技术人员咨询后采用了改性沥青。

沥青路面虽然很薄，但强度、弹性、韧性都很好。公路改造工程全部达到英国标准要求，赞比亚交通部顺利验收开通。

1975 年 6 月 7 日，三机队管内铺轨任务已经完成。我见证了铺设坦赞铁路最后一根钢轨的情景。我们在坦赞铁路终点（即坦赞铁路与既有赞比亚铁路接轨点）立了一个里程标，上面用英文写着"坦赞铁路终点 1860（公里）+ 543（米）"。

我在出国援建坦赞铁路的 27 个月中，工作再苦再累都不怕，最大的问题是十分想家。当时没有条件打国际长途电话，纸质信件也只能一个月一次，由外交部信使队集中递送。所以很难及时同家人沟通，更帮不上家里的忙。1975 年 10 月，三机队管内工程顺利竣工，组织上安排我回国休假。虽然这时我很想飞到亲人身边，但我没有坐飞机，而是想亲自体验一下漂洋过海的感受。我主动要求搭乘明华号远洋轮船，从达累斯萨拉姆港出发，在印度洋航行。每天在轮船甲板上看天际线日出日落，景色十分壮观。偶尔看到海上有一艘轮船驶来，双方驾驶员都会友好地鸣笛致意，我们都站在甲板上注目相送。当时中美尚未正式建交，有时美国空军飞机在中国远洋轮船航线上低空飞行进行监视，我们虽然有些紧张，但最终还是相安无事。在印度洋遇到风浪会产生巨大颠簸，使许多人眩晕、呕吐，不能进食。我虽然有头昏感觉，但精神尚好，也很愉悦。经过 13 天航行（包括在新加坡停靠），终于到达广州黄埔港，踏上祖国土地，同家人团聚。

援建坦赞铁路产生了极为深远的影响。在我国经济并不宽裕的情况下，中国政府慷慨解囊，提供 9.88 亿元人民币无息贷款，帮助修建坦赞铁路。五年建设期间,总共派遣职工 5 万余人次（施工高峰年 1.6 万人）,克服重重困难,为高质量建成坦赞铁路,做出了巨大贡献。有 60 多位中国职工牺牲,长眠在异国他乡。所有这些,都使世界了解中国,中国愿为发展中国家伸出援助之手。坦赞铁路已成为中非关系史的丰碑!

四、唐山抗震救灾

1976 年 8 月下旬,我随局总工程师谢淮昌乘火车从成都前往哈尔滨,到铁二局施工的滨绥复线新杜草隧道（全长 3900 米）检查工作。到了北京站,车站值班员转告我:"铁二局领导电话,因另有任务,请你立即返局。"

1976 年 7 月 28 日凌晨 3 时 42 分,唐山发生 7.8 级强烈地震,震中烈度达 11 级。这是中国历史上罕见的地震灾害,也是迄今 400 多年世界地震史上最为惨重的一次地震。在强震摇撼中,这座百万人口的工业城市顷刻间被夷为一片废墟,死亡达 24 万余人。党中央、国务院指令解放军部队和各专业队伍立即开赴唐山抗震救灾。铁道部连夜召开紧急会议,研究铁路抢修及救灾工作。成立了抢修前线指挥部,在塘沽、古冶现场指挥。从各工程局和铁路局派了十几支队伍抢修被毁铁路。远在大西南的铁二局奉命从一处等五个单位组织了 1970 名职工赶赴唐山抗震救灾。1976 年 8 月底,按铁道部领导指示,由铁二局再组织一支精干队伍,到唐山机车车辆工厂（唐车工厂）抢险救灾。铁二局领导指定由我协助建筑处处长张锡九负责抢险队工作。

9月3日，铁二局抢险队300余人抵达唐车工厂。张锡九同志和我一起会见唐车工厂党委书记等领导同志，了解震灾情况及我队任务。唐车工厂始建于1880年，以修理蒸汽机车和客车为主，后来逐步开展内燃机车修理业务。全厂职工7776人，震灾死亡职工1768人，死亡家属8718人，职工全家震亡的有213户。工厂党委组织职工擦干眼泪，挺起腰来，积极自救。对铁道部派来的铁二局和柳州铁路局两支抢险队，工厂热情欢迎。我们抢险队的主要任务有两方面：一是排除厂房险情，清理生产场地，尽快恢复生产；二是修建救灾简易房，使职工家属在冬季到来之前能够入住御寒。

我先把抢险队伍安排住下。为应对频繁发作的余震，我把指挥部设在一辆进厂待修的公务车上，接通电话，开展联络。张锡九同志因有其他任务离开唐山，授权我坐镇全面负责。我带了几个人到厂区调查灾情，看到厂房等建筑几乎全部倒塌，职工和家属伤亡惨重，心情十分沉重。当晚我就研究抢险方案，制定抢险计划和措施。第二天对全队职工做了战斗动员，立即投入抢险战斗。本着先易后难原则，先清理已倒塌的砖瓦结构和被埋机械设备；接着排除摇摇欲坠的墙体和烟囱；然后再拆除挤压在一起的屋架和屋面等。全厂只有转向架厂房基本经受住了地震考验，这座双跨全钢结构、轻型屋面的厂房，在强烈地震作用下仅发生了一些位移和变形，经过快速休整，最先恢复生产。

铁二局抢险队只配有起重机、装载机、汽车及部分器具，排除险情多靠人工作业。震塌的厂房钢结构交织在一起，需要用氧气切割。笨重的钢筋混凝土结构，要放小炮爆炸解体，再用重锤敲碎，有的还要用千斤顶支撑。为防止孤悬墙体倒塌伤人，防止钢结构件回弹伤人，防止拖拉牵引钢丝绳断裂伤人等，我在现场制定了确保抢险救灾中人身安全的具体措施。这时，铁道部分配给我们5辆解放牌自卸汽车，但因铁路运输受阻，一时运不过来。我就立即带着司机赶到长春第一汽车制造厂提货，连夜把汽车开回。途经锦州时，看到市民都在户外躲避地震灾害，可见唐山地震影响范围之广。

为了确保受灾的职工和家属都能在入冬之前搬进简易房屋御寒，我们按照统一的设计图纸，抓紧清理废墟平整地面，夜以继日地建设油毛毡住房。这种简易房屋能够遮风避雨，并具有抗震性能，从帐篷或窝棚搬进简易住房的职工和家属都感到很温暖，因为一家人可以在大震之后一起生活了。

整个冬季我都在唐车工厂。1977年元旦、春节大家都没有回家，一直坚守在抗震救灾第一线。我和职工们一起住在帐篷里，中间生着火炉取暖，但夜间气温降为-20℃，盖在身上的棉被外侧常常同帐篷被冰粘在一起。1977年3月，铁二局抢险队全面完成抢险救灾任务，受到唐车工厂党委和职工高度称赞。我是抢险队最后一个离开唐山的。当我同唐车工厂同志们握别时，我两眼热泪盈眶凝视着恢复生产的车间，深为唐车工厂职工在震灾面前表现的不屈不挠的顽强精神所感动，也为铁二局职工在抢险救灾中无所畏惧的英雄气概而骄傲。在返程途中，我一方面期盼着唐

车工厂丰润新厂早日建成投产，另一方面也在深思着今后如何在
铁路建设工程中增强结构抗震性能。

五、南下深圳创业

1981 年，我率队南下深圳，初衷是"找米下锅"，承揽施工
任务，解决队伍"吃饭"问题。参加深圳经济特区建设，使我们
经受了改革开放的锻炼，成为铁路施工队伍走向市场的探索者。

党的十一届三中全会之后，国家工作重点转移到以经济建设
为中心的轨道上来，实行改革开放的基本国策。随着国民经济调
整，铁路基建任务大量压缩。地处西南的铁二局施工任务更少，
大约三分之二的任务要靠自己找活干，否则队伍就没饭吃。铁二
局局长刘岭、党委书记伏殿成从大局出发，动员职工"找米下
锅""为国分忧"。我当时在第二工程处主持工作，把队伍带到安徽，
分包了淮南复线东关至裕溪口编组站复线工程，只能暂时维持队
伍不停工而已。

1981 年 4 月初，刘岭局长、谢淮昌总工程师打电话给我，传
达了铁道部李轩副部长关于到深圳调查施工任务的指示精神，要
求我立即带一个精干的考察组赴深圳进行市场调查。以前我对深
圳了解甚少，只知道紧靠香港地区有个罗湖口岸。后来听人介绍
才知道，1979 年初宝安县撤县改为深圳市。据说，深圳比宝安在
世界上的知名度高。更有人说，深圳有"深水"之意，在粤文化
中就是"有好意头"，广东和香港人通常都认为这是风水宝地。

接听了局领导电话后，我安排好全处工作，立即带着精干调查组坐火车先到广州，再转车到深圳。当我们走出罗湖车站时，几乎看不到高楼大厦，看到的是稻田和池塘，道路经常在雨季被水淹没。深圳经济特区建设刚刚启动，市内开工建设项目不多。但由香港招商局主持的蛇口工业区建设已拉开序幕，有的在开山放炮平整场地，有的标准厂房已完成主体工程。我通过熟人引荐，找到了香港招商局梁宏坤先生，他曾经在广州铁路局工作过，现在是香港招商局副董事长袁庚的得力干将。梁先生对铁路队伍表示欢迎，鼓励我们积极参与竞争。我们了解到外商在蛇口工业区投资建厂的积极性很高，未来几年建设项目很多，是施工企业发展的良好机遇。当时到深圳考察的还有其他铁路工程局的人员，他们顾虑甚多。有的认为，"深圳特区搞的全是资本主义那一套，唯钱是命，不讲政治"。有的则说，"深圳是个大染缸，红的进来，黑的出去"。我认为这些看法都有偏颇，他们没有看到深圳的生机、活力，没有看到施工企业的积极性被充分地调动起来了。因此，我的结论与他们不同，我认为在这里可以大有作为。随后我向局领导呈送了"南下深圳开拓新领域"的考察报告，得到局领导的称赞，并表示完全同意。

当时，铁道部所属各局都无权对外，只有铁道部援外办公室改制的中国土木工程公司（以下简称"中土公司"）可以对外，因此我们在深圳注册只能以中土公司名义。1981年6月，经铁道部、广东省、深圳市批准，由铁二局组建的中土公司深圳第二工程总队（以下简称"二总队"）正式成立。局党委任命我为总队长，负责全面工作，张培林任党委书记，辜文政任总工程师。整个夏天，我都忙于在广州、深圳寻求机会，不幸又患疟疾住院。当时气候炎热，我只穿一件短裤赤身躺在撤掉床单褥子的光板钢丝床上，浑身流汗，心情焦急。到了8月份，我们终于拿下进入深圳特区的第一单——位于蛇口工业区的远东饼干厂。

该项目由香港远东集团投资，建筑面积不大，但须按照英国标准建设，技术要求高，工期也很紧。在签约喜讯鼓舞下，我们立即开展组队工作。从局机关、二处、建筑处抽调干部，以二处十一队为主体，先组建二总队第一工程队。9月底队伍进场，我和先到的同志一起，在深圳北站卸车。深圳的天气就像小孩子的脸说变就变，一会儿是烈日当空，汗流浃背；一会儿又乌云蔽日，下起倾盆大雨。我们在蛇口工业区边缘租了一块地，割茅草、搭工棚，三块石头支口锅煮米饭。就这样走上了深圳开拓创业大道。

初到深圳工作，队伍在思想上、体制上、制度上都有许多不适应之处。我们教育职工贯彻改革开放的方针，正确理解"时间就是金钱，效率就是生命"的深刻内涵。既要发扬铁二局"开路先锋"的优良传统，又要树立"诚信守约"的良好形象，为特区建设做贡献！我为二总队制定了"守约、保质、薄利、重义"的经营宗旨，要求大家坚定信心扎根特区，坚持不懈拼搏，为铁二局争光彩。经研究二总队制定了一套全新的管理制度，不是靠"管人""治人"去完成任务，而是靠机制、靠制度，彻底打破平均主义、大锅饭，坚持实行计件工资，精神鼓励与物质鼓励相结合，充分调动了职工的积极性、创造性。我和辜文政把港商提供的饼干厂英文设计文件译成中文，结合英国标准向技术干部讲解，然后再层层细化落实。经过 5 个月紧张施工，1982 年 2 月远东饼干厂提前 20 天竣工，工程质量优良，业主十分满意，给予高度评价并给予奖励。首战告捷，士气大振，接着二总队又拿下了远东集团投资的远东面粉厂、远东饲料厂施工承包。为此，我们以建筑队二队为主体新组建了二总队第二工程队。

远东面粉厂由贮仓、磨机楼、仓库及写字楼组成。最大挑战是贮仓部分，包括 10 个外径 10 米的圆形筒仓群和矩塔，采用钢筋混凝土框架结构，地下 2 层，地上 8 层，总高 48 米。铁二局修建过无数桥梁，但从未建过面积达 1050 平方米的大型连体筒仓群。我派黄宏凯工程师到广州调查、学习，寻求有整体滑模设计施工经验的建筑企业合作。有了他们的支持，我们把施工方案修改得更加合理。我们实行连续灌注，同步提升，一次成型。为了确保质量安全，白天由辜文政盯在现场，晚上我驾驶皮卡车到工地，检查各施工岗位责任落实情况。大家都很认真，工程进展顺利。1983 年 9 月 3 日，远东面粉厂工程竣工。当年就被深圳市评为十大优良工程之一，1986 年获铁道部优良工程金质奖。

优质的工程和良好的信誉如同一块金字招牌。如果说头两年是二总队在深圳特区起步年，那么 1983 年则是二总队的加速年。最具代表性的是，二总队与港商签订了深圳南海酒店施工总承包合同。南海酒店是深圳第一家五星级酒店，位于蛇口港客运码头旁边，由香港汇丰银行、美丽华酒店、招商局和中国银行合资兴建，主楼 3.2 万平方米，投资 2 亿多港元。该项目造型优美、结构新颖、设备先进、目标一流，成为蛇口工业区标志性建筑，也为二总队带来了品牌效应。二总队继续推进改革开放，队伍不断壮大（新组建了第三、四、五工程队），经营领域不断拓展（包括各类工业厂房、高层建筑、大型桥梁等），经济效益不断提高，社会影响更加广泛，成为开拓奋进的一支劲旅。

二总队是深圳特区建设的先锋，在改革开放的浪潮中成长壮大，为深圳特区建设做出了很大贡献。二总队是铁路施工企业走向市场的探索者，为铁二局树立了改革创新发展的一面旗帜，为铁二局走向国内国际两个市场培训了大批干部。二总队在深圳特区经受了历练，使我学到了先进的管理思想、理论和方法，为我做好工程管理进一步强化了基础。

六、赴日研修管理

在我国改革开放形势下，中日关系升温。日本政府向中国政府提供长期低息贷款，派遣专家来华进行技术交流，也接收赴日留学、研修的人员。这时，我已担任铁二局副局长，开始学习科技日语，查阅一些日文资料。1984 年新年伊始，应日本国际协力事业团（JTCA）之邀，铁道部基建总局局长蒋才兴和我以及另外三名局级干部，以高级访问学者名义赴日本研修铁路工程管理。

位于日本东京八王子的日本国际研修中心（HTTC）为中国铁路高级访问学者"量身定制"，做了专项安排。研究内容包括三大部分：现代工程管理理论、建筑企业调研、典型项目研讨。

日本方面参加研讨的教授、研究员都有丰富的铁路工程实践经历，所以能够体现理论与实践相结合。日本的全面质量管理（TQC）、计划评审技术（PERT）都具有世界先进水平。给我印象最深的是质量管理，通过培训增强全员质量意识；明确流程和标准，使质量管理规范化；实施戴明循环（PDCA）与有效激励，使质量管理持续上升。

在研修期间，我认真梳理了日本铁路建设管理体制。日本实行市场经济体制，运输省主要管规划、监督。国铁建设计划必须经过技术咨询、环境影响评价、听取各有关方面意见，由运输大臣批准安排项目投资。国铁和铁道建设公团负责项目招标发包，取最低价中标。日本施工企业（建设会社）是以营利为目的的民营企业。大多数建设会社在中标之后，会将部分专业工程分包给其他公司，但由于管理严格、信誉至上，所以杜绝了偷工减料现象。

日本著名的施工企业有（株）大林组、清水、大成、鹿岛建设、熊谷组等。这些企业都有长远的发展战略、独特的企业文化，有自己的技术研究机构，都把技术和人才当作企业的命根子。我到（株）大林组调研时，了解到他们在连续墙施工（无噪声振动）、软弱地基加固、隧道防水排水等方面都拥有领先技术。当我看到正在进行的一项薄壳结构试验时，我问这个结构在哪项工程使用。他们回答说，现在尚无具体项目，是为未来参加核电站投标做准备。他们高度重视技术研发的超前意识，为提高企业竞争力狠下功夫的扎实行动对我很有启发，感到国内企业家很少有这样的胆识和举措。在日本国铁所有车站，都能看到该站历任站长照片，反映了日本企业重视传承的优良作风。

项目实施展现了企业实力和社会形象。我到东北新干线、上越新干线，看到了日本建设新技术和管理新模式。在东京、大阪等城市，看到国铁改造、地铁施工、新交通系统建设，增加了复杂地下工程管理经验。特别是察看本四联络线和青函隧道建设，并在这些当时令世界震惊的宏伟工程现场进行研讨，给我留下了极为深刻的记忆，对我国大跨度桥梁和跨越海峡隧道建设有重要借鉴意义。

日本本州和四国岛之间的跨濑户内海联络道路，是跳岛建设，故为一系列的联络桥梁。本州四国联络线共有三条线路，我参观的是中线工程，由儿岛至坂出的几座公铁两用桥组成。桥面为公路 4 车道，下层为铁路双线。主桥因通航要求必须加大跨度，增加净空高度，加上地震、台风等影响，需要解决许多难题。我看到正在施工的下津井濑户大桥（主跨 940 米），南、北备赞濑户大桥（主跨分别为 990 米、1100 米），主跨都是钢加劲桁的悬索桥，铁路设计速度 160 公里 / 小时。海水深度约 30 米，采用沉井基础，移动式海上作业平台进行桥墩施工。这条线于 1978 年 11 月动工，1988 年 4 月建成通车。解决了千米大跨悬索桥建设诸多技术难题，促进了日本桥梁技术发展。

跨越津轻海峡的青函隧道从本州青森到北海道函馆，是世界上最长的跨海隧道，全长 53.9 公里，其中海底部分 23.3 公里。津轻海峡风大浪高，水深流急，主航道为公海。历史上本州与北海道之间客货运输主要靠海上轮渡，航程耗时约 4 小时 30 分。1954 年 9 月 26 日，在玛丽台风袭击下，洞爷丸等 5 艘渡船被吹翻，造成1430人死亡（其中洞爷丸死亡1155人）。这一重大不幸事件，促进了青函隧道于1961年3月开工建设。先行导坑和服务隧道已分别于1983年、1980年贯通。我到现场时，主隧道施工进入最后阶段。我从竜飞竖井下到水面以下约240米（海水深140米，覆盖层100米）的隧道工作面，水压很大，到处漏水，好像"水帘洞"，曾多次发生涌水事故。海底地层主要是火成岩、凝灰岩、沉积岩，施工期间曾发生过地震。隧道穿越9个主要断层破碎带，多次发生坍塌，使施工受阻，进展并不顺利。青函隧道在地质探测、涌水整治、大跨度隧道施工等方面，提供了宝贵经验。后来，我看了由高仓健主演的电影《海峡》，对青函隧道建设历史有了更加深刻的了解。1988年3月青函隧道（双线）建成开通运营时，我以铁道部副部长名义致电表示热烈祝贺！

访问研修期间，日本国铁给我们提供了"免票"（乘车证），我多次乘坐新干线高速动车组外出考察。我把日本新干线特点概括为三点：一是速度快，250公里／小时；二是时间准，误时不超过1分钟；三是安全好，零死亡。那时经常想，什么时候我们国家才能有高速铁路呀！我写了详细的研修报告，深感这次研修收益良多。

七、率领企业开新局

1981年6月，党的十一届六中全会提出，在坚持革命化的前提下，逐步实现各级领导人员的年轻化、知识化和专业化的"四化"要求，成为新时期干部队伍建设的根本方针。铁道部从长远发展战略出发，对所属各局领导班子有计划地进行了大规模调整。一大批资深的老领导（有些是革命老前辈）退居二线，提拔了一批符合"四化"要求的年轻干部。我大学毕业后一直在基层单位和施工一线从事铁路技术工作，参加过西南铁路大会战，出国援建坦赞铁路，急驰唐山抗震救灾，率队南下深圳开拓市场，多次被评为先进受到表彰，得到了局领导班子的重视。经过单位推荐和上级组织考察，1982年6月我被铁道部任命为铁二局副局长。1983年3月奉铁道部指示由我全面负责铁二局行政工作。1984年2月接到由国务院总理签署的任命状，任命我为铁二局局长。局党委书记徐宽福是一直在铁二局工作的老领导，具有丰富的管理经验，我很敬重他，他非常支持我的工作。

从1982年到1984年，我和局领导班子成员一起按照党中央的部署和铁道部的要求，齐心协力推进企业改革开放，带领全局职工渡难关、创新路。重点抓了企业整顿、内部改革、制定发展规划、建设后方基地等关乎全局生存、振兴和可持续发展的重大事项。

我们认真贯彻"在政治上进一步安定，在经济上进一步调整"的方针，集中力量开展了以提高企业素质和经济效益为目的的企业整顿工作，狠抓了建立健全规章制度的工作。经过铁道部企业整顿验收团为期11天的检查验收，共得总分962分，居铁道部基建总局系统首位。

在推进企业改革方面，我们采取了多项措施。开展以简政放权、增强企业活力为核心，对束缚生产力发展的领导体制、经营方式、分配制度、劳动人事管理进行改革；以精简办事机构、消除机关部门臃肿现象为核心，对局处机关进行机构改革；以执行厂长负责制和实行"百元工资含量包干"为核心，开展了突出生产经营管理，推行全面质量管理，扩大基层人、财、物等自主权的内部改革。这些改革力度大、措施硬、范围广、效果好。如实施机构改革后，局机关部门从 11 个减到 8 个，下放管理权力 13 项，较好地改变了人浮于事、统得过多、管得过宽的现象。通过这些初步改革，树立了"从严治局，艰苦奋斗，落实过硬，优质建路"的局风，各单位生产经营活力增强。到 1982 年底，全局自行市场揽活已经占到生产经营总值的三分之一，企业利润比 1981 年增长了 1 倍。经铁道部检查，铁二局全面质量管理工作走在了铁道部基建系统前列。1983 年企业完成产值创造新高，利润比 1982 年增长了 76%。特别是 1984 年，全局在分配制度上打破平均主义"大锅饭"，实行计件工资奖励，机械内部租赁，实行各创利单位"确定基数、保证上缴、超收多留、亏损不补"的上缴利润包干办法，进一步调动了职工的生产积极性，当年完成投资额比 1983 年增长 42%，上缴利润也比 1983 年增长了 41%。这些企业整顿、改革措施的有力实施，大大增强了干部职工的工作责任心和使命感，调动了全局职工积极性，给企业发展带来了勃勃生机与旺盛活力。

实现企业振兴发展，必须要有长远的战略考虑。我和局领导班子成员都感到，虽然企业整顿为加快发展打下了基础，但企业改革的任务相当艰巨。要使企业适应未来发展需要，必须按照"国家调节市场，市场引导企业"的要求制定企业发展规划。为此，我们研究确定了"立足铁路，面向社会，优质创誉，振兴二局"

的经营方针，从 1984 年初就开始酝酿制定铁二局《五年发展规划（1985—1990 年）》。规划强调狠抓建立专群结合的投标经营队伍，积极发展横向经济联合，突破西南地域限制，扩大实施沿海战略，走进深圳、珠海、厦门等沿海经济特区，参与市场竞争；及时调整全局经营结构，加快多种经营，发展外向型经营，扩展公路、建筑等经营领域，走出国门开展劳务输出、承包工程项目；实行总工程师技术负责制，组织科技攻关，掌握建设关键技术，提高市场竞争力；围绕转变经营机制，对全局领导体制、政治工作体制以及干部人事、劳动用工、工资分配、物资设备管理、财经管理制度等方面，进行一系列配套改革；建立健全各种规章制度，狠抓基础管理，加强职工培训，提高企业整体素质和工程队独立作战能力；建立厂长全面负责、党委保证监督、职工民主管理的新格局；把"质量第一、诚信守约"作为振兴二局的根本大计，努力创出铁路施工企业发展的新路子。《五年发展规划》的制定，使铁二局明确了企业发展战略，确定了企业发展目标，增强了企业的凝聚力和向心力，成为铁二局实现跨越式发展的行动纲领。

由于历史原因，多年来铁二局受"先生产、后生活"的影响比较深，局本部以成都、贵阳作为基地，但所辖各工程处大都没有自己的后方基地。各工程处全部人员和设备，都是随着施工任务变动而不断迁移。不仅造成很大浪费，而且影响职工队伍稳定，很多职工子女没有户口，上学就医都很困难。我和局领导班子成员认为，必须下大气力改变这种"游击作战"式状况。建设后方基地，是建设二局、安定队伍的需要，是企业精干高效扩大再生产的重要组成部分；要在狠抓基层工程队建设，努力改善施工现场生活条件，不断取得突出成效的同时，采取得力措施抓好后方基地建设。这有利于巩固职工队伍、精干生产一线、提高队伍战斗力，有利于加强党群团结，增强企业凝聚力。为此，我们对建设后方基地做了总体设计，力求使之成为融生活福利、教育医疗、后勤服务和"两个文明建设"于一体的综合型基地。铁二局加强后方基地建设这件事，得到了有关省市的理解和支持，使各工程处的规划选点工作进展得比较顺利，很快就开展起来。铁二局后方基地建设较好地解决了家属安居、子女就学和方便就医等一系难题，使职工队伍稳定，工程处轻装上阵，工作效率和企业效益得到了大幅提升。我到铁道部工作后，推介了铁二局建设后方基地的经验，各工程局都行动起来建设工程处后方基地，为铁路施工企业可持续发展创造了良好条件。

铁二局企业整顿、内部改革、规划制定和基地建设四大举措的扎实推行，释放了企业的生产经营能力，挖掘了职工发挥积极性的内在潜力，激发了职工主动为企业树品牌、做贡献的创造力。铁二局承担的南防铁路、淮南复线（东关至裕溪口）建设，宝成铁路水害整治、成昆铁路铁西滑坡整治等工程，都取得了显著成绩。短短几年间，铁二局初步形成了对内对外开放新格局，闯出了一条坚持"立足铁路，面向社会，走向国际"的可持续发展新路径，在铁道部基建系统起了带头引领作用。

铁二局广大职工胸怀全局、吃苦奉献、勇攀高峰、屡建功勋，成为我心中的光辉榜样。同铁二局广大职工一样，我结婚之后由于工作原因，长期过着"牛郎织女"的生活。夫人黄宁在甘肃武威生女儿时难产大出血、休克抢救，我在湘黔铁路工地未能在她身边陪伴。我出国援建坦赞铁路时，夫人黄宁已有身孕7个多月，生儿子时又因大出血休克进行抢救，我在遥远的异国他乡只能复信进行安慰。等我从坦桑尼亚回国，已经2岁多的儿子才第一次见到他的父亲。有相当一段时间，我们一家4口分别在4处生活。女儿放在成都由姥姥抚养，儿子放在西安由奶奶和姑姑抚养，夫人在军队医院工作，我在铁路工地流动，不能抽出更多时间陪伴和照顾家人，心中多有歉疚。有老人们辛劳关爱和夫人的理解支持，解除了我的后顾之忧，使我能全身心地投入铁路建设事业。

我在铁二局工作了20年，经受了铁路建设第一线的锤炼，领悟了"开路先锋"精神的真谛。我从老革命、老领导、老专家身上，学到了任劳任怨、刻苦钻研、无私奉献的优良传统；从现任领导班子身上，学到了团结协作、勇立潮头的开拓精神；从广大职工身上，学到了敢打敢拼、不辱使命的英雄气概。铁二局是"开路先锋"精神的发祥地，是我砥砺成长的大本营。我衷心感谢并祝福铁二局更加兴旺发达！

第三章

组织『三大战役』

　　1984 年 12 月，我被中央任命为铁道部副部长。从铁路基层单位到铁路领导机关，我感到最迫切的任务是学习。向前任主管铁路建设的副部长李轩、尚志功同志学习，他们有老革命的优良传统，又有运筹帷幄的领导能力和铁路建设管理的宝贵经验。要向部机关和各单位领导同志学习，尽快熟悉全国铁路建设情况。在此基础上，形成自己的工作思路和战略考虑，推动铁路建设管理体制改革，提高铁路建设技术和管理水平。

一、"七五"建设部署

　　我到铁道部任职不久，陪同国务院副总理李鹏到东部沿海考察工作。1985 年 4 月 18 日上午 9 时许，李鹏副总理及随行的国家计委副主任黄毅诚、交通部部长钱永昌等在北京站登上公务车后，我正要做自我介绍，李鹏副总理握着我的手亲切地说："我们认识一下。我到东部沿海港口调研，同铁路有密切关系，你随我一起去。"我有点胆怯地报告说："我刚到部里不久，对全路情况了解不多，主要是听取李副总理指示！"在这次考察活动中，李鹏副总理先后考察了山东半岛的龙口港、烟台港、威海港、石臼港（今日照港），以及江苏省的连云港，提出了港口建设方针，要实行大、中、小并举，中央与地方并举，新建泊位与过驳方式并举，改革港口建设与铁路建设交接站管理。关于疏港措施，要从到船、卸船、疏通方面狠下功夫。在石臼所港，李鹏副总理听取了兖（州）石（臼所）铁路建设汇报；在连云港，李鹏副总理冒雨检查了正在建设的徐（州）连（云港）复线工程。他反复强调："港口必须要有能力匹配的后方铁路，没有后方铁路的港口是一个'死港'，活不起来！"我深感建设与港口关联的铁路十分重要，因此要求铁路单位主动加强联系，为港口发展提供大能力的后方铁路运输通道。此次视察活动结束时，李鹏副总理语重心长地对我说："现在铁路发展滞后，已严重制约国民经济发展。你们要大力推进铁路改革，加快铁路建设，缓解运输紧张情况。"

回到北京后，我向铁道部部长陈璞如汇报了李鹏副总理的指示。当时，陈璞如部长正在部署研究"七五"铁路发展计划安排。陈璞如部长是我敬仰的老领导。在革命战争年代，他经受了严峻复杂的斗争考验；在社会主义建设时期，他长期担任省级领导积累了丰富经验。20 年前，我在贵阳西南铁路工程局机关工作，那时他是贵州省副省长，经常同西南铁路工程局政治委员、老红军黄新义（1966 年 1 月任西南铁路建设工地指挥部副司令员）一起研究川黔、黔滇（贵昆）铁路建设，给我们做过报告。他在"文化大革命"中受到不公正待遇，党的十一届三中全会后恢复工作，调辽宁省任省长。1982 年 4 月，他担任铁道部部长后认真贯彻党中央"调整、改革、整顿、提高"的方针，广泛听取各方面的意见，千方百计加快铁路建设，确保铁路安全，提高运输效率。

为谋划"七五"铁路发展大计，陈璞如部长组织有关单位开展研究，亲自到一些地区调查了解情况。1985 年 1 月 4 日至 9 日，陈璞如部长到成都视察铁路工作，我陪同前往。在听取成都铁路局、铁二局、铁二院对铁路发展的意见和建议后，陈璞如部长分析了铁路面临的严峻形势，强调"出路就在改革"，调动企业积极性。他不是居高临下，而是同大家研讨。他说："可以实行经济承包责任制，你们报上来我就会批。"他颇有领导风度地笑着鼓励大家："改革有艰险，苦战能过关！"陈璞如部长领导铁路工作站位高、重务实，待人亲和，让各位副部长放手工作。他语重心长地对我说："要从战略上考虑，加强铁路队伍建设，促进铁路长远发展。"在他的积极推动下，经国务院批准，大秦铁路一期工程（大同至大石庄）于 1985 年 1 月 1 日正式开工，意在为"七五"铁路建设打好基础。陈璞如部长卸任后，担任国务院大秦铁路建设领导小组组长，为建成我国第一条现代化重载铁路做出了重要贡献。

1985 年 4 月 30 日下午，在北京二七剧场召开的铁道部机关干部大会上，国务院副总理李鹏宣布了中央决定：任命丁关根同志担任铁道部部长（6 月 18 日全国人大常委会通过此项任命）。陈璞如同志因年龄关系不再担任铁道部部长。丁关根同志从上海交通大学毕业后，一直在铁路部门工作，思路敏捷、作风严谨，改革意识强，工作魄力大，对全国铁路情况十分熟悉。1983 年奉调到全国人大常委会任副秘书长，对中央部署要求理解深刻。面对全国铁路运输告急的巨大压力，丁关根部长经过深思熟虑，以强烈的改革意识提出了新思路。他主张铁路实行投入产出、以路建路经济责任承包制（即"大包干"），经部党组讨论后上报国务院。尽管当时有的部门领导持有不同意见，但国务院研究后仍批准了铁路大包干方案。目的在于改变以往铁路运输盈利上交中央财政、铁路建设又要中央财政拨款的管理模式，实行铁路运输盈利留在铁道部，由铁道部用于安排铁路建设。这项改革是调动铁道部积极性的新举措，虽然不能从根本上使铁路摆脱困境，但毕竟为铁路发展增添了活力。我十分关心铁路运输盈利增长趋势，因为这直接关系到"七五"期间铁路建设投资规模，关系到铁路建设发展安排。

在改革开放的形势下，全国各地要求修建铁路的呼声十分强烈，而铁路建设资金又特别短缺。按照国家计委，财政部等发文规定，从 1985 年起，凡是由国家预算安排的基本建设投资，全部由财政部拨款改为贷款（简称"拨改贷"）"七五"铁路建设如何安排，这是我思考的一个重点问题。经过部党组认真研究，确定要突出战略重点，集中力量打歼灭战。丁关根部长强调，要打好既有线改造和机车车辆工业"两个翻身仗"。在 1986 年全路基建工作会议上，我讲了"七五"铁路建设总体部署，贯彻执行"以改造旧线为主并修建急需新线"的方针，集中人力、物力、财力，强化改造繁忙干线，加快晋煤外运铁路和路网干线建设，改造扩建枢纽、客站，提高综合运输能力。主要建设项目包括 12 条新线和多条复线、电气化铁路，以及天津、上海等枢纽，目的在于使路网布局得到改善。

铁道部党组研究确定"七五"铁路建设部署，重点是打好"南攻衡广、北战大秦、中取华东"三大战役。建设衡阳至广州复线，解决坪石限制口问题，使京广铁路复线贯通，形成大运能的南北大干线，对深圳等经济特区及广东、湖南开放发展具有重大作用。建设大同至秦皇岛重载铁路，大幅度增加晋煤外运能力，为华东、华南沿海地区经济发展提供能源保障。华东地区经济发达，强化通往华东的干线铁路，将为华东扩大开放提供运力支持。

"七五"期间，全路建设总投资有近半用于"三大战役"，这充分表明了铁道部的坚定决心。为此，我组织了宣传动员工作和具体计划安排，推动"三大战役"有序展开。

二、"南攻衡广"告捷

1957 年建成的武汉长江大桥，把原有的京汉铁路和粤汉铁路联成一体，成为纵贯南北的京广铁路，对我国经济社会发展具有极其重要的作用。经过多年技术改造，北京至衡阳已建成复线，但衡阳至广州段仍为单线。广东省处于改革开放前沿，深圳等经济特区迅速发展，使南下人流、物流成倍增长，衡广段已成为全国最严重的"卡脖子"地段，建设衡广复线迫在眉睫。

国务院副总理万里 1975 年曾任铁道部部长，对铁路发展特别关心。当他听了丁关根部长关于衡广复线建设汇报后，十分高兴，大加赞赏。他说要亲自到现场办公，研究解决这个问题。

果断作出决策

1985 年 12 月 10 日，万里副总理专程到广州，主持召开了衡广复线建设现场办公会议。出席会议的有国家计委、水利部、铁道部领导，湖南省、广东省领导，以及衡广复线沿线地市县负责同志。因为衡广复线建设与武水等水利开发有关，我到水利部钱正英部长办公室做了汇报，并陪她一起坐火车到广州。会上，丁关根部长和我汇报了衡广复线建设现状，存在的问题及有关建议，大家热烈讨论，都表示赞同和支持，希望早日建成衡广复线。

万里副总理作会议总结时说：这个会议开得很好，大家认识完全一致，决定加快衡广复线建设。他强调要集中力量打歼灭战，人力、物力、财力都要支持，钱要给够，料要拨足，地方开绿灯，各方齐努力；要下定决心，在保证质量前提下加快进度，三年决战，全线铺通（1988 年），只准提前，不得推后。万里副总理还决定，成立衡广复线建设领导小组，由丁关根部长任组长，我和广东省副省长匡吉、湖南省副省长俞海潮，以及国家计委二局局长丁俊彦为成员，负责协调解决重大问题。这就为衡广复线建设提供了有力的领导机制。

现场办公会议结束后，万里副总理连夜乘火车赶到粤北山区。11 日上午，我陪同万里副总理冒雨乘坐中巴汽车来到大瑶山隧道工地，接见了隧道工程局先进人物，向艰苦奋战在大瑶山隧道的全体职工表示慰问。万里副总理穿上雨衣、雨靴，戴上安全帽，下到埋深900多米的隧道施工现场。在隧道掘进掌子面，万里副总理登上正在钻孔作业的四臂液压钻孔台车，并查看了灌注混凝土衬砌的质量，兴致勃勃地同工人们交谈。工人们报以热烈的掌声，感谢领导亲切关怀。万里副总理返回地面顾不上休息，挥笔题写了"开路先锋"四个大字，勉励铁路建设者不畏艰险、勇往直前！

靠前组织指挥

1985年12月中旬，铁道部接连召开会议，传达贯彻万里副总理衡广复线建设现场办公会议精神，研究衡广复线"三年决战"总体部署，决定成立铁道部衡广复线建设指挥部，作为铁道部派出机构，也是衡广复线建设领导小组的日常办事机构。由我担任指挥长，刘大椿（铁五局局长）、杨其华（广州局局长）、周振远（基建总局副局长）和靳林（广州局副局长）任副指挥长。

重任在肩，我立即筹建指挥部。为了对衡广复线建设任务有全局了解，我带领部机关周振远、朱国键等从北到南进行全线调研。他们两位都是长期在一线工作的铁路工程专家，经验丰富，敢于直言。通过全线调研，我们对工程特点有了更加深刻的认识。首先是沿线地形起伏大，有85%的线路穿越山地和丘陵地区。如郴州至坪石要翻越长江与珠江两大水系分水岭；坪石至乐昌是九峰山区，武水迂回穿越群山；波罗坑至连江口为北江峡谷，山高坡陡谷深；连江口至源潭为剥蚀丘陵区及北江冲积阶地，受水库蓄水影响。其次是地质相当复杂，石灰岩分布较广，岩溶十分发育，还有严重风化的"红色岩系"和软土等。最后是重点工程多，技术标准提高后，长大隧道和大跨度桥梁增多，需要较长工期。

在既有铁路增建第二线时，要同步对既有线进行大量改造，不仅工程量大，而且难度很大。如加大曲线半径，改善线路纵坡（抬道或落坡），整治水害和地质灾害等。有的地方路基不等高交叉，有的地方左右侧换边交叉，这就必须有运输协作配合。但是衡广段是全国铁路运输最紧张的地段，经过多次改造后，1985年坪石口每日仅能开行客车10对、货物列车28对。客车严重超员，一节客车定员100多人，有时挤上300多人。货运压力更大，日均下行接入货车963辆，而全国申请车量达数千辆，因此铁道部已无法平衡分配，改由国家经贸委负责审批车辆分配计划。在这样巨大压力下，不仅运量不能减少还要增加，而且要挤出"天窗"时间安排施工，其难度可想而知。

对于指挥部主要职责范围，我考虑主要是"八个字"：组织、协调、监督、服务。要求指挥部必须贴近现场，高效工作，科学管理。经全线调查，决定把衡广复线建设指挥部设在韶关铁路招待所。这里虽然条件较差，但位置适中，能及时深入施工现场、解决重大问题。我从部机关和有关局院抽调30多位专业人员组成精干班子，设"四组一室"（综合组、工程组、运输组、政工组和办公室），发扬雷厉风行作风。1985年12月31日铁道部衡广复线建设指挥部在广东韶关市正式成立。

展开"三年决战"

任务已经明确，号角已经吹响。根据衡广复线建设领导小组总体要求，指挥部精心编制全线指导性施工组织设计，召开各参建单位领导干部会议进行动员和部署。衡广复线建设单位确定为广州铁路局，全线设计以铁四院为主，在多年勘察设计成果基础上进一步完善。施工单位除已到位的铁五局、隧道局、广州局外，新增加铁二局、大桥局、电气化局等，共9个工程局5万余人施工。铁五局、隧道局都参加过西南铁路大会战，当时都是隶属铁二局的施工队伍，所以我对他们主要领导都比较熟悉。

衡广复线建设施工组织需要特别重视的问题主要是：在保障运输畅通前提下，对既有线进行大量技术改造并增建第二线。因此，施工单位不能像新线建设那样，不受约束自行安排施工。新建铁路必须全线建成或大区段建成，才能开放运营，发挥经济效益。但复线建设不同，只要解决运能紧张区间或扩大站场股道，就立即可以增加一定运输能力。为了充分利用既有设备设施，既有线改造时往往不能一次到位，需要经过多次过渡，所以必须认真研究优化过渡措施。

要贯彻集中力量打歼灭战的方针，按照"分段建设，分段受益"的原则，做好统筹安排。要突出重点，优先安排运输能力紧张的区间和站场改造工程，优先安排艰巨复杂、难度大、控制总工期的重点工程。全线15项重点工程，包括大瑶山、南岭、旧横石、波连等隧道，白面石、乐昌、长塅河、旧横石、江村等大桥，坳上、山背子等路堑，以及衡阳北、江村编组站和郴州、韶关站。要运用系统工程方法整合各专业，科学合理地组织平行作业、交叉作业和接口管理，以提高效率、节省时间。同时，要组织设计、施工、运输、科研单位和高校成立联合攻关小组，分专题攻克难关，为复线建设提供技术保障。要加强设计、施工、运输之间的协调配合，确保运输安全、施工安全，确保工程质量，严格控制投资。修通一段运用一段，逐年扩大复线运输能力。

根据"三年铺通，一年配套"的总工期要求，提出了分年度形象进度愿景计划。1986 年要首战告捷：分解目标任务，落实到施工单位，上足施工队伍，加强重点工程；争取年末线路下部工程累计完成 60% 以上，开通复线约 70 公里。1987 年要取得重点突破：控制总工期的重点难点进展顺利，线路下部工程基本完成，开通复线 100 公里以上。1988 年要实现决战决胜：重点是站场改造和"四电"工程（通信、信号、电力、电气化），确保全线铺通目标。1989 年要继续完善配套，使全部工程达到竣工要求，迎接国家验收。

开展联合攻关

根据衡广复线建设需要，指挥部梳理重大技术难题，组织设计、施工、运输及科研、院校成立了不同形式的联合攻关小组。科技研究取得了丰硕成果，为突破难关提供了技术保障。

南岭不再是"难"岭

关于线路翻越南岭的方案，铁四院经过大量勘察，进行多方案比较，组织各方面充分论证，推荐了双线绕行方案，这就需要修建全长 6666.33 米的南岭隧道。

南岭是长江水系与珠江水系的分水岭，属于剥蚀中低山区，不仅地质特别复杂，而且气候变异很大。越岭地段岩溶极为发育，呈现出溶洞、溶沟、溶槽、漏斗、地下暗河等多种形态。铁四院采用卫星遥感图像分析、大面积测绘、地面钻孔，以及地质雷达、地震、瑞立波等物探手段，进行综合勘探，还开展了井泉调查、抽水试验等，广泛收集有关信息，为南岭隧道提供了可靠资料。

铁五局承担南岭隧道施工，开工后遇到诸多困难，远超过设计施工单位所预料。南岭隧道与 20 多条断层、裂隙相交，岩溶富水相互串通，有大量流动状黏泥填充其中。连溪河两次跨过隧道，地下水与地表有多处相通。再加上岩石风化严重，极易发生坍塌。曾发生过 70 多次突泥涌水，由突泥涌水又引起地表多处塌陷，影响生态环境和居民生活。这样复杂的地质结构，被喻为"丝瓜瓤"构造，施工难度极大，南岭变成了"难"岭。

我到南岭隧道时，看到职工满身泥水、不畏艰险地奋战，对大家的拼搏精神表示赞赏，同时鼓励依靠科技攻克难关。经联合攻关组反复研究，确定了"稳扎稳打、探索整治"思路，先后推出了 11 项新技术、新工艺。1986 年 8 月 25 日，我在导坑里按动了起爆器的电钮，随之传来一声闷雷似的轰响，迂回导坑贯通了，爆发出一阵热烈的欢呼声。利用迂回导坑与正洞之间的横通道，对正洞四个岩溶发育地区实施分段切割掘进，加快了进度。在洞内和地表进行钻孔注浆固泥阻水，对溶洞充填黏泥进行劈裂注浆加固，设置长管棚，以及旋喷法、冻结法、化学注浆法等，形成加固支护综合体系，终于安全通过全部岩溶地段。这项综合治理技术，为建设复杂岩溶地区长大隧道提供了宝贵经验。

桥梁技术攻关

衡广复线桥梁工程的最大难题，是穿越多层溶洞的钻孔桩基础。如长坜河大桥 1 号墩，钻孔桩基础要穿过 13 层串珠般的溶洞群。在这些桥梁桩基施工中，稍有不慎就会造成事故。大桥局探索出"水下炮震法"，突破了深孔钻岩、清孔、卡钻三大难关。施工单位改进十字形钻头，减少卡钻、掉钻、斜孔等现象；研发了清孔机进行清砟等，提高了钻孔桩工程质量。

建设大跨度预应力混凝土梁，是衡广复线建设一项重要新技术。采用悬臂法建设 32 米 +64 米 +32 米双线预应力混凝土连续梁，在全路尚属首次。在缺乏实践情况下，坚持试验领先。联合攻关组在理论分析和室内试验研究基础上，在桥头建筑试验梁段，探索悬臂分段灌注混凝土及张拉新工艺，制定操作细则指导施工，保证了大桥工程质量。另外，还首次采用预制 40 米预应力混凝土梁。由于梁体又长又高又重，难以在既有线小半径曲线上运送，有关单位联合研制了特别转向架，改进了车辆缓冲器，终于平安通过。

石方控制爆破

既有线旁的石方爆破工程具有很大危险性，设计不当或操作失误，都可能影响运输安全、人身安全及环境安全。衡广复线建设中，邻近既有线 50 米范围内的石方爆破工点有 120 处之多，建设期间未因此减少列车对数。联合攻关研究先后提出了 10 多种方法，如预留隔墙法、阶梯开挖法、锚杆钢轨栅栏支护法等，对有效控制起到指导作用。铁五局坳上石方控爆工点，使用引进的液压钻机、液压挖掘机等，采用"宽孔距多排微差深孔爆破"和"预裂爆破"新技术，4 个月就完成了 6.3 万立方米施工任务。山子背工点 1 公里多长石质路堑中，距既有线仅 3 米左右，采用底设导坑、竖向漏斗扩大开挖法，9 个月就完成 8.3 万立方米的施工任务。

有的地段打破常规，利用列车通过间隙，进行"跟踪爆破"。铁二局爆破专家许宁另辟蹊径，研发了"静态爆破法"：不用炸药施爆，而是在钻孔中填塞一种化学膨胀剂，利用这种化学膨胀剂在岩体形成一条裂缝，然后再放小炮改成小块石运出。我把他请到工地实际示范，使大家开阔了视野。

桥涵顶进施工

既有线技术改造时往往需要增设小桥或涵洞。采用线下顶进施工，不必开挖路基中断行车，只需加固线路采取限速措施即可。但是，以往顶进桥涵时列车限速为 25 公里 / 小时，这对运输能力有一定影响。广州局工程总公司总经理周自木向我汇报了他们的提速设想。我听后认为这项技术攻关有广泛的使用价值，鼓励他们苦战攻关。经过多方案比较研究，确定采用加强临时架空线路措施。过去都是在枕木垛上架设工字钢，容易产生沉降变形，影响架空线路稳定。他们改为在人挖沉井基础上架设钢梁，使结构强度、刚度都得到加强，架空线路稳定性增强，列车运行速度从25 公里 / 小时提高到 45 公里 / 小时。这项成果首先在孔跨 3.5 米和 8 米框架涵顶进施工中取得成功。与此相关的还有新线开通速度，广州局工程总公司从规定的 45 公里 / 小时提高到 60 公里 / 小时，促进了运输能力提高。广州局上述两项攻关成果很快在全线推广应用。

大瑶山树丰碑

大瑶山隧道位于衡广复线广东省坪石至乐昌之间双绕改线地段，全长 14.295 公里，是当时我国最长的铁路双线电气化铁路隧道，也是衡广复线建设头号控制工程。铁四院、隧道局等单位团结奋战，克服了一个又一个困难，创造了一个又一个新纪录，成为我国铁路隧道建设的新里程碑。

设计挑战长隧

铁四院对坪石至乐昌段 90 公里进行勘察并做了多方案比较，包括两绕武水方案、多跨武水方案、与既有线平行方案，以及既有线改造加两岸单绕武水方案等，首先排除了上述以既有线改造为主的方案。这是因为该段线路位于粤北乐昌县境内南岭瑶山地带，顺武水东岸区蜿蜒曲折，穿行于群峰峙立的峡谷之中。曲线半径小，总长占该段线路长度 65%；路基为半挖半填，挖方路堑边坡又陡又高；桥涵孔径过小，隧道限界不足；站坪股道又少又短；线路下部工程病害严重，原线位改造工程十分复杂，对铁路运输也有很大影响。

设计人员提出线路改走武水西岸进行双绕，将既有线路"截弯取直"，以长隧道通过，如同强弓的弦线一样顺直。这个方案具有明显优势：避免了复线建设对既有铁路运输的干扰，建成后线路平直，速度提高，运能增大。新建复线运营条件改善，防崩塌落石危害，运营里程缩短近 15 公里，行车时间减少 10 多分钟，每年可节约运营支出数百万元。同时，也为开发利用武水资源预留了条件。因此，这是一个经济效益和社会效益俱佳的好方案，铁道部完全赞同。

我到大瑶山隧道检查工作时，站在山上班古坳竖井旁，看到的是群峰环抱，询问当年钻机怎么抬上来的。铁四院设计负责人笑着对我说，这里原来是"三无"（无人、无路、无电）地区，靠人抬不行，用直升机吊运到位。他们采用地面钻探、物探、航测遥感技术综合勘探，基本查明了深埋地下的复杂地质情况，提供了全隧道 11 条断层及诸多溶洞等分布状况。我赞扬铁四院敢于向长大隧道进军、勇于突破设计难关的开拓精神，希望他们在配合施工中做出新贡献！

施工技术变革

隧道局副局长吴鸣岗、总工程师方维鹏向我汇报了大瑶山隧道施工方案，除进口、出口为主攻方向外，以三座斜井和一座竖井作为辅助，这样可以多开工作面，实现"长隧短打"，以缩短工期。前三年受投资限制以及经验不足影响，隧道施工至今仍是"拦路虎"。1985 年投资增加后，立即形成了攻克"拦路虎"的可喜奋战局面。

铁道部对大瑶山隧道建设十分重视，利用外资贷款引进瑞典阿特拉斯公司四臂液压钻孔台车、美国卡特彼勒公司轮胎式装载机、意大利佩利尼公司 25 吨隧道运输自卸汽车、日本 12 米大型模注台车等先进设备，以机械化取代了传统的人工作业或半机械化作业。首次组成了凿岩、喷锚、运输、衬砌四条机械化作业线。隧道局领导积极推动新奥法（即新奥地利法，NATM），采用全断面机械化施工，在山体开挖后立即用加有速凝剂的喷射混凝土喷敷在岩层表面，并根据需要加设锚杆（软弱岩层还可增加钢筋网），在岩层未产生大的变形时就形成强力支撑。这种方法彻底改变了传统的小断面、木支撑方法，不仅节约木材，增加作业空间，有利于无轨运输等作业，而且喷射混凝土初期支护，可以同后面紧跟的模注混凝土衬砌形成复合式衬砌结构。这是实现隧道施工安全、优质、高效的重大技术变革，是铁路隧道建设的第三个里程碑（第一、二里程碑分别为宝成线和成昆线隧道建设）。

隧道施工中遇到的最大风险是通过断层破碎带、岩溶等地段时造成塌方、涌水、突泥，危及职工生命安全。开工之后，在进口端、出口端以及斜井工作面，多次出现过大量涌水和塌方。1985 年 4 月 11 日，班古坳竖井突然涌水，顷刻间水深已过腰部。教导员带领井下作业的 77 名职工立即堵水救井。当堵水排水等措施无效时，他把生的希望让给别人，让职工先撤，自己最后离开。不久，440 米深的竖井全部被淹，可见地下水压力之大！我接到报告时，对这位教导员表示慰问并给予表扬，同时要求尽快研究对策。我邀请有关地质专家现场咨询，他们认为这里是南北气候交汇处，雨量充沛，广为分布的石灰岩溶洞长期积蓄，整座山岭无疑就是一座大水库。我们看到武水西岸边坡裸露的岩层里有地下水哗哗流出，说明山体内部水路是连通的。为解救被淹竖井，决定打一条迂回导坑。直到 1986 年 3 月 18 日利用迂回导坑放水成功，竖井才恢复生产。

攻克九号断层

大瑶山隧道要穿越 11 条断层，影响范围长达 2.7 公里。由于断层地带岩层破碎，有的已成为松软泥土，加上岩溶地下水影响，经常发生大量坍塌，施工十分艰难。位于隧道中部的九号断层及其影响带宽达 465 米，最大涌水量高达每昼夜 4.2 万吨，是全隧道施工最大难点，也是要征服的最后一只"拦路虎"。

为贯彻国务院领导现场办公会精神，1985 年 12 月 16 日我请地质矿产部几位专家来铁道部，共同研讨安全通过断层地带的有效方法。12 月下旬，我组织地质矿产部、水利水电部、铁道部专家，到大瑶山隧道进行"会诊"，确定了"安全第一，质量第一，稳扎稳打,步步为营"的指导方针,提出了应急主要对策:从出口端开挖超前导坑,以探明工程地质、水文地质,并实施排水降压,对进口端被地下大量突水淹没 11 个月之久的班古坳竖井放水清淤恢复生产。采取南北夹击方式,攻克九号断层。

根据专家会诊制定的治理原则,铁道部组织全路 50 多位专家、教授和工程技术人员,组成现场攻关小组,分专项开展研究,坚持实时监测变化情况,及时研究应变对策。1986 年 2 月春节我住在隧道局指挥部,慰问大瑶山隧道坚持施工的职工,并在进出口分别召开了座谈会,听取大家意见。1986 年 8 月以后,隧道出口端和进口端先后进入九号断层。在实践中总结形成了"钎深探、管超前、预注浆、小断面、留核心、短进尺、弱爆破、强支护、紧封闭、勤测量"等一套科学施工方法,终于战胜特大涌水和断层破碎带,攻克了软弱围岩大断面掘进的技术难关。

大瑶山隧道施工中,先后战胜了 94 次塌方和 39 次涌水突泥。最严重的一次塌方发生在 1986 年进口端施工中,坑道被掩埋 21 米,坑壁形成 10 米左右的喇叭筒。经艰难立起 32 排钢拱架,才控制住了塌方蔓延。对于顶部涌水如注、下部积水成河的"水帘洞",采取"排堵结合、综合治理",取得了较好效果。1987 年 10 月大瑶山隧道主体工程基本完成,洞内绝大部分地段基本达到了电气化列车通过时所必需的防水干燥标准。唯有距出口端 7.8 公里的九号断层下盘处约 40 米长地段仍有涌水,虽然几经整治仍有病害。1988 年 8 月,我看到这段隧道底部 30 厘米厚的混凝土仰拱有断裂、上拱和位移现象,果断做出决定:宁可晚开通,也要保质量。要求拆除这 35 米仰拱进行钻孔注浆堵水，改为 40 厘米厚钢筋混凝土仰拱。1988 年 10 月有的地方又有涌水现象，我同专家们商议后采取在边墙底部埋管措施，将水引入中心水沟排出。衡广复线开通运营后，大瑶山隧道九号断层地段仍发生过突水、涌沙，影响正常运输。我邀请路内外专家现场调研后，制定了综合治理措施：对班古坳地表出现的陷坑进行回填夯实，修筑排水系统，防止地表水和泥沙渗入洞内；对于水源主要来自地表、连通性好的地段，开挖导坑引水减压，再用高压深孔帷幕注浆封堵，并建立检测系统。这些措施都为整治洞内渗水提供了新经验。

连源全段创优

连源段是衡广复线开工最晚的一段，是控制总工期的重点地段。在工期紧、任务重的地段实施全段创优，是项目质量管理的大胆尝试，不仅带动衡广复线深入开展质量创优活动，而且促进了全路质量管理水平的提高。

广东省境内连江口至源潭段既有线全长 52.4 公里，基本上是沿北江东岸蜿蜒行进在剥蚀丘陵地区。北江是珠江流域第二大水系，汛期发生多起洪水，直接威胁着广州市及珠江三角洲地区的安全。多年来，广东省水利部门都在规划新建飞来峡水利枢纽，以解决防洪问题，并结合发电、航运等综合开发利用北江资源。这项规划的水库坝址有多个方案选择，由于种种原因长期未定，致使连源段勘测设计工作无法开展。

　　直到 1985 年 6 月后，对飞来峡水利工程升平坝址取得共识，铁四院才全面展开连源段勘测设计工作。连源段既有线曲线多、坡度大、病害多，路基标高严重不足，填料多为风化岩土和粉砂质土，洪水灾害尤为严重。1982 年洪水曾造成 50 多处病害，支护失效，边坡坍塌，中断行车 236 小时。本次勘测设计中，经反复研究确定对库区线路采用一次双线绕行新建方案。由于勘测设计周期很短，勘测人员夜以继日连续奋战，采取边初测、边定测、边设计的特殊措施，于 1986 年 6 月完成了连源段施工设计。要实现"三年铺通"总目标，后门已经关死，开工时间推迟，成为全线工期最紧的地段。因此，连源段在指挥部重点工程名单上是挂了号的。

　　1986 年初，铁二局接到连源段施工任务后雷厉风行，立即组织精干班子进行施工现场调查。铁二局施工地段全长 40.267 双线公里，地形地质复杂，北段桥隧集中，南段软土路基居多。根据这个工程特点，研究施工部署，调动施工队伍。各单位迅速行动，迎难而上，做好施工准备。如为解决施工用电，他们用 20 天时间在连江口一个荒山坡上建成了一座 6 台发电机机组电站。听了铁二局局长陈锡贤关于连源段施工安排的汇报后，我能感受到他们求战心切的态度和争当先锋的决心，希望在连源段再创辉煌业绩。这时，我对他们谈了一个想法，连源段是最后一个开工地段，像一张白纸可以画出最美图画。因此要求更高、更严，要把"连源全段创优"作为奋斗目标。他们听后既感到惊讶，又感到鼓舞。

改革开放以来，我们学习国际先进理论、结合中国具体实际，在铁路建设中大力推进全面质量管理，取得了一定成绩。但是大多停留在建立质量保证体系，开展 QC 小组活动等方面。如何加强质量管理取得更大成效，是我经常思考的一大问题。我提出连源全段创优要求，其内涵主要是：从事后评优转向有计划有目标的主动创优；从分部、分项工程评优转向包括各专业工程的全面创优；从施工单位评优转向包括设计、施工、运营、科研等单位的联合创优。铁二局领导听后表示，一定把"连源全段创优"作为总目标认真落实，并在实践中不断加深理解。

铁二局连源段创优经历了"准备、实施、总结、提高"等发展阶段。1986 年上半年，在尚未全面开工之前就研究制定创优规划，从思想上、组织上、技术上做好充分准备。正式开工后，各单位在实施中不断总结交流经验，使全段创优向更高水平发展。1987 年秋天，连源段线下工程大部分已经完成，全段创优效果已经初步显现出来。质量管理制度不断完善，创优模式不断涌现，一批优质工程成为样板。

我检查了铁二局全段创优进展情况，看到已完工程质量优良，为他们取得的成绩感到高兴。连源全段创优取得好成绩，主要经验有四条。第一，增强质量意识。把工程质量作为企业生命，作为职工信誉，变被动为主动，变不自觉为自觉。特别要教育领导干部以高度责任心起带头示范作用，思想上新高度，管理上新水平，创优出新成果。第二，实行目标管理。根据创优规划和总目标要求，进行层层分解、落实责任，形成"千斤重担众人挑，人人肩上有指标"的崭新局面。实行全过程动态管理，及时发现问题加以纠正。第三，完善管理制度。强调标准化作业，严格执行作业程序、作业标准、检查监督、考评标准及奖励办法。铁四院配合施工优化设计，发挥了重要作用。要加强各单位协作，重视专业接口和薄弱环节，构建一个纵向到底、横向到边、反馈灵敏、协调联动的有效保证体系。第四，依靠技术进步。新技术、新设备、新材料对提高工程质量具有重要作用，在联合攻关中要突出质量安全要求。同时，要加强技术培训工作，包括对职工和民工技术培训，提高人员素质，为全段创优奠定基础。

经过两年奋战，连源全段创优取得显著成绩。全线 352 项单位工程，竣工交验合格率 100%，优良率 99.1%。这为全线树立了榜样。铁五局、隧道局、大桥局、广州局工程总公司都组织干部到连源段参观学习，找出差距，制定措施，强化管理。站前创优经验也为站后工程提供了借鉴，电气化局、通号公司等单位都围绕新技术、新设备，完善了创优实施安排。在衡广复线建设工地，形成了典型引路、你追我赶、互相促进的全线创优新局面。

1987 年 10 月中旬，在旧横石铁二局工地召开了全路基建工程质量创优现场会，总结推广"连源全段创优"经验，对提高铁路工程质量管理水平起到了积极作用。

运输施工协作

衡广复线建设要在既有线运输能力不减有增和确保运输安全的前提下，对既有线进行技术改造并增建第二线，涉及多部门多专业，施工组织十分复杂。这就必须提倡顾全大局思想，发扬团结协作精神，加强统一指挥，实现运输和施工两兼顾、双丰收。

按照"分期建设、分期受益"的指导方针，全线除南岭、平乐、飞来峡三大段双绕地段外，将既有线相关工点化整为零，按照运输扩能需要，安排相应的施工顺序。经多方共同研究，双绕以外的既有线地段划分为 103 段，每段主体工程完成后要经过一次或数次施工过渡，才能形成复线发挥效能。

针对这一复杂情况，我要求指挥部抓思想、抓组织、抓制度，建立运输与施工协作配合的良好机制。要求各局领导带头树立"一盘棋"思想，把协作配合当成自己分内之事、应尽之责，形成强大合力，共同渡过难关。广州铁路局局长杨其华是一位主管铁路运输的干将，思想开放，魄力很大。他在局里多次讲到，施工单位为扩能奋战，这是在帮我们的忙，我们要为施工单位创造条件。他阐明了"如欲取之，必先予之"的道理，要求各部门都要以大局意识处理好"忍小痛、治大病"的关系。广州铁路局副局长蔡卫君负责协调运输与施工关系，并组织广州铁路局工程总公司承担部分施工任务。铁五局承担的施工任务最重，局长杨瑾华亲自坐镇指挥，要求全局职工树立为运输服务的思想，落实确保运输安全的行动。这就为妥善解决施工与运输的矛盾奠定了思想基础。

从指挥部到各局、处，都建立精干高效的协调机构。由领导挂帅，分工负责，落实责任。同时，建立了比较完整的协调制度。如指挥部每月一次运输例会，研究需要铁路局解决的路料运输、封锁要点等计划安排。不定期召开设计、施工、运营三方协作会议，研究解决施工与运输配合的重大问题。制定了路料运输管理办法、施工安全规定等制度。特别强调检查落实各单位的安全包保责任制。指挥部还建立了考核机制和奖励机制，对协作配合成绩突出的单位和个人给予奖励并授予先进称号，在全线进行通报宣传。

在衡广复线建设中，稳妥施工过渡，确保拨接安全，是重中之重。施工过渡可以有多种方式，例如：新老线基本等高并行时，新增二线可以一次建成复线；如果既有线需要改造曲线或抬道落道，则要先开通二线，再封锁既有线改造；区间线路有单、双绕换边不等高交叉及既有桥隧改造等复杂情况时，一般都需要进行多次过渡才能形成复线。站场改扩建既要扩充股道，也有抬高站坪、增设桥涵等，施工过渡还包括信号过渡工程。所以，必须精心研究施工过渡方案。

对于全面研究制定施工过渡方案，我讲了三条原则：确保安全质量，确保年运量不减有增，确保高效施工。同时，发挥广州铁路局主导作用，由他们负责编制施工方案，征求设计、施工单位意见后，进行审批并安排实施计划。有的工点特别复杂，如马坝站既要抬高站坪，又要增建多线立交桥（穿越 13 股道），需要经过 5 次施工过渡，尤其要精心策划、精心组织。每个工点过渡都是一场激战。按照批准的封锁要点计划，在线路封锁之前施工单位和运输部门要做好充分准备，包括施工队伍、设备、路料等。为了争取时间，运输部门协助提前完成区间卸砟、卸轨等繁重任务。

线路封锁之后，要争分夺秒多头作业。由于施工场地限制，大型机械难以上道，基本上全是人工作业，所以必须有足够的施工队伍。拨接开通后，列车限速通过，仔细观察轨道稳定状态，及时进行整治确保运输安全。施工企业负责 24 小时整道养护，提高列车速度直至达标，再由广州铁路局接管。广州局组成两套班子，一手抓验收，一手抓拨接。实现上门服务，现场办公，分段初验，一次复验，提高工作效率。

可贵的是，施工过渡方案实施过程中，除了施工单位在各关键部位派专人负责安全外，广州铁路局在车站值班室和现场都增派人员确保安全。按照杨其华局长的说法，这是"双保险"。广州铁路局派出的监察工程师也很负责任，对拨接开通安全严格把关，发挥了重要作用。广州铁路局在总结经验基础上，提出了"一次停运，多处施工"的措施，甚至把相关车站和区间纳入一次封锁施工，收到良好效果。例如：大坑口新站至沙口隧道南头线路由 3 段组成，原计划要安排 3 次封锁，后来改为 1 次封锁 3 段同时施工。规模宏大的激战场面令人振奋，5 个车站 6 个区间总共17 个拨接口同时施工，经过 2 小时 53 分终于完成顺利开通。仅此一项施工过渡，就可以节约时间多运货物 2.4 万吨。

复线施工路料运输量很大。广州铁路局专门研究后实行"三优先"：计划安排优先，装车挂运优先，取送车作业优先。对施工封锁要点计划，统筹安排予以确保，要点兑现率 100%。为施工创造条件的工作，全部纳入铁路局月度运输计划。对调度等部门落实情况进行考核，实行奖励制度。

运量增长主要靠挖潜提效。广州铁路局采取的主要措施是：增加机车牵引定数，增加列车编组长度，增加列车开行对数。通过改革运输行车组织，打破常规编制满图运输。1987年衡广既有线运输能力利用率大部分达到100%，郴州至韶关段受制于翻越南岭大坡道，运输能力利用率也高达95%。

衡广复线通车

在国家有关部委和湖南、广东两省大力支持下，衡广复线建设指挥部及各参建单位认真贯彻国务院关于加快衡广复线建设的重大决策，落实衡广复线建设领导小组的部署要求，夺取了"南攻衡广"全面胜利！

五万余名铁路建设大军发扬"坚持改革、依靠科学、顽强拼搏、团结协作、开拓创新"的衡广精神，经过连续三年艰苦奋斗，创造了辉煌业绩。联合攻关在隧道、桥梁、路基、"四电"及运营管理等方面取得了丰硕成果，获得多项部级奖励（1992年大瑶山隧道获国家科技进步奖特等奖）；联合创优首次实现大段工程整体优质，全线工程总评优良，获得国家优质工程奖；封锁拨接线路316次，共计787个拨接口，无行车重大、大事故，实现运输施工双安全；施工期间既有线运量未减，每年新增货运量100万吨以上；充分利用既有线设备，努力降低造价，使建设投资得到有效控制，实现工期要求并略有提前。总结这些建设宝贵经验，对提高铁路工程技术和管理水平有重要作用。

1988年12月16日在韶关车站隆重举行了衡广复线通车典礼。

国务院发来贺电，李鹏总理作了重要讲话并题词"贯通湘粤南北，支持改革开放"。我在大会发言中介绍了衡广复线建设主要成就，并对各方面的大力支持和全体建设者的拼搏奉献表示感谢！

1989 年配套完善，主要是车站设施。当年坪石口下行接入货运量，比 1985 年增加 1000 多万吨。年底，以铁道部部长李森茂为主任的国家验收委员会对衡广复线进行国家验收，认为全线工程质量总评优良，技术设备达到比较先进的水平，年运输能力近3000 万吨，远期 5000 万吨。衡广复线建设结束了"八年徘徊"局面，实现了"三年铺通、一年配套"的目标要求，成为繁忙干线改造扩能的典范。

早在 1981 年 5 月，万里副总理视察广东交通工作时曾说过，衡广复线修晚了，这个教训应该吸取。在编写衡广复线工程总结时，我深感有些问题应引以为鉴，主要是：对国家经济发展估计不足，预测运量偏小；站前工程与站后工程协调不力，有些地方出现脱节；工期紧迫，有些工程处于"三边"状态（边勘测、边设计、边施工）。这个教训，我们要深刻汲取。

三、"北战大秦"获胜

大秦铁路西起山西省大同市，东至河北省秦皇岛市，全长653 公里，是我国第一条重载铁路。大秦铁路分两期建设，一期工程先建大同市至大石庄 411 公里，以联络线接入京秦铁路段家岭站；二期工程为大石庄至秦皇岛 242 公里。全线建成后，形成晋煤外运北通道。

20世纪80年代初，我国在改革开放方针指引下，经济社会加快发展，铁路运输成为突出的制约因素，尤其是煤炭运输更为紧张。东部地区许多城市严重缺电，不得不停三开四（每周开工四天停工三天），以电定产；不少发电厂存煤不足，只能拉闸限电；与此同时，山西煤炭大量积压，运不出去，发生自燃，要以运定产。中央作出修建大秦铁路的决定，对缓解煤炭运输紧张状况、促进国民经济上新台阶，具有重大战略意义。

当时，有的专家持有不同意见，写信向国务院反映，认为煤炭应由铁路直接运达东部或南方，而不应到秦皇岛再转海运。我把这位专家请到办公室，听取他的意见。他说，"铁路不能当接力棒"，"不能把煤炭往海里倒"。我概要介绍铁路运输能力紧张状态后说，铁路运煤直达用户最为理想，现在实际情况是铁路运输能力不足，特别受长江天堑影响过江能力限制，难以实现直达用户的愿望。修建大秦铁路，充分利用海上运输能力，是缓解东部地区煤炭紧张的有效措施，铁道部一定要把这个决策落实好。后来，得到专家的理解。

对于修建重载运煤专用铁路，经过反复论证形成共识。铁道部出国考察了美国、加拿大、澳大利亚等国的重载单元列车，也考察了苏联的组合式重载列车，决定大秦铁路开行重载单元列车。这是适合大宗散装货物运输的有效方式。煤炭产地相对集中，煤炭流向（用户）相对稳定，港口卸车装船地点固定，采用整列装车、整列翻卸、循环运输，途中不改编、不变轴、不更换机车，可以提高煤炭运输效率。这对加强我国西部煤炭外运能力十分必要，也是实现中国铁路现代化的重要举措。

大秦一期建设

1985 年 1 月 1 日大秦铁路一期工程正式开工建设。1 月底，我从衡广复线返回北京后，到天津铁三院和大秦铁路一期工程现场调研。铁三院介绍了线路走向方案、主要技术条件及重点工程情况。全线调研使我感受到线路自大同盆地向东穿越雁北高原、桑干河谷，经官厅水库北缘穿过燕山山脉，进入华北平原。控制性工程是"两段一站"，即化稍营至方家沟段（桑干河峡谷 40 公里）和军都山至摩天岭段（50 公里），以及湖东编组站。为了早日建成大秦铁路，设计、施工单位冒着刺骨严寒，在冰天雪地里开展施工准备工作，抢修施工便道，搭建临时房屋。

加强组织领导

对于大秦铁路建设，国务院高度重视，沿线两省两市（山西省、河北省、北京市、天津市）和有关部门大力支持。成立了由铁道部陈璞如部长担任组长的国务院大秦铁路建设领导小组（负责日常工作的办公室设在铁道部），对大秦铁路建设提出明确要求，负责协调解决建设中的重大问题。陈璞如部长和尚志功副部长认真贯彻国务院领导指示精神，深入现场调查研究，深受广大职工爱戴和敬仰。为搞好大秦铁路装运卸建设，成立了国务院大秦铁路重载列车成套设备领导小组，由我担任组长。下设办公室，由谷业权负责。铁道部、煤炭部、交通部分别牵头研制铁路运输、煤炭装车、煤炭卸车专用设备。1985年7月，我提出将铁道部的两个办公室进行合并，丁关根部长表示同意。于是，铁道部大秦铁路建设办公室（以下简称"大秦办"）成立，由毛文礼、谷业权负责，归口管理大秦铁路建设，并承担国务院两个领导小组日常工作。

大秦铁路设计由铁三院担任总体设计单位，参加设计的还有电气化局、隧道局、铁科院、北京局等。施工由铁道部所属铁一局、铁三局、隧道局和电气化局，以及由铁道兵集体转业的铁十六局、铁十七局、铁十八局等。我要求他们加强团结、互相学习、齐心协力，在大秦铁路建设中创造新业绩。

精心组织实施

如何打好"北战大秦"这一仗，需要正确部署，精心组织，狠抓落实。我看了大秦办组织专家们研究的施工组织设计，认为需要突出大秦铁路的特点、难点、重点。大秦铁路是我国第一条开行万吨单元列车的重载铁路，这是一项复杂的系统工程，面临的是全新技术的严峻挑战。所以，我们要以系统方法统筹安排，突出重点，联合攻关，完善配套。一期工程工期4年，1989年试运行；二期工程1992年底开通运煤，1993年国家验收。

"七五"期间，铁道部实行投入产出、以路建路经济承包责任制，在包铁路运输任务的同时，还要承包铁路建设规模和形成运输能力，包基本建设投资。在铁路基本建设改革初期，1985年

10月以大秦一期工程中茶坞至大石庄段（60公里）作为招标试点，通过竞争择优选择施工单位。1986年9月由大秦办与一期工程中标的6个局签订了施工承包合同。各施工单位都实行百元产值工资含量包干。这些初步改革破除了以往"吃大锅饭"和"敞口花钱"的管理制度，引入了竞争机制，实行了经济核算，是建设管理的一大进步。但是，有的施工单位和职工很不适应。特别是从军队转业到铁路的职工，认为一直是吃"皇粮"的，现在要自己找饭吃，太难了！有的隧道发生大塌方，一个多月没有进度，职工没有奖金，甚至连工资都发不出，压力很大！我了解到这些情况后，希望各单位既要坚定地推进改革，又要实事求是地解决好职工生活问题。

在项目施工管理上，大秦办对质量、安全、工期、投资以及路地共建等方面都做了具体安排。各单位领导正确处理这些目标之间的相互关系，做到以质量为核心，开展创优活动，带动全面工作。抓思想落实、组织落实、制度落实、监督落实，形成齐抓共管的格局，健全有效激励机制。大秦铁路质量管理取得了较好成绩，1991年荣获全国优质工程奖金奖。

路地合作为大秦铁路建设创造了良好环境。大秦铁路沿线两省两市政府领导挂帅、设立专门机构，解决征地拆迁难题。既要依法依规又要解决群众实际困难，许多县都取得了显著成绩。阳安县引导农民兴修水利，扩大水浇地2000亩，做到减地不减产。怀柔县推丘填沟，造地1071亩。怀来县新建小学12所。还有的县开办小型企业，安置劳动力，取得较好效益。

　　大秦铁路一期工程地质十分复杂，隧道施工经常出现塌方、涌水等险情，安全事故多发，致使有的站前工程工期延后。这就压缩了站后"四电"施工周期，造成一定被动。这些不足之处，在二期施工时得到改善，勘测设计前期工作基础好，施工工期安排合理，质量安全水平进一步提高。

强化界面管理

　　作为一项复杂系统工程的大秦重载铁路，必须运用系统方法进行规划、设计、建造和运用管理。这里所说的"系统"，是由相互作用和相互依赖的若干组成部分结合而成的，具有特定功能的有机整体。由于参加单位多、专业多，经常发生相互脱节、性能失配，差、错、碰、漏现象频发，所以必须加强界面（即结合部）管理。这是大秦重载铁路项目管理的关键，也是实现开行重载列车整体功能的关键。因此，我特别重视对设计、施工、装备的性能匹配，以及与路外装卸作业的衔接配合。

　　铁三院院长张光禄抽调骨干力量，成立了设计总体组。在分专业进行设计质量管理基础上，强化各专业之间的界面管理，尤其是站前各专业与站后各专业的相互协调，把问题暴露在院内、解决在院内。同时，要把隧道局承担的军都山隧道设计、铁专院设计的大桥和电气化局承担的全线电气化设计，都融入整体设计之中。例如：电气化工程的征地拆迁，在桥隧建筑物预留下锚、立柱或悬挂点位置等，都由铁三院归口安排。可喜的是，电气化局针对界面管理中的问题优化设计，提出了"四个两合一"的改进措施，把以往分别建设的牵引用电（25 千伏）和生产生活用电（10 千伏）归一设计，使电力线路、变配电所、系统远动、动力照明等四项设计合而为一，既提高了设计质量，又节约了工程投资。

在工程施工和装备研制中，由大秦办负责协调。界面管理的重点是：桥隧路基主体工程关键工序把关、隐蔽工程质量把关，路基工程与桥涵隧道结合部（如桥头路堤等），"四电"（通信、信号、电力及电气化）工程与土木工程的交叉干扰，诸多施工单位的分工合作等。同时，重视铁路重载装备与装车点卸车点装备相匹配。针对界面管理重大难题，大秦办组织专家现场调研献计献策。有效的界面管理保障了工程高质量完成。

攻克技术难关

组织路内外科技力量，攻克大秦铁路工程技术难关，为建成第一条重载铁路提供了技术支撑。同时，为制定中国重载铁路设计、施工规范奠定了重要基础。

重载路基突破

由于重载铁路路基所受动荷载强度、振动及疲劳作用加剧，容易产生较大变形，致使轨道状态恶化，因此必须特别重视，研究制定一系列特殊措施。在审查施工设计、检查施工现场时，我多次强调要做到"四新"：树立路基是土工结构物的新理念；制定满足重载运输要求的路基新标准；配备重载路基施工的新设备；

探索重载路基施工的新工艺。

在我国铁路建设中，多年来受陈旧思想观念影响，对路基工程重视不够，路基变形大、病害多、养护维修成本高，成为铁路工程突出的薄弱环节。铁科院、铁三院等单位在多年试验研究和大秦铁路试验段的基础上，确定了重载铁路路基主要技术条件，对路基的基床结构（厚 2.5 米）、路基填料和填筑标准、地基处理及防水排水等提出了具体要求。这为设计和施工提供了技术支撑。

铁一局承担着重载铁路路基施工技术研究任务。在科研、设计单位配合下，选择有代表性的铁炉村填石路基、延庆砂卵石路基、茶坞站黏性土路基，进行压实试验研究。取得了填料分类、压实方法、机械参数、填土厚度及碾压次数等完整数据，总结出重载路基"四区段、八流程"新工法。把施工地段按流水作业划分为四个区段：填土区段——重型自卸汽车运料；平整区段——用推土机平地机摊平；碾压区段——用重型振动压路机反复碾压；检验区段——用核子湿度密度仪或 K30 承载检测车快速测定填筑质量。全部工序可细分为"八流程"，即施工准备、基底处理、分层填料、摊铺平整、振动碾压、检验签证、路面整修、边坡夯实。路基表层密实度达到 97% 以上，成为我国铁路路基工程新标杆。这项首创性研究成果，对提高路基工程质量有重大作用，后来在全路推广应用。

当时大秦铁路轨道需要的 75 公斤／米钢轨正在研制之中。我拜访冶金部领导，希望加快重型钢轨研制工作，他们给予大力支持。铁道部主持研发了新型道岔、预应力混凝土岔枕、预应力混凝土桥枕、重型铺轨机、道砟整形机等，加上引进奥地利普拉塞·陶依尔公司起拨道捣固机，展示了大秦铁路路基轨道新水平。

首创"浅埋暗挖法"

大秦铁路双线隧道不仅数量多，而且地质复杂，建设难度很大。全线普遍推行新奥法，全面机械化施工。采用液压凿岩台车、大容量装砟机和自卸汽车运输（或有轨运输）、喷锚支护机械手、钢模初衬台车以及超前地质预报等，构成完整的机械化作业体系，使隧道机械化施工技术大为提升。

隧道局在军都山隧道施工中，攻克了浅埋黄土段新奥法施工技术。军都山隧道全长 8460 米，采取"长隧短打"措施，分设三座斜井两个平导，加上进出口，多头并进。1986 年 4 月，该隧道出口创造了单口独面月成洞 241 米的全路新纪录。国务院副总理李鹏视察军都山隧道，并题写"开拓前进"四个大字，使职工受到极大鼓舞。军都山隧道进口端有 625 米为浅埋黄土段，拱顶覆盖土厚为 13 ~ 23 米，最浅处为 3.6 米（洞顶水渠渠底），地下水位很高。若按照传统施工方法，需用明挖法修建明洞，这容易实施但地表拆迁工作量大，对道路交通干扰较大。隧道局研究后决定继续采用新奥法进行暗挖施工。在拱部开挖前先做管棚注浆防护，再安钢架、钢筋网、喷混凝土并加锚杆，构成初期支护体系；自上而下分层开挖，用量测资料（水平收敛值和下沉量）指导施工；然后一次完成拱墙模注混凝土衬砌，保持拱墙无缝整体受力。

创造"浅埋暗挖法"顺利通过黄土段，使新奥法应用范围进一步扩展。

地铁告别"大揭盖"

随后，我把"浅埋暗挖法"推介给北京市领导，用于建设北京地铁复兴门折返线。北京市从 1965 年开始修建地下铁道，20 年后仅有两条地铁各自运行。地铁 1 号线在北京站至苹果园站之间往返运行，2 号环线在建国门至复兴门之间呈"┏┓"形往返运行。北京市计划修建地铁 1 号线复兴门折返线（长 358 米），将 1 号线改为在复兴门站至苹果园站之间往返运行（今后再向东延伸）。与此同时，将 2 号线改成环线运行。长安大街交通繁忙，每天行车 5 万至 7 万辆、自行车 10 多万辆和数万行人，地下管网密布。按照传统施工方法，采取封闭部分路面，开挖长约 400 米、宽 20 多米（双线隧道跨度 12 米、岔区隧道跨度 14 米）、深 10 多米的矩形大坑，先修建隧道，再回填并恢复路面。我得知这个信息后，立即给北京市领导打电话，认为明挖法既影响城市交通，污染城市环境，还要花大量拆迁费用，建议改为暗挖法从地下打洞子。我推介说，大秦铁路军都山隧道浅埋黄土段暗挖法已取得成功，可以派人去看看。市领导指派市建委主任率有关人员，考察了大秦铁路军都山隧道。经多次现场考察和研讨，北京市地铁公司报市政府领导批准，同意用浅埋暗挖法建设复兴门地铁折返线。于是，复兴门折返线施工任务就交给了隧道局。隧道局领导经过调研后，组织精干队伍，于 1986 年 8 月 15 日正式开工，采取了严格环保管理措施。根据北京松软地层自稳能力极差的特点，先用钻孔注浆加固地层，然后用短台阶法开挖，及时加强支护，采用复合式衬砌。隧道局总结出"管超前、严注浆、短开挖、强支护、快封闭、勤测量"18字施工要领，安全稳步推进。1987年春节期间，我下到地铁折返线施工掌子面，慰问隧道局职工并表示祝贺。当年12月23日复兴门折返线通车。北京市组织专家对"浅埋暗挖法"进行评审，我应邀到会发言，专家们都给予充分肯定和高度赞扬，从此，城市地铁建设不再"开膛剖肚"大揭盖，而是推广应用浅埋暗挖法。后来，修建长安大街地铁时，《北京日报》曾以《长安街上静悄悄》为题报道了这一成果。

提升技术水平

铁十六局施工的西坪隧道全长298米，开挖跨度13.67米，顶部覆盖厚3～36米，系严重风化的白云岩页岩互层，有的为新黄土。从出口施工时曾发生大塌方，地表面沉陷成大坑。铁十六局、铁三院研究，决定先挖左右两侧导坑，安装格栅支撑、喷锚支护，拱部一次开挖成型，最后再开挖核心土，灌注混凝土衬砌。这种"双侧壁导坑法"，俗称为"眼镜法"，为浅埋松散土质地层修建大跨度地下工程开辟了一条新路。

大秦铁路所经地区西段地形复杂，河流呈季节性，也有泥石流河沟；东段地势平坦，线路与既有铁路、公路、水渠等纵横交错。桥梁设计以标准图为主，地震区要增加抗震措施。对于控制线路标高的桥，采用低高度钢筋混凝土梁。平义分大桥是大秦铁路跨越京通铁路的立交桥，该桥中心高程是决定茶坞区段站填方高度以及是否设置安全线的控制条件。最初设计为跨度20米低高度钢筋混凝土梁，但因墩距太小，桥墩施工将影响京通铁路行车安全。铁三院研究后，创新设计思路，改为V形桥墩，可使墩距加大至30米，满足了行车限界和不中断京通铁路运营情况下安全施工要求。最后决定跨线部分桥梁采用3孔20米低高度钢筋混凝土梁（东、西两端有引桥）。V形桥墩属于空间受力体系，不能按平面结构设计，必须按空间结构进行分析。平义分大桥建成后，动静载试验结果表明，实测应力、应变、位移均小于理论计算值。因此，V形桥墩结构是安全的。V形桥墩配一般跨度梁，可以代替大跨度简支梁，为解决特定环境桥梁建设探索了新路。

桥头高填路基容易产生较大沉降变形，成为影响工程质量的薄弱环节。除了严格做好桥头路基过渡段工程外，我提出高路堤改桥的想法。铁三院进行技术、经济分析后，告诉我填土高度在8米至9米的路堤每米造价，与每米桥梁造价相当。如果考虑桥梁比路堤节约土地、减少维修费用，更应研究高度10米以上路堤改桥问题。铁专院在郑重庄特大桥设计了连续钢架式旱桥，就是一个突破。以往旱桥形式多采用简支梁结构，但墩身尺寸不可能太小。而连续钢架式旱桥则是空间结构，整体承受列车荷载，因此结构变得轻巧，外形比较美观，抗震性能也好，维修养护工作量极少。郑重庄大桥设计有27联3×8米连续钢架式及支承于钢架上的跨度6米整孔钢筋混凝土梁，全长937米，减少圬工

50%，节约了大量土地。该桥建成后静载、动载试验表明结构安全。V 形连续钢架式旱桥实现了结构创新，技术维修指标达到国际先进水平。

在大量采用钻孔灌注桩基础之际，如何及时检测桩基质量是共同关注的重大技术问题。常规做法是用钻机取芯抽样检验，但这种方法费力、费时、成本高，且容易损坏桩基，影响桩基施工。铁科院研究桩基质量无损检验技术，提出了瞬态动力法。这是一种以波动理论为基础，通过瞬态激励、综合分析判断，直接对桩进行无损检测的动力测桩新方法，对桩的完善性和断桩、缩颈桩、离析桩等典型缺陷作出判断，从而对混凝土桩基质量做出评定。这一检验技术已在多座桥梁应用，取得了实践成果。

长途干线光缆

在审查大秦铁路通信设计时，根据通信技术发展趋势及铁路试验研究成果，铁道部决定采用光缆数字通信，以保证铁路通信免受重载铁路大牵引电流干扰。在决策过程中，有的专家持有不同意见，认为当时光缆造价比电缆贵。经再次组织专家技术、经济论证后，铁道部、国家计委向国务院领导呈送了采用光缆通信的请示报告。

为使国务院领导了解论证情况，以便尽快批复，我专门做了汇报。我谈了自己的三点认识：第一，电气化铁路产生的电磁干扰是困扰铁路通信质量的一大难题。虽然采用屏蔽电缆有一定的防护效果，但运营过程中连接线腐蚀等会使屏蔽效果下降；路边设施电缆接插件受列车振动松动会使电缆平衡度降低。第二，建设铁路数字通信网络，发展信息技术，对通信质量提出了更高要求。第三，光缆通信技术具有通信容量大、中继距离长、不受电磁干扰、通信质量好等优点，是今后发展方向。国务院副总理李鹏听后表示认可。1985 年 11 月 8 日正式批复"同意"，使这一有争议的技术决策有了定论。

对于纯光纤构成的光缆结构（无金属线对），当时我国尚无现成标准和经验，对直埋光缆也无完善数据可依。经过研究，在光缆结构、防护要求等方面取得突破性进展；在试验段，对光纤损耗特性、色散特性等取得第一手测试资料，为发展光缆数字通信技术奠定了基础。通过国际招标，引进日本古河电工以 UV 为光纤保护层的单模光纤、适宜于直埋的光缆（8 芯）。1988 年底建成开通了大秦铁路一期工程（全长 411 公里），不仅建成我国铁路第一条长途干线光缆通信线路，也是当时国内第一条长途干线光缆通信线路。几年之后，光缆实现国产化，价格大幅下降，甚至低于电缆，光缆通信得到广泛推广。20 世纪 90 年代，光缆通信正式列入《铁路主要技术政策》。

研制重载装备

在考察国外先进重载装备基础上，铁道部从大秦铁路实际情况出发，研究提出了 6 个专业共 91 项成套技术装备。具体安排为：国内攻关 51 项，国外引进 35 项，另有 5 项为国内新设备购置。1986 年开始，铁道部组织跨部门、跨行业、跨地区的科研力量，以产品为龙头，制造工厂牵头，相关单位参与，开展联合攻关。

改进电力机车

大秦铁路牵引万吨列车的电力机车，不仅要有强大的牵引力，而且要在重车方向安全通过军都山地段长达 50 公里的 12‰ 长大下坡道，要有强大的制动力。这就需要采用 SS4 改进型电力机车，研发配套新装置。

由株洲电力机车工厂主持、铁科院等单位参加研制的 SS4 改进型电力机车是 8 轴重载货运机车，由 2 节完全相同的 4 轴机车用车钩及连挂风挡连接组成。单机牵引 6000 吨，双机牵引 1 万吨。机车采用国际标准电流制，即单相工频制，电压 25 千伏，直流传动。考虑到重载列车牵引的车辆很多，制动时间用风量很大，因此增强了风泵能力，以防止在坡道周期循环制动中出现风泵过热现象。1987 年研制成功空气—电阻自动联合制动装置，使机车制动能力大为提高。此外，采用无级变速装置，使操作平稳灵活；安装了空转保护装置，防止机车车轮和钢轨打滑擦伤，以充分发挥机车的牵引力；考虑供电部门要求，安装了功率因数补偿装置；为培训司机，研发了万吨重载列车操纵模拟器。

低速恒速控制

大秦铁路开行万吨重载列车，在产煤地区设计了 18 个货运站，修建了环线装车线或贯通装车线。装车系统一般都配有微机控制的煤炭自动定量漏斗。铁路机车则需要研发低速恒速控制装置。

机车牵引列车以低恒速（0.8±0.2公里／小时）不落弓通过漏斗仓底部，列车运行一节车长度距离时，正好装满一节车煤炭。在列车继续走行两相邻车端板距离的短暂时间内，缓冲仓向定量漏斗供足下一辆车的装煤量。待第二节车驶至装煤漏斗下方时，立即进行第二辆车装车。如此反复作业，装一列万吨列车时间为2～2.5小时。

　　机车低速恒速控制，关键在如何实现不落弓通过装煤漏斗仓作业。国外电力机车一般是前弓装备，要在漏斗仓下设置约30米长的无电区。大秦办组织电气化局、铁三院等单位研究提出了"中国方案"。1988年我到安太堡、落里湾等煤炭集运站，看到了电气化局创造的漏斗仓下接触网"八字"下锚新方式，将接触网延伸至漏斗仓下，使无电区缩短为8～9.5米，看到了铁三院创新设计的由绝缘滑杆构成的"不落弓装置"。电力机车不落弓通过漏斗仓下无电区的难题终于解决了，使低恒速运行自动装车得以实现。

　　研制新型运煤专用敞车，既要体现减轻自重、经久耐用的发展方向，又要与装车卸车装备性能相互匹配。齐齐哈尔车辆工厂主持研发的 C63 型运煤专用敞车是一种无侧门的缩短型货车，采用高强度低合金耐候钢焊接结构，减震耐磨的新型 B 级钢转向架、性能良好的制动机及耐磨防腐新涂料等。特别是安装了球形旋转车钩和大容量缓冲器（最初是引进，很快就自主研发成功），解决了不摘钩翻车的大难题，提高了卸车效率。秦皇岛三期煤港站重空车场采取纵列环形布置，并行设置了 2 台翻车机。在翻车机入口前面，由电子计算机控制的拨车机以每 3 辆为 1 组拨入 1 台翻车机翻卸，一列万吨列车翻卸约需 2 小时。当时，也有专家提出冬季运输煤炭易冻难卸问题，所以采取了有效防冻措施并设置了解冻库。

安全监测系统

为确保车辆运行安全，研发了红外线轴温监测系统。红外传感器是最关键的部件之一，安装在进站线路两侧，扫描车辆轴温、采集有关信息。红外线轴温监测站无人值守，具有信息采集、计轴计量、滚动判别、热轴判别、数据传输、系统自检等功能。应用计算机组网，实现集中管理热轴预报，这是国内首创，其性能高于国外同类设备，居世界领先水平。

在此基础上，车辆安全监测系统将进一步发展。从单一监测轴温走向综合监测。除轴温监测外，对超偏载、超限、垂下品、热轮等实施监测，有效保证车辆安全运行。

建成煤运通道

大秦铁路一期工程经过初验开通，头一年就运煤 2000 万吨，各项设备都经受了运营考验。在此基础上开行万吨重载列车试验，使运量逐年大幅度增长。二期工程于 1992 年开通，建成晋煤外运北通道，"北战大秦"取得全胜。

万吨列车试验

在大秦铁路一期工程开通运营一年多之后，1990 年 5 月至 6 月由大秦办主持、北京铁路局等组成试验组，进行万吨列车运行试验。由于当时 SS4 改进型电力机车尚在完善之中，万吨列车试验采用两台功率和轴数均与 SS4 相同的 8K 型电力机车或两台 SS3 型电力机车牵引。这是中国铁路历史上第一次大规模的综合试验。通过综合试验，对大秦铁路这项系统工程进行全面检验，特别是检验移动设备、固定设备、列车运行控制等实际运用和相互协调状况。

试验表明，SS3 型电力机车双机牵引 C63 型敞车组成的万吨单元列车是完全可行的。机车牵引功率得到合理运用，机车制动机与敞车制动机相互匹配，起动爬坡和各种制动效果良好，运行平稳，冲动不大。C63 型敞车的优越性在试验中得到充分展示。空气—电阻自动联合制动装置能够保证万吨列车在长大下坡道时的安全。机车低恒速装置在不停车连续装煤中运转正常无故障。

基础设施试验也取得了满意结果。万吨列车在限制坡道上均能起动，长大下坡调速制动可控；轨道上浮、下沉等变形测值都比较小，路基状态可以满足开行万吨列车要求；光纤数字通信系统不受交流电气化铁路接触网变电磁场的影响；机车信号显示正常；牵引供电系统能够满足最大负荷要求。

大秦铁路万吨列车综合试验取得圆满成果，对组织开行万吨重载列车具有指导意义。针对试验发现的问题，将进一步完善和提高。

分期验收投产

1988 年下半年，是大秦铁路一期工程 411 公里最后决战时期。7 月底，李森茂部长和我到大秦铁路现场办公，检查工程进展情况，对工程验收作出安排：要求站前工程尽快完成铺轨，"四电"工程交叉进行以争取时间，运营单位要提前介入，做好运营准备工作。9 月，铁道部成立了由我担任主任委员的初验委员会，正式开展工作。

我要求初验工作既要检查工程实体质量，又要了解建设过程管理；既有专业分工，又有专业配合，特别要重视结合部（界面）。北京铁路局成立大秦铁路公司提前介入。从 10 月中旬开始，分专业检查已完工程和安装设备，并进行对口检查交接。对检查初验中发现的问题列出清单，要求设计、施工单位限期完成。

初验工作遇到的最大困难是供电问题。铁道部向电力部门提出了用电指标，并请电力部门检查牵引变电设备。电力部门认为，大秦铁路电气化用电产生的高次谐波和负序电流，对电网安全运行有影响，因此不能同意供电。我同电力部门领导商议后，派出联合考察组赴欧洲电气化铁路进行专项考察。考察组回国后汇报说，电气化铁路的电力机车单纯采用功率因数控制策略的变流器会产生高次谐波；电力机车功率大，采用单相供电，也会产生负序电流。这两个问题几乎普遍存在，正在研究控制措施之中。电力部门负责人对我解释说，中国电网比较脆弱，经不住电力机车大功率非均衡用电冲击。尽管电力部门有顾虑，但他们仍以大局为重，同意 12 月 22 日零点开始供电，给予很大支持。我希望铁路和电力部门共同努力，加强科技合作，制定研究方案，为今后电气化铁路大发展提供技术支持。

供电问题解决之后，进一步检查调整各项设备，保持稳定运行状态。初验委员会认为，大秦铁路一期工程符合铁道部技术标准和设计文件要求，达到了开行万吨重载列车条件，同意不经临管运输阶段，由大秦铁路公司接管运营。12 月 28 日，在北京市怀柔县茶坞车站举行了大秦铁路一期工程开通典礼，国务院副总理邹家华宣读了国务院贺电，国务院总理李鹏讲话并题词"为运输达到 1 亿吨而奋斗"。经过一年多运行考验，1990 年 10 月国家验收委员会正式验收。

大秦铁路二期工程从大石庄至秦皇岛港正线全长 242 公里，1988 年 5 月重点工程开工，1992 年 11 月完工，初验后开通运营。12 月 21 日在秦皇岛举行了开通典礼，全国人大常委会委员长万里剪彩，国务院副总理田纪云发表讲话表示祝贺。1993 年 12 月国家验收，结论是：设计施工总评优良。

我国第一条重载铁路——大秦铁路，全长 653 公里，总投资 70 亿元，经过 8 年奋战终于全部建成投产，开启了我国重载铁路运输的新纪元。

弘扬大秦精神

建设我国第一条重载铁路，我们面临着严峻的挑战，同时也是难得的机遇。参加大秦铁路施工的队伍，主要是铁道部基建总局所属工程局和刚刚由解放军集体转业的铁道兵队伍。我特别强调，两支队伍都有优良传统，要围绕建好重载铁路这个共同目标，团结协作，再创辉煌！

在大秦铁路建设中，坚持两个文明一起抓、双丰收，不仅创造优质工程，而且培育高素质队伍。7 万余名建设者继承艰苦奋斗、敢打硬仗的光荣传统，培育出具有时代特色的大秦精神，这就是"能吃苦、敢拼搏的奉献思想，讲科学、争一流的创新意识，少投入、多产出的效益观念"。其核心是"吃苦奉献，争创一流"。

大秦精神将职工理想、项目目标、企业战略融为一体，形成了强大的向心力和凝聚力。鼓舞广大职工以强烈的主人翁责任感，在全线深入开展"比奉献、争一流、创效益"竞赛活动，攻克了一道道难关，创造了一个个奇迹，涌现出一大批先进集体和模范人物。这些成果又丰富了大秦精神内涵，扩展了大秦精神影响，成为铁路发展的强劲动力。

大秦铁路投入运营后，年运量稳步上升。1995 年，年运量5586 万吨，实现了近期设计目标。2002 年，年运量达到 1 亿吨，实现了远期设计目标。在此基础上，经过扩能技术改造，攻克山区铁路通信可靠性、长大列车纵向冲动控制、长大下坡道周期循环制动等技术难关，顺利开行了 2 万吨重载列车。大秦铁路公司经过重组，于 2006 年 8 月成功上市。2014 年，依靠科技创新和管理创新，成功进行了 3 万吨重载列车运行。大秦铁路走出了一条内涵扩大再生产的创新之路，年运量高达 4.5 亿吨，经济效益十分显著，社会效益特别突出。

四、"中取华东"鏖战

"中取华东"是"七五"铁路三大战役之一。1986年，铁道部经过反复研究论证，确定了"中取华东"的建设任务，成立了坚强有力的组织机构，作出了科学合理的建设安排。

系统安排会战

华东是我国经济最发达的地区。上海铁路局直接服务的区域包括上海市、江苏省、浙江省、安徽省、福建省和江西省（"五省一市"）。这个地区人口占全国人口22%，工农业总产值占全国的31%。但铁路营业里程仅占全国铁路里程的10%，而且不少线路标准低、运能小，主要干线长期处于超负荷状态。全国铁路运输有4个最紧张的限制口，上海铁路局范围就占了3个，鹰潭口、醴陵口和符离集口分别只能满足30%、40%和50%。客运买票难、乘车难，严重超员；货运接不进、卸不下、装不上，不得不采取停装、限装措施。因此，集中力量加快华东铁路建设，解决"通道不畅""消化不良"问题，是刻不容缓的重要任务。1986年2月，丁关根部长在全国铁路工作会议上强调，要把"中取华东"作为"七五"期间三大战役之一，抓紧研究安排。

国务院对华东铁路建设十分重视。1986年10月中下旬，国务院副总理万里亲自在杭州召开了华东铁路建设会议，并作了重要讲话。会后，国务院印发了《华东地区铁路建设会议纪要》，明确建设任务，提出了具体要求。他强调要集中力量打歼灭战，先解决"卡脖子"的地方，解决畅通问题。既要面对现实，又要面向未来，尽可能多搞些立交。要靠改革调动职工积极性和创造性，靠改造挖掘现有设备潜力，同地方密切合作，搞好华东铁路建设。为加强华东铁路建设领导，成立了由五省一市和国家有关部委负责同志参加的华东铁路建设领导小组，负责督促、检查、协调解决建设中的重大问题。

1986 年 12 月 1 日，我签发了铁道部文件，成立铁道部华东铁路建设指挥部，负责工程项目组织实施。由铁道部原副部长李轩任指挥长。李轩副部长曾长期主管铁路建设工作，改革意识强，工作魄力大，倡导现代化管理，经验十分丰富。考虑到华东铁路建设既有线改造任务繁重，由上海铁路局党委书记周聪清、局长韩杼滨担任副指挥长。我和李轩副部长商议，抓紧组建指挥部，年底前开展工作。

"中取华东"的显著特点是项目多、范围广，既有扩能改造，又有新建铁路。经过对京广线以东、陇海线以南的区域路网研究，概括为五大通道建设：强化南北第一通道（徐州—南京—上海）和东西第一通道（上海—杭州—株洲），新建南北第二通道（商丘—阜阳—杭州）和东西第二通道（武汉—沙河街—向塘西），以及改造鹰厦外福通道。总计有 35 个项目，铁路长达 3900 公里。

1987 年 2 月，华东铁路建设指挥部在北京开会，贯彻国务院领导要求，研究"中取华东"的总体部署和年度安排。李轩指挥长提出，按系统工程原则科学组织施工，以效益为中心，合理使用资金。"中取华东"是一项系统工程，由 5 个子系统（通道）构成。确定各子系统建设单位，按子系统编制施工组织设计，远近结合，合理安排，分项投资，分项受益，做到协调、配套、同步。各子系统都要畅通、高效，从整体上提升华东铁路运输能力。

我在会上讲了三点意见。第一，要优化设计。按照国务院领导讲话精神，贯彻"面对现实、面向未来"原则，区间线路和车站枢纽都要适应今后一个时期内发展需要，运输能力要有适当储备。第二，要突出重点。这里说的重点，主要是指运输紧张又见效快的项目或区段，要加大投资力度，早建成，早投产。第三，要安全优质。安全第一，预防为主，确保既有线安全畅通，创建优质工程，实现施工和运输双丰收。由于"中取华东"战役任务重、启动晚，"七五"期间能够完成大部分工程，有部分工程将在"八五"期间继续奋战、全面完成。

在"七五"后四年，华东铁路建设指挥部组织实施"中取华东"战役中，坚持两个文明一齐抓，在取得一系列铁路建设成就的同时，精神文明建设也喜获丰收。这集中反映在广大铁路建设者发扬奉献精神，搞好团结协作，科学组织施工，为夺取"中取华东"胜利提供了强大的精神动力。

广大铁路建设者不畏艰险，迎难而上，以苦为乐，以苦为荣。不仅战胜了自然灾害和施工困难，而且顶住了当时社会上的混乱思潮，顶住了弃工经商之风，在铁路建设中顽强拼搏。许多建设者无私奉献自己的智慧，创新技术、创新设备，提高铁路建设的质量和效益。有的控制性工程或临时性突击任务，项目经济效益并不理想，但施工单位仍以大局为重，积极参与，甘愿奉献。

华东铁路建设地域范围广、工程项目多、参战队伍多，在铁路与地方、施工与运营以及路内外单位之间，存在着大量需要协调解决的矛盾问题。指挥部强调相互沟通，主动配合，勇挑重担，把困难留给自己，把方便让给别人。自觉服从大局、服从整体、服从长远利益，形成了良好的团结协作风尚。同时，坚持以科学态度合理组织施工，针对实施情况进行动态平衡管理，体现了先进的工程管理模式。"中取华东"的奉献精神、协作精神和科学精神，为我国铁路发展提供了新的宝贵经验。

南北通道建设

华东铁路南北通道，主要沟通我国陇海铁路以北广大地域与华东地区的联系。既有南北第一通道（京沪铁路）已建成复线，需要进一步加强技术改造。新建南北第二通道包括商阜铁路、宣杭铁路以及改造既有铁路等。

改造京沪通道

京沪铁路已建成复线，影响运输能力的突出问题之一，是相关线路切割京沪铁路正线，所以必须修建立交桥。沪宁段江桥立交全长 1055 米，1987 年建成后消除了南何支线下行列车对沪宁正线的切割，平行运行图能力增加列车 13 对。符离集地处安徽省宿州市以北，因北有离山、地产符草而得名。旅客熟知符离集，是因为这里盛产中华历史名肴"符离鸡"。铁路职工都知道符离集,是因为这里是全国铁路运能紧张的"限制口"。之所以成为重要"限制口",就是符(离集)夹(河寨)线和京沪线津浦段平面交会,运输干扰很大。铁十四局依靠改革调动职工积极性,推广既有线旁施工新技术,采用现场预制梁体、万能杆件拼装龙门吊架梁,既减少了对既有线的干扰,又加快了施工进度,仅用半年时间就建成了全长1642米的符离集立交桥。1988年4月符离集立交桥通车后,使平行运行图增加列车22对以上,扩能效果十分显著。

南京枢纽长期超负荷运输,迫切需要在南京站至南京东站间新增第3线。铁十六局攻克近距离爆破、通信信号拆迁、线路拨接等难题,仅用7个月就完成了原计划16个月的工作量。上海新客站于1987年12月建成,上海客技站一期工程也已投产。南翔编组站及黄渡立交桥1991年建成。南北第一通道的扩能任务基本完成。

突破徐州枢纽

徐州铁路枢纽(以下简称"徐州枢纽")位于京沪线、陇海线交会之处,是全国性路网编组站,也是进出华东地区的咽喉。进入20世纪80年代,国家经济发展加快,京沪、陇海两大干线相继建成复线,"点"(枢纽)与"线"(大干线)运能不匹配,徐州枢纽"消化不良"的问题更加突出,接不进、卸不下、排不出。因此,在中取华东战役中,"突破徐州"是重中之重。

对于徐州枢纽能力不足、严重影响京沪和陇海两大干线运输畅通问题，国务院领导特别重视。1985 年 3 月 4 日，万里副总理乘专列赴河南召开中央绿化工作会议，并到兰考县现场观摩，我陪同前往。会议结束后，专列继续东行，前往合肥途经徐州时，万里副总理给我讲述了"文化大革命"期间，他到徐州整顿铁路运输秩序的往事。1975 年初邓小平复出后，以非凡的胆识部署开展全面整顿，突破口选在铁路系统。四届一次人大会上，万里被任命为铁道部部长。1975 年 3 月 5 日，中共中央发布了《关于加强铁路工作的决定》（即中发〔1975〕9 号文件），为铁路整顿指明了方向。当时，徐州枢纽严重堵塞，列车进不去、排不出，直接威胁华东客货运输，特别是上海、南京、杭州等特大城市煤炭供应频频告急。万里立即赶赴徐州，旗帜鲜明地批判派性，大刀阔斧地整顿领导班子，落实党的干部政策，严格作业纪律，健全规章制度，恢复运输生产秩序，很快取得实效。徐州经验受到邓小平同志赞赏，在工业部门推介。万里对徐州铁路分局提出要求："畅通无阻，四通八达，安全正点，当好先行。"这已成为全国铁路职工的座右铭。

稍停片刻，万里副总理语重心长地说："十年过去了，徐州枢纽仍是个难点。我每天都看有关铁路信息，徐州枢纽'卡脖子'，京沪、陇海两大干线每天都有 20 多列车停放在沿线车站排队等候，这种状况必须尽快改变。"我说："铁四院正在完善徐州枢纽设计，铁道部先安排了应急工程。回北京后，我们认真研究加快推进徐州枢纽建设。"

1986 年，铁道部将徐州枢纽建设列入"七五"国家重点开工项目。铁四院精心设计，从 7 个比较方案中推荐孟家沟编组站方案，这方案经专家审定并征询各方面意见后确定下来。施工队伍陆续进场开展施工。但由于涉及征地拆迁、电力改建等问题，只能逐步展开正式施工。当年 10 月 18 日，万里副总理再次来到徐州，听取枢纽工程进展情况汇报。万里副总理说，徐州枢纽建设是他的心中之忧，要边改造边扩能，以应急需。他加重语气强调："现在越来越凸显出徐州枢纽堵塞对全国不利。工期不能按年计算，必须按月计算，早一个月建成就是很大胜利。"这对徐州枢纽广大建设者提出了严格要求，寄予着殷切期望。

徐州枢纽改扩建工程项目规模大、内容多、要求高。主要包括将孟家沟单向 2 级 4 场编组场，扩建为双向 3 级 9 场半自动化驼峰编组场；新建北、中、南三个疏解区，修建茅（村）夹（河寨）联络线；修建九里山整车货场以及改建相关站段等。我根据万里副总理的指示精神，在部署此项任务时提出：全力奋战三年半，建成徐州编组站。

徐州枢纽项目建设单位确定为济南铁路局。这主要考虑本项目与既有线运输关系密切，施工与运输协调任务很重，铁路局可以统筹安排。济南铁路局十分重视，专门成立了徐州枢纽建设指挥部，由副局长晏小康任指挥长。设计单位为铁四院，院总工程师陈应先在现场介绍了徐州枢纽主要工程情况。当我问到徐州枢纽设计有哪些"亮点"时，陈应先说："主要是突破传统的平面疏解方式，采用了立体交叉疏解，提高了疏解效率；采用半自动化驼峰，提高了溜放作业效率；在上行场与下行场之间增设了交换场，提高了列车编组能力。"

徐州枢纽建设指挥部建设管理颇有特色。项目管理的目标明确，就是"竞争拼搏，科学求实，协作勤俭，留名徐州"，创建优质工程。在任务繁重、技术复杂、工期紧迫的情况下，如何组织会战？按照传统的"横道图"法安排施工，不能有效解决各单项工程及多工序之间的协调关系，不能满足徐州枢纽扩建复杂系统工程需要。他们决定运用网络计划技术组织施工，研究编制了《徐州枢纽扩建工程总系统网络计划》，共分 8 个系统、28 个子系统。我看后大加称赞，这体现了系统工程管理思想，运用了网络计划技术，兼顾了运输和施工需求。这种科学管理方法值得总结推广。

徐州枢纽建设指挥部组织开展立功竞赛活动，充分调动了建设人员的积极性。指挥长晏小康给我讲了两个典型实例。上行系统土方工程约 168 万方，原计划用火车从 30 多公里外煤矿运煤矸石，每天 10 对运石列车，时间至少一年。为了减少占用既有线能力，工程技术人员调研后提出在徐州就近落实土源，改为汽车运输，时间只需半年。指挥部及时研究采纳这项合理化建议，优化了网络计划，加快了工程进度，保证了工程质量。另一个典型实例是京杭运河大桥跨度 96 米的钢梁，原计划采用鹰架法架设，要求停航 3 个月。后来有工程技术人员建议改用浮运拖拉法架设。经论证可行后组织实施，影响航运时间缩短到 5 小时即顺利完成。

在保证运输正常进行前提下加快建设，指挥部做了大量协调工作。除了路内设计与施工、施工单位之间、施工与运输等协调工作外，难度大的还是外部协调。我曾多次到江苏省和徐州市政府洽商征地拆迁、供电增容及有关配合工作，省市政府给予大力支持，解决了许多难题。有一次，徐州市领导对我说，蒸汽机车夜间作业鸣笛，噪声对周围居民休息影响很大。我表示接受这个意见，要求济南铁路局研究改进，采取措施后大量减少了机车鸣笛的噪声影响，附近居民反映很好。

徐州枢纽按照分步建设、分部投产的部署，在整个系统未全部建成之前，每年运量均有增长。例如：1987 年完成下行达到场等，枢纽总运量增加了 785 吨，1988 年和 1989 年分别完成下行出发场和上行出发场等，枢纽总运量又有较大增长，不仅缓解了运输紧张状况，而且创造了良好经济效益。徐州枢纽广大建设者艰苦奋战 3 年多，实现了预期目标，树立了快速、优质、高效建设的成功范例。我把徐州枢纽建成喜讯向全国人大常委会委员长万里汇报后，他特别高兴。

1990 年 4 月，万里委员长欣然命笔为徐州枢纽题词："畅通无阻，四通八达。"这是对"中取华东"重要成果的高度赞赏，也是对全路职工的热情勉励。

新辟南北通道

为了缓解南北第一通道（京沪铁路）压力，铁道部研究决定修建商阜线、大沙线，改造相关铁路（淮南复线、合肥枢纽、芜湖枢纽等），形成北起商丘、南至杭州的第二通道，全长 838 公里。

商（丘）阜（阳）铁路全长 174 公里，是规划中的京九铁路组成部分。这个项目于 1987 年全面开工由新组建的中国铁路工程发包公司作为建设单位，推行招标制、合同制、监理制，实行项目责任制。在现场检查工作时，我感到有两个亮点。一是创优把关严。涡河大桥下水深 4 米、淤泥厚 13 米，深水打桩定位难，围堰清淤筑台更难。受暴雨影响，河水突涨、围堰被淹。大桥建设中克服了重重困难，施工优良率达到 95%，实属不易。另一座桥梁有个桥墩混凝土出现蜂窝麻面，施工队伍不凑合、不迁就，决定把桥墩炸掉重建，以警示职工严格落实创优标准。二是绿化有新招。在分层填土、碾压夯实、修筑路基主体的同时，修建排水防水措施，整修路基边坡，种植草皮等绿色植物，形成绿色路基。1989 年 10 月 1 日，我和安徽省、河南省领导在商丘参加商阜铁路开通临管运输仪式，1992 年正式交付铁路局运营发挥了商阜铁路分流作用。

宣杭铁路自安徽宣城至浙江长兴，全长 119 公里。这条铁路经过河网地带，地基松软，承载力低，必须采取特殊处理措施。我看到软基涵洞施工时采用真空预压法，希望不断总结完善。由于雨季时间较长，工期压力很大，施工单位采取多样化措施抢晴天、战雨天，提高施工效率，确保 1990 年完成主体工程，1991 年开通运营。

东西通道建设

华东铁路东西通道，主要沟通我国京广铁路南段华南、华中和部分西南地区与华东地区的联系。既有东西第一通道（沪杭、浙赣铁路）运能不足，必须改造扩能。新建东西第二通道包括新建大沙铁路、改造南浔铁路等。

强化既有通道

东西第一通道包括沪杭铁路和浙赣铁路，绝大部分地段是单线，运输能力十分紧张。扩能任务主要是修建复线和改造枢纽。沪杭铁路沿线人口稠密，经济发达，铁路运输需求旺盛。沪杭一带是长江三角洲最低洼的地区，水网交错，桥涵密布，路基填料缺乏，许多区段不通汽车，筑路材料只能靠船运。上海铁路工程公司承担的春申至七宝区间长近 10 公里，施工场地全是水沟、鱼塘、烂泥塘，用火车从外地运来 50 多万吨片石等，通过小船倒运、板车接驳抛填路基。石湖荡站迁改，当地无土可取，上海铁路局安排了 2 列运料车，从镇江等 5 个采石场运来 26.5 万方渣土，修筑高质量路堤。修建跨河桥梁时，深水基础施工是关键，特别是要保持水运不中断，容易发生险情。铁二十局圆泄泾大桥水中墩施工期间，作业平台曾 9 次遭到轮船碰撞，甚至沉入江底。建设队伍顶着烈日、梅雨、潮汛、台风，战胜地基软弱、结构复杂等困难，贯通了沪杭复线，使运输能力提高一倍以上。

为适应浙赣复线建设繁重任务需要，1989 年 4 月铁道部成立了浙赣复线工程指挥部。在投资有限的条件下，为确保运能最紧张的贵溪至向塘段先行分流，作出了先建中部地段，后建东部、西部地段的施工安排。鹰潭枢纽扩建工程，要在保持安全运营前提下进行技术改造，分阶段提高运输能力。承担此项任务的南昌铁路工程公司精心编制施工方案，优化施工设计，做好过渡工程。他们提出"取消长距离推峰，一次建成临时三级三场"的建议方案，经研究予以采纳。这就使工期缩短了 4 个月，使枢纽编解能力从 4200 辆提高到 5200 辆，收到良好效益。我看到枢纽施工不仅有填方，而且有石方落底，要啃硬骨头，特别提醒大家要确保施工和运营安全。

鹰（潭）厦（门）铁路电气化是华东第一条电气化铁路，改造工程难度最大的是隧道落底。1987 年 6 月中旬，福州铁路工程公司和电气化局在永（安）漳（平）段，实施大封锁。在连续封锁 55 小时内，突击完成 17 座隧道长达 6774 米的落底和电气化施工任务。电气化局为适应鹰厦铁路低净空隧道接触网悬挂需要，改进了国外的弓形支撑装置，调整灵活，抗事故能力强，经试用证明性能良好。我称赞这是一项很有实用价值的科研成果。外福铁路因受水口电站筑坝截流影响，改建铁路 114 公里（占全线 59%），1989 年 12 月完工开通，线路技术条件和运输设备都有很大改善。

构建第二通道

东西第二通道主要任务是新建大沙线，改造南浔线，连通浙赣线。大沙线自湖北省大冶市至江西省九江市沙河街，全长 126 公里，是连接华中地区与华东地区铁路捷径，运距可缩短 380 公里。这条铁路经历了几次上马下马未果，现在铁道部决心在"七五"期间建成。

　　大沙铁路沿线地形起伏，湖泊星罗棋布，主要工程由铁四局施工。陈家冲隧道建设中，遇到长达300米的溶洞群，溶洞流出像稠胶一样的泥浆，没法上机械，也没法用铁锹，建设者们用竹刀刮泥做坯的土办法，终于清除了泥浆，使隧道施工继续推进。在硬岩地段推广非电起爆和光面爆破技术，提高了效率，保证了质量。枫林2号隧道围岩软弱，多次发生塌方影响施工，建设者们探索运用新奥法，取得了新成果。在阳新湖大桥基础施工时发现地基松软层，施工单位宁可延期也要清除软土，把基础落在硬土层上，确保工程质量优良。大冶湖大桥严格质量管理，用14个月建成大桥，优良率达97%。沙河站南站施工期间连续多日一直下雨，施工单位冒雨进行轨道铺设和道岔安装工作，确保按期完成。1987年12月5日，大沙铁路铺通，鄂赣两省联系更加紧密、便捷。

　　南浔铁路自南昌至九江（别称"浔"）始建于20世纪初，是长江水系与赣江水系的陆上联络通道。作为东西第二通道的重要组成部分，南浔铁路运能难以适应，已安排技术改造，以提高运输能力。

建设钱江二桥

　　钱塘江第二大桥（以下简称"钱江二桥"），连接沪杭、浙赣两大干线，是东西通道建设的重中之重。20世纪30年代，由茅以升先生主持建成的中国设计和建造的钱塘江公铁两用大桥，运能已经饱和。为适应华中经济社会发展需要，必须及早兴建钱江二桥。

1987 年 8 月，铁四院和大桥局经过多方案比较，推荐四堡桥位和乔司编组站方案，获得铁道部批准。这个方案具有明显优势：线路顺直，不必绕入市区，公路桥与铁路桥在同一平面，两桥并列，便于分开管理。桥式为 18 孔一联预应力变截面连续箱形梁（45 米 + 65 米 + 14×80 米 + 65 米 + 45 米），全长 1340 米，结构新颖，线条流畅，整体性好。铁道部决定由中国铁路工程发包公司作为钱塘江二桥项目建设单位。1998 年 4 月 21 日，我参加了钱塘江第二大桥开工典礼。大桥建设期间，我曾多次到工地了解进展情况，深感钱江二桥是我国桥梁建设的新里程碑。

桥墩基础采用钻孔桩基础。桥址岩层埋藏很深且风化严重，因此选择圆砾土层作为持力层。钻孔桩直径 1.5 米，桩长约 50 米。钱江二桥施工遇到的特殊问题，就是洪水、潮汐、涌潮的影响。汛期洪水时最大潮差达 4 米以上，最大涌潮高度可达 2 米多，产生强大压力。在河道主槽，由于常年水深又是通航水道，采用水上作业平台施工。通过浮运施工平台，插打钢护筒，利用钢护筒支撑平台，在平台上进行钻孔桩施工。潮涌到达时恶浪滔天，冲击建筑物浪花高达十多米。所以在涌潮来临时，要采取避潮措施，停止水上作业。不能撤走的设施，必须要有抗涌措施，防止造成严重损失。

正桥预应力钢筋混凝土连续箱梁，设计阶段研究解决了一系列技术难题，施工阶段采用平衡悬臂法施工。桥墩建成后，在墩两侧安装托架；在托架上安装底膜平台和临时支座，灌注箱梁 0

号块；在0号块上对称安装悬臂浇挂篮及模板，逐段全断面灌注箱梁，形成"T"构。两个"T构"合拢形成"TT"构，经过多次体系转换后梁体进行大合拢。箱梁为竖向、横向、纵向三维预应力结构，需要研发大吨位群锚体系。浇筑过程中要加强监测，控制变形、应力，控制梁体线型。在大桥中央墩设固定支座，两相邻墩设半固定支座，其他墩台均为活动支座，因此研究了大吨位盆式橡胶支座（27000千牛）、大伸缩量的特殊伸缩装置。

钱江二桥建成优质工程，攻克了涌潮河段建桥新技术，创新了大跨度特长钢筋混凝土箱形连续梁的纪录，为发展特长钢筋混凝土连续梁提供了实践经验。

1991年12月21日我主持钱塘江二桥通车典礼，全国人大常委会委员长万里为大桥剪彩，铁道部部长李森茂、浙江省省长葛洪升分别讲话。全国政协原副主席吕正操、铁道部原部长陈璞如等部省领导同志参加，披红戴花的列车通过铁路大桥，上百辆汽车从公路大桥驶过。桥头纪念碑铭刻着赞语：

两桥飞架，彩虹双悬，把南北人杰，揽两岸锦绣，人间天堂，胜景更臻，功垂千秋，福延后人。

我到铁道部任职后，工作中遇到的一个突出问题是如何处理好铁路建设与铁路运营的关系。由于历史原因，多年来铁路建设与铁路运输各自为政，弊端甚多，已不适应铁路发展需要。我下决心彻底改变这种状况，主要从三方面努力：首先从思想上要强调整体观念，建设与运输目标一致，只是分工有所不同；其次，要健全制度，加强联系，增进了解，重大问题通过会议研究决定；

最后，要创新机制，对建设与运输协作配合成效突出的给予表扬和奖励。这样，逐步形成了建设管理与运输管理紧密协作的氛围，建设部门主动听取运输部门意见，运输部门积极解决建设方面的困难（如路料运输、既有线封锁施工等），呈现出共同实现建设与运输"双丰收"的新格局。

"七五"铁路三大战役，波澜壮阔，有声有色，堪称史诗。这是我走上铁道部领导岗位之后，首次参与组织指挥的全国大规模铁路建设，对于我积累经验、增长才干，有着极其重要的影响，也是我铁路生涯的重要阶段。

第四章

世纪之梦『大京九』

　　京九铁路决策历经坎坷。修建从北京南下通往香港九龙方向的大通道，是中国人久远的愿望。早在元朝《析津志辑佚》一书中，就记载着从元大都出发，经菏泽、过商丘、跨九江、越南昌、到广州、至九龙的南下驿道。民族英雄林则徐南下虎门销烟，走的就是这条路线。革命先驱孙中山先生在《建国方略》中指出，要在九江建设长江大桥，使它成为"中国南北铁路之一中心"。但是，旧中国根本无力建设这条钢铁大道。

　　新中国成立后，1957年10月建成武汉长江大桥，把京汉铁路、粤汉铁路连在一起，成为第一条纵贯南北的铁路干线，发挥着极其重要的作用。1958年，根据毛泽东主席讲话精神，中国首任铁道部部长滕代远提出一个战略构想，计划从北京至九江修建新的南北铁路干线。铁道部在路网发展规划中，列入了北京经九江至汕头铁路。"文化大革命"前夕，国务院总理周恩来对铁道部部长吕正操说，看来京广线、京沪线之间还得修一条南北干线。

"文革"期间计划建设北京至九江铁路（即"小京九"），1973 年国家批准九江公铁两用长江大桥先期开工，但建设进程十分艰难。1975 年邓小平同志主持中央工作，再次提出修建北京至九江铁路，安排开展初测设计工作，后因形势变化未能推进。

京九铁路建设计划一再推迟，主要是国家财力不足。1958 年"大跃进"和三年困难时期迫使国民经济调整，停建、缓建了大批铁路项目。"文革"使中国经济到了崩溃的边缘，已经开工的九江长江大桥只能以少量投资维持施工。

另外，在认识上也存在分歧。当时有些人认为铁路是"夕阳产业"，不宜多修铁路。认为铁路应"以运煤为主"，客货运量应分流给其他运输方式。还有人认为既有京沪铁路、京广铁路运能尚未完全利用，没有必要新建南北通道。长期争论不休，影响了国家决策，延误了建设时机。

在这种情况下，国家有关部门不得不采取"化整为零"措施，分次安排了部分地段建设。如 1987 年先开工建设商丘至阜阳铁路，作为缓解华东运输紧张的应急之举，也是规划中的京九铁路组成部分。

1984 年 9 月，《中英联合声明》向全世界宣告，中国将于 1997 年 7 月 1 日恢复对香港行使主权。这一振奋人心的喜讯，为铁路发展带来难得的机遇。铁道部老领导和社会各界知名人士纷纷提出建议：将拟建北京至九江铁路（"小京九"）延伸到香港九龙（"大京九"），并力争在香港回归祖国前全线通车。京九铁路沿线老革命根据地人民群众更是激动万分，强烈呼吁修建京九铁路，促进改革开放，加快经济发展，使革命老区人民走上致富之路。全国人大代表的建议和全国政协委员的提案达数百件，热切企盼尽快安排京九铁路建设。

1992 年，在党的十四大精神指引下，中央果断作出决策，把原计划的"小京九"拓展为"大京九"，要求集中力量，三年铺通，一年配套，建成大能力的南北铁路通道。

一、精心优化设计

在开展"小京九"可行性研究时，铁道部明确由铁三院和铁四院负责。设计院分段研究，上报项目建议书，所以一直没有"大京九"的整体研究报告。1988 年铁三院在国家计划未下达京九铁路设计任务情况下，主动安排了北京至衡水，以及天津联络线的设计工作。他们认定京九铁路要上马，愿自筹勘测设计费用提前开展勘测设计。对于铁三院副院长庚振戬的这一决定，我十分赞赏，要求铁道部计划司予以支持。

进入 20 世纪 90 年代，铁道部多次研究京九铁路建设规模、线路走向方案以及主要技术条件等，形成了"大京九"总体规划。经上报国务院批准，京九铁路孙口黄河大桥先期开工，1992 年 3 月 17 日京九铁路全线正式立项。

铁道部决定铁四院为京九铁路总体设计单位。由铁三院负责北京至菏泽段、津霸联络线及相关枢纽工程设计（京九铁路北段）；铁四院负责菏泽至龙川段、麻武联络线及相关枢纽工程设计（京九铁路中段和南段）；铁一院负责龙川至常平段技改工程设计；大桥局负责黄河、淮河大桥和九江长江大桥设计；隧道局负责五指山隧道设计。我到铁四院负责设计地段检查工作时，大都由该院副总工程师宋士诚陪同。他十分熟悉沿线设计情况，虽已到了退休年龄，但是我还是希望他"超期服役"。

由于工期紧迫，设计院压力很大，我听取设计汇报时给予鼓励，谈了几点希望。首先，要高度重视，加强力量。把主要勘测设计队伍集中投入京九铁路，同时要求中国铁路工程总公司根据需要组织增援。其次，要远近结合，适应发展。这么重要的大干线，设计标准不能低，一定要留有长远发展余地（包括电气化），一定要服务地区发展需要。第三，要确保质量，不留遗憾。强化设计总体负责制，强化质量保障体系，积极研究、推广新技术，提高京九铁路设计水平。

各设计院都成立了京九铁路指挥部，组织设计人员常驻现场配合施工。设计人员熟悉施工现场情况，及时研究解决存在问题，对完善和优化施工图设计，以及提高施工效率和质量安全，都发挥了重要作用。

在设计阶段，首先要确定铁路线路走向方案。线路走向未确定，不能开展桥隧路基工程设计，整个设计都会延滞。按照传统的铁路设计理论，线路走向位置取决于中心城市、重要工厂企业地理位置，在重大桥隧工程选址确定之后，着重考虑地质因素选线，进行技术经济比较。一般都希望选择线路短、工程小、投资省的方案。但是纵贯南北的京九铁路只经过一个省会城市（南昌），绝大部分是经济不发达的革命老区和贫困地区。如果选用线路取直方案，很多地（市）县都不在铁路沿线，这些地（市）县就失去了加快发展的重要机遇。对于地方上要求铁路设站的强烈反映我完全理解。我们修铁路既要考虑铁路效益，也要服务地方发展。因此，我在思考如何更新设计理念，做到长远需求与近期需求相结合、铁路效益与地方效益相统一。1992 年我多次到铁路沿线踏勘线路走向，听取地方政府和有关部门意见，促进设计人员不断优化设计，形成各方面较为满意的线路走向方案。

以铁三院为主完成的京九铁路北段，地处华北平原和黄淮冲积平原。京九铁路从京山线黄村站引入北京枢纽，在衡水跨石（家庄）德（州）线，经孙口黄河大桥至商丘，与商阜线相接。这个方案已经各方面协商取得共识。但也有人不赞成修建（天）津霸（州）联络线，我专门到天津市、河北省了解情况，实际上天津市与河北省之间经济联系十分密切，而且这条联络线对天津以远地区与中南、赣闽地区物资交流有重要作用，运距缩短、能力加大，同时可以减轻北京枢纽的压力。从路网结构来看，沟通北京、天津两个铁路枢纽可以增强机动性。因此，修建津霸联络线是完全必要的。

京九铁路中段由铁四院为主完成设计。阜阳至九江段铁路自然条件差异很大，有平原、丘陵，也有山地、陡坡。穿越大别山方案有三，其中中线方案经金寨翻越大别山主峰至孔垄，线路最短，但工程量大，运营条件差；沿线人烟稀少，难以带动地方发展。而西线方案线路基本上在大别山西麓通过，经潢川、麻城至孔垄，线路虽较中线长 8.7 公里，但工程量较中线方案省，运营条件也好，且修建连接武汉的联络线较短，所以有明显优势。但是安徽省希望采用经六安、铜城至孔垄的东线方案。我专门到合肥向安徽省领导做了解释，因为东线方案大部分线路与已建成的合（肥）九（江）铁路走向基本一致，路网布局不太合理，所以未选东线方案，安徽省领导表示理解。

这时，我们也收到中央领导同志的批示，要关照黄麻革命老区发展。京九铁路穿越大别山地区选用西线方案，可以顺道经由麻城南下，也符合中央领导批示精神。在修建麻城至武汉联络线时设有红安站，以促进革命老区加快发展。麻武联络线把京九铁路与京广铁路连接起来了，同时也是规划中的合肥至武汉铁路的组成部分。麻城将成为南北干线与东西干线的交汇点。

京九铁路南段也是由铁四院为主完成设计。其中赣南段经过井冈山革命老区，吉安和赣州两地区都把京九铁路看成是老区脱贫致富的生命线，强烈要求铁路经过两地。铁四院原设计有两个方案：一个是兴国方案，不经泰和，远离万安；另一个是万安方案，又不经过兴国。吉安地区和赣州地区争执不下，难以抉择。我到现场踏勘，十分理解吉安和赣州两个地区的企盼，要求铁四院研究兼顾两地发展的方案。铁四院提出了两跨赣江的组合方案，铁路先到吉安，贴近万安，然后转向东南经兴国，再拐向西南直达赣州。虽然铁路拐了一个大弯，要建桥两跨赣江，线路加长，投资增加，但对吉安和赣州地区今后发展至关重要，两个地区皆大欢喜。我向部长汇报后，决定实施两跨赣江组合方案。

京九铁路进入粤东北地区，也面临着设计线路方案争议。按照铁四院推荐方案，线路沿紫云峰山脉东麓通过，比较顺直，较为简易，控制工程少，工程投资省。但这个方案远离和平县，广东省不赞同。广东省领导认为，和平县是革命老区、贫困山区，希望铁路带动发展。我察看了和平方案，线路穿越五指山主峰，桥隧相连，工程艰巨，投资加大。当时有人提出，由铁路出资把和平县城搬迁至东线地区，广东省认为不可行。经过反复协商，我决定实施和平方案，支持粤东北地区经济社会发展。

在研究京九铁路线路走向方案中，我深刻感受到沿线地方政府和人民群众对铁路的热切期盼。修建铁路运送人员和物资，不只是为了铁路自身经济效益，同时要服务于沿线地区人民群众，促进地方经济社会发展。我在主持铁路建设中，积极倡导和贯彻这一新理念。

应江西省领导之邀，我到革命圣地井冈山参观学习。使我对井冈山革命根据地历史有了深刻了解，受到革命传统教育。今日井冈山重峦叠嶂，郁郁葱葱，溪水流畅，让人流连忘返。于是，我说，今后要把铁路修到井冈山，使全国人民都能坐着火车到井冈山观光受教育。我还谈了在井冈山建设铁路干部培训基地的设想，韩杼滨部长表示赞同，江西省也给予大力支持，很快批准购地、开展建设。（后改为铁道部井冈山培训基地。）

二、黄河大桥先行

京九铁路北段建设单位为中国铁路工程发包公司，公司总经理是赵暑生，本项目负责人是副总经理刘强。在"中取华东"战役中，商（丘）阜（阳）段于1987年开工建设，1991年底开通运营。20世纪90年代初，社会各界关于修建京九铁路的强烈呼声，加快了这个重大工程项目的决策进程，国务院决定先开工建设京九铁路孙口黄河大桥。我同河南省、山东省政府领导沟通后作了相应安排。

京九铁路孙口黄河大桥，位于河南省台前县与山东省梁山县交界处的黄河下游河道上。这里历来是英雄豪杰辈出之地，也是刘邓大军南下强渡黄河的渡口。在京广铁路与京沪铁路之间新建的南北大干线，将要从这里通过。孙口黄河大桥所处河段迂回弯曲，河岸淘刷严重，主槽摆动范围达1.8公里，堆积大量泥沙。桥址基岩埋置较深，80米范围内未钻到基岩，桥梁基础全部置于砂土层上。经铁三院和大桥局研究，孙口黄河大桥正桥长为3563米，其中北滩过洪段为20孔40米预应力混凝土梁；主孔为四联4×108米无竖杆三角形桁式连续钢桁梁，整体节点；南滩过洪段为31孔32米预应力混凝土梁。桥墩基础为沉井、钻孔桩、打入桩。我看了黄河大桥设计文件，认为除了考虑主河槽变迁、行洪、通航要求外，要重视抗震和排凌能力。设计人员检算后进一步优化设计。

1991年9月5日，在台前县孙口黄河北滩上举行了京九铁路黄河大桥开工典礼。铁道部部长李森茂和我向国务院副总理邹家华汇报了黄河大桥开工准备工作情况。国家计委、山东省、河南省、河北省、安徽省、湖北省等领导，从各地赶到大桥工地。邹家华副总理到会讲话并为开工剪彩，随后按下启动电钮。掌声四起，机械轰鸣，京九铁路关键工程——孙口黄河大桥开工了！

第二天，邹家华副总理在山东省济南市召开了"京九铁路建设情况汇报会"。李森茂部长和我汇报了京九铁路前期工作及建设准备情况。国务院领导在讲话中强调了修建京九铁路的重要意义，郑重宣布：国家已决定修建京九铁路！提出了建设京九铁路的方针和要求。因此，这是一个重要的历史时刻。孙口黄河大桥宣布开工后，在大桥局副局长王燮培带领下，经过8个月施工准备工作，1992年5月24日第一根钻孔桩开钻。

我对大桥局寄予厚望，希望精心组织施工，创造优异成绩。为搞好施工队伍与当地群众的关系，大桥局主动向当地政府汇报，加大宣传力度，照顾农民利益，取得政府和百姓支持。在水中墩施工中，技术人员为纠正深置沉井斜移费尽心血，采用吸泥、除土、压重，外部射水，施加水平拉力等措施纠偏。使我震惊的是，沉井下沉遇阻，潜水员探明障碍，打捞出来竟是一只沉船。我说，这只沉船要作为文物保留下来，纪念建桥功业。当时，建设材料供应比较困难，我要求铁道部物资部门重点保障，不误施工。大桥即将建成时，1995年1月31日春节（大年初一）我到大桥工地，看到该桥钢桁梁全部采用整体焊接节点，构造简洁、安装便捷、质量优良，而且节省耗材，节省高强度螺栓、节省安装时间，向大家表示祝贺！希望认真总结经验，推广应用这项新技术。

三、全面展开会战

1992 年邓小平同志南方谈话和党的十四大召开，使我国改革开放和现代化建设进入了新的历史时期。国民经济持续、快速、健康发展，对铁路运输提出了更高要求，特别是南北铁路运输能力不足，已成为严重制约国民经济发展的"瓶颈"。党中央、国务院审时度势，作出了加快京九铁路建设的重大战略决策。铁道部认真贯彻执行，把京九铁路作为"八五"铁路建设的重中之重，集中力量开展会战，并指定由我负责组织实施。此时，铁道部部长李森茂因身体原因卸任，由韩杼滨接任部长。韩杼滨部长是资深的铁路领导，政治觉悟高，工作魄力大，作风很扎实，待人很亲和。韩杼滨部长听取京九铁路建设情况汇报后，立即到全线进行现场调研，听取沿线各省市领导意见，对京九铁路建设作出统筹安排。

京九铁路是我国铁路建设史上规模最大、投资最多、一次建成铁路干线最长的工程项目。这条铁路从北向南连接京、津、冀、鲁、豫、皖、鄂、赣、粤九省（市），与香港相连，干线全长 2381 公里，加上津霸联络线（75 公里）和麻武联络线（80 公里），总计 2536 公里。京九铁路先后跨越海河、黄河、淮河、长江、赣江等，所经之地有平原、丘陵，也有山区。由于工程浩大，地质复杂，工期紧迫，必须构建完善、高效的组织指挥体系。1992 年 10 月 5 日，铁道部在京西宾馆召开了"京九铁路建设工作会议"。韩杼滨部长作了重要讲话，强调"奋战三年，贯通京九，谱写铁路大发展的新篇章"。我对京九铁路建设进行"紧急动员，全局部署"，要求集中力量打好京九铁路建设歼灭战。

国务院十分重视京九铁路建设，成立了以国务院副总理邹家华（后为吴邦国）为组长、国务院有关部门和沿线省市负责人参加的京九铁路建设领导小组，主要负责制定京九铁路建设方针，协调解决建设中的重大问题，充分发挥中央和地方两个积极性。铁道部成立了京九铁路建设办公室（即"京九办"），由我兼任主任，副主任有张健基、杨建兴、黄保庆、许梓生、黄杰宇。京九办既是国务院京九铁路建设领导小组的日常办公机构，也是全线建设总指挥部，负责统筹部署、协调监督，对建设、设计、施工、监理等工作实行归口管理，并作为新建工程地段的建设单位。考虑到京九铁路中段、南段任务繁重，京九办设立了南昌指挥部，就近做好服务和监督工作。京九铁路中段由中国铁路工程总公司总经理陈效达负责设立指挥部，指挥长吴信然；京九铁路南段由中国铁道建筑总公司总经理翟月卿负责设立指挥部，指挥长陈嘉珍。各建设、设计、施工单位都设立了京九铁路建设指挥部，加强现场组织指挥。各省市都成立了支援铁路建设机构。

全线建设管理分别采用四种不同方式。新建北京至商丘段及津霸联络线，由中国铁路工程发包公司（总经理赵暑生）负责组织建设；阜阳至九江段（含麻武联络线）、吉安至赣粤省界段，由部京九办作为建设单位，分别由中国铁路工程总公司和中国铁道建筑总公司实行施工总承包；赣粤省界至龙川段新建工程，龙川至常平段技术改造工程，委托广梅汕铁路总公司（总经理汪庆芳）作为建设单位；既有线改造（包括增建二线）和枢纽扩建工程，由所在铁路局作为建设单位负责建设管理。这四种不同的建设管理方式各有优缺点，京九办经常交流建设管理做法，互相借鉴，促进提高建设管理水平。同时建立了纵向自上而下，横向涵盖各参与单位的组织指挥体系，建立了相关制度，确保政令畅通、信息及时准确。这就为京九铁路会战提供了坚强有力的组织保障。

　　1993 年初，国务院京九铁路建设领导小组明确提出了"统筹规划、条块结合、分层负责、联合建设"的方针和"会战京九、三年铺通、一年配套"的奋斗目标。铁道部认真贯彻落实，召开京九铁路大会战动员大会，韩杼滨部长作了动员报告。我在会上对京九铁路大会战进行了总体部署，并提出工作要求。根据京九铁路规模宏大、工程艰巨的特点，确定了"分段建设、分段开通、分段受益"的原则，以阜阳和向塘两大枢纽为界面，将全线划分为北中南三大段组织施工。北段为北京至阜阳，中段为阜阳至向塘，南段为向塘至深圳，同时组织施工队伍进点展开施工。确定全线要突出抓好 14 项重点工程（"一路"即孔垄软土路基；"二站"即阜阳和向塘枢纽；"四隧"即岐岭隧道、雷台山隧道、五指山隧道和矮岭头隧道；"七桥"即卫运河大桥、孙口黄河大桥、颍河大桥、淮滨淮河大桥、九江长江大桥、吉安赣江大桥和泰和赣江大桥）。全线铺轨架桥要充分利用既有铁路，共设 14 个作业口，分段加快铺架进展。

铁道部集中人力、物力、财力，投入京九铁路会战。在"八五"期间，铁路建设资金和建设物资都十分紧缺。铁路计划建设项目有几十个，每年把铁路建设总投资 40% 和大部分建设物资都用于京九铁路建设，这得到了国家物资、金融（包括使用国内贷款和世行贷款 2 亿美元）等部门的大力支持。从全国铁路系统调集设计、施工队伍，加上民工队伍共达 20 余万人（其中民工约 8 万人）。组织专家队伍研发新技术、新设备，攻克工程技术难关，提供咨询服务等。这一切都充分体现了铁道部集中力量打好京九铁路大会战的坚强决心、战略部署和有效举措。

在京九铁路建设中，京九办始终坚持用系统方法加强项目管理。把"三年铺通、一年配套"作为总目标，进行目标分解，落实责任主体，明确责权利，形成完整的目标体系。通过定期检查，发现偏差及时协调纠正。实现全员参与、全过程管理、全面负责和全方位落实。

鉴于许多工点建设处于"三边"状态，加上任务重、工期短、压力大，很容易产生忽视质量、盲目赶工现象。我特别强调以质量为核心，把质量、工期、投资以及安全、协作等融为一个总体目标，进行综合考核、评价，这对强化项目管理大有裨益。并要求各单位在增强质量意识基础上，采取强化项目管理的有效措施。设计院制定了创优规划，开展了技术交底、设计复查等活动，发现了设计文件存在的差、错、漏、碰问题，根据现场实际情况，完善和优化了施工设计图。施工单位普遍开展创优活动，组织专门力量核对设计图，严把工序、材料等关键环节、克服工程质量通病,树立样板工程。加强民工管理,杜绝以包代管。落实责任制,加大奖罚力度。我在现场看到,中国铁路工程总公司所辖各工程局都实行了局长、党委书记"挂牌工程",发挥了示范作用。监理单位努力提高人员素质,完善监理制度,走向规范化,特别是设计阶段引入第三方监理,值得总结推广。建设单位加强合同管理,采取行政手段与经济手段相结合,促进各单位齐心协力,共创优质工程,全面实现目标要求。

在京九办主持和各单位通力合作下,京九铁路大力采用先进适用的新技术、新设备、新工艺共计46项,如深水岩溶地基钻孔桩、空心高墩爬模、大跨度桥梁悬臂浇筑等桥梁技术;隧道施工多项综合治理技术;多样化软土路基处理技术;光同步数字传输系统;多信息移频自动闭塞系统、车辆实时跟踪信息管理系统等。采用这些新技术、新设备、新工艺,不仅提高了施工技术水平,加快了工程进度,保证了工程质量和安全,也为强化项目管理提供了技术支撑。这对提高我国铁路建设和运营管理水平具有重要意义。

四、攻克岐岭隧道

岐岭双线隧道进口端地质特别复杂,开工初期不断塌方流泥,反复组织突击未果,半年多未能进洞,成为控制京九铁路全线通车的头号重点工程。经组织专家研讨,制定综合治理措施,终于征服这个"恶魔"。这座隧道位于江西省南康县与信丰县交界的岐岭山脉，全长 2536 米，由铁十四局承包施工（出口段分包给铁十八局施工）。隧道进口端正面近处山坡较缓，地层为极其严重的黑云母花岗岩风化带，基本上已风化为高岭土，遇水膨胀迅速形成涌泥。隧道出口端地势较为开阔，地层为灰岩。由于修建京九南段铁路的决策形成较晚，勘测设计周期很短，同京九铁路北段相比工期尤为紧张。

中铁十四局于 1992 年底进点开展施工准备工作。1993 年 4 月 1 日正式开工，决心争取时间，不当"拦路虎"。未曾想到会出师不利，多次努力接连受阻。隧道进口端一开始拉沟，机械在松软泥土面前无法施工，只好改为人工开挖。刚刚开挖又遇到大雨袭击，造成牵引式开裂，大量泥沙俱下，形成滚滚浊流，25 天的辛劳毁于一旦。京九办现场调研后认为，岐岭隧道进口采用明挖方案不可行。我表示完全赞同。在正面掘进被迫停滞之后，5 月底平行导坑进洞不久又发生突水、涌泥，产生冒顶大塌方，不得不废弃平导。当我收到这些信息后，立即要求中国铁道建筑总公司组织技术骨干前往支援。9 月上旬，上弧形导坑进入暗挖仅 12 米，再次发生通天坍塌。在建设队伍苦战岐岭隧道的艰难时刻，有西方媒体报道说，中国京九铁路建设在岐岭隧道受阻，全线按期通车无望。因此，这座隧道进展情况备受领导关注。

1993 年 10 月中旬，我到京九铁路南段检查进展情况。在岐岭隧道进口听了施工单位汇报，看到正洞位置灰色稠泥浆阻挡施工，建设队伍满身泥浆奋力苦战，我感到问题严重。铁十四局指挥长余文忠是条硬汉子，在困难重重屡次受阻情况下，毫无畏惧、迎难而上。他拍着胸脯对我说："请首长放心，我们有信心有决心，一定要攻克面前难关！"我充分肯定了大家不辞辛苦、无私奉献的可贵精神，同时强调要依靠科技攻克难关。我当即决定从全路选调隧道专家进行现场会诊，研究制定有效对策。

　　1994年元月初，由铁道部建设司副司长朱振升等带领全路隧道专家40余人，来到岐岭隧道进行现场调研。专家组了解到铁四院在选线时十分重视地质选线，尽量避免不良地质，从5个比较方案中推荐这个方案，是下了功夫的。铁十四局同科研、设计单位一起，从多方面采取措施，也是十分辛苦的。经过专家研讨，集思广益，提出10条建议，制定了一个综合治理方案。专家们认为，水是最大危害，所以首先要治水。在隧道左侧（即上游侧）增设一座排水洞，使排水洞底标高比相应里程正洞隧道仰拱标高要低1.4米，以便截流上游侧大量来水。同时对隧道右侧平导进行注浆固结涌泥，采用管棚支护加预注浆方法，可以恢复掘进。对隧道顶部仰坡进行大面积混凝土封闭，采取注浆固结堵水。在富水地段增设竖井（与排水沟相通）、斜井各一座，以增加作业面。由于进口段围岩十分软弱，采用"先墙后拱"双侧壁导坑法施工是正确选择，侧壁导坑对疏干隧道拱部以上的地下水有十分明显的作用。进口端开工时采取大面积地表深孔注浆，收效甚微。铁十四局按照专家组建议的综合治理方案，认真组织实施，终于取得可喜进展。被动局面得到扭转，大家劲头更足，施工稳步推进。

　　春节将临，京九铁路仍在紧张施工。我安排了节日期间工作，从南到北慰问坚守岗位、顽强奋战的建设大军，第一站就是岐岭隧道。1994年2月8日凌晨零时30分，我带着周振远、朱国键等同志登上了从北京开往广州的列车。9日清晨5时多，到达韶关站后转乘汽车前往岐岭隧道。铁十四局报告，实施专家组建议的截、疏、堵、排相结合的综合治理措施，各作业面都进展顺利。在洞口，我看到明洞已与正洞相接，掌子面上正在全断面进行长管棚预注浆施工。看到职工们脸上露出笑容，我十分高兴。在隆隆机器鸣响中，我高声向全体建设人员表示祝贺！给大家拜年！在洞口吃除夕年夜饭时，我给施工、设计、科研和建设单位领导同志敬酒，感谢大家苦战岐岭做出的贡献，预祝岐岭隧道按期建成！

赣州地区领导同志把我和随行5人接到地区招待所住下。当时赣州没有一家宾馆，地区招待所是条件最好的住处。听到除夕夜鞭炮齐响，我们走出房间到院子里观看礼花绽放。待我回到房间时，茶几上的水果被老鼠拱到地上了，一只又黑又粗的大老鼠待在墙角。晚上，我用棉被蒙住头睡着了，黑暗中能感到老鼠从身上跑来跑去。第二天早晨（大年初一），我谈到夜晚感受时，地区领导同志笑了，他说以前有位省领导住这个房间，曾打趣地说："昨晚老鼠最少有一个排的兵力。"

这座被称为"天字一号工程"的岐岭隧道，经过铁路建设大军一年多苦战，1994年4月17日平导终于见到岩石。工人们手捧着石头，欣喜若狂，大声呼喊。岐岭隧道于1994年10月14日胜利贯通，1995年4月15日铺轨通过。这一仗打得很艰苦，有经验也有教训。我要求设计、施工单位认真总结，提高软弱围岩隧道建设水平。

五、抢建赣江大桥

由于赣南线路走向方案确定很晚，所以吉安赣江大桥设计工作十分紧张，铁十六局施工压力也很大。这座双线大桥位于吉安市沿赣江上游 7 公里处的桥渡村，主孔为跨度 90 米简支下承栓焊钢桁梁，边孔为 1 孔 64 米简支下承栓焊钢桁梁和 67 孔 32 米预应力混凝土简支梁，全桥长 2656 米。该桥主河床为砂、砾石槽面，基岩为红色砂岩和碳系灰岩，73 个墩台，共有钻孔桩 581 根，总长达 1.7 万米。

铁十六局施工队伍进入工地后，指挥长刘再华立即组织修便桥、堆筑岛、搭水上作业平台，抢先于 1993 年 4 月展开施工。在墩台基础施工中遇到的最大难题是岩溶。石灰岩地段岩溶发育，岩层起伏甚大，岩溶率达 60%（个别洞深达 18.5 米），洞内有古老填充物。钻孔桩施工中经常出现塌孔、卡钻、断桩等现象，影响施工进展。他们邀请专家献计献策，通过试验研究，总结形成了有效的施工方法：采用钢护筒跟进技术，先用振动锤把钢护筒下沉到溶洞处再下钻施工。对充填物为软塑或黏性土的较小溶洞，采用单护筒跟进结合加强型注浆护壁方法成孔；对填充物为流塑状或较大溶洞，采用内外双护筒跟进法成孔，提高了成孔效率。28 号墩基础最为复杂，最长桩为 55 米，穿过 7 层溶洞，我笑称其是"糖葫芦"。后来，专家研究把原设计 18 根柱桩改变为 24 根摩擦桩，突破了这个深水基础。

大桥墩台基础最后一个难点在 24 号墩。桩基钻孔进展艰难，分析其原因是钻头遇到了断层带。这里正是东段红砂岩与西段石灰岩的交界处，更意想不到的是两类岩层倾斜相接。上面是石灰岩，往下钻孔就变成半边是石灰岩，半边是砂岩，由于基岩软硬不同，钻孔很难控制，经常发生偏孔、卡钻现象。有的地方是基岩与溶洞交错叠置，不得不多手应对，因此工期更为紧张。为了不影响铺轨，有人提出架设便梁应急措施，但这要增加投资。铁十六局决心攻克深水岩溶钻孔桩施工难题。在奋战最后一根桩的关键时刻，当时正在南昌检查工作的京九办副主任杨建兴从气象预报得知，7 天后将有大暴雨，当晚 9 时打电话给铁四院指挥部和中铁建指挥部，希望他们抢在洪水猛涨之前把 24 号墩承台做完。铁四院和铁十六局迅速采取措施，1994 年 5 月 24 日抢建完最后一根桩，终于赶在洪水到来之前完成了承台施工任务。

对于钢桁梁架设方案，铁十六局征询专家意见做了多方案比较，如拖拉架设、浮桥架设、半悬臂架设、全悬臂架设等。不少人都主张采用浮运法架设，铁十六局倾向于全悬臂法架设。我听了汇报，感到浮运法受赣江水流变化影响较大，而全悬臂法受气候影响小，便于主动控制，因此支持铁十六局的意见，并要求有关单位按时将大桥构件等物资运到工地。鉴于本桥工期紧、技术难点多、设计变更多，我要求建设司司长周振远、副司长朱国键、朱振升，坚守工地，及时指导，拍板定案。经过 4 个月紧张施工，顺利完成了钢桁梁架设任务。

同样，奋战在泰和赣江大桥的铁十七局，坚持在汛期迎着洪峰进行施工，争取了时间，确保了按期铺轨。

六、孔垄软土路基

京九铁路武穴经孔垄至九江长江大桥北小池口段软土路基，全长 38.2 公里，由铁四院设计。其中武穴至孔垄段 22.5 公里（北段），由铁四局承建；孔垄至小池口段 15.7 公里（南段），由铁四院承建。这段线路位于长江北岸的冲积、湖积平原，地势低洼内涝，河塘湖泊密布。龙感湖就是史称的"雷池"。"不可越雷池一步"，便是指无法跨越的禁区。京九铁路建设者们要应对"雷池"的挑战。

在铁路系统，铁四院研究软土路基起步较早，设计力量也强，工程实践较为丰富。但是由于软土特别复杂，教训不少。徐州至连云港复线建设中，在连云港海相软土上修建的一座 2 层信号楼，曾发生楼板纵向开裂，主要是对软土分布和软土性质掌握不够所致。在运营线上有不少软土路基发生大量沉陷，有的地方用厚达 1 米多的道砟起道，维持通车。所以，在审查京九铁路设计文件时，我强调对孔垄一带软土路基要高度重视，精心设计、施工。对于铁四院提出建设软土路基试验段的建议，我认为很好，十分必要。建设期间，我先后 6 次到软土路基工地检查进展情况。

软土地基处理是关键。根据勘测资料，这段线路地层覆盖厚达 50 米以上，上部以淤泥质黏土、砂黏土为主，软土层厚一般为 6 ~ 9 米，局部深达 36 米，表现出陆相沉积的不均匀性。软土地基加固措施：原设计的袋装砂井全部改为塑料排水板，全部机械作业；在砂垫层之间铺设土工织物，只能人工操作；粉喷桩，用钻机施工，将喷射的水泥与地基土搅拌成桩。铁四院为了取得更多研究信息，特别设置了 328 米（北段 187 米，南段 141 米）软土试验路堤，埋设了深层沉降仪、沉降板、测斜仪、应力铲、孔隙水压计和观测桩系统设备。看到这些进展，我称赞铁四院这种探索精神十分可贵！

软土路堤填筑要求严格。填料质量要符合标准，分层填筑厚度及碾压次数等工艺从严控制，及时检测填筑质量，并做好路堤排水设施。由于当地没有符合质量标准的填料，铁四局经过多方调查，决定从黄梅市濯港镇取土运到工地，铁四院承包地段决定从九江南岸运土。同时，要严格控制填料含水量（如果含水量超标就要翻晒，否则就会形成"橡皮土"），以保证路堤质量。考虑到软土路基沉降变形，填筑路基时预留了 25 厘米的加高量。1994 年春节期间，我到这里向铁四院、铁四局同志们拜年，鼓励大家高质量建设软土路基。

1994 年 10 月 1 日从小池口向北铺轨，软土路基地段初步经受运输荷载考验。1995 年 3 月，我再次到孔垄至小池口软土路基现场，了解观测结果。铁四院院长张有说，目前路基沉降量全部小于 30 厘米，符合工程质量要求。我向大家表示祝贺，希望继续加强观测，经受时间和运营的考验。

遗憾的是由于工期太紧，从试验段建成到铺轨运营相隔太近，观测资料有限，难以起到指导施工的作用。所以，今后软土路基试验段应尽早安排建设，同时软土研究也要持续进行。过去采用的挖除换填、抛填片石挤淤、预压固结砂井、插排水板、真空预压等措施，很难满足重载快速铁路运输的高质量需要，采用旋喷桩等构筑复合地基很有必要。在特别复杂、沉降变形大的地段，采用以桥代路最为有效。

七、五指山隧道

五指山隧道位于京九铁路南段广东省和平县境内，穿越九连山脉东段的五指山主峰，全长 4465 米。该隧道遇有放射性地质，这在铁路建设中尚属首次，因此我特别关注。1993 年 12 月，我请中国核工业总公司派专家现场监测指导，请广东省政府主管部门进行环境评价，并要求隧道局加强各项预防措施，定期报告检查落实情况。

在五指山隧道中段花岗岩体内，含有沥青铀矿脉。线路走向两侧分布有两个废弃的贫铀矿点，储量不大。矿体距隧道的最小水平距离为 200 米左右，矿体距隧道顶部的垂直距离为 120 米。隧道局局长姚一飞向我汇报说，设计采取的措施主要有四项：一避，尽量避开矿体，使隧道影响最小；二测，施工中跟踪测量，及时变更修改；三防，结构全封闭，设置防水板，采用防渗混凝土；四堵，把有害地下水封堵在隧道衬砌背后。

隧道局在施工阶段对全体建设人员进行了环保宣传教育，加强了对施工人员的防护措施，以解除后顾之忧。持续进行辐射环境监测、放射性监测、氡气和粉尘监测、隧道排放水监测等。结果表明，五指山隧道内的实际环境辐射水平，低于原评估的环境辐射水平，基本上未超过国家标准。在特殊情况下（如停电、停风等），有极少数样品氡气、氡子体浓度在短时间内出现严重超标，由于及时采取改善环境措施，没有对施工人员造成严重伤害。当粉尘样品平均浓度超过国家标准 2 毫克 / 米³ 时，采取洒水和戴口罩作业降低危害。γ 辐射年剂量仅为评价标准的十分之一。符合标准的弃砟，可以破碎后再利用。坑道废水含铀、镭较低，无须特别处理。

虽然五指山隧道辐射环境保护通过了环保部门验收，在运营期间还要继续加强监测。我认为，铁路建设辐射环境保护研究需要加强，辐射环境保护标准尚需提高；要确保施工人员安全、运营人员安全，还要保护沿线老百姓安全。

八、九江长江大桥

九江长江大桥与庐山遥相对峙，与鄱阳湖挨肩相邻，是继武汉、南京之后横卧长江的第三座公路铁路两用大桥。正桥为：两联 3×163 米连续钢桁梁，一联 180 米 + 216 米 + 180 米用柔性拱加劲的钢桁梁（俗称"三大拱"），一联 2×126 米连续钢桁梁，正桥全长 1806 米。加上两端引桥部分，铁路桥梁总长为 7675 米。这座大桥自 1973 年 12 月 26 日开工建设，1979 年底正桥墩台基本完成，后因投资不足，进度缓慢。直到 1994 年基本建成，历时 20 年之久，见证了我国经济发展困难时期对铁路建设的影响。

1986 年我到九江长江大桥时，大桥局局长沈成章汇报说，正桥江中墩台 1981 年底已基本完成，因投资短缺处于旷日持久的停滞状态，大桥工地上几乎听不到机械响声。"七五"期间，铁道部投资集中用于"三大战役"，无力顾及这个项目。在投资紧张情况下，铁道部计划司安排了一些资金，只能维持部分工程施工并做些维护工作。

1986 年 8 月 28 日，国务院副总理万里视察九江长江桥。当他看到大桥经过十多年施工，处于几乎停摆的现状时，心情十分沉重。万里副总理召开会议时说，现在国家没有钱，可由部委和地方集资建桥，要求铁道部、交通部、国家计委及江西省、安徽省、湖北省共同出资建设大桥。1987 年国务院正式发文，决定集资加快九江长江大桥建设，在铁路未建成前先通公路桥。此后，大桥恢复正常施工。1993 年元月 16 日公路桥梁建成开通使用，1994 年铁路桥基本建成。可以说，没有九江长江大桥提前建设，实现京九铁路"三年铺通"目标是绝无可能的。

为了适应大跨度钢桁梁需要，铁道部请鞍山钢铁公司组织科研力量，研制成低合金高强度特种钢。并请冶金部协调有关企业研制成功大桥用的高强度螺栓。在此基础上，钢桁梁架设顺利推进，采用吊索塔架全悬臂架设，最后在跨度 216 米的主跨中合拢。1992 年 5 月 18 日，我到大桥架设现场听取了合龙施工方案。由于白天受太阳照射影响，钢桁梁杆件温差很大，不利于大桥合龙，所以合龙作业安排在晚上进行。次日清晨 8 时 40 分，全桥正式合龙，误差仅 0.2 毫米。我向大桥局表示热烈祝贺，希望再接再厉，完成大桥建设任务。

1995 年 5 月下旬，在九江长江大桥上进行了公路铁路静载试验和动载试验，各项性能指标均符合国家标准要求。有人问，这座大桥建设期达 20 余年，能居于先进水平吗？大桥局副局长李瀛沧明确回答说，九江长江大桥建设有十大创新，其中最突出的有三项：第一，公铁两用桥梁主跨为最大跨度 216 米，比武汉长江大桥、南京长江大桥主跨要长，这是重要标志；第二，深水桥墩采用双壁钢围堰施工，不受江水涨落影响，增加了施工期；第三，在铁路引桥上首次采用跨度 40 米无砟无枕预应力混凝土箱梁。

1997 年 10 月，九江长江大桥通过国家验收，并获得了"中国建筑工程鲁班奖"、铁道部科技进步特等奖。1998 年获国家科技进步奖一等奖。

九、三年铺通全线

为了确保实现"奋战三年、铺通全线"的要求，京九办确定了分年度组织实施的工作重点和进程，同时进行动态调整。1993年完成线下工程总量 40%，北段线下工程基本完成开始铺轨，中段进入施工高潮，南段全面展开施工，取得首战告捷好成绩。1993 年 7 月 1 日，韩杼滨部长和我一起到黄村参加铁三局铺轨仪式。该局承担的京九"龙头"段黄村至饶阳 189 公里，局长郭守忠组织队伍加快施工，开工 220 天就开始铺轨了。1994 年全线完成线下工程 91%，比预期目标超出六个百分点。全线重点工程陆续取得突破，14 个铺轨架梁作业面同时展开，全年完成正线（单线）铺轨 1576 公里。8 月 10 日菏泽至商丘段率先开办临管运输分流，攻坚成效显著。1995 年主攻铺轨架梁，促站前带站后，11 月中旬提前铺通，喜获决战胜利。

　　1995 年 11 月 16 日，我在九江主持了京九铁路全线铺通庆祝大会。江泽民、李鹏、乔石、李瑞环、邹家华等中央领导分别为京九铁路题词。接轨点在江西省定南县与广东省和平县交界的定河桥头，铁道部纪委书记翟月卿主持定南的接轨仪式。11 时 30 分，国务院副总理邹家华宣布：京九铁路全线接轨！由铁一局和铁十一局选派的 8 名工人代表，拧上最后一节轨排鱼尾钣连接螺栓。京九办副主任黄杰宇在接轨现场通过电话向九江庆祝会场报告：京九铁路全线已胜利接轨！庆祝会场和接轨现场同时响起雷鸣般的欢呼声、鞭炮声、鼓乐声，九江庆祝会场上空顿时飞腾起上千只白鸽。在热烈的掌声中，国务院总理李鹏作了重要讲话，对三年会战取得的辉煌成果给予了高度评价。1995 年底，京九铁路北段和中段先后实现分流运输。

　　在京九铁路全线铺轨目标提前实现的鼓舞下，我要求各单位乘胜前进，发扬连续作战的作风，抓紧做好收尾配套工作；站前工程完成主体部分的同时，要抓紧附属工程，达到验收标准；站后工程要协调配套、运转正常。几十年来新建铁路验交标准都是列车运行速度达到 45 公里 / 小时，京九铁路提出验交标准 60 公里 / 小时，这不仅需要使用大型养路机械，加强上砟整道工作，而且对整体工程质量都是考验。因此，这也是全线创优的标志之一。1996 年 5 月铁道部组成京九铁路工程初验委员会，经过专业对口检查，验交小组现场检查验收和部验收委员会验收三个阶段，8月底全部通过初步验收，同意交付有关铁路局临管运营。

1996年9月1日，举行了京九铁路全线开通庆祝仪式，国务院致电祝贺！在北京西客站，韩杼滨部长讲话，国务院副总理邹家华向105次列车长授列车方向牌并剪彩。在深圳站，我向106次列车长授列车方向牌。首发列车上的旅客，包括来自港澳台的同胞，都满怀喜悦，招手欢呼！

经过一年多运营考验，1997年11月13日，京九铁路通过了国家验收委员会正式验收，验收结果认为：京九铁路设计施工总评优良，是优质、快速、高效建设铁路的典范。

在京九铁路建设过程中，全线持续开展了社会主义劳动竞赛和建功立业活动，主要考核工期、质量、安全、效益、文明施工等重点指标；同时开展了铺轨竞赛、优质工程赛和重点工程赛等单项竞赛，大大推进了京九铁路建设形成高潮。在京九铁路决战关键时候，在我的倡导下，开展了"百日冲刺夺杯"劳动竞赛，"大干一百天，打好歼灭战，质量创国优，'9·1'保投产"。各参建单位和职工围绕总体目标、工程难点和薄弱环节，精心组织，严细管理，狠抓落实，有效地保证了阶段目标的实现，涌现出了一大批英雄模范和先进集体，形成了以"拼搏奉献、创优争先"为核心的"京九精神"，体现了新时期铁路职工的精神风貌。在九江举办的京九铁路铺通庆典上，李鹏总理亲自为火车头奖杯、火车头奖章获得者颁奖，极大地鼓舞了广大建设者的会战热情。我们从中也得到一条重要启示，深入开展社会主义劳动竞赛，为广大职工建功立业、大显身手提供了广阔舞台，必须在今后铁路重点工程建设中大力推广。

新闻工作者和文艺工作者深入京九铁路体验生活，创作出一批优秀作品，宣传了京九铁路建设的伟大成就。如中央电视台与铁道部联合摄制的电视系列片《大京九》在全国播出，深受各地人民群众欢迎和称赞。著名作家莫伸花费两年时间完成66万字的长篇报告文学《大京九纪实》，真实反映了英雄群谱。大型画册《京九铁路》发行数量惊人。还有一批电视剧和歌舞节目，深受广大群众欢迎。这些作品都留下了永久的记忆。

1995年10月，我应邀率团赴香港，参加"京九铁路与香港"研讨会，以及"京九铁路和沿线经济开发"推介会。我在会上作了题为《京九铁路——中国南北运输新通道》的报告，介绍了京九铁路建设伟大成就及重大作用，同时回答了记者们的提问，使香港同胞对我国铁路建设的最新成就有了全面了解，引起了强烈反响。据京九铁路沿线6个省不完全统计，围绕京九铁路经济开发的招商项目超过300亿元人民币。在推介会期间，沿线省市与境外商厂当场签订投资协议或投资意向书，总额达几十亿美元。在香港，我会见了由方黄吉雯女士为主席的香港"明天更好"基金会。为迎接香港回归祖国，他们捐赠一列"中华健康快车"，为贫困地区老百姓免费医治白内障。首列"中华健康快车"于1997年7月3日到达京九铁路阜阳站，开始了"送光明"公益活动。

十、巨大关怀与支持

中央领导同志多次视察京九铁路建设工地，听取京九铁路建设汇报，使广大建设队伍受到极大鼓舞，增添了巨大动力。

1995 年 3 月 21 日，江泽民总书记视察九江长江大桥建设。江泽民总书记乘车由南向北驶过大桥，在江北调头后又到大桥主跨三大拱处，下车到桥面上步行。在竖立着大幅京九铁路示意图和九江长江大桥总图的展板前，我向江泽民总书记简要汇报了京九铁路"三年决战"建设情况。我说："实现全线铺通时，我们向总书记报喜！"江泽民总书记连声称赞道："好！好！请代我向奋战在京九线的同志们问好！"我代表京九铁路全体建设人员表示感谢。江泽民总书记兴致勃勃地听取了大桥局局长沈成章关于桥梁工程创新成果的汇报并说，我对大桥工程局是满怀信心的。江泽民总书记为九江长江大桥和九江新客站题写了桥名、站名。

1996 年 9 月中旬，京九铁路全线开通运营不久，江泽民总书记乘专列赴京九铁路沿线考察，韩杼滨部长和我陪同。江泽民总书记指出，京九铁路是 20 世纪 90 年代中国的一个伟大工程，是中国几代人的愿望。京九铁路通车，将有力地带动中部地区特别是革命老区、贫困地区的发展，对加强香港和内地的经济联系与合作，促进香港的繁荣与稳定，也将发挥重要作用。他说，这次是沿着京九铁路看扶贫。沿途经过的冀中老区、冀鲁豫边区、大别山区、井冈山区、赣南、粤东北，都是著名的革命老区，也是贫困地区。京九铁路就是中央最大的扶贫项目。

　　1995 年 9 月底，我陪同全国人大常委会委员长万里乘专列视察京九铁路。出行之前，我到中南海向万里委员长汇报了京九铁路建设情况，听取了万里委员长对行程的安排意见。万里委员长说："每期《人民铁道》我都要看，铁路情况了解一些。京九铁路进展很快，很了不起！"一路上，万里委员长看了许多重点桥梁、隧道、路基工程，在有些工点签名留念。万里委员长走在九江长江大桥桥面上激动地说："建设这座大桥真不容易啊！"我非常理解万里委员长的心情，说："您要求部委和省联合出资，解决了资金短缺之急，促进了九江长江大桥建成，为整个京九线'三年铺轨'创造了条件。"万里委员长出席了阜阳至九江段铺通典礼并剪彩，接见先进生产（工作）者代表和参建单位领导，慰问广大建设人员，祝贺铁路打了一个漂亮的歼灭战！ 1993 年 4 月 20 日，中央政治局常委、书记处书记胡锦涛在参加京九铁路南段开工典礼后，视察了吉安赣江大桥，鼓励大家在这里创造一个奇迹！

　　国务院总理李鹏和副总理朱镕基、邹家华等多次视察京九铁路建设。朱镕基副总理两次到铁道部讲话，要求加快京九铁路建设，工期争取提前，并说他自愿当京九铁路建设的顾问。1993 年4 月，朱镕基副总理在株洲召开京九铁路建设现场座谈会，确定把京九铁路南段由单线改为复线路基先铺单线，以适应运输发展需要。京九铁路通过国家验收之后，1997 年 12 月底朱镕基副总理乘专列视察京九铁路。在途中，朱镕基副总理听取了我的汇报，对京九铁路建设巨大成就给予充分肯定，并对铁路改革发展提出了明确要求。

全国政协原副主席吕正操对京九铁路建设特别重视，曾多次上书中央领导，希望将此项目列入国家计划。京九铁路建设期间，他多次听取我的工作汇报，要求提高质量和效益。有一次，他视察正在建设的京九铁路北段，看到曾经战斗过的冀中平原发生巨变，感慨良多。他说，在抗日战争最艰苦的年代，冀中平原无山岭隔阻，于敌有利，于我不利。吕老在冀中军区领导根据地军民开展平原游击战，创造了地雷战、地道战，打击日本鬼子，取得辉煌战果，受到毛泽东主席表扬。我说，《平原游击队》《地雷战》《地道战》《回民支队》这几部电影在全国放映，影响深远，令人敬仰。1995年6月，吕正操从北京出发，再次视察京九铁路。看到愿景已经实现，吕老满面笑容地说："沿线地区要富起来了！"

在京九铁路即将全线铺通时，1996年5月中旬，中央统战部按照中央批示，组织各民主党派中央、全国工商联领导人、无党派人士组成京九铁路考察团，乘专列全线考察。参加考察的有全国人大常委会副委员长费孝通、雷洁琼、王光英、程思远、吴阶平，全国政协副主席王兆国、钱伟长、万国权等共计140余人。行前，我向考察团领导汇报了奋战三年提前建成京九铁路的重要成果。返回北京后，党中央领导同志专门听取了党外人士对京九铁路建设及沿线经济社会全面发展的意见和建议。

国家各有关部门以及沿线地方政府和人民群众对京九铁路建设的支持是全方位的，贡献是十分巨大的。各省市政府都成立了由省市领导挂帅的支援京九铁路建设机构，负责协调解决建设问题，动员人民群众要像战争年代支援革命队伍那样支援京九铁路建设。人民群众听到京九铁路开工建设喜讯更是兴高采烈，许多地方都是敲锣打鼓欢迎勘测设计和施工队伍，热情帮助解决建设队伍住所和生活等实际问题。这种情景全国罕见，使铁路建设队伍深受感动。

铁路建设征地拆迁数量巨大、涉及面广、政策性强，是开展施工的先决条件。面对这样的重大难题，我同各省市领导商定综合单价后，各省市都采取了特殊的优惠政策，由省市政府按征用土地数量包干使用，这就意味着由省市政府承担了十分艰难的征地拆迁任务。我到湖北省商谈此事时，同湖北省省长郭树言仅交谈了两个小时，我们俩就在协议上签字敲定。安徽省委书记卢荣景、副省长汪洋多次强调京九铁路对皖西北地区发展的重要作用，表示要顾大局、算大账，搞好征地拆迁工作，支援京九铁路建设。最大难点是新建阜阳编组站，省市领导亲自到拆迁任务最重的周棚镇抓点，挨家挨户做群众工作，落实安置计划。很快完成阜阳枢纽征地3600余亩，拆迁建筑物10万余平方米，40天内完成全市征地拆迁任务。我把这称为"阜阳速度"，在全线推介。

江西省在支援京九铁路建设中成效特别显著。省委书记毛致用、省长吴官正、副省长黄智权等领导要求举全省之力，采取"特事特办"措施，支援京九铁路建设。在赣南地区开展了"铁路为我谋幸福，我为铁路做贡献"的群众活动，把服从、服务于京九铁路建设变成自觉行动。尽管当地比较贫困，但地方政府仍然实行优惠政策，对京九铁路使用当地材料免收资源开发费等，保质保量供应。山东省副省长张瑞凤等领导提出，在京九铁路山东段要创造一流建设环境，标准就是工农关系好、施工条件好、安全保障好，体现了山东的优良传统作风。广东省副省长张高丽亲自到粤东地区，解决征地拆迁难题，确保京九铁路建设顺利进行。

许多地区县、乡政府都同施工单位签订了"共建协议"，提出具体要求，加强沟通协调。京九办要求各施工单位要维护老百姓利益，多办好事善事，特别是要做好节约用地、保护生态环境等。凡是地方有需求的施工便道、供电设施等，全部按照"永临结合"原则建设。京九铁路建成之后，这些施工便道、电力设施等无偿移交给当地使用。同时，要大力支持各地办好农田水利工程以及"希望工程"等。

十一、十年京九回望

在京九铁路通车运营 10 周年之际，我主持开展了"京九铁路对经济社会发展重大作用研究"，组织 30 余名专家学者和技术人员，深入沿线地区、重点企业和铁路局等进行调研，可以说是一次有意义的回访。在收集大量资料基础上，全面分析评价京九铁路发挥的重大作用。京九铁路安全运营 10 年，创造了辉煌业绩，运输效率十分显著，社会贡献特别巨大。

京九铁路建成之前，我国从东向西 600 公里至 900 公里幅员内，仅有京沪、京广、焦枝三条南北干线铁路，运输能力十分紧张，尤其是过江能力严重不足。京九铁路建成后，改善了路网结构，新添了路网主骨架，增强了过江能力，完成了繁重的客货运输任务。客货发送量年均增长率分别高达 14.3% 和 27.3%，远高于同期全国铁路客货运量平均增长率。京九铁路全线平均客货运密度分别为 2012 万人公里 / 公里和 4105 万吨公里 / 公里，分别是全路平均值的 2.34 倍和 1.44 倍。

京九铁路对增加路网机动性、提高路网效能性，都有重要作用。如 1998 年湖南、湖北等省发生特大洪水灾害，为抢修铁路临时封锁京广铁路下行线，许多列车经过京九铁路绕行到达目的地。京九铁路通车后，经过调整运输组织，为提高京广铁路旅客列车速度创造了条件，大部分区段旅客列车速度提高到 120 公里 / 小时至 160 公里 / 小时。京九铁路与诸多东西向铁路相接，填补了路网空缺。京九铁路也为建设入闽新通道——赣（州）龙（川）铁路、赣（州）韶（关）、武（汉）合（肥）铁路等打下了基础。

通车 10 年后，京九铁路运输总收入达 920 亿元，年均递增速度高达 17.3%，这主要得益于客货运量快速增长。运输总支出为 691 亿元，年均递增为 9.4%。年均运输收入增速高于年均运输支出增速约 8 个百分点，促使运输盈利持续增长，10 年累计运输利润达 200 亿元，处于全国铁路系统先进水平。

京九铁路建设期投资 400 亿元，机车车辆购置投资 54 亿元。10 年运营期累计投资 106.3 亿元（包括京九南段复线改造 50.7 亿元和沿线运输设备更新投资 55.3 亿元）。截至 2006 年，共计投资 560.3 亿元。以全部投资作为基础，京九铁路项目的财务内部收益率为 8.62%，大于铁路基准收益率 6%。到 2008 年，铁路各项贷款全部清偿，京九铁路建设期间和运营 10 年总投资可全部收回。

铁路建设项目是具有一定公益属性的基础设施。京九铁路在取得良好直接经济效益的同时，也产生了大量的外溢效益。同公路相比，京九铁路在运输成本节约、运输时间节约、运输安全节约、消费者运输费用节约等方面的效益特别突出。京九铁路运营10年合计产生的间接经济效益高达3764.76亿元。当我把这个结果发表之后，大家都为之震惊。

我高兴地看到，沿线地区在京九铁路通车10年后发生了可喜巨变。沿线地区已经建立起一定规模的经济体系，经济总量有了较大增长。10年间沿线地区GDP规模增长了2.12倍，超过全国同期GDP增长速度（1.38倍）。

我运用系统动力学方法，对修建京九铁路前与京九铁路建成后进行对比分析，获得一项重要成果：京九铁路运营10年，拉动沿线地区15座主要城市产生的增加值，是京九铁路直接增加值的5.7倍。换句话说，就是京九铁路每产生1元直接增加值，就会拉动地区相关产业产生5.7元增加值。京九铁路对沿线地区GDP拉动作用高达1:5.7。在同一地区，京九铁路线上的市县年均GDP增幅要比没有铁路的市县高2~3个百分点。

京九铁路沿线地区经济结构调整力度加大、步伐加快，从农业为主逐步转向工业和服务业为主导。沿线大部分地区工业生产力逐步向京九铁路靠近，有些地方基本形成了以京九铁路为轴的分布格局，有的形成特色产业集聚区。不仅重化工业发展迅速，地区工业升级扩展，而且农业和旅游业也在加快发展。以江西省为例，从北到南都展示了发展新面貌。九江至南昌已形成经济发展走廊，集中了 24 个开发区（或工业园）。南昌钢厂负责人告诉我，过去他们的产品由于运费昂贵进不了武汉市场，现在依靠铁路使原料运费和产品运费降低，他们的产品已进入武汉市场竞争。吉安市以劳动密集型加工工业为基础，朝着高新技术产业和外向型产业发展。赣州市在京九铁路沿线建设有 13 个重点开发工业点，吸引一些企业从深圳迁到赣州。赣州市正在建设一批沿海优质农产品供应基地，重点发展脐橙、蔬菜、花卉等特色产品，发展势头喜人。江西省专门制定了京九铁路沿线旅游业发展规划，把分散的旅游资源整合为别具特色的旅游风景线。

为什么京九铁路能够促进沿线经济快速发展？我认为主要理由有三：第一，京九铁路解决了沿线煤炭运输难题，各地大力发展电力工业，为地区经济发展提供了动力支撑；第二，京九铁路运能大、运价低，提高了地方产品竞争力，扩大了产品市场范围；第三，京九铁路快速、便捷、安全、正点，促进了沿线地区对外开放和交流合作。沿线各地充满发展生机，"京九经济带"雏形已呈现在我们眼前。

京九铁路不仅经济效益十分显著，而且社会效益、环保效益、国防效益等也都特别突出。京九铁路沿线主要分布着中、小城市，人口密度大，工业化水平低，经济实力差，城镇化发展缓慢。1995 年沿线典型城市以非农业人口计算的城镇化水平仅为 15% 左右，大大低于全国平均水平（29.04%）。京九铁路通车后，2005 年这些城市的城镇化水平已提高到 27%，比 1995 年提高了 12 个百分点，年均增长率已接近全国平均水平。

京九铁路沿线经过诸多革命老区，如冀鲁边区、鲁西南地区、大别山区、井冈山地区、粤东北地区等，多是山区、丘陵地区或土地贫瘠的农村。革命老区人民为建立新中国做出贡献，大别山地区就有 14 万革命烈士献身，红安一个县就出了 223 位将军。由于交通阻塞，这些连片贫困地区经济社会发展相当困难。京九铁路通车后，各类资源得到充分利用，富余劳动力外出务工，人民生活水平迅速得到改善。比如黄麻起义的发源地、地处大别山区的黄冈市，依托京九铁路加快农业结构调整，大力开发精品农业、生态农业、观光农业，初步形成了五大优势产业带和十大特色产品主产区，改变了农村落后面貌。麻城县是铁道部重点扶贫点，我曾几次到麻城了解扶贫工作情况，亲自看到麻城摘掉了"贫困帽子"，走上了致富之路。现在，麻城已成为京九铁路与合（肥）武（汉）铁路的交会点，未来麻城会在致富路上取得更大成绩，成为"火车拉来的城市"。人们称赞京九铁路是最大的扶贫项目。

在京九铁路建设期间，各参建单位认真贯彻落实各项环保措施，优化设计和施工方案，节约大量土地，减少水土流失，严防环境污染，取得了良好成效。投入运营之后，污水处理、除尘脱硫、减震降噪、节能降耗等全部达到先进水平。研究表明，京九铁路节约用地 381 平方公里，运营 10 年共节约燃油 1041 吨，节约运输外部成本达 1490 亿元。持续推进建设"京九绿色长廊"工程，实现铁路路基全面绿化，成为国土绿化的典范，展示了京九铁路的环境效益。

大京九，圆了中国人民一个世纪梦！作为大京九的追梦者，我无比欣慰、无上荣光、终生难忘！

第五章

配套完善路网

　　进入 20 世纪 90 年代，全国铁路网建设重点是加强大能力通道建设。"八五"期间，集中力量打歼灭战，"强攻京九、兰新，速战侯月、宝中，再取华东、西南"。"九五"期间，以"大战西南、强攻煤运、打通限制口、配套大干线"为战略重点，进一步强化西南、煤运、南北、东北、西北五大通道。这就为构筑我国"八纵八横"路网主骨架奠定了基础。

一、速战侯月宝中

　　侯月铁路与宝中铁路两项工程，建设单位均为中国铁路工程发包公司。铁道部分别组建侯月铁路建设办公室（即"侯月办"），由中国铁路工程发包公司副总经理杨家荃任主任；组建宝中铁路建设办公室（即"宝中办"），由中国铁路工程发包公司副总经理施德良任主任。

新建侯月铁路

侯月铁路西起山西侯马，东至河南月山，全长 252.8 公里，双线电气化。其中，西端利用二峰山支线 39 公里增建第二线，东端焦枝铁路济源至月山增建第二线。侯月铁路往东，经焦作、新乡、菏泽、兖州到石臼所（日照）港，构成晋煤外运南部通道，对加快山西能源基地建设、保证华东等地区煤炭运输、促进国民经济发展，具有重要意义。

优化分期安排

20 世纪 90 年代初，在国家投资十分紧缺情况下，铁道部要求侯月双线电气化铁路分期建设。一期工程集中力量先建成侯月单线（局部复线）电气化铁路，以适应运输急需；然后再安排二期工程，建成双线电气化铁路。

1990 年侯月铁路一期工程全面展开施工。在侯月铁路建设会议上，我要求按照建设大能力通道的技术标准和项目分期建设的管理特点，统筹安排，精心组织。铁一院认真贯彻落实，对施工图设计做了许多改进。如原设计车站均按单线规模建设、预留复线设置。考虑到电气化车站开通运营后进行改扩建难度很大，不仅对运输干扰大，而且施工效率低，还会造成大量废弃工程，因此提出把全线 12 个中间站改为按双线车站设计、一次建成。考虑到两线中心距仅 4 米，架设第二线桥梁时一线必须拉闸停电，因此所有二线并肩等高地段的二线铺轨架梁作业改为与一期工程同步完成。特别是利用焦枝铁路的一段线路，原设计为单线改造，需要进行 5 次换边，改为一次建成双线，可节省一线开通后大量改造工程。这些变更设计对项目整体十分有益，但也带来一些实际问题，如原设计的半自动闭塞改为复线自动闭塞，有些设备需要重新订货。我认为这个决心必须坚定，因此对铁一院的研究成果和设计变更给予了肯定和鼓励。

组织科研试验

1992 年后，随着国家经济加快发展，要求侯月铁路二期工程提前，我们对侯月铁路采取的变更设计措施发挥了积极作用。侯月铁路分期建设的实践提示我们：在进行一期工程建设时，要充分认识到二期工程建设难度，以及可能造成废弃的一期工程。因此，有些干扰严重的工程应该一次建成双线。

侯月铁路西段大部分为黄土塬、梁、峁地形，呈阶梯状升高，线路迂回展线，工程较为集中。线路以云台山隧道穿越中条山山脉主峰，然后顺河而下。沁河峡谷地段为悬崖峭壁，桥隧相连，工程艰巨。沿线滑坡、错落、煤窑采空、湿陷性黄土、膨胀性岩土等不良地质影响较广。侯月办针对侯月铁路工程难点，组织科研试验，突破关键技术，大力推广应用新技术、新设备。

在地形起伏大的地段，路基多为高填深挖，因此路基稳定性是突出难题。铁一院除对路基基底处理、填料选择、表面强化等作出明确规定外，进行了多项试验研究，采取综合整治措施。如设置路肩、路堤、路堑挡墙，加强路基坡面防护及地面截排水设施等。有个车站路堑边坡高达 47 米，分为 4 级设置平台和排水沟，全部采用预制混凝土板块，施工简易，美观实用。对于膨胀性岩土分别采用了土钉墙、锚杆挡墙和短锚杆挂网喷射混凝土等方法，及时进行坡面防护，起到了约束膨胀土的作用。黄土路基采用路肩短卸荷板式挡土墙，煤窑采空区采用预留保安煤柱和压浆加固措施，都取得了良好效果。

云台山隧道是全线最长隧道（长 8144 米），地质十分复杂，包括膨胀岩遇水崩解、煤系地层瓦斯泄漏、古河槽松软变形等。隧道局勘测设计院和施工单位一起，总结了"先排水、后开挖、强支护、早成环、勤测量"的经验，在膨胀岩地段应用新奥法取得成功。及时采取有效封闭、加固、衬砌、强化仰拱等措施，对于膨胀岩和瓦斯地段都至关重要。百家垣隧道进行的试验研究表明，在老黄土地层可采用拱部弧形开挖、留核心土的大断面正台阶施工，关键是加强由喷射混凝土、锚杆、钢筋网组成的初期支护。若采用格栅钢架，支护效果更好。

推进改革试点

为推进铁路建设管理体制改革，铁道部通过招标选定在侯月铁路建设中进行两项试点：一个是以设计为主体（要有施工企业认证）的工程总承包试点，另一个是实行工程监理制试点。

以设计院为主体的工程总承包，突破了设计和施工分离的传统模式，实施设计和施工一体化的新模式。由于有工程局参加，弥补了设计单位缺乏施工装备及技术管理薄弱的短板，实际上形成了一个设计施工联合体。浍河大桥为 17×32 米预应力混凝土

梁 + 3×3×64 米上承式栓焊桁梁 + 5×32 米预应力混凝土梁，全长 1312.72 米，由铁二院总承包，以铁十五局为主施工。该桥技术难点主要是基深、墩高。采用新型空心挖井基础（由底板、井壁、顶板等部分组成），用于无水或微量渗水的岩土地基，具有机具少、进度快、材料省、造价低等优点，已获得国家发明专利。采用可调组合钢模、滑模、爬模施工高达 60 米以上的薄壁空心桥墩，创造了新水平。

海子沟大桥跨越黄土深沟，为 56 米 + 3×80 米 + 56 米预应力混凝土连续梁。这是我国铁路同类桥梁中跨度最大、桥墩最高的连续梁，由铁一院工程总承包，施工以铁三局为主。墩台基础全部为挖孔桩，薄壁空心高墩用爬模施工。连续梁桥分为 3 个 T 构，每个 T 构分为 10 段悬臂浇筑，两个 T 构间设一个合龙段。边跨施工时首创悬臂式鹰架施工技术，取得了优质、安全、高效成果。箱形连续梁不同时合龙技术取得成功。

工程总承包是国际项目管理的通用形式。侯月铁路两座大桥实施以设计为主体的工程总承包试点，在项目设计阶段制定了切实可行的施工组织方案，确保设计、采购、施工合理衔接，取得了初步实践经验。但也存在项目初步设计深度不够、施工分包较多、投资总额"包而不死"等问题，需要认真总结改进。建设单位要认真做好设计初审工作，主管部门要严格审查，确保初步设计文件达到规定深度和要求。我感到总承包主体责任要进一步细化，设计与施工企业融合要进一步深化，总承包投资考核要进一步硬化。我们要借鉴试点经验和教训，修改完善工程总承包管理办法，扩大工程总承包试点范围。后来，铁道部又在南昆铁路等项目继续进行了工程总承包试点。

工程监理制是建设管理改革的重要内容。铁道部决定在侯月铁路首先实行工程监理试点，由侯月办委托铁四院承担项目监理任务。铁四院十分重视，立即组织现场监理处，培训监理人员，制定监理细则，实行总监理工程师负责制。经过近 10 年实践，铁四院总结了搞好项目监理工作的经验，认为必须要有强烈的责任感，要有完善的监理制度和严格的组织纪律；特别强调"为工程建设服务"的思想，将"监督、控制、协助、服务融为一体"的方法，为实现项目管理目标做贡献。我听了试点工作总结汇报，认为监理人员素质是关键。监理人员要尽职尽责，不仅要能够看出问题，而且要敢于坚持原则，严格把关。同时，要重视监理制度建设，形成有效机制，发挥监理作用。

新建宝中铁路

新建宝（鸡）中（卫）铁路自陇海线虢镇站引出，经陕西省宝鸡、千阳、陇县，甘肃省安口、平凉，宁夏回族自治区固原、同心，接入包兰线中卫迎水桥编组站，全长 498.19 公里。宝中铁路是铁道部为解决西北铁路通道能力紧张问题作出的重要决策，是"八五"铁路建设的重点任务。

首条新建电气化铁路

陇海铁路宝鸡至天水段早于 1945 年铺通，天水至兰州段于

1954 年投入运营。由于历史原因，宝鸡至兰州铁路技术标准低，自然灾害多，运输能力小，虽经多年技术改造，但仍是西北铁路通道的"卡脖子"地段。将既有宝兰铁路改造并增建第二线，不仅工程艰巨、工期较长，而且运输干扰大，影响通道运输能力。因此，铁道部研究决定，先建宝中铁路增加运能，然后再修宝兰复线。关于宝中铁路走向方案曾反复进行过研讨，为适应甘肃华亭特大型煤矿开发需要，将原定的西安至中卫铁路改为宝中铁路。

我在北京听取了铁一院关于宝中铁路设计汇报，1990 年到沿线进行调查后，逐步形成了对宝中铁路建设的总体考虑。在宝中铁路建设期间，铁一院派出 3 队技术人员配合施工，不断优化设计。在勘测设计中采用以加深地质工作为重点的综合选线，基本绕避了不良地质地段，充分考虑了地方发展和运输需求；牵引动力对蒸汽、内燃、电力进行分析，考虑到本线隧道多、坡度大、严重缺水，加上邻线已经电气化，所以应该采用电力牵引，这就使宝中铁路成了我国首条新建电气化铁路；在新建单线铁路设计阶段，大力采用先进技术的同时，进行扩能方案研究（包括双线接入段及车站布局等），预留第二线条件，以避免或减少废弃工程。这些做法效果良好，我希望铁一院认真总结。

协同攻坚克难

1990 年 8 月至 9 月，我先后赴陕西省、甘肃省、宁夏回族自治区政府洽商宝中铁路建设事宜。三省（区）政府都表示大力支持宝中铁路建设，顺利签订了《宝中铁路建设征地纪要》，由省

（区）政府包干完成。在公布招标结果之后，中标单位和监理单位迅速进场，抓好"一桥（黄河特大桥）、六隧（冯家山、西山、小坪、老爷岭、大寨岭、六盘山隧道）、两端（南端陇海线虢镇站卧龙寺站改造，北端包兰线中卫站迎水桥站改造）"重点工程开工建设。

1991 年全线展开施工后，复杂地质、考古发掘等成为最大影响因素。8 月 10 日中铁三局施工的庙台子隧道发生大塌方，多人被埋在洞内失去联系。因当时我正在哈尔滨铁路局指挥防洪抢险，由铁道部副部长傅志寰专程到现场处理事故。我回到北京后，召开全路基建系统电话会议，通报了宝中铁路庙台子隧道事故，并部署开展"安全月"活动，预防施工事故发生。

在宝中铁路建设进入攻坚关键时期，我于 1992 年 6 月中下旬到全线检查重点工程进展情况，研究解决变更设计、材料供应及地方配合问题。8 月 22 日国务院副总理朱镕基视察西北交通能源工作时，在宝鸡宝中铁路建设工地视察，并热情地挥笔题词："宝中会战，早奏凯歌。"回北京后，朱镕基副总理专门开会研究宝中铁路建设问题，久拖未决的邮电通信线路迁改和电气化铁路供电难题终于获得解决。我要求宝中办和各参建单位认真贯彻这次会议精神，按照 1995 年 7 月 1 日建成通车的要求检查落实。

1993 年 6 月中旬，我带领铁道部机关有关司局领导到宝中铁路现场办公。从北到南检查工程进展情况，着重研究站前工程与站后（四电）工程衔接，以及南北两端铺轨架梁问题。位于宁夏回族自治区中卫县的黄河特大桥为预应力混凝土梁（3×32 米＋2

联 7×48 米连续梁 + 6×32 米），全长 1315.04 米，由铁十三局施工，采用多点顶推法架设连续梁取得成功。我对铁十三局领导说："大兴安岭火灾期间，我曾陪国务院领导同志到加格达奇，去过你们局机关，后来又去过长春新建的局机关，知道你们局在东北地区施工任务很少、面临困难很大，所以我要求中铁建总公司把大秦铁路建设任务分包给你们一些，这次宝中铁路黄河特大桥施工也交给你们。现在黄河特大桥已经铺轨，你们提前优质完成任务，没有辜负铁道部的期望，谢谢你们！"

六盘山隧道位于宁夏回族自治区固原县境内，全长 5420 米，是宝中线最长隧道。洞身地层节理发育，均为具有膨胀性的软弱围岩，进口端要穿过长 150 米的冲积扇，洞身要穿过多条大断裂和古滑坡，出口段要通过百余米宽的王灌沟浅埋段，最大涌水量达 1567 米³/ 日。施工单位中铁十六局采取长隧短打措施，增加斜井作业面，攻克道道难关。位于陕西省宝鸡县境内的堡子梁隧道全长 1904 米，由中铁一局施工。该隧道穿越古滑坡底部，接连坍塌，衬砌变形，曾多次变更设计。宝中办组织专家组"会诊"，采取了系统整治措施，建立了观测网，迎接铺轨通过。我对黄土地区隧道渗漏水有所担心，因为电气化铁路要求高，希望各单位认真检查落实。同时强调特殊岩土路基和采空区要加强防护措施，南北两端接轨站改造工程要尽快完成。

在宝中铁路建设中，铁道部认真实施铁路基建改革，建立项目法人责任制，试行工程监理制，突出了以质量为核心的项目管理。在全线创优方面，各参建单位积累了经验，主要是：制定创优规划，强化创优政策，明确创优目标，细化创优措施，健全创优机制；坚持样板引路，严格施工工艺，整治质量通病，组织观摩评比，树立先进典型；"四位一体"联合创优，发挥建设、设计、施工、监理单位协同作用，齐心协力实现创优目标。特别强调施工单位的主体作用，建立科学的质量管理体系。监理单位要坚持原则，严格把关，在"监督与服务"相结合方面发挥重要作用。宝中铁路全线创优经验，包括电气化上台阶经验，对提高铁路建设质量水平具有重要作用。

宝中会战奏凯歌

宝中铁路南北两段铺架施工进展很好，提前 43 天胜利会师于六盘山麓。1994 年 6 月 10 日，在甘肃省境内平凉车站，我主持了宝中铁路铺通庆典大会。会上，宣读了国务院贺电。贺电指出：宝中铁路的铺通，是我国铁路建设的又一重大成就，为加强我国西北与内地的经济联系开辟了一条新通道，对缓解西北运输紧张状况，促进西北地区经济发展和社会进步，加强民族团结和巩固国防等，都具有十分重要的意义。韩杼滨部长和陕西省省长白清才，甘肃省委书记阎海旺、省长张吾乐，宁夏回族自治区政府主席白立忱等领导讲话表示祝贺！

当年 9 月下旬，我陪同韩杼滨部长从兰新复线嘉峪关站赶来宝中铁路，乘坐工程列车从宁夏中卫迎水桥站驶往陕西宝鸡。沿途检查收尾配套，安排分流部分列车，加快电气化工程进展。

1995 年 3 月，各单位完成施工任务后进行自检完善。5 月中旬，我在宝中铁路现场主持全线初验工作。14日在宝鸡召开总结大会并将线路移交给郑州铁路局（西安分局）、兰州铁路局（银川分局）。6月8日在宁夏回族自治区中卫县迎水桥编组站，举行了宝中铁路胜利通车庆祝大会，铁道部和陕甘宁三省区领导及兰州军区领导为通车剪彩。次日，我在现场召开办公会议，要求高标准完成收尾配套工程，确保运输安全畅通。

二、电气化上台阶

电气化工程质量，特别是接触网可靠性，对铁路运输安全有重要影响。20世纪90年代，开展电气化工程质量上台阶活动，针对突出工程质量问题进行系统治理，取得了显著成效，为我国电气化铁路大发展奠定了坚实基础。

电气化铁路历程

我国电气化铁路经过了探索示范、缓慢推进到加速发展的历程，取得了巨大成就。我国第一条电气化铁路是宝成铁路，翻越秦岭的宝鸡至凤州段，全长92.9公里。20世纪50年代设计时采用蒸汽机车牵引，限制坡度20‰。后来，苏联专家建议采用电力机车牵引，限制坡度加大到30‰，这样可以缩短线路18公里，减少隧道12公里，节约投资3000万元。经研究决定，采用了苏联专家意见，限于当时技术水平无力修建长大隧道，只能修建多座短隧道采取螺旋展线攀升（3个马蹄形和一个"8"字形展线升高，线路重叠 3 层，高差达 817 米）。宝成铁路宝凤电气化开创了中国电气化铁路先河，做出了示范。20 世纪 60 年代至 70 年代，在部分山区既有铁路干线实施了电气化改造，使我国电气化铁路里程逐步扩展。

进入 20 世纪 80 年代后，在可持续发展理念指导下，我们对电气化铁路的优越性有了更加深刻的认识。电气化铁路不仅爬坡能力强、牵引动力大，而且速度快、能耗低、效率高、污染小，是现代化铁路的发展方向。特别是中国能源结构缺油少气，但有丰富的煤炭和水力可以发电，能为电气化铁路提供充足电力。同时，中国电力机车制造能力不断壮大，能为电气化铁路提供装备。因此，要突破电气化铁路囿于山区铁路的老观念，树立在铁路干线推广应用的新观念，让电气化铁路"下山"做贡献。我积极支持把发展电气化铁路写进《铁路主要技术政策》，成为共同行动准则。

宝中电气化试点

我国电气化铁路加快发展，使运输能力和运输质量得到提升，同时也凸显了电气化工程质量存在的问题。据运营部门反映，弓网事故多发，跳闸频率较高，停电时间较长，对运输秩序有较大影响。例如：贵昆铁路发生的接触网事故，主要原因是在曲线地段杆距过大所致。有位部门负责同志手里拿着开裂的铸铁线夹，激动地对我说，这配件掉地上就摔裂了，怎么能保证运行安全？这时有些人对发展电气化铁路持有疑虑。我感到电气化铁路质量直接关系到生存和发展问题，必须下决心解决。

1991 年在纪念中国电气化铁路 30 周年之际，我谈了这个想法，听取专家意见后，要求开展电气化工程安全可靠度研究。1992 年 6 月、1993 年 3 月，分别在西安、北京召开了研讨会，我提出了对电气化工程质量进行系统治理的思考，决定选点试行。1993 年 6 月我主持召开会议，对电气化工程质量上台阶作出部署，提出在宝中铁路、京郑电气化改造项目进行电气化质量上台阶试点，由电气化工程局局长李子旺和建设司工程管理处处长王博文具体负责。我说，电气化工程质量涉及牵引变电设备、接触网、远动设备等，要突出解决接触网安全可靠度不高问题。因为，接触网是列车良好受流和安全运行的关键，也是整个供电系统中最为薄弱的环节。同时指出，电气化上质量台阶是一项系统工程，要全面梳理、系统治理，从设计、施工、器材、验收等方面取得突破，实现"高可靠、少维修"的目标。

提高设计标准

提高设计质量至关重要。必须牢固树立"质量第一"思想，正确处理投资与质量的关系。要从项目全生命期成本出发，不能只考虑建设期投资省，还要考虑运营期安全可靠、维修成本低。为此，我安排由建设司牵头，组织专家研究制定了提高电气化铁路可靠性的设计原则，并对现行设计标准不适应的条款要予以修订。铁一院进行设计复查，优化设计、优化方案、优选设备，并对最大风速、最高温度、接触网最大水平偏移值及跨距等技术指标提出修正建议。考虑沿线海拔高、风力大、新建路基沉降变形等因素影响，调整结构高度，加强电气设备外绝缘，采取增设防风支撑等强化措施，改善受流条件。

积极推广应用新技术。大力推进计算机辅助设计（Computer Aided Design，CAD），组织关键技术攻关，为确保电气化工程质量提供技术支撑。铁一院在陇县至安口段采用带回流线的方式，满足通信防干扰需求，提高末端电压。隧道接地母线采用预埋和防腐技术，推广应用沙漠接地技术，加强了薄弱环节。

加强专业协调配合。由设计总体负责人统筹协调电气化各专业之间，以及电气化与非电气化专业之间的相互配合，逐步实现"一体化"管理。坚决纠正各自为政、互不往来的设计管理，坚决克服相互脱节的不协调现象。通过加强界面管理，提高整体设计质量和水平。

提供优质器材

器材质量不高是电气化工程的"软肋"。电气化工程局加大资金投入，更新关键设备。我批准利用外资为电气化局宝鸡器材厂从德国引进先进精锻生产线2条和低压铸造线1条，以及质量检测设备等，形成了年产2000条公里接触网零配件的生产能力，实现了"铸造"改"锻造"的技术升级。受力部件淘汰了铸铁件，全部采用锻压件和型材件，使产品质量达到国际先进水平，已有出口创汇业绩。开发应用新材料，接头线夹采用铜镍硅合金，提高了耐腐蚀性、强度和导电率。加强器材生产质量管理，严把原材料、标准件、外协件质量关，不合格原材料不准投入生产。器材质量基本达到强度高、重量轻、抗震动、耐腐蚀、寿命长的要求。严格工艺流程和工序质量检验，努力提高器材整体水平。在安装调试过程中，从单体测试安装配线到整组试验，多个环节严格测试把关，确保合格器材安装使用。

严格施工管理

推行施工标准化管理，是提高工程质量的重要手段。电气化工程局集中专业技术力量，加大施工工艺开发力度，制定新标准，采取新措施。制定《宝中铁路电气化上台阶接触网施工标准有关规定》，使创优目标具体、量化、细化，层层落实。引入激励机制，建立了质量保证金制度。研发多种新型工具，基本实现接触网施工工具专用化。为大力推进计算机管理，对技术含量高的工序优先应用计算微机化、安装程序化、施工机械化，我同意利用外资为电气化工程局天津设计院引进计算机软件，使接触网软横跨计算、吊弦长度计算等更加科学合理，应用效果十分明显。电气化工程局研发了检测监测设备，实现接触网施工阶段由静态检测到动态检测的转变。运用架线车等机械作业，提高了质量和效率。普遍实行了首段（首件）样板示范制度，以精心打造的样板工程引领全线创优。

1995年宝中铁路电气化工程完成后，铁道部组织专家进行了检查评估。电气化工程设计标准有一定提高，接触网器材实现更新换代，牵引变电设备选型先进，接触网质量通病得到克服。专家一致认为，宝中铁路电气化接触网可靠，设备性能稳定，实现了"质量上台阶、上水平"的目标。当年 11 月 28 日，在宝中铁路电气化工程质量上台阶总结大会上，我全面总结了两年多取得的主要成绩，分析了同国际先进水平的差距，特别强调：今天的成绩是我们迈向国际水平的新起点。要加强弓网关系研究，采用新材料、新工艺、新技术，进一步提高接触网安全可靠性，以适应快速客运和重载货运的发展需要。

三、强攻兰新复线

按照"八五"铁路计划，西北铁路通道建设除新建宝中铁路外，还安排了兰新复线建设，其目的在于为西部发展提供运力支持，同时也使亚欧大陆桥运输能力得到增强。

深化前期工作

兰新铁路自兰州至乌鲁木齐，既有线全长 1891.78 公里。1952 年 10 月，由铁道部西北铁路干线工程局（即中铁一局）自东向西分段施工，1962 年全线铺通，1966 年元月正式交付运营。1958 年 8 月，我登上从兰州出发的西行列车，在河口跨越黄河，经打柴沟翻越海拔 3000 多米的乌鞘岭，进入河西走廊。列车经武威、张掖、嘉峪关，停靠在柳园站。然后我改乘汽车进入新疆，当时铺轨正在向哈密挺进。汽车经过鄯善及吐鲁番盆地北缘，穿越天山到达乌鲁木齐。这 4 天的旅程使我对兰新铁路有了初步了解，特别是地貌变化多样，气候干旱风沙肆虐，遍地戈壁人烟稀少，铁路建设队伍克服重重困难，谱写了可歌可泣的英雄业绩。

进入 20 世纪 90 年代，西部地区经济社会发展加快，铁路客货运量大幅增加。既有兰新铁路虽经多次技术改造，但因设计标准低，运输能力难以满足发展需要。当时，新疆发往内地的矿业和农业产品每年约 2000 万吨以上，铁路运力只能满足一半左右。甘肃的资源开发也受到铁路运输能力制约，致使部分资源不得不放缓开发。为促进甘肃、新疆经济社会发展，铁道部决定在"八五"期间建设兰新复线。

兰新复线项目既要求加快建设，又缺少建设资金，铁道部处于两难之中。经过反复研究，决定先期安排武威至乌鲁木齐复线建设，全长 1622 公里。武威以东可利用干（塘）武（威）联络线（长172 公里），经由包兰线中卫站与新建宝中铁路相接。这样，可缓建兰州至武威复线 281 公里（翻越乌鞘岭），尽早发挥复线作用，增强西部通道运输能力。

铁一院集中力量开展兰新复线（以下指"武威至乌鲁木齐"）勘测设计工作。我对铁一院领导说，要深入进行调查研究，了解地方政府发展规划，听取铁路局运输需求，查清沿线病害分布和薄弱环节，在设计阶段加以解决。铁一院下功夫认真调研，使兰新复线设计不断优化。如大风区选线，尽可能绕避大风和沙害严重地段；难以绕避时，线路走向应尽可能与当地主风向平行或短直大角度通过，以减少车体横向受风面积；纵坡设计应有利于防风防沙工程设置。针对山前戈壁漫流区宽河特征，在改建中顺应水流趋势，分别采用一河多桥或抬高加大桥下净空的布置，不宜强行改移主流位置。对特殊岩土路基分别采取有效措施，如湿陷性黄土地基加固处理，风沙路基加强防护设施，地震液化路基采取反压护道、紧密砂桩等处理措施。经过这些努力，使复线设计质量得到进一步提高。

提前建成复线

在兰新复线项目列入计划之后，我主持铁道部机关有关部门、铁路局、铁一院等研究了全线施工部署原则。考虑到要在既有线改造基础上增建第二线，同铁路运输关系密切，因此项目建设单位由兰州铁路局和乌鲁木齐铁路局承担（以疏勒河分界）。施工单位通过招标确定为铁一局、铁十五局等。工期定为三年铺通，按照分段建设、分段开通要求，优先安排运能紧张区段和控制工期工程。加强运输和施工配合，确保运输安全和施工安全，夺取运输和施工双胜利！

1992年9月中旬，我到兰新复线检查开工准备工作。各单位劲头十足，都在加快施工队伍进场和临时工程建设。有的单位反映，因沿线缺水，队伍吃水困难。我立即要求铁路局安排罐车运水，同时请当地政府协助寻找水源。1992年9月16日和19日先后在新疆哈密、甘肃武威举行了兰新复线开工典礼。

铁道部部长韩杼滨对兰新复线建设特别重视，多次同甘肃省、新疆维吾尔自治区领导同志洽商建设事宜，并到沿线现场办公和慰问职工，解决施工和运输难题。1993年3月下旬，兰新复线建设已全面展开，建设队伍不惧烈日暴晒，战胜风灾、水灾，紧张有序地进行既有线改造。我在现场看到安全风险依然严峻，特别是邻线石方爆破作业、区间线路拨接和站场股道改造。因此要求加强安全管理和监督，并要做好应急处置预案。1993年12月中旬，我从乌鲁木齐到武威检查全线工程进展，高兴地看到全线已经形成施工高潮。乌鲁木齐铁路局管内，距乌鲁木齐约100公里的天山隧道群，铁一局已全面展开施工，哈密至烟墩116公里正在铺轨，年内开通运营，夺得首战告捷。兰州铁路局管内武威至疏勒河段653公里，分段建设进入攻坚阶段。总体来看，全线进展比较顺利，工期有望提前。

在甘肃省、新疆维吾尔自治区大力支持下，经过全体建设队伍顶风冒雪艰苦奋战，1994年9月1日兰新复线全线铺通，较原计划提前半年。9月16日15时在疏勒河站，我主持举行了兰新复线铺通仪式。国务院副总理邹家华、全国人大常委会副委员长铁木尔·达瓦买提为兰新复线铺通剪彩。铁道部部长韩杼滨、甘肃省省长张吾乐及新疆维吾尔自治区党委书记王乐泉分别致辞祝贺。陕北老红军、铁道部原副部长王世泰（曾兼任西北铁路工程局局长），铁道部原部长李森茂等也风尘仆仆赶来庆贺。老领导王世泰说，当年修建兰新铁路时基本上靠人拉肩扛，你们现在是鸟枪换炮，全部机械化，贡献巨大，真了不起！庆祝会后，我立即部署收尾配套工作，要求各单位严防松劲情绪，一鼓作气完成剩余工程，强化站场改造和线路提速，尽快达到运营标准。

1995年6月30日，兰新复线正式投入运营，国务院副总理吴邦国为全线运营剪彩。复线运营初期年输送能力提高到 2000 万吨以上，待自动闭塞设备开通后可达 5000 万吨。这就为甘肃省、新疆维吾尔自治区资源优势转化为发展优势奠定了坚实基础，为西部大开发提供了强大运力支撑。

接着，铁道部对兰新复线兰州至武威段及南疆铁路等项目建设也作了具体安排。南疆铁路西延工程（库尔勒至喀什）全长 971 公里，于 1996 年 9 月开工建设，我在库尔勒主持了开工仪式，李鹏总理为其开工剪彩。1999 年 5 月 6 日铺轨到喀什，12 月 6 月开通运营。2000 年 9 月 7 日，朱镕基总理视察南疆铁路，傅志寰部长和我汇报了工程建设和运营情况。对兰新复线兰州至武威段乌鞘岭方案反复研究后，决定采用特长隧道（20.05 公里）"双绕"越岭方案，从根本上解决了山区铁路利用桥隧迂回展线的技术问题，把 8 个区间改成一个区间，运营里程由 59.7 公里缩短为 29.3 公里，限坡由 20‰降为 13‰，线路相对短捷、顺直，平纵断面条件得到很大改善。兰州至武威段复线于 2003 年开工，2006 年开通。2012 年前兰新复线全部实现电气化，使运输能力得到进一步提升。

提速防风工程

根据铁道部对繁忙干线大面积提速安排，兰新复线提速方案加快研究。兰新复线经过安西风区、烟墩风区、百里风区、三十里风区及达坂城风区等大风地段，风力强（最大风速达 65 米/秒）、周期长（年平均 8 级以上大风日 180～200 天）、危害大。

据乌鲁木齐铁路局统计，1960 年以来百里风区线路因大风发生列车颠覆事故 10 起，2000 年至 2002 年因风灾造成旅客列车滞留 120 列、停留 515 小时，2003 年 3 月至 4 月因大风中断行车 7 次共 206 小时，严重影响运输安全和效率，因此整治风害成为当务之急。但是，如果先修防风工程，那么在随后提速改造小曲线半径时将会废弃。因此，大风地段提速改造工程，必须与风害整治工程同步进行。

2003 年 4 月处，我带领铁道部机关有关部门、铁科院、铁一院，并邀请中国科学院寒旱所、中南大学、中铁西北研究所等专家参加，赴现场研究百里风区（即柳树泉至小草湖段）提速改造和风害整治方案。我在听取了乌鲁木齐铁路局设计院和铁一院设计方案汇报后，踏勘了兰新铁路哈密至乌鲁木齐段线路，察看了风力自动监测系统和部分防风设施。

经过专家们充分讨论，基本取得了共识。铁一院对本段提速研究了速度目标值 140 公里 / 小时、160 公里 / 小时及 160 公里 / 小时（预留 200 公里 / 小时条件）三个方案，我认为速度要适当高些，赞成按 160 ~ 200 公里 / 小时进行改造。乌鲁木齐铁路局设计院介绍了他们的防风经验，在提速设计中突出"三拉"要求，即线路尽量"拉沟"（修路堑），风害严重地段挡风墙"拉通"（修连续挡风墙），尽量把小曲线半径"拉直"（改用大半径曲线）。我肯定了他们的建议，同时指出：对跨谷修建的高路堤要特别慎重，应同桥梁方案进行比较后确定；路基工程要强化防护措施，对迎风面的吹蚀和背风面的掏蚀要特别重视。

　　科学实验和工程实践都表明，挡风墙具有良好的遮蔽效果，是有效的防控设施。专家们研究认为，应适当提高挡风墙设计标准，将区间和车站防风墙连成一体，效果更佳。根据中南大学"挡风墙对列车横向气动性能影响初步研究"成果，直立式挡风墙比斜坡式挡风墙效果好。挡风墙不是愈高愈好，而是有一个气动性能最佳高度，同时要考虑今后电气化接触网防护，挡风墙与列车侧面距离以 5 米左右为宜。我希望继续优化挡风墙结构，在总结桥上钢板式挡风墙、路堤旁边加筋（钢筋混凝土）双拉直立式挡风墙或土堆式挡风墙实践的基础上进一步创新。

　　我特别关心大风条件下列车运行安全问题，邀请路内外专家献计献策。乌鲁木齐铁路局安装了测风仪，初步建立了大风自动监测信息系统。专家们建议，铁路大风监测系统应与地方大风监测系统联网，信息共享，以获得更多的大风信息。乌鲁木齐铁路局制定了《大风天气列车安全运行办法》，我要求对《办法》规定做进一步科学分析和验证，针对影响旅客列车停止运行主要因素深入研究，提出量化指标。关于横风条件下列车倾覆稳定性问题，铁科院建议：风速 25 米 / 秒时注意观察，风速 30 米 / 秒时减速运行，风速 35 米 / 秒时停止运行。关于机车驾驶室侧窗和旅客车窗玻璃损坏问题，中南大学研究认为 25 型客车具有良好的抗风性能，粘贴玻璃车窗结构比 22 型承受风沙袭击的能力大 8 倍左右。

　　4 月 3 日，乌鲁木齐铁路局在大步至红层间组织了列车安全运行试验，对上述两项成果进行验证表明：限制列车运行的条件，不以风力等级计，而以风速数值为标准。限制风速分别定为：客车 32.6 米/秒（原定 28.5 米/秒），重油罐车 37 米/秒（原定 32.6 米/秒）。同时，把机车客车的车窗玻璃改为粘贴玻璃，完好无损。我认为这次试验很有成效，为大风条件下列车安全运行提供了实践资料，对确保安全和效益具有重要作用。

在此项调研结束时，我提出两点要求：乌鲁木齐铁路局和铁一院要抓紧修改完善提速工程和防风设计，2003 年 6 月 1 日部分工程开工建设，力争在 2004 年 2 月底大风季节来临之前基本完工，确保列车提速和运行安全；科研单位和高校等要加强大风对列车运行影响的基础研究，为西部地区高速铁路动车组安全运行提供技术支撑。

四、南昆科技硕果

南昆铁路东起广西南宁，西至云南昆明，北接贵州红果，全长 899.68 公里，是沟通西南与华南沿海的重要通道。国务院副总理邹家华十分关心南昆铁路建设，多次亲临现场听取汇报。成立了南昆铁路建设领导小组，由国家计委副主任叶青任组长，铁道部部长李森茂、韩杼滨先后担任副组长。铁道部成立了南昆铁路建设指挥部，由成都铁路局原党委书记刘德枢任指挥长，负责组织项目实施。铁二院为主负责全线设计。桂、黔、滇三省区全力支持。我同三省区领导会谈，分别签署了部省协议，形成中央与地方合资共建格局。

　　1996 年 10 月 31 日，中共中央总书记江泽民视察南昆铁路并题词："建设南昆铁路，造福西南人民。"经过 6 万多名筑路大军近 7 年拼搏奋战建成南昆铁路，这对完善全国铁路网，加快西南经济社会发展，促进革命老区、贫困山区和少数民族地区脱贫致富，都具有重要意义。南昆铁路科技创新取得的丰硕成果，对提高我国铁路建设水平具有重要作用。

"科技进步一条龙"

　　南昆铁路自东向西一路攀高，从海拔 78 米的广西盆地，一直升至 2000 米左右的云贵高原。沿线地形险峻，地质复杂，断裂发育，岩溶、滑坡、泥石流、膨胀土等不良地质广为分布，高瓦斯、高地应力、高烈度地震威胁等尤为严重。特别是桂、黔、滇三省区交界地带，特殊地质的长隧、大桥和路基工程相当集中。为了应对这项艰巨工程的严峻挑战，铁道部成立了南昆铁路科技领导小组，由我担任组长，总工程师沈之介、华茂崑先后担任副组长，制订科技进步计划并组织实施。

　　我在会议上多次强调，依靠科技进步，提高建设水平。科技领导小组以"科技兴路"战略为指导，瞄准"复杂艰险山区铁路建设最新水平"这个目标，突出"南昆铁路建设关键技术"这个重点，开展联合攻关，实现整体超越。经过研究，确定了工程地质和灾害地质勘察、路基高边坡和特殊岩土路基处理、高墩大跨与平弯新结构桥梁建造（线路平面为曲线形的铁路预应力混凝土桥梁，以板其 2 号大桥为试点，修建主跨 72 米三跨预应力混凝土平弯连续刚构桥）、复杂地质长大隧道快速施工与防灾、站场和运营设备研究以及环境保护和软科学研究等 6 个领域 39 个科研项目。同时，铁道部针对实际需要，安排了新技术推广项目 36 个。发挥铁路优势，集中力量攻关，组织设计、施工、运营、科研、院校等 40 多个单位近千名科技人员，投入这项被称为"科技进步一条龙"的协同创新活动，取得了一系列科研成果，形成了具有先进水平的修建复杂地质艰险山区铁路成套技术。

复杂地质隧道

南昆铁路既有当时我国最长的单线铁路隧道（米花岭隧道，全长 9392 米），又有极为危险的高瓦斯隧道，还有岩溶、涌水、高地应力、高烈度地震等复杂地质隧道。经过科研试验突破隧道关键技术，加上新技术推广应用，使铁路隧道技术达到 20 世纪 90 年代新水平。这些科技成果，突出体现在隧道防灾技术和快速施工技术方面。

铁路隧道防灾技术大提高。在隧道掘进中，通过掌子面的物探和超前水平钻探对前方地质进行预报，自行研制基于单点高频地震反射、水平声波剖面等方法的设备得到成功应用。研制高效能地质雷达仪，使探测岩溶洞穴的准判率达 80% 以上，高于国外 55% ~ 60% 的准判率。贵州境内家竹箐隧道全长 4990 米，穿越南盘江与北盘江分水岭，是我国最严重的高瓦斯、高地应力大变形隧道。该隧道经过的煤层倾角小、厚度大且强度低，瓦斯压力大（最大 1.585 兆帕）、瓦斯含量高（最高 20.17 米³/吨）。共穿越 26 层厚度 0.5 米以上的煤层，其中 5 层煤具有突出瓦斯危险。
1993 年 4 月 18 日下午，我穿上工作服，戴上安全帽，从家竹箐
隧道出口进洞，检查瓦斯测定和施工安全质量。在隧道埋深最大
的地段发生严重的挤压变形，拱部下沉达 80～100 厘米，侧壁
内移 60～80 厘米，木拱架被挤扁，我只能蹲着身体穿过严重变
形的木拱架。当我走出洞口时，满脸煤黑、浑身煤渣，大家互相
看着笑起来，都说我们是"采煤工"。我听了铁二院、铁五局汇报，
认为该隧道受高压力瓦斯、高地应力和低煤层强度三大因素影响，
安全风险威胁很大，必须强化有效措施。希望借鉴煤炭部门经验，
做好瓦斯监测和预防工作，并研究整治出现的大变形。通过研究，
成功建立了瓦斯测定和监控系统，探索了有效通风降低瓦斯浓度、
从煤层中抽放瓦斯以降低瓦斯压力等措施，提出了防瓦斯的施工
机械配套和供电模式，以及完善的施工安全措施。同时，采用以
长锚杆为主的综合整治，包括改变隧道衬砌形状、加大衬砌预留
变形量、改用柔性支护、使用钢纤混凝土等，使大变形得到控制，
并采用全封闭衬砌结构，最大限度减少瓦斯泄漏。在施工过程中
未发生瓦斯事故和人身伤亡事故，成为铁路瓦斯隧道施工典范。

　　铁路隧道快速施工创造新水平。由于单线隧道断面小，施工
干扰较大，施工速度较慢，平均单口月成洞一般为 50 多米。通
过科研攻关，自行研制（有的部件为引进）大型高效施工配套设备。
在应用新奥法中，形成了钻孔爆破、出砟运输、喷锚支护、衬砌
模筑 4 条作业主线，以及通风防尘、压力注浆、排水照明三条辅
助作业线，大幅提高了作业效率。由铁二局和隧道局施工的米花

岭隧道从开工至完工平均单口月成洞 109 米，其中最后两年平均单口月成洞达到 150 米以上。中等长度单线隧道施工机械配套也取得了好成绩，平均单口月成洞达 140 米以上。

高墩大跨桥梁

从云贵高原通往沿海的南昆铁路，既要跨过奔腾的江河，又要飞越陡峭的峡谷，这就对桥梁建设提出了更高要求。为了激发设计人员创新精神，铁道部选定四座难度极大的桥梁，试行以设计为主体的工程总承包，成立了由铁道科学研究院原院长程庆国院士牵头的"四桥专家组"，积极推进新结构、新技术、新工艺。

由铁二院实施工程总承包的三座桥梁，采用了大跨度预应力混凝土连续刚构。这种结构整体性好、抗震能力强、抗扭刚度大，比连续梁桥有明显优势。清水河大桥位于贵州省兴义市境内，地处峡谷，河床深切，呈 V 字形，该桥主跨为 72 米 + 128 米 + 72 米预应力混凝土连续刚构，主墩高达 100 米（桥高 180 米）。我在现场检查工作时，发现施工进度严重滞后，说了句狠话："如果再不扭转被动局面就换施工队伍。"随后，铁十六局采取多项措施，在 54 米深基坑开挖、百米高墩施工、三向预应力混凝土连续梁挂篮悬灌、线型和应力监测等方面取得了良好成果，为高墩大跨深基桥梁施工提供了宝贵经验。

如果说清水河大桥以"高"著称，那么喜旧溪大桥则以"轻"取胜，板其 2 号大桥以"弯"称奇。喜旧溪大桥跨越山区河谷，主跨为 56 米 + 88 米 + 56 米预应力混凝土连续刚构，其特点是连续刚构主墩采用纵向带两道横联的双壁式主墩，使高墩由粗壮变得轻盈。板其 2 号大桥位于半径为 450 米的曲线和 11‰的坡道上，主跨采用 44 米 + 72 米 + 44 米预应力混凝土连续刚构，平弯桥梁不仅节约投资，而且成桥线型优美。

由铁一院实施工程总承包的八渡南盘江大桥，主跨采用 54 米 + 2 × 90 米 + 54 米一联的 V 形支撑预应力混凝土连续梁，墩高 73 米。梁部由于 V 形支撑的设置减小了主梁的计算跨度，减少了梁体弯矩峰值，从而降低了梁体建筑高度；同时，V 形支撑也降低了所在的桥墩高度，提高了结构整体刚度。为解决高墩上 V 形支撑施工难题，设计构筑了斜拉式轻型悬臂梁平台，在平台上立模灌注。

除上述四桥新结构体系外，还创新了纵向悬臂刚架墩、多线双柱刚架墩以及移动支架建造大跨度桥梁等技术。对所有桥梁新结构、新技术都分别进行了多种模拟计算分析、实验室结构试验，有的还进行了现场实物试验。施工过程中特别关注梁和墩结合部分（包括 V 形支撑）的质量把关。大桥建成后都做了静载试验和动载试验，表明完全符合桥梁设计规范，可以确保运营安全。

特殊岩土路基

南昆铁路路基工程占全线总长 70%，特殊地质路基多、要求高、难度大。特别是碳酸盐岩地段受隐伏溶洞或地下岩溶发育带影响，有些路段可能发生塌陷、下沉等路基病害；膨胀土、软土地段路基持续变形大，长期稳定性差；滑坡、泥石流、地震等地质灾害频发，有可能危及行车安全。因此，要在查明地质的前提下，研究新结构、新技术，加强防护措施，确保路基安全。

经过联合攻关，路基工程取得一批科研成果。如破碎软弱岩质路堑高边坡防护（大于 50 米）、预应力锚拉式桩板墙、新型拉筋加筋土挡墙、路堑锚固桩，泥炭土路基采用粉喷桩加固地基（深达 27 米）、土工网格加固路堤、设置路堤抗滑桩等。在这些科研成果支撑下，路基安全稳定性大为提高。

广西境内那厘至百色段膨胀岩土分布范围广，蒙脱石、伊利石等成分含量大，具有明显的膨胀性、碎裂性和低强度性。我在一处膨胀岩土试验段看到，路堑深度仅有 4～5 米，边坡平缓（1∶6），虽然已采取边坡封闭等措施，但仍有鼓包开裂现象。可见单纯按照"缓边坡、大平台、矮挡墙、深基础"的原则处理，还不能完全解决问题。后来，采取加大支挡结构力度、加强边坡路面排水等措施，有了很大改善。实践表明，对膨胀岩土集中地段宜尽量绕避，对膨胀岩土零星分布地段要少挖少填、"以桥代路"为好。

八渡车站位于黔、桂两省（区）界河——南盘江北岸（左岸）贵州省册亨县，车站线路先后穿过 9 个向江边突出的山头。铁二院采用综合勘探技术进行了全面复查，后来有的地面出现裂缝，地面观测点及深部监测钻孔显示位移量急剧增加，确认此地古滑坡开始复活。1995 年 8 月，我在前往八渡车站滑坡工点途中，遇到公路塌方断道。我下车步行通过塌方体，但因泥泞难行，脚踩下去拔不出来，心里很着急。这时施工单位开来装载机，让我蹲在装载机前部的斗子里送过塌方体。到了八渡车站工地，我看滑坡量大，必须彻底治理，于是请设计、科研、施工单位研究制定综合治理方案。在查明滑坡范围、分析滑坡原因之后，确定以减载为主，增设排水系统（地下排水洞和地表排水沟等），加强支挡体系（包括锚索桩、抗滑桩等），收到较为显著的效果。

南昆铁路科技攻关除地质路基、桥梁隧道外，在电气化、环境保护等方面，也取得了重要成果。如牵引变电微机保护监控自动化装置研制、不良地质地段接触网杆塔基础稳定性研究等。这些科技攻关成果为山区铁路选线设计和施工提供了技术支撑。

1997年3月18日，在革命老区百色召开了"庆祝南昆铁路全线铺通大会"。随着邹家华副总理一声令下，全线在黔桂交界的八渡车站胜利接轨。李鹏总理到会讲话祝贺。我在大会上宣读了铁道部关于表彰南昆铁路建设先进集体和先进个人的决定。1997年12月2日，在贵州兴义车站举行南昆铁路全线开通运营庆祝大会。南昆铁路取得了一批具有国内领先水平和国际先进水平的科技成果，是我国山区铁路建设新的里程碑。我为《南昆铁路总结》题词："南昆铁路建设，科技成就辉煌！"2001年，"复杂地质艰险山区修建大能力南昆铁路干线成套技术"荣获国家科技进步奖一等奖。

五、秦岭隧道掘进机

20世纪90年代初，为了扩大我国西南地区北通道运输能力，

铁道部决定修建西安至安康铁路，这是包头—西安—重庆（成都）
—昆明南北大通道的重要组成部分。当时全路建设投资紧张，西
安至安康铁路勘察工作中途停下。我听了铁一院汇报，感到秦岭
工程地质异常复杂，必须充分做好建设前期工作。于是，专门列
了一项秦岭初测子阶段，在铁道部年度计划中安排了一些投资。
铁一院利用这一时机，进行大面积选线，采取了综合勘探技术查
明地质情况，为秦岭隧道施工提供了可靠的地质资料。

西安至安康铁路在陕西省长安县青岔与柞水县营盘镇之间，
以全长 18.47 公里的秦岭隧道穿越秦岭，是我国当时最长的隧道。
在秦岭隧道建设中，Ⅱ线采用钻爆法施工先掘进平行导坑，Ⅰ线
采用 TBM（Tunnel Boring Machine，即隧道掘进机法）。引进全断
面隧道掘进机，开创了铁路隧道使用掘进机施工的先河，实现了
铁路隧道工程技术的新跨越，是中国铁路隧道工程技术发展的新
里程碑，对推动我国隧道掘进机制造和应用，提高隧道工程技术
水平，发挥了重要作用。

施工方法研讨

隧道施工方法主要有三种：钻爆法、掘进机法、沉管法。多年来，
我国隧道施工主要采用基于矿山法的钻爆法，正如隧道建设者所
说的，"隧道隧道，打眼放炮，出砟进料"。20 世纪 50 年代宝成
铁路建设时"灯笼火把进洞，钢钎铁锤开路"，基本上是靠人力
施工，这是最初阶段。

我经历了 20 世纪 60 年代川黔、贵昆、成昆铁路半机械化施工，

70年代湘黔、枝柳铁路建设提升机械施工水平。直到80年代衡广复线大瑶山隧道等成功应用新奥法，实现了凿岩、喷锚、运输、衬砌四条机械化作业线，成为钻爆法施工的新里程碑。随后大秦铁路"浅埋暗挖法"，以及特殊复杂环境、新型结构等创新成果，都体现了"钻爆法"的新水平。

全断面隧道掘进机是非明挖技术，由配套的机械完成掘进、支护、衬砌等作业。我对隧道掘进机的认识，最初是来自20世纪50年代的教科书。我首次看到隧道掘进机是20世纪70年代，铁二局1971年5月在湘黔铁路贵州段老罗寨隧道导坑施工，1972年8月在枝柳铁路湖南段团头隧道导坑施工，都是采用广州产LJ-25型隧道掘进机（直径2.5米），分别进行了4个月的工程试验。我在现场调查发现，试用情况并不理想。主要问题是刀具磨损严重，定位十分困难，存在惯性右偏现象，另外机械故障较多，技术人员缺乏也有很大影响。相比之下，水利系统探索应用全断面隧道掘进机项目较多，如武警水电部队引进直径10.8米敞开式掘进机（二手机）建设贵州天生桥水电站工程，原铁道兵（现中国铁建）使用自行研制的直径5.5米全断面隧道掘进机建设引滦入津工程等。真正看到全断面隧道掘进机展示显著优势的实例，是由意大利CMC公司承建的甘肃省引大入秦水利工程。我到现场考察时，对全断面隧道掘进机创造月掘进1300米的惊人成绩深表赞赏。这在很大程度上增强了我对铁路应用隧道掘进机技术的信心。

沉管法是将预制管节浮运到线位沉至江底（或海底），然后把管节连接起来。我国在城市道路跨江河或近海时，使用过沉管隧道，但在铁路上仍是空白。

敲定施工方案

秦岭隧道所在区间长 21.4 公里，从运能需要出发应一次建成双线。单洞双线隧道横断面较大，造价较低，但洞内往返行车不利于通风，也不利于应急救援工作；若按两个单线隧道（双洞单线）建设，横断面小，单线工期较短，可提前投入运营，也有利于通风和救援，但造价贵些。研究后决定分次修建两个单线隧道，先施工 I 线隧道，这时可在 II 线位置开挖平行导坑，用以探明地质并作为正洞施工的辅助坑道（通风、排水、出砟、进料等）。

秦岭隧道按照掘进机法、钻爆法、混合法，共做了 8 个施工方案。铁路内部意见并不一致，存在很大分歧。1993 年 9 月，我在北京主持召开研讨会，听取专家们的意见。中国铁路工程总公司（"中国中铁"）和铁路第一勘察设计院（"中铁一院"）力荐全断面隧道掘进机方案，认为国外使用较多，技术成熟，速度较快，长大隧道优先选用。关于引进全断面隧道掘进机的技术可行性，专家争论的焦点是：两台全断面隧道掘进机能否完成秦岭隧道建设任务，控制因素是洞内施工通风，国外已有独头掘进 10 公里的实践经验可以借鉴；秦岭隧道地层是中元古界，以混合片麻岩和混合花岗岩为主，抗压强度高，断层节理发育，地下水丰富，全断面隧道掘进机配有必要设备，可以适应复杂地质情况；使用寿命取决于主轴承寿命，一般为 1 万 ~ 2 万小时，换算成隧道掘进长度至少在 18 公里以上，多则可达 35 公里。有些专家则认为采用全断面隧道掘进机造价高、不经济，靠买外国设备很难推广应用。

在总结发言中，我谈了三点意见。第一，关于造价比较。由于我们缺乏全断面隧道掘进机实践，所以对全断面隧道掘进机造价结算可能有不符合实际之处，在熟悉掌握全断面隧道掘进机后有可能提高效率、降低造价。第二，关于装备制造。我们引进国外掘进机只是追赶先进水平的一种手段，要尽快实现配件国产化，然后实现整机国产化，不可能依赖进口。第三，秦岭隧道采用全断面隧道掘进机施工，是铁路隧道技术再上新台阶的重要标志，这是我国铁路隧道技术发展战略的重大举措。掘进机对不同地质适应性差，这个问题今后要研究改进。多年来，我们只有一个拳头出击，今后我们要用两个拳头、三个拳头出击，才能应对国内国际各种复杂艰巨隧道及地下工程的挑战。经过研讨论证，大家意见趋于一致。

引进机型选择

隧道掘进机是将挖掘、出砟、衬砌、支护等作业高度自动化。根据不同标准有不同分类方法，如用于岩石隧道的全断面隧道掘进机，用于软弱地层的盾构（需密封增压以稳定掌子面的全断面掘进机），可用于软硬岩的双护盾全断面掘进机等。为秦岭隧道引进的岩石敞开式全断面掘进机（TBM），刀盘直径 8.8 米（隧道设计内径 7.7 米，另加衬砌厚度及预留变形和误差），是典型的非标准设计，是需要"量身定制"的特殊产品。

铁道部利用日本海外经济协力基金（OECF）贷款，1995 年
12 月委托中国技术进出口总公司进行国际招标，购买两台敞开式
全断面隧道掘进机。经过美国罗宾斯公司（Robbins）、德国威尔
特公司（Wirth）和日本三菱公司（Mitsubishi）等激烈竞争，最终
威尔特公司以最低价中标，其中部分后配套辅助设备由铁道部宝
鸡工程机械厂生产。派员赴瑞士弗尔瑞那隧道考察威尔特掘进机
使用情况，表明 1996 年 1 月至 5 月平均月掘进 550 米，效果良好。
在全断面隧道掘进机引进合同签署后，我要求成立引进领导小组，
由周振远、朱国键负责协调落实；派遣设计联络组，反映中方对
全断面隧道掘进机设计制造的要求，了解制造过程，为运用打基
础。1996 年 12 月我率团访问德国期间，专程到德国埃森市访问
了威尔特公司总部，参观了主要部件制造及组装，洽商了秦岭隧
道全断面隧道掘进机设计制造有关问题。

实现技术跨越

在积极推进德国维尔特公司设计制造全断面隧道掘进机的同
时，国内有关单位紧张地开展各项施工准备工作。特别是组织技
术骨干和操作骨干队伍进行系统技术培训，编写施工技术要求和
具体操作细则，做好零配件等物资供应安排，以及应急预案，确
保安全、质量、环保达标。

1997 年 7 月，德国威尔特公司制造的两台 TB880 型全断面隧
道掘进机按期交付。对秦岭隧道洞口施工便线便道进行局部改造
后，用汽车从港口运抵秦岭隧道洞口，经安装调试投入使用。铁

道部组织隧道工程局、铁十八局、中铁一院及有关科研单位和高等院校，联合开展科技攻关活动，努力攻克 TBM 施工技术和部分后配套设备国产化难题，取得了显著成绩。例如：针对直径 432毫米大推力盘形滚刀的刀圈经常损坏需要更换的问题，联合攻克CrMoV 低合金结构钢，刀刃为等截面式，硬度为 HRC50 ~ 60，金相组织为回火马氏体。经过运转试验，在磨损率和使用寿命方面达到威尔特公司产品水平，但国产价格要比进口降低三分之一。秦岭隧道进出口施工队伍在熟练技术性能和操作要求基础上，稳步加快掘进，不断提升水平，最高月进尺进口为 528.1 米，出口为 509 米。施工中还开展了 TBM 工程概（预）算定额测定研究，填补了国内 TBM 施工定额空白，为今后扩大使用范围提供了依据。

　　秦岭隧道引进全断面隧道掘进机取得成功，彻底改变了以往安全不好、事故多发的被动状况，采用工厂化、机械化、自动化（今后智能化），实现了优质高效要求，为铁路岩石隧道全断面施工积累了宝贵经验。我体会最深的是：领导思想要解放，机型选择要科学；技术力量要上足，配套设施要备齐；地质变化要适应，安全优质要确保。"秦岭特长铁路隧道修建技术"获得 2003 年度国家科技进步奖一等奖。

　　国内国际大规模基础设施建设，为全断面隧道掘进机市场提供了广阔发展前景。中国中铁、中国铁建等企业瞄准国内国际两个市场，对标世界先进水平，在引进、消化、吸收基础上实现再创新，创造出适应不同需求的多规格隧道掘进机。包括土压平衡盾构、泥水平衡盾构、超大直径盾构、马蹄型盾构及硬岩全断面隧道掘进机、斜井全断面隧道掘进机等。我国全断面隧道掘进机制造企业从模仿者、伴跑者迈向引领者，走出了一条隧道施工关键装备自主创新发展新路子。

六、芜湖长江大桥

20世纪90年代，我国铁路网跨越长江天堑存在着两个奇特现象：一个是九江"有桥无路"，九江长江大桥正在建设，但北部铁路缺失，京九铁路建成纵贯南北的大通道，九江长江大桥发挥了重要作用；另一个是芜湖"有路无桥"，长江左岸有合芜铁路，长江右岸有宁芜铁路、皖赣铁路，依靠火车轮渡过江，没有跨越天堑的大桥，无法形成大能力通道。因此，铁道部和安徽省都急于修建芜湖长江大桥。为了充分利用桥位资源，减少对长江航运的影响，铁道部和安徽省商议决定合资建设芜湖公铁两用长江大桥。

桥位方案比选

对于芜湖长江大桥工程项目，中铁大桥局勘测设计院开展了多年前期工作研究。20世纪90年代初在总结以往工作成果基础上，对广福矶、四褐山和东梁山三个桥位进行研究比较。由于东梁山桥位的桥头接线很长，大桥长度和工程造价明显偏大予以搁置，集中对广福矶和四褐山两个桥位进行深入比选。我听了大桥局汇报后，到芜湖进行现场考察。

我先在铁路轮渡下游察看芜湖长江大桥广福矶桥位。长江左岸是无为县辖内乡村地区，拆迁量很小。长江右岸是芜湖老城区，拆迁量较大。桥位两端分别引入裕溪口编组站（左岸）和小杨村编组站（右岸），比较顺畅。该方案江面宽约 2200 米，通航条件较好，投资也省，有利于施工。接着，我乘船从广福矶桥位驶向下游，看到四褐山桥位与芜湖城市规划及路网配合较好，两岸无特殊控制条件，拆迁也少。但是，江心曹姑洲把长江分叉成左右两槽，右槽水面宽约 1000 米，为长江主航道。因此，该桥位航道较窄，河道整治工作量大，通航条件较差，对长江航运发展将会带来很大影响。长江航运部门明确表示不赞成四褐山桥位方案。

对两个桥位现场考察后，我认为在桥位综合比较中要把大桥对航运的影响摆在重要位置。鉴于广福矶桥位优点明显，应予推荐。但是，为了满足芜湖军用机场空管要求，大桥引线（取消芜湖岸铁路灯泡线）和正桥设计都要进一步优化。这基本上成为专家共识。1994 年经铁道部呈报国家计委后，确定芜湖长江大桥采用广福矶桥位。

桥式方案确定

正桥主孔桥式方案是大桥设计的关键所在，大桥局设计院认真研究提出了比较方案。大桥局局长沈成章向我汇报了研究方案，主孔跨度为 216 米或 264 米。我认为这个跨度太小，不能适应发展需要。

1957 年建成的武汉公铁两用长江大桥采用 3 联等跨平弦菱形连续钢桁梁（每联 3 孔），每孔跨度 128 米。1968 年建成的南京公铁两用长江大桥，采用 3 联（每联 3 孔）等跨菱形连续钢桁梁，每孔跨度 160 米。1996 年建成的九江公铁两用长江大桥采用 3 跨刚性梁柔性拱连续钢桁梁，最大跨度为 216 米。据铁路局报告，这三座大桥通车后曾多次发生船舶冲撞桥墩事故，不仅危及大桥安全，而且影响长江航运效益。20 世纪 90 年代末在长江下游建设芜湖公铁两用大桥，要充分考虑繁忙航运需求，应该在通航孔采用大跨度桥梁。所以，我对沈成章局长说，请他们再研究新设计方案，通航孔跨度要超过 300 米。当时，我说了一句狠话："如果跨度没有超过 300 米，就不用来汇报。"

大桥局设计院深感压力巨大，因为芜湖公铁两用长江大桥除了主航道范围影响外，还受三条高程控制线（飞行禁空、轨底高程、通航净高）的限制，桥式结构必须要有新突破。他们把巨大压力变成创新动力，终于在原有的平弦连续钢桁梁（主孔跨度为216 米）、变高度连续钢桁梁和刚性拱加劲的连续钢桁梁（主孔跨度均为 264 米）三类方案基础上，提出了一个新方案——三孔一联以斜拉索加劲的结合型连续钢桁梁结构（以下简称"斜拉桥"），在约 700 米宽的主航道内设置了三个通航孔 180 米 + 312 米 + 180米（总长 672 米），顺桥方向设 Y 形低塔，以适应飞行禁空要求。这个新方案通航孔跨度达 312 米，具有明显优势，我很高兴。

经过专家研讨，大桥局设计院对斜拉桥方案进行了优化，主孔桥式为直塔、扇形索面低塔斜拉桥。其优点体现在：主跨长度基本上覆盖主航道范围，中孔跨度 312 米作为下行通航孔，可以提供较好的通航条件；塔型采用直立矮塔（公路面以上 34 米），施工简易；公路混凝土桥面与钢主桁结合共同受力（桁高为13.5米），可以节省大量钢材。此方案较好地处理了大桥与各方面的关系，可满足各项限制条件，因此获得铁道部和安徽省的批准。

"逼出来的一等奖"

芜湖长江大桥铁路桥全长10520.97米，其中跨江正桥（上层公路四车道，下层铁路双线）长2193.7米。1997年3月开工，2000年9月建成。大桥建设采用的新技术、新结构、新材料、新工艺，创造了桥梁技术新水平，推动我国桥梁建设向高强、大跨迈出新步伐。

主跨采用板桁结合结构低塔斜拉桥是一种新桥型，这是在特定条件下"逼"出来的新结构，主孔312米是当时公铁两用桥最大跨度。现行桥梁设计标准和规范已不能满足设计要求，大桥局设计院经过充分研究提出了相关的专项标准，采用钢桁梁为加劲梁的斜拉桥体系和板桁组合结构，以提高桥梁刚度。首次在塔梁间设置水平弹性拉索的纵向弹性约束体系，用弹性索承受制动力、地震力和温度等产生的内力，以改善主塔墩受力条件和减少大跨度桥的伸缩缝宽度。正桥钢桁架梁采用了自主研发的高性能桥梁用钢（14MnNbq）和高疲劳应力幅斜拉索，采用厚板全焊箱形杆件和整体节点构造。研制500千牛全液压架梁吊机，突破了悬臂架设主孔312米跨中合龙技术。

桥墩基础主要采用钻孔桩基础。针对长江水深、流速大、河床为厚层粉细砂等特点，通过试验研究制定了严格的工艺标准，研制了大扭矩全液压钻机，首次建成吊箱围堰大直径钻孔桩高承台基础。主孔桥墩采用 Φ30.5 米双壁钢围堰钻孔桩低承台基础，创造了双壁围堰基础抽水水头达 43 米的新纪录，为桥梁深基建设积累了宝贵经验。

芜湖公铁两用长江大桥建成通车，结束了芜湖"有路无桥"的历史。把长江左岸合芜铁路与长江右岸宁芜铁路连接起来，促进沿长江发展；同时也把皖北与皖南（皖赣铁路）连接起来，构成连接陇海铁路与浙赣铁路的通道，在完善全国铁路网、带动地方经济社会发展方面发挥了重要作用。2002 年芜湖长江大桥工程荣获国家科技进步奖一等奖。大桥局领导捧着奖状，笑着对我说："这项重大成果是被逼出来的！"

七、川渝东部通道

20 世纪 90 年代末，川渝地区改革开放力度加大，经济社会发展加快，铁路运输能力不足的矛盾凸显，尤其是川渝东部通道能力更为紧张。

研究扩能方案

川渝地区东出的运量，主要靠川黔线和襄渝线。由于这两条线运能已近饱和，通过既有线改造扩能难以满足未来运输需要，因此急需建设新线。当时，铁道部计划司和经规院研究提出了 4 个比较方案：川黔线增建第二线（约 437 公里），既有线技术标准低，改造工程量很大；新建渝怀线（重庆至怀化，约 640 公里）；新建渝吉线（重庆至吉首，约 545 公里）；新建万枝线（万县至枝城，约 420 公里）。我听取了论证汇报，认为应将新建渝怀线和万枝线（后改为宜万线），列入铁路发展规划。

渝怀线和宜万线（宜昌至万县）所经地区，都是贫困山区、少数民族地区，又是革命老区，交通不便制约经济发展。在全国人大和全国政协会议上，这些地区的人大代表和政协委员多次提案或建议，强烈要求修建铁路，带动地区经济发展，早日脱贫致富。虽然这两条铁路都有建设的必要性，但由于铁路建设资金紧张，难以同时安排建设。如何确定建设顺序，这成为铁路计划安排的重大难题。

从铁二院运量预测研究成果中，我看到川渝地区东出客货运量约有三分之二主要流向长江以南地区。因此，我认为从扩能急需出发，应安排先建渝怀线。如果先建宜万线，将会有部分运量要在枝城跨长江南下，这在运输组织上是不够合理的。经铁道部研究同意后，向国家计委汇报了建设渝怀铁路的意见。

渝怀铁路建设

1998 年 10 月底和 1999 年 10 月中旬，我两次对渝怀铁路线路走向和重点工程进行现场考察。同时，充分听取重庆市、贵州省、湖南省及有关地市意见，深化项目前期工作。

渝怀铁路自重庆枢纽团结村站引出，向东跨嘉陵江后在江北地区设站（重庆江北站）。从江北站出发，沿长江北岸到长寿，跨越长江后沿南岸至涪陵。再沿乌江而上，经武隆、彭水、黔江，翻过乌江与沅江水系分水岭（圆梁山）到达酉阳、秀山。线路在兰桥进入贵州省铜仁地区，顺沅江支流锦江而下于漾头进入湖南省怀化市，从象鼻子引入怀化枢纽怀化北站，与湘黔铁路和枝柳铁路相接。

渝怀铁路在重庆市境内线路长达 473 公里，占全线总长近 74%。重庆市委书记张德邻、市长蒲海清同我进行了会谈，认为这是重庆历史上投资最大的工程项目，地形地质都很复杂，涉及地市范围很广，对促进重庆对外开放、加快发展具有极其重要的作用，表示要制定优惠政策大力支持。在调研基础上，我对几个重大问题谈了自己的看法：要修建重庆兴隆编组站和团结村至鱼嘴段引入线，在江北新建重庆第二客站（江北站），这是重庆铁路枢纽建设需要；彭水至龙潭段越岭线路，原则上同意采用圆梁山长隧道方案，需进一步查明地质情况，研究有效对策。对于渝怀铁路在黔江开发区设站问题有不同意见，太极设站距黔江县城 34 公里，太远了。正阳设站距黔江县城 9 公里，但线路加长近 10 公里，投资增加近 2 亿元。我认为铁路距县城要近些，以利于人民出行方便，所以决定采用正阳设站方案。对此，市领导都表示完全赞同。

贵州省人大常委会副主任杨瑾华和铜仁市领导对渝怀铁路经由铜仁地区感到特别高兴。他们激动地说："20 世纪 70 年代初修建湘黔铁路时，铜仁地区与之失之交臂。现在修建渝怀铁路，给我们地区带来了加快发展的良好机遇。"我在踏勘铜仁至怀化线路时看到，这一带地形起伏不大，工程相对较易。渝怀铁路在湖南境内线路约 80 公里，比经吉首至怀化便捷，但要安排怀化枢纽扩建工程。

1998 年 10 月现场考察后，铁道部向国家计委报送了渝怀铁路项目建议书。当我得知国务院副总理吴邦国将赴重庆视察时，立即致信向吴邦国副总理汇报了关于建设渝怀铁路问题。我在信中写道：渝怀铁路已酝酿了十年之久，重庆成立直辖市后需求更加迫切，全国人大代表多次递呈提案强烈呼吁，铁道部也进行了规划研究。从路网布局看，现有川黔、襄渝、焦柳、湘黔四条铁路之间约 24 万平方公里地域（东西约 400 公里，南北约 800 公里）没有铁路。修建渝怀铁路可大幅增加川渝东出运能，可缩短到东南沿海地区运距 270 公里至 550 公里。同时，带动二省一市所辖 5 个地区 11 个县经济发展，对少数民族地区、革命老区脱贫致富有重大作用。吴邦国副总理视察重庆时，对加快渝怀铁路可行性研究提出了要求。

1999 年 11 月我再次考察渝怀铁路，强调该线技术标准要适应快速客运需要，运输能力要适应运量增长需要；要针对山区铁路特点，查明地质情况，强化预防自然灾害措施。在深化研究基础上，铁道部上报了渝怀铁路可行性研究报告。2000 年 12 月 12 日渝怀铁路全线开工，2005 年底建成通车。

我作为重庆市人民推选出的第九届全国人大代表，亲身感受到重庆市党政领导和人民群众对渝怀铁路的热切期盼和大力支持。渝怀铁路建成通车，我由衷感到高兴，因为人民群众的呼声、期盼已经实现。

宜万铁路建设

修建宜万铁路是鄂西人民近百年的夙愿。早在 20 世纪之初，四川省商界就开始筹建从成都、重庆沿长江直达武汉的铁路（即"川汉铁路"），成立了商办川汉铁路有限公司，由詹天佑任总工程师，1909 年 10 月在宜昌举行了开工庆典。然而，清王朝颁布诏书责令"铁路国有"。这就激怒了将血本无归的川鄂百姓，引发了轰轰烈烈的"保路运动"，最终成为 1911 年爆发辛亥革命的导火索。

20 世纪 60 年代后期，铁道部曾组织研究过川汉铁路。那时，我正在参加成昆铁路建设，有关领导告诉我，由于川汉铁路地质特别复杂，需要修建长隧道和高桥梁，施工技术和设备都难以适应，后来改为先修建襄渝铁路。进入 20 世纪 90 年代，湖北省恩施土家族苗族自治州的全国人大代表和全国政协委员，多次呼吁修建宜万铁路，许多感人事例让我难以忘怀。

一位五峰县农民致信韩杼滨部长，说他是农民，收入不多，愿意每年拿出 1000 元用于修建铁路。一位全国人大代表在北京人民大会堂湖北厅见到江泽民总书记时说，他们非常盼望修建铁路，当晚还写信给江泽民总书记，寄了一份宜万铁路方案图。恩施土家族苗族自治州州长直接向李鹏委员长反映修建铁路的愿望。还有老红军、小学生也向国务院写信表达对铁路的期盼。所有这些信息都转到了铁道部，我们认真研究后复函，说明正在加快宜万铁路前期工作。

2000 年 2 月初，我在湖北省宜昌市听取了铁四院院长杨如石关于宜万铁路勘测设计工作汇报，到沿线察看了宜昌、枝城、万县接轨方案，以及重点隧道桥梁等，要求加快勘测设计。

2001 年 1 月 30 日（农历正月初七），为研究"沿江铁路大通道"建设，我专程赴湖北省调查宜万铁路情况，受到省地市领导同志盛情接待。到了恩施，土家族、苗族群众敲锣打鼓，穿着节日盛装夹道欢迎，情景十分感人。我深知，他们是在欢迎"铁路"早进家乡。所以，我充满激情地表态说："我们一定加快宜万铁路勘测设计，争取早日开工建设。"在铁四院设计负责人介绍了线路走向方案和重点工程情况后，我们到沿线进行实地考察。考察结束时，我谈了四点意见：第一，要深刻认识修建宜万铁路的重要意义，这条铁路是川渝东部通道的重要组成部分，也是沿江铁路通道的重要组成部分，对鄂西地区扩大开放、加快发展极其重要；第二，要深化宜万铁路勘测设计工作，沿线地质极其复杂，特别是断层、岩溶、暗河等分布较广，必须尽力查明情况，强化工程措施；第三，要加强铁路与地方的合作，沿线旅游资源丰富，铁路设计要为地方发展服务；第四，万州长江大桥提前建设十分必要，现在枯水位为 90 米左右，2003 年长江三峡蓄水之后水位将达到 150 米以上，所以早些建桥可以避免蓄水之后深水基础施工困难。

在宜万铁路可行性研究完成之后，铁道部将宜万铁路列入 2003 年计划开工项目，成立了铁道部宜万铁路建设总指挥部。由于当年发生"非典"疫情，项目评审工作推迟进行。

2003 年 11 月 26 日，温家宝总理主持国务院常务会议，审议通过了宜万铁路可行性研究报告。2003 年 12 月 1 日，正值庆祝恩施土家族苗族自治州成立 20 周年之际，在规划中的恩施火车站位置举行了宜万铁路开工典礼，恩施地区可谓"双喜临门"。省地领导和各族群众脸上都充满着笑容。在开工典礼大会上，湖北省委书记俞正声发表了热情洋溢的讲话，并送给我一件珍贵礼物——土家族彩色礼袍。我代表铁道部致辞表示热烈祝贺，对省地市大力支持表示感谢！我说："修建宜万铁路是党中央、国务院的重要决策，是实施西部大开发，加快区域经济协调发展的重要举措；修建宜万铁路将从根本上改变沿线地方交通落后状况，形成川渝和鄂西地区东出通道，对完善路网布局，带动沿线脱贫致富具有重要意义。希望宜万铁路建设者们增强光荣感、责任感和使命感，发扬开路先锋精神，攻克技术难题，创造辉煌业绩！"

宜万铁路建设期间，铁道部将该项目建设单位由部工程管理中心移交给武汉铁路局，这无疑加重了武汉铁路局的责任。经过5年艰苦奋斗，宜万铁路工程进入最后决战阶段。2008年11月，我到宜万铁路看了部分已完成工程和正在施工的重点隧道工程，深感这条山区铁路地质复杂程度实为罕见，除了要通过断层、软岩外，更多"拦路虎"是溶洞、暗河，带来了突泥突水威胁。我对同行的杨建兴说，我曾致信建设部部长汪光焘，建议在全国建筑行业加强工程项目风险管理。宜万铁路开工之后，我同工程管理中心主任张梅通电话时也谈到要加强风险管理。宜万铁路首次实施隧道风险管理，开展隧道风险判识、评估和风险等级划分，化解风险、减轻风险，取得了显著成绩，积累了宝贵经验。特别是齐岳山、马鹿箐、野三关等八个一级风险隧道，险象环生，得到妥善处置，提高了风险管理水平。针对高压富水充填溶腔使用传统注浆法效果不佳问题，张梅同志创新了"释能降压法"，为解决隧道岩溶难题开拓了新路子。

宜万铁路建设取得了辉煌成就，但也存在值得总结和探讨的问题。例如：作为沿江铁路通道组成部分，设计速度目标值（160公里／小时）显得偏低；若将线路走向方案抬高，有可能减轻溶洞暗河危害程度。对于艰巨复杂的铁路项目，建设单位要配强技术力量，加强风险管理。

八、跨越海峡通道

20世纪30年代以后，我国铁路干线跨越长江天堑采用了铁路轮渡模式。例如：1933年建成连接津浦铁路与沪宁铁路的南京铁路轮渡、1949年建成连接京汉铁路与粤汉铁路的武汉铁路轮渡，以及1957年后建设的芜湖轮渡。这些铁路轮渡多年前早已为长江大桥所代替。现有粤海铁路轮渡跨越琼州海峡，渤海铁路轮渡跨越渤海海峡。

粤海铁路轮渡

在改革开放方针指引下，沿海地区率先加快经济发展。海南省成立后，同大陆的人员和物资交流增多。20世纪90年代初，海南省领导向我提出了加快海南铁路建设的要求，希望铁道部予以支持。我带领铁道部机关有关部门和铁二院、广州铁路局领导同志到海南进行了考察，确定分三步走：首先对海南岛西部既有铁路（即"西环线"）进行改造，然后修建跨越琼州海峡铁路轮渡（即粤海轮渡），待跨海铁路运量增大后，再研究以桥梁或隧道跨越海峡的铁路通道建设方案。

经过几年项目前期工作，1997年7月由铁道部、广东省和海南省共同成立了粤海铁路有限责任公司（三方股比为66.7∶22.2∶11.1），负责项目实施。1998年8月30日，中国第一条跨越海峡的粤海铁路通道（轮渡）开工典礼在海口举行。这个工程项目包括琼州海峡轮渡工程（23公里），北端修建广东省湛江至海安南铁路线（139公里），南端修海南省海口至叉河西环铁路（82公里）。

2002年7月27日，中国首艘跨海峡铁路轮渡"粤海一号"在上海下水。2004年后全面开通轮渡汽车、散客以及旅客列车运输业务，轮渡已由2艘增加到4艘。我国铁路史上第一条跨海轮渡工程建成投产，促进了粤海地区经济社会发展。

烟大铁路轮渡

为了缓解山海关口铁路运输能力紧张状况，建设烟（台）大（连）铁路轮渡项目提到铁道部议事日程，山东省和辽宁省都表示完全赞同。1994年11月，铁道部、交通部、山东省、辽宁省联合向国家计委报送了《烟大铁路轮渡项目建议书》，获得批准后开展了项目可行性研究。

1998年6月我听了铁道部计划司汇报后，要求抓紧组建合资铁路公司（筹备组），深化项目前期工作。不久，铁道部计划司邀请山东省计委、辽宁省计委来京开会，商定由中国铁路建设投资公司、烟台市电力开发公司、大连市建设投资公司作为三方出资人代表，筹建"中铁渤海铁路轮渡有限责任公司"（以下简称"渤海铁路轮渡"），2002 年 1 月公司在烟台挂牌。该项目北起辽东半岛南端大连市旅顺区羊头洼，南至山东半岛北端烟台市四突堤，海上直线距离 147 公里。2006 年 11 月渤海铁路轮渡建成试运行，先后有 3 艘渡船投入运营。

2012 年 10 月 22 日下午，我从烟台登乘渡轮进行单程考察，看到渡船采用了综合全电力推进系统、栈桥滑动道岔、液压蓄能减载等新技术。海上运输距离为 159.8 公里，航行了大约 7 小时，到达旅顺时，岸上已是万家灯火了。

跨海铁路轮渡把海峡两岸铁路连接起来，形成连通铁路运输通道。但由于铁路轮渡时间较长，且受台风、大雾、海啸等影响，难以保障全天候安全运输。所以，从长远发展战略考虑，需要研究修建跨越海峡的铁路工程，构建大能力的运输通道。

琼州海峡通道

早在 1994 年 12 月，国务院副总理邹家华在深圳主持会议，就请铁道部、广东省、海南省共同商议过修建海南铁路通道问题。进入 21 世纪，铁路展开大规模建设，特别重视大能力通道建设。在国家发改委协调下，铁道部、交通部、海南省、广东省签订了《关于琼州海峡跨海通道建设的会议纪要》，安排了规划研究工作。2008 年 8 月底铁二院完成规划研究工作。铁道部确定由我担任专家组组长，组织专家审查并提出建议。按照这次会议建议，铁道部计划司安排了专项资金，分别由铁二院、铁四院、大桥局等开展工程地质、海洋环境、地震影响以及大跨深基桥梁结构和高水压大断面隧道结构等关键问题研究。遗憾的是，此项研究由于某些原因影响未能全部完成。

2019 年我和卢春房院士主持中国工程院咨询项目《琼州、渤海海峡通道工程前期战略研究》，研究团队依托中铁工程设计咨询集团。琼州海峡跨海通道工程部分由中铁二院等单位参加。在借鉴日本青函隧道、英吉利海峡隧道、丹麦大贝尔特桥、日本南北备赞濑户桥及土耳其博斯普鲁斯三桥等跨海工程实践基础上，分析了建设的必要性，进行运输需求预测，研究了通道建设方案并做分析比较。

跨海线路位置共有三个方案。东线方案自雷州半岛海安港至海南岛海湾西岸，跨海部分线路长约 27.4 公里，海水最深约 85 米，海底地形起伏强烈，断层、活动断层发育，地震烈度为Ⅷ度，登陆位置与城市规划不符，因此予以舍弃。中线方案自炮台角至天星角，跨海部分线路长约 20.1 公里，海底稍有起伏，最深水深约 85 米，线路顺直且符合城市规划。西线方案自灯楼角至道伦角，跨海部分线路长约 40.36 公里，海底较为平坦，最大水深约 55 米。综合比较，中线方案优势明显，因此推荐中线方案。

对桥梁方案和隧道方案都进行了研究，并考虑了单建公路、单建铁路及公铁合建三种可能。桥梁工程主要解决大跨度、深基础、强风浪等技术难题，大桥的中通航孔（通过 40 万吨轮船）可用跨度 1400 米以上斜拉桥（或悬索桥），以平层布置为好。深水基础可采用复合设置基础（用负压筒式或沉井组合）。隧道方案对矿山法、掘进机（盾构或 TBM）法、沉管法进行了比较，认为：沉管法技术难度大、对航运影响大；海底 300 米未见基岩，矿山法难以应对；掘进机法在高水压、长距离施工方面已有许多实践可鉴，作为推荐方案。（关于悬浮隧道方案，因当前尚处于基础理论研究阶段，故未列入比较方案之内。）

因此，建议采用中线隧道方案。公路铁路隧道分设，一次规划，先建铁路。隧道断面为双洞单线，另设一条服务隧道。在公路隧道未建成之前，以铁路驼背运输解决汽车跨海运输。

渤海海峡通道

渤海海峡是指辽东半岛南端的老铁山角至山东半岛最北端的蓬莱角之间的渤海海域。渤海海峡是东部黄海流入西部渤海之咽喉通道，也是京、津地区的海上门户。1992 年以来，山东省有关专家持续进行了渤海海峡通道研究。进入 21 世纪，国家有关部门相继开展了相关研究。1993 年 11 月 7 日，铁道部在烟台召开会议，对烟台至大连跨海铁路轮渡可行性进行研讨。2012 年我考察渤海铁路轮渡，同时也了解了渤海海峡跨海通道规划。2013 年 11 月我参加了中国工程院主持的关于渤海海峡跨海通道战略规划研究讨论。2018 年 6 月中旬，我应邀赴大连参加了由全国人大常委会副委员长、民革中央主席万鄂湘主持的渤海海峡通道建设调研座谈会。在座谈会上，我谈了对该通道建设战略意义的认识，介绍了方案研究概况，提出了加强项目前期工作的建议。据了解，会后民革中央向党中央提出了建议。

2018年开展中国工程院咨询项目《渤海海峡跨海通道工程前期战略研究》，主要由中铁三院等单位参加。经过现场调查，考虑到沿线地形、地质、环保、通航、岛屿、登陆点及发展规划等因素，对线路布局做了三个方案。这三个方案都起自旅顺老铁山中部，经过北隍城岛往南延伸。东线方案向南途经小竹岛，于蓬莱东港登陆；中线方案途经南长山岛（或庙岛），于蓬莱人工岛登陆；西线方案途经大黑山岛，于蓬莱人工岛登陆。跨海线路全长相差不大，分别为108.5公里、110.5公里、116公里。中线比较顺直，地质条件相对较好，施工难度相对较小，因此推荐中线方案。

渤海海峡跨海通道虽然长度超过100公里，但除了北端老铁山水道宽达42公里，最大水深85米外，往南的庙岛群岛基本上呈一字形排开，应充分加以利用。由于岛屿周围水深较浅，利用岛屿连线可减小桥梁长度和桥墩高度，也可为隧道设置施工竖井和通风竖井，增加施工作业面。因受自然条件、通航及军方要求制约，老铁山水道要以隧道通过。我们对全隧道方案和南桥北隧方案进行了比较。经过对多种铁路隧道横截面布置方案研究，推荐双洞单线隧道，另加一条服务隧道。跨越主要水道的桥梁，必须满足通航要求，主要通航孔应为跨度1200米以上的斜拉桥或悬索桥。

综合各方面的意见，建议采用中线南桥北隧方案，公路铁路统一规则，分阶段实施。先修建铁路通道为宜。有些专家认为，若先修建铁路通道，则应深入研究全隧道方案。

台湾海峡通道

台湾海峡位于我国福建与台湾之间，属于东海海区，南通南海，是重要的国际海运通道。大陆与台湾岛隔海相望，修建跨海通道是海峡两岸人民的共同愿望。

多年来，我接触到不少土木工程界专家学者，交流过建设台湾海峡跨海通道（公路铁路）构想。大致可归纳为三大方案：南线方案从福建厦门经金门、澎湖列岛到台湾嘉义，全长约 170 公里，水深 80 ~ 100 米，处于高频地震带，其优势是连接台湾嘉南平原，经济效益好；中线方案从福建莆田经南日岛到台湾苗栗，全长 128 公里，水深 40 ~ 70 米，处于中频地震带，其优势是受台湾山脉阻挡，无特大台风（也有人提出从福建石狮到台湾彰化方案）；北线方案从福建平潭到台湾新竹，全长约 122 公里，水深 50 ~ 60 米，海底基岩较为坚硬。

2010 年，我应台湾土木工程学会之邀赴台期间，也同台湾土木工程界专家交流过意见。多数都倾向于首选北线方案。至于是修建桥梁还是修建隧道，或者桥隧结合方案，因各自都有优缺点也都有难题和风险，需要深入进行研究。我在想，修建台湾海峡跨海通道重要的不是技术问题，而是涉及海峡两岸关系的政治经济环境问题。

经过十多年艰苦奋斗，我国铁路网进一步完善。除了前述的已建成的重点项目外，还有许多建设项目都发挥了重要作用。

　　为了加强西南地区对外通道建设，计划建设沿江大通道。首先安排了达（州）成（都）铁路项目，全长403公里。成立了由我担任组长的达成铁路建设领导小组，由铁二院实行工程总承包。1992年6月29日正式开工，1997年11月建成通车。接着，修建了达（州）万（县）铁路，全长158公里，为三峡库区开发性移民工程服务。这两条线路开启了规划中的沿江大通道建设。此外，还建设了贵州水城至柏果、广通至大理、西安至安康等新建铁路，以及株洲至六盘水等铁路复线。

　　沿海铁路通道建设逐步分段展开。广梅汕铁路全长480公里，1989年动工。1995年广州至梅州、汕头铁路开通，邹家华副总理在汕头出席庆祝通车仪式。福建省只有鹰厦铁路一条对外通道，运输十分困难。在京九铁路即将建成之际，福建省领导同志向我提出了修建赣州至龙岩铁路的强烈愿望，为福建省开辟第二条对外通道。我表示完全理解和支持，立即作出建设安排。在改造鹰厦铁路、外福铁路的同时，积极修建福厦铁路，西边要同广东省境内广梅汕铁路和连接粤闽两省的梅坎铁路联通，东边要加快浙江省境内甬温铁路及连接浙闽两省的温福铁路建设。我到浙、闽、粤三省进行调研，积极推动项目立项建设。另外，为打通限制口、提高通道运输能力，建设了包兰复线、滨洲复线、京广电化、陇海电化等一大批复线和电气化铁路，以及北京西客站等新客站和铁路枢纽工程。

【第六章】 受命修筑『天路』

西藏素有世界屋脊之称，其雄浑秀丽的自然风光、高大奇绝的地形地貌、丰富多彩的人文景观、古朴浓郁的民族风情，赋予了它无穷的魅力。宽阔的土地，丰富的资源，酝酿着巨大的发展潜力。但是西藏的交通设施极其薄弱，从新中国成立到进入21世纪千禧之年的40多年里，西藏仍是全国唯一不通铁路的省级行政区。所以，修建青藏铁路，构筑一条连接西藏拉萨到内地的钢铁大动脉，就成为藏各族人民期盼已久的夙愿。

一、艰难建设历程

党中央、国务院十分关心西藏的交通发展。新中国成立后，中国人民解放军奉命进军西藏时，一面进军，一面修路，于1954年12月25日修通了川藏公路和青藏公路。之后，在世界屋脊开通了民用航空，又建设了输油管道。然而，青藏铁路建设却走过了"二上二下"的艰难历程。

1955年10月，曾指挥修建青藏公路的慕生忠将军，带领铁道部设计总局西北设计分局（即"铁一院"）的三位工程师，乘坐军用吉普车，对修建青藏铁路的可行性进行初次调查。1956年1月，铁道部向铁一院下达了青藏铁路勘测设计任务。1958年9月，青藏铁路西宁至哈尔盖181公里线路工程和控制全线工期的关键工程关角隧道正式开工。1958年12月，经中央批准，在格尔木成立了青藏铁路工程局，由慕生忠兼任局长，孙效中、夏仲远等同志担任副局长。孙效中同志曾和晋绥军区后勤部政委黄新义（铁二局党委书记）一起工作过，他多次给我讲过当年筑路队伍艰苦奋战的情景。当时青藏线上流传着四句顺口溜，就是"地上不长草，天上无飞鸟，黄羊到处蹿，风吹石头跑"。施工人员都住在临时搭建的帐篷里，有时狂风把帐篷都吹刮得卷了起来，甚至整个帐篷都被狂风掀翻。粮食和肉菜等副食品的供应十分紧张，许多人长时间吃不上青菜、豆腐，导致高原反应加剧。20世纪50年代末至60年代初，由于受到"大跃进"和三年困难时期的影响，国家经济困难，压缩基本建设，1960年6月青藏铁路工程局被撤销，青藏铁路工程也于1961年3月停建。一位参加过关角隧道施工的技术人员告诉我，当时他们接到停工撤离的命令后，大家封闭关角隧道洞口，挑着行李告别了工地。这是青藏铁路的第一次上马又下马。

青藏铁路的第二次上马，是在"文化大革命"后期。1973年7月，周恩来总理主持召开全国计划工作会议。在这次会议上，国家安排青藏铁路哈尔盖至格尔木段恢复建设，并决定由铁道兵负责施工。同年 12 月 9 日，毛泽东主席在中南海会见尼泊尔国王比兰德拉时说，中国要修建从青海到西藏的铁路，将来还要修到两国边境。1974 年和 1975 年，铁道兵十师、七师先后进驻青藏高原，展开了青藏铁路西宁至格尔木段 814 公里的工程建设。国家建委等部门，组织全国 68 个单位 1700 余名工程技术人员参加青藏铁路建设科技大会战。铁道兵特别能吃苦、特别能战斗，攻克了道道难关，终于在 1979 年 9 月 15 日铺轨到达格尔木（又向前延伸一个站，到南山口站），接着就开办了西宁至格尔木段临管运营。1984 年 5 月 1 日，青藏铁路西格段交付兰州铁路局西宁铁路分局正式运营。

青藏铁路终点站是拉萨，为什么铺轨到格尔木就停下来了？其原因是：1976 年 6 月，铁一院按照铁道部要求，开展了青藏铁路格尔木至拉萨段勘测工作。1978 年 7 月，当定测工作已经到达西藏那曲时，负责青藏铁路设计的总工程师张树森突然接到电报：停止勘测，桩打到哪里，就停在哪里。8 月 12 日，铁一院勘测设计人员被迫停工下撤。对于这件事，我通过查阅文献和访谈调查得知，青藏铁路"停止勘测"和停建，有多方面的原因。一是青藏铁路格尔木至拉萨段有长达 550 公里多年冻土地段"难以逾越"，以当时工程技术措施难以整治融沉冻胀病害；二是青藏铁路格拉段 84% 的地段在海拔 4000 米以上，最高处达到海拔 5000 多米，属于"生命禁区"，对人的生命安全和身体健康有很大威胁，当年铁道兵在修筑海拔 3700 米以下的青藏铁路西格段时，就牺牲了

300 多名指战员；三是由于青藏公路经过改造运能提高，民航已经开通，又修建了输油管道，其运输能力基本上可以满足西藏经济社会发展需要。另外，还有一个重要原因是，"文化大革命"已经使国民经济到了崩溃的边缘，国家根本没有财力修建这条铁路。

1977 年 11 月 28 日，铁道部党组和铁道兵党委联合向国务院、中央军委呈送了请示报告，提出缓建青藏铁路格尔木至拉萨段，建议修建昆明至拉萨的滇藏铁路。铁道部邀请铁道兵、农林部、国家地质局等部门专家，同铁二院专家一起组成考察组赴昆明，于 1977 年 12 月 26 日至 1978 年 1 月 28 日考察滇藏铁路。这时，四川省革命委员会和成都军区向中央发电报，请求修建成都至拉萨的川藏铁路，认为四川省是西藏自治区的大后方，相互联系十分密切。于是，中央指示考察组，从拉萨返回时考察川藏铁路。据当时参加考察的铁二院总工程师告诉我，这次考察十分艰辛，一路上翻山过河，全靠解放军护送，才顺利完成了考察任务。铁道部和铁道兵对青藏铁路、川藏铁路、滇藏铁路进行比较后认为，滇藏铁路相对来说海拔不高，冻土很少，森林矿产资源、水力资源丰富，因此推荐修建滇藏铁路。中央领导听取汇报后表示同意修建滇藏铁路，但强调要先把地质搞清楚，不要轻易动工。由于当时国家财政状况十分困难，勘测设计滇藏铁路的经费无法安排，进藏铁路就这样被搁置下来。这是青藏铁路第二次上马又下马。

1984 年底我刚到铁道部工作时，陈璞如部长就给我讲了铁道部对修建进藏铁路的意见。他说，青藏线和滇藏线各有优缺点。如果国家需要在 20 世纪末将铁路修到拉萨，则修青藏线可以实现；

如果从全局考虑，可以迟于 20 世纪末修通，则修滇藏线的优越性相对明显。由于进藏铁路线路方案未获国家批准，建设青藏铁路之事就被搁置了 10 年。直到 1994 年 7 月，江泽民总书记在主持召开中央第三次西藏工作座谈会时发表了重要讲话，明确指出："进藏铁路论证和勘探工作要继续进行。"铁道部认真贯彻落实，向铁一院和铁二院下达研究任务时，要求他们一定要对进藏铁路方案进行充分论证，在以往工作基础上开展大面积选线，进行全面分析比较。并明确由铁一院负责青藏线、甘藏线方案研究（新藏线方案尚无条件）；由铁二院负责滇藏线、川藏线方案研究。

滇藏线（昆明至拉萨）全长 1960 公里，其中昆明至大理段 366 公里已通车，新建铁路为 1594 公里。线路海拔较低，海拔 4000 米以上仅有 48 公里，气候和自然条件较好，沿线资源丰富，开发价值较高，距离出海口较近。但地质复杂，工程艰巨，投资大，工期较长。

川藏线（成都至拉萨）全长 1927 公里，海拔超过 4000 米地段有 133 公里。沿线资源较为丰富、人口相对较多，两地联系较为紧密。但线路长，地形地质复杂，工程十分艰巨，桥隧比重大，投资多，工期需要 12 年。

甘藏线（兰州至拉萨）全长 2126 公里，所经地区资源比较丰富，高海拔地段和多年冻土地段比青藏铁路少。但工程难度大，投资多，工期也需要 12 年。

青藏线（西宁至拉萨）全长 1956 公里，其中西宁至格尔木段 814 公里已经通车，新建格尔木至拉萨段 1142 公里。线路走向大部分地段与青藏公路平行，地形起伏不大，大型控制性工程不多，投资少，工期短。但沿线自然条件极为恶劣，气候严寒，缺氧严重，高海拔地段长，海拔 4000 米以上地段有 960 公里；连续多年冻土段长，约有 550 公里。

铁道部组织专家对上述 4 个进藏线路方案进行反复研讨、论证，初步形成了共识，就是青藏线方案与甘藏线方案相比，青藏线方案优点明显；滇藏线方案与川藏线方案相比，滇藏线方案优点明显。在此基础上，铁道部集中力量深入研究青藏线和滇藏线方案，经过多次组织路内外专家评估和论证，绝大多数人的意见是先修建青藏线。主要理由是新建线路最短（1142 公里），投资省、工期短（6 年），前期工作基础相对较好。鉴于此，我安排时间，于 1999 年先考察了滇藏线云南段，然后计划在 2000 年考察青藏线。

二、考察青藏铁路

随着青藏铁路预可行性研究深入开展，我着手安排赴青藏高原进行现场考察的活动。2000 年 3 月初，我在参加全国人民代表大会期间，与中国国际工程咨询公司董事长屠由瑞约定，待气候转暖之后一起去考察青藏线方案。到了 5 月份，由于我在中央党校学习尚未结束，未能如约同行，由铁道部副部长蔡庆华陪同考察。

2000 年 7 月 30 日至 8 月 6 日，我带领由铁道部计划司司长曹菁，兰州铁路局党委书记赵家田、局长董喜海，铁一院院长张俊书等组成考察组，并邀请国家计委基础产业司副司长宋朝义等参加，到青藏铁路沿线进行实地考察。上青藏高原之前，7月24日我先来到兰州铁路局，了解该局西宁铁路分局管辖的青藏铁路西宁至格尔木段运营情况。7月26日，我在西宁参加西北五省区党政主要领导联席会议，并在大会发言中，讲了未来十年西北铁路发展的设想，与会领导感到很受鼓舞。会议期间，我征询了青海省省长赵乐际等领导同志对青藏线方案的意见，他们一致认为，青藏铁路对加快青海省经济社会发展具有重大作用，表示一定全力支持。7月30日，考察组成员到齐后，我们就正式开始了现场考察青藏铁路的行程。

途经西格段

2000年7月31日下午1时，我们乘坐的工程列车从西宁向西行驶，大约走行了180多公里，列车从青海湖北边驶过。由于这一段铁路路基受盐渍土冻害影响，我们在列车上已有颠簸之感。我很关心铁路对湖水、鸟类、植被等有无影响，西宁铁路分局领导肯定地回答说，他们十分重视铁路沿线生态环境保护工作，所采取的保护措施效果很好。西格段最关键的工程，是位于天峻县（"天峻"在蒙古语中的意思是"登天的梯子"）的关角隧道。工程列车在关角隧道进口停下来，我们穿着棉袄下车刚站在轨道上，就被呼啸的大风刮得睁不开眼。这座隧道全长4009.89米，海拔3680米，地质复杂，围岩破碎，地下水十分发育。20世纪70年代铁道兵修建这座隧道时，是当时全国海拔最高的铁路隧道。关角隧道通车后发生拱墙开裂、轨道变形等病害，虽经多次整治也未能彻底解决问题。现在由铁十六局和兰州局施工队伍进行全面整治，每天利用固定的封锁时间进行施工，估计还要一年多时间才能完成。

西格段还有一个关键工程，就是察尔汗盐湖路基，也有人称它是"万丈盐桥"。察尔汗盐湖的表层是坚硬的盐壳，下层含饱和盐水，盐岩层厚度有 20 多米，岩盐遇到淡水极易溶蚀，影响路基稳定。盐湖地段北端为饱和粉细砂地层，地下水位高，地基承载力弱，在地震作用下容易发生液化，危及行车安全。建设青藏铁路西格段时，铁道兵就组织科研攻关，采取换填卵石砂、打入 5.7 万根挤密砂桩等措施通过饱和粉细砂地段，修建了长达 32 公里的跨越盐湖低路堤。由于全球气候变暖，冰川融化加快，为盐湖输入了大量淡水，对盐湖路堤构成了一定威胁。经西宁铁路分局工务部门加强维修养护，现在盐湖路堤基本稳定。尽管如此，我还是在现场叮嘱分局领导不可大意，要长期监测并加强研究。

青藏铁路西格段建设标准比较低，最小曲线半径 300 米，限制坡度 6‰（双机 12.5‰），病害较多，运能很小，到了 20 世纪 90 年代，年输送能力只有 400 万吨。西格段从 1984 年 5 月 1 日正式运营后，一直处于亏损状态，到 1997 年已累计亏损 7.87 亿元。为了提高运能，经国家批准，该段盐类运输实行特殊运价，增加的收入用来整治病害。后来由于青海省强烈反对，实行特殊运价的决定终止执行。近年来，兰州铁路局给西格段安排了多项技术改造工程，包括整治路基桥涵隧道病害、增设 2 个会让站、新建 10 千伏电力贯通线和 12 芯光缆通信等。但随着青藏两省区扩大对外开放，加快经济发展，西格段运量将大幅增长，如果开工建设青藏铁路格拉段，大批建设物资设备和施工队伍都要在格尔木转运，西格段铁路运能紧张状况将会更加突出。因此，急需开展西格段扩能改造规划研究。

"格尔木"在蒙古语里的意思是"许多河流汇集的地方"。新中国刚成立不久，格尔木河畔就出现了一座"帐篷城"，中国人民解放军总后勤部青藏兵站部就驻扎在这里。当时往来格尔木的部队人员多、军车多，所以就有"兵城"之说，青藏兵站部的办公楼，也就成为格尔木的标志性建筑。后来，西藏自治区及所辖的多个部门，都在格尔木设立了办事处，使这里成为西藏后勤保障的重要基地。我们来到格尔木时，这里已经是一座拥有 20 万人口的高原新城了。在格尔木，有两个地方让我们难以忘怀。一个是为纪念修筑青藏铁路西格段时牺牲的铁道兵指战员而建的烈士陵园，他们安息在这里，遥望着铁路通往拉萨，令我们深切缅怀；还有一个就是慕生忠将军指挥修建青藏铁路时住过的两层简易楼房，当地人称"将军楼"。1959 年，慕生忠将军被贬官，"文化大革命"中又被打成"三反分子"（1979 年慕生忠得到平反），历经磨难，矢志不移。他 1994 年 10 月 18 日与世长辞，享年 84 岁。遵照将军的遗愿，亲属们把他的骨灰撒在了青藏公路的昆仑山垭口。慕生忠将军是"青藏公路之父"。我们肃然起敬地瞻仰"将军楼"，从中汲取他留下的宝贵精神财富。

8月1日，我在格尔木听取了铁一院院长张俊书、总工程师冉理等关于青藏铁路格尔木至拉萨段勘测设计情况的汇报，铁道科学研究院西北分院冻土专家张鲁新等关于冻土工程研究情况的汇报。兰州铁路局党委书记赵家田和西宁分局领导，都在细致地检查包括车队指挥、通信联络、医护人员等一系列上山考察准备工作，一直忙到夜晚9点多钟。西藏自治区党委副书记、常务副主席杨传堂，带领西藏自治区计委主任、交通厅副厅长等人，专程从拉萨赶到格尔木，代表西藏自治区党委和政府，欢迎考察组并陪同考察。我们原计划安排3~4天时间进行沿线考察，在纳赤台、沱沱河、当雄等地宿营。杨传堂副主席说：我们已经安排考察组在那曲住宿，那曲是地区机关所在地，医疗、生活等条件比沿线其他地方要好一些，在保障安全方面也有把握。我理解西藏自治区领导的善意，只好服从安排。

攀越昆仑山峰

巍巍昆仑，横空出世。8月2日，我凌晨4时就起床了，整个夜晚基本上没有入眠。凌晨5时许，天还未亮，我们就从海拔2800米的格尔木出发了。汽车在青藏公路上行驶不到半小时，就开始从南山口沿着格尔木河和昆仑山北麓昆仑河的河谷曲折攀升，到早晨7时许，天色就已大亮，白雪皑皑的昆仑山已经矗立在我们的眼前。青藏公路与昆仑山之间有一片开阔地带，名叫西大滩，地质学上称其为断陷盆地。在海拔4500米左右的望昆站，可以看到古冰川、现代冰川和寒冷风化的地貌。据介绍，这里也是登山运动的好场所。汽车沿公路攀升到海拔 4700 米左右的昆仑山垭口停下来。设计人员指着高处说，铁路线路在公路上方将以隧道工程穿越昆仑山垭口。这时，我估算了一下，从格尔木到昆仑山垭口，在行程 160 公里内海拔升高了 1900 多米，有的地段河床纵坡为 15‰ ~ 18‰，这要求内燃机车爬坡必须有足够的马力。这里是青藏高原多年冻土北端界限，冻胀丘、融冻泥流等不良冻土现象发育；这里也是青藏高原地壳构造运动最为强烈的地区，地震活动频繁；昆仑山隧道将是全线控制工期的关键工程。所以，我们要组织专项研究，加强工程措施。

跨越长江源头

从昆仑山南麓到唐古拉山北麓属于长江水系。这里的山岭大都呈东西走向，河流则是从西向东流淌，铁路线路的走向，与公路的走向大致相同，基本上是从北往南走。我们在进入到可可西里区域时，极目远望，看到这里地形开阔，山岭浑圆，河谷宽敞，一派"远看是山，近看平川"的高平原景色。1956 年，陈毅元帅率领中央代表团从青藏公路入藏时，感慨万千，曾留下了"峰外多峰峰不存，岭外有岭岭难寻。地大势高无险阻，到处川原一线平"的佳句。索南达杰自然保护站就设在青藏公路旁边，这是为纪念保护藏羚羊而英勇献身的索南达杰，成立的一个民间环保组织，来自全国各地的志愿者们坚守阵地，为保护藏羚羊做出了积极贡献。我和考察组一行到索南达杰自然保护站，向志愿者们表示慰问。

越野车在清水河、楚玛尔河地段缓慢前行。我在车上看到，沿途公路的冻土路基融沉变形很大，沥青路面呈现波浪起伏，有的地方严重开裂。汽车行驶在"搓板路"上产生的颠簸，使我对冻土病害有了感性认识，解决冻土难题将是青藏铁路建设成败的关键。8月2日上午9时左右，我们车队进入可可西里无人区。这里海拔4600～4700米，不是铁路的最高点，但民间却流传着"到了五道梁，哭爹又喊娘"的说法，这是由于受四周地形环境和高原干旱气候的影响，许多人到了五道梁都会感到头痛难忍。"可可西里"是藏语，意思是"美丽的少女"，这里是国家级的自然保护区。我看到公路旁边有的机械压痕是20世纪50年代修建青藏公路时留下的，至今寸草未生，可见这里的生态环境十分脆弱。藏羚羊等野生动物每年迁徙都要穿越公路，修建铁路时必须研究设置动物通道问题。上午10时许，我们来到了风火山冻土试验段。早在1961年，铁道部在风火山建立了我国唯一全年值守的多年冻土观测站，到了20世纪70年代，又建立了这个冻土试验段。昨天在格尔木向我汇报工作的冻土专家张鲁新等，听说我们要看冻土试验段，连夜乘出租车提前赶到这里，并兴致勃勃地向我们介绍实验研究成果。从1961年到2000年的39年间，这个多年冻土观测站已累计获取了1200余万组数据；全长483米的冻土试验段，已进行了包括路基、保温材料、边坡防护、桩基、架空房屋等多项工程措施的实验研究。张鲁新对我说，自己就像多年与组织失去联系的党员，又突然找到了党组织一样，心情特别激动。这时，铁一院的领导指着前方说，那里就是海拔4900

多米的风火山垭口，我们要在风火山修建一座世界上海拔最高的铁路隧道。在这里，我向铁一院勘测设计人员和风火山冻土观测站科研人员表示慰问。

长江源区由正源沱沱河、南源当曲河、北源楚玛尔河组成，沱沱河与当曲河汇合后叫通天河，通天河水流到川藏峡谷后称为金沙江，在宜宾与岷江汇合后就成为长江。在前往长江源的途中，我看到沱沱河、当曲河、楚玛尔河等大河的河床都很开阔，需要修建大桥通过；河流两岸均为裸露的沙滩，移动沙丘将会给铁路带来灾害；地表水和地下水均会带来热量，这对冻土很不利；融区与岛状冻土相间，成为高温不稳定冻土，整治措施必须强化。当我看到青藏公路桥梁混凝土墩台有冻融剥蚀的现象时，就又想到青藏铁路的桥梁，必须按照 100 年寿命要求，提高混凝土耐久性。

8 月 2 日下午 1 时，我们到达海拔 4557 米的沱沱河兵站，这是青藏兵站部设在青藏公路沿线的一个大兵站。兵站指战员们列队欢迎考察组一行。当我从越野车上落地行走时，猛然感到头部很胀很重很沉，双脚像踏在棉花包上一样软弱无力。我和大家握手，喘着大气讲话，代表铁道部向兵站指战员表示亲切慰问，感谢他们对铁路勘测队伍的热情帮助。接着，兵站领导要带我们到备有氧气瓶的二楼休息，可此时我的双腿不听使唤，艰难地迈上楼梯走到二楼。这是我初上高原留下的最为深刻的印象。这时我就在想，今后将有大批施工队伍进驻高原，如何采取有效措施来保障他们的身体健康和施工安全呢？

唐古拉山垭口

我们考察组车队过了通天河后，就一直沿着青藏公路爬坡。在唐古拉山北麓，我看见有较多的河流谷地，有的地方有温泉，有的地方有石膏岩溶。心里在想，这会对铁路安全造成很大影响，必须要把地质情况勘探清楚。汽车在一个名叫雁石坪的地方停了下来，铁一院设计人员向我介绍了青藏铁路唐古拉山两个越岭方案。一个是顺着青藏公路越过海拔 5231 米唐古拉山垭口的方案，另一个是离开青藏公路，进入无人区后翻过海拔 5072 米唐古拉山垭口的方案。这两个垭口相距 28.5 公里，总体看垭口坡度都比较缓，都可以用路基工程越过，不必打隧道。相对而言，新选的铁路垭口海拔较低，这对今后运营会十分有利。我要求铁一院深化铁路越岭方案研究，待综合比较后再做出抉择。

当我们来到海拔 5231 米的唐古拉山公路垭口时，心情特别激动。这里的空气中氧含量是平原地区的一半左右，大家都感到呼吸急促，说话气力不足。可当有人唱了一句《青藏高原》的歌曲时，大家都斗志昂扬地跟着高歌合唱。青藏公路、石油管道、通信光缆等重要基础设施，都要经过这个垭口，解放军指战员为此做出了重要贡献。1989 年 9 月，青海省人民政府在这里竖立了一座高大的汉白玉军人雕像，雕像底座上刻着如下颂文：

适值建国四十周年之际，为颂扬世界屋脊拓线、建线伟业，省府借山石为体，成西部军人雕像，立唐古拉山之巅，以之纪念。

公元一九五四年夏，亘古赤地开进戎装子民，红旗指处，石破天惊，战歌响起，天堑通衢。壮哉，架金桥、飞长虹、舞油龙；美乎，固边陲、播文明、惠万民。

三十五年风雪，四千里路云月。青藏线军人特别能吃苦、特别能忍耐、特别能战斗之雄风，堪为后人师。望青各族民众，立形象于心，以俊良导行，开拓青海，振兴中华。

唐古拉山公路垭口旁边，还有纪念青藏光缆铺设完成而竖立的一座群雕，我们在这座群雕像前合影留念。大家感到像是上了一堂难忘的革命传统教育课，决心学习他们的艰苦奋斗精神，激励我们建设好青藏铁路。在这个公路垭口，设有青藏公路的一个养护段，养护段里有闻名全国的"天下第一道班"。我们来到这里休息时，段里领导和道班职工，非常热情地给我们端上热腾腾的奶茶，向我们介绍青藏公路养护情况和"天下第一道班"的事迹，这对我们研究青藏铁路建设大有裨益。这个养护段的藏族和汉族职工团结奋战，成绩显著，屡受表彰。有一位多年在道班工作的职工，因为严重缺氧，导致心脏变形，提前退休回到家乡，却又不习惯在平原上的生活，感到很难受，就主动申请再回高原度过余生。听完这个事迹，我感到心情沉重。我向公路道班赠送了慰问品，以表达我们的心意。

夜宿藏北重镇

从唐古拉山南麓到头二九山，属于扎加藏布河内陆水系。我们在这里可以明显看到，藏北高平原区水系发育，冻土沼泽化湿地比较多。下午 4 时左右，我坐在车上看到，汽车行驶的前进方向，天空出现了阴云。说时迟那时快，不到几分钟，天上就已乌云压顶，然后突然就下起了瓢泼大雨，接着又从天而降指头尖大小的冰雹。再过了 10 多分钟，远处的天空就显露出一缕阳光，很快又变成了晴空万里。这种"一日四季"的变幻莫测景象，让我领略了高原气候的神奇。

海拔 4700 米的安多县，是由北向南进入西藏的门户。青藏高原多年冻土区的南端界限就在安多以北这一带，有岛状冻土分布。从安多往南经过北桑曲到达那曲，海拔降到了 4500 米左右。设计中的安多至那曲铁路，除了沿公路方案外也做了一个沿错那湖的方案。沿湖方案线路较短，投资较省，无须跨越公路、油管、光缆等建筑物。但这里是湿地自然保护区，必须经过环保部门批准，才能从缓冲区通过，同时还要保护好湖水和湿地。对于铁路是否经过那曲，也有比较方案。绕过那曲的方案线路顺直，但不利于那曲发展。那曲是藏北经济、文化和交通中心，我认为必须经过那曲，就是再多花一些投资，只要能够带动地方的经济发展，值得！

8 月 2 日傍晚，红彤彤的太阳西斜，我们经过 16 个小时的长途行驶，终于按照预订计划到达了藏北重镇那曲。那曲在藏语里的意思是"黑河"。我们进入那曲城时，街道正在进行改造，由内地对口支援的省市正在修建混凝土路面。由于这里是地区所在地，所以街道上的商铺较多，除了当地藏族农牧民外，也有不少来自内地的生意人。

在那曲地区招待所，我们与西藏自治区党委副书记、人大常委会主任热地不期而遇，他紧握着我的手说："可把你们盼来了！西藏人民热切盼望铁路早日通到拉萨，同全国一道建设现代化。"我听了热地同志的话，感到这是西藏人民发自内心的呼声。

牧区绿色高原

8月3日清晨，我们离开那曲继续前行。从头二九山到念青唐古拉山属于怒江水系，这一带基本上都是高平原。因受海洋性气候影响，属于高原半干旱气候。生态系统以高寒草甸为主。我们在沿途看到，公路两侧到处是碧绿的草地和发亮的水塘，还有放牧的一群群羊和牦牛。虽然这里的太阳紫外线辐射强度比较大，但给我们的感觉是舒适多了。那曲至羊八井地段没有越岭选线、河谷选线、冻土选线等方面的条件限制，只要尽量使线路顺直就行。但生态环境保护任务很重，包括保护植被、湿地、水源等。有的铁路地段距离公路很近，必须加强安全防护；有的铁路路基经过沼泽地，既要保证路基稳定，又要保持地下水的贯通，这有一定难度。我们来到海拔4292米的当雄兵站时，慰问了借住在这里的铁一院勘测设计人员。我看见篮球场上有几个年轻人正在投篮，他们在高原上展示出的青春活力也感染了我们，使我们陡然精神倍增。下午2时许，我们在行驶的汽车上，看见了念青唐古拉山白雪盖顶的主峰；在公路右侧，还有一处飘动着五颜六色经幡的玛尼石堆，这是藏族少女达娃央宗为1990年北京亚运会采集圣火的纪念地标。

羊八井的丰富地热资源已得到开发，西藏自治区在这里建设了地热发电站。驻守羊八井的武警部队交通一支队得知我们要经过这里，在草地上为考察组准备了野餐。我们边吃边谈，听取了他们参加西藏公路建设的经验介绍，向他们表示感谢并致敬意。

峡谷直下拉萨

念青唐古拉山以南属于雅鲁藏布江水系。从羊八井进入堆龙曲峡谷后一路下坡，峡谷地段河床狭窄，最窄处约 20 米，两岸山坡陡峭，岩层风化破碎。堆龙德庆以下河谷逐渐开阔，羊八井到拉萨的高程从海拔 4300 米降到海拔 3630 米，沿途纵坡达到 15‰～25‰，是长大下坡道。青藏铁路穿越堆龙曲峡谷方案，比经过达孜方案线路短、投资省，而且绕避了林周黑颈鹤保护区。但是，峡谷地段的危岩、落石、泥石流及河水冲刷，都会对铁路带来不利影响，需要采取有效的工程措施。我们乘车来到这里时，有一段公路正在改造，施工人员停止放炮作业，让我们车队顺利通过。

当我们到达曲水后，就看到了拉萨河。拉萨河发源于念青唐古拉山东段南麓，自东向西流经拉萨市区，在曲水附近注入雅鲁藏布江向东流去。青藏铁路拉萨车站选址，就在拉萨河南边，那里是规划发展的拉萨市柳梧新区，现在还没有一个机构，也没有一栋现代建筑。拉萨站将是柳梧新区的首座大型现代建筑，同时在进入拉萨站之前，要修建一座跨越拉萨河的大桥。我希望拉萨车站站房和拉萨河大桥能为拉萨市容添彩，成为青藏铁路标志性建筑。

8月3日我们下榻在拉萨饭店。晚上，西藏自治区政府主席列确、全国妇联副主席巴桑等领导同志，宴请考察组全体人员。1991年，我和巴桑在中央党校干部培训班学习时是同班同学，能在拉萨相聚，感到特别高兴。

8月4日下午，由西藏自治区党委常务副书记郭金龙（10月任党委书记）主持，自治区主席列确、全国妇联副主席巴桑、自治区常务副主席杨传堂等领导同志，与考察组一起座谈并交换意见。我在讲话中，首先谈了这次现场考察的目的，就是通过实地调研，加快青藏铁路建设的前期工作。接着我从经济、政治、国防等方面，谈了对青藏铁路建设必要性和重要性的认识。在关于进藏铁路方案比选方面，我认为青藏铁路、滇藏铁路和川藏铁路都有必要修建，但不可能同时修建。我建议先修青藏铁路。虽然修建青藏铁路会面临多年冻土、生态环保、高寒缺氧等一系列难题，但我们已经有了一定的科研基础，有可能解决好。我最后说，现在是建设青藏铁路的大好时机，铁道部正在加快前期工作，争取早日批准立项。同时，希望西藏自治区采取优惠政策，大力支援青藏铁路建设。国家计委基础产业司副司长宋朝义在会上表态说，青藏铁路建设资金全部由国家安排。郭金龙、杨传堂等西藏自治区领导都在会上强调：建设进藏铁路是国家经济发展和长治久安的需要，也是西藏各族人民的多年期盼；考察组一路很辛苦，讲的都很实在，让我们深受鼓舞；我们的态度是，进藏铁路哪条快就先修哪条。不管先修哪条，我们都会全力支持铁路建设；会后，自治区要专门发文，重申沿线铁路用地无偿提供（不包括拉萨市区农田等），相关税费一律减免等优惠政策。

我们这次现场考察平安顺利，收获颇丰。返回北京后，我向铁道部党组汇报了全线考察情况及建议。

三、中央战略决策

2000年，国家正在研究列入"十五"计划的重大工程项目。同时，中央也在为召开第四次西藏工作座谈会做准备，我参加了经济组的准备工作。有许多人反映说，前三次西藏工作座谈会确定的援藏项目数量不少，但影响大的项目不多。因此，大家都希望这次能推出影响长远的重大援藏项目。经过多种方案比较，大家把目光聚焦在青藏铁路，认为修建青藏铁路可以结束西藏没有铁路的历史，成为西藏与内地之间的钢铁纽带，对促进西藏经济社会发展、加强民族团结、加强国防建设、反对达赖集团分裂主义，都具有重要意义。因此，大家一致赞同向中央建议，把青藏铁路作为第四次西藏工作座谈会的重大援藏项目。

为了使国务院领导增加对青藏铁路项目实际情况的了解，2000年8月12日，我向国务院总理朱镕基呈报了《青藏铁路现场考察报告》，明确提出了修建青藏铁路的建议。这份报告的主要内容有三部分：一是修建进藏铁路是实施西部大开发战略的重要举措，对加快西藏经济社会发展、促进民族团结、加强国防建设具有重要意义，建设青藏铁路十分必要，虽然铁路项目经济效益欠佳，但社会效益明显，具有典型的公益性；二是经对进藏铁路多方案综合比较，推荐青藏铁路方案，青海省和西藏自治区都表示赞同和支持，希望中央尽早决策；三是修建青藏铁路是人类铁路建设史上的伟大壮举，由于我们缺乏经验，在多年冻土、高寒缺氧、生态环保、地震影响等方面还有不少难题，需要尽早安排力量开展科研攻关。朱镕基总理看了这份报告后，批给各位副总理阅。吴邦国副总理专门听取了我的汇报，要求抓紧论证，上报建议书。同年 9 月，铁道部组织专家论证后，赞同先修青藏铁路，向党中央、国务院上报了修建青藏铁路的建议，并成立了青藏铁路前期工作领导小组，由我担任组长。

2000 年 10 月 10 日，在党的十五届五中全会期间，江泽民总书记在参加西南组讨论时，西藏自治区领导向江泽民总书记反映了修建进藏铁路的强烈愿望。参加西南组讨论的铁道部部长傅志寰，向江泽民总书记简要汇报了进藏铁路的方案比较和建议。会后，傅志寰部长对我说，要给江泽民总书记报送一份关于修建青藏铁路的简明材料。我安排计划司起草文稿，后来干脆自己动手撰写了《关于进藏铁路有关情况的汇报》，明确建议先修青藏铁路。傅志寰部长阅后上报给江泽民总书记。11 月 10 日深夜 23 时，江泽民总书记用毛笔写了长达三页纸的重要批示。这份批示明确指出[注]：

> 无论从经济发展、政治稳定和国防安全，还是从促进民族团结，更有力地打击达赖集团的民族分裂主义活动考虑，我们都应该下决心尽快开工修建进藏铁路。这是我们进入新世纪应该作出的一个大决策，一个政治决策，需抓紧考虑。

[注]：摘自《江泽民选集》第三卷，136—137 页。

江泽民总书记对青藏铁路方案表示肯定，要求加强对冻土等工程地质的勘测、研究，对高原铁路运营问题要有比较完善的预案。朱镕基总理看到这份批示后，要求铁道部抓紧论证。2000年12月中旬，国家计委在北京召开青藏铁路项目立项报告会。我在会上汇报了青藏铁路可行性研究报告。与会人员一致同意青藏铁路方案。2001年初，国家计委向国务院呈报了青藏铁路格拉段项目建议书。

2001年2月7日，朱镕基总理主持召开国务院总理办公会议，审议青藏铁路项目建议书。在会议总结时，朱镕基总理宣布：修建青藏铁路时机已经成熟，条件也已基本具备，可以批准立项。鉴于这个项目具有重要意义，将成为西部大开发的一项标志性工程，会议确定成立青藏铁路建设领导小组。由国家计委主任曾培炎（后任国务院副总理）任组长，铁道部部长傅志寰任副组长。3月1日，曾培炎主持召开青藏铁路建设领导小组第一次会议，决定成立青藏铁路建设领导小组办公室（以下简称"青藏办"），设在铁道部。3月6日，铁道部印发《关于设立青藏铁路建设领导小组办公室的通知》，明确由我兼任青藏办主任，由朱振升（铁道部工程设计鉴定中心原主任）任常务副主任。3月8日，正式成立铁道部青藏铁路建设领导小组，由傅志寰部长任组长，我和蔡庆华副部长任副组长，以加强对铁路内部工作领导。9月8日，铁道部任命建设司司长杨建兴兼任青藏办副主任，任命刘新科、胡书凯任青藏办副主任，组成精干有力的工作班子（2003年7月，增补覃武凌同志任青藏办常务副主任），在青藏办内设立综合组、工程组和科技组，从铁道部机关和各有关单位抽调工作人员，迅速开展工作。

2001年5月9日上午，国务院总理朱镕基主持召开国务院第100次总理办公会议，任命我为青藏铁路建设领导小组副组长，并兼任青藏铁路建设领导小组办公室主任。国务院领导郑重地对我说，青藏铁路举世瞩目，很快就要开工建设，中央决定由你担任总指挥。特别强调说，这是中央交给你的重要专项任务。我虽然一直在抓青藏铁路建设的前期工作，但确实没有料到这项重任会交给我。我当时激动地向国务院领导表态说："使命光荣，责任重大，机遇难得，我一定不辜负中央期望，竭尽全力建好青藏铁路！"为什么我说"机遇难得"呢？因为，修建青藏铁路是三代铁路人不舍不弃、持续奋战的崇高心愿，现在由我去实现这个愿望，真是难得的机遇。从个人情况来说，在我花甲之年受此重任，体现了中央的高度信任和殷切期望，这不能不说是一个难得的机遇。5月25日，中共中央组织部向青藏铁路建设领导小组各成员单位和各有关部门，印发了"中央同意明确孙永福同志为正部长级干部"的《通知》。

国家批准青藏铁路立项，列入"十五"发展计划，使铁路职工受到极大鼓舞。根据国务院批复精神，我立即着手研究确定青藏铁路建设技术标准，将原立项时的国铁Ⅱ级提高为国铁Ⅰ级标准，牵引质量由2000吨提高到3000吨，相关专业标准也有提高；先后同国家青藏铁路建设领导小组成员单位卫生部、国家环保总局、国家地震局等部门联合开会，研究青藏铁路卫生保障、环境保护、地震等工作，提出了一系列相关措施。同时，我要求铁一院加快勘测设计工作。铁一院院长林兰生、副院长李宁集中全院力量，全线进行定测，部分工程完成初步设计，首批开工桥隧路全工程完成施工图。最为紧迫的是，要及时确定青藏铁路工程项目的建设单位。我提出成立青藏铁路公司实施规范化运作。铁道部考虑到任务紧急，决定先由铁道部工程管理中心负责。蔡庆华副部长立即组织由工程管理中心主任施德良等组成精干班子开展各项准备工作。首批开工的工点定为10个，包括格尔木至望昆段、清水河、昆仑山隧道、风火山隧道和西藏自治区拉萨市区的柳梧隧道等。当时有些同志给我提建议说，高原条件艰苦，工程任务艰巨，赶快指定施工单位，组织队伍上山。由于国家明文规定必须执行招标投标制，此时青藏铁路的施工设计文件尚未完成，所以只能以初步设计文件作为招标依据，等施工设计文件交付后，再最终确定工程总价。通过招标，我们选定了首批承担土建工程任务的10家施工企业和7家监理单位。各中标单位迅速动员，组织精兵强将，奔赴青藏高原，开展施工准备工作。

为了向老领导通报青藏铁路建设准备工作情况，我邀请铁道部、青海省、西藏自治区部分在京老领导相聚座谈。到会老领导有：铁道部刘建章、苏杰、廖诗权、酆炳军、布克、耿振林、韩力平、狄子才、石希玉、国林，青海省赵海峰、许林枫、班玛旦增、张济民，西藏自治区阴法唐、彭哲、徐洪森、王兆潭等。这些老领导们听到青藏铁路建设准备工作喜讯，心情特别激动，认为牵挂了半个世纪的心愿终于要实现了，齐声称赞中央决策英明伟大。

举世瞩目的青藏铁路开工在即。铁道部会同有关部委和青藏两省区政府密切合作，成立了专门机构，研究制定青藏铁路开工典礼活动方案。西藏自治区领导强烈要求在青藏两省区同时举行开工典礼，获得了中央领导批准。因此，我们要在位于青海省格尔木市南山口的青藏铁路格拉段起点站和西藏自治区拉萨市的青藏铁路终点站，同时开展庆典准备工作。庆典活动会场确定后，我和各有关部门夜以继日地抓紧开展工作，其间遇到了不少意外情况，如拉萨河发洪水，就增加了许多工作量。最困难的是要把两地会场的通信和视频联网。在中央办公厅统一协调下，我请宣传部门和新闻媒体研究，很快就拿出了通过光缆和卫星实时双向传输音像的方案。在连续9天的时间里，我两次往返于北京、拉萨、西宁和格尔木之间，检查落实各项筹备工作，要求各单位务必确保开工典礼安全、顺利进行。

2001年6月29日，青藏铁路格拉段工程开工典礼，在青海省格尔木市的南山口和西藏自治区拉萨市的柳梧隧道同时举行。国务委员兼国务院秘书长王忠禹在格尔木会场主持开工典礼。典礼上宣读了江泽民总书记的贺信。国务院总理朱镕基发表了重要讲话，宣布青藏铁路开工，并为青藏铁路格拉段开工剪彩和奠基。国家计委主任曾培炎、铁道部部长傅志寰、青海省省长赵乐际、西藏自治区党委书记郭金龙等领导同志在会上发言，表示热烈祝贺。在举行开工典礼的前一天，6月28日我到北京国际机场，迎接刚从国外访问归来的国务院副总理吴邦国，立刻一起坐汽车赶到北京西郊机场，转乘专机飞往拉萨。6月29日吴邦国副总理在青藏铁路开工典礼大会上，宣读了国务院关于青藏铁路格拉段开工报告的批复，为青藏铁路开工剪彩，并为全线率先开工的柳梧隧道下达开工命令。我陪同吴邦国副总理视察了青藏铁路柳梧隧道工地，中国铁路工程总公司副总经理李长进汇报了工程情况，广大建设队伍备受鼓舞。青藏铁路铺轨到格尔木后搁置了20多年，现在第三次上马，成为振奋人心的特大喜讯！为纪念这一具有历史意义的重大工程，我同国家邮政局刘立清局长商定，2001年12月发行青藏铁路建设开工纪念邮票，受到青藏铁路建设人员和社会各界的欢迎和赞赏。

四、部署建设任务

铁道部党组对青藏铁路建设十分重视，多次开会进行专题研究。青藏铁路开工后，我向青藏铁路建设领导小组汇报了铁道部青藏铁路建设总体部署意见，得到了国家计委主任曾培炎的认可。紧接着，我组织铁道部有关司局、工程设计鉴定中心和铁一院等单位，开展优化青藏铁路指导性施工组织设计工作，力求尽快部署并在实施过程中不断完善。与此同时，我多次到青藏铁路建设现场，反复强调全线建设的总体部署和具体措施，要求各单位结合实际贯彻落实。

明确建设方针

建设海拔最高、多年冻土地段最长的青藏铁路，是世界铁路建设史上的伟大壮举。我们面临着多年冻土、高寒缺氧、生态脆弱等世界性难题的严峻挑战，必须确立正确的建设方针，指导青藏铁路修建顺利推进。2001年7月1日，在喜庆中国共产党成立80周年之际，我在格尔木为青藏铁路建设青年突击队授旗，接着召开了青藏铁路参建单位领导干部大会。我在讲话中提出了青藏铁路建设要遵循"拼搏奉献，依靠科技，保障健康，爱护环境，争创一流"的指导方针，并要求各参建单位认真贯彻落实。

我们倡导吃苦奉献的拼搏精神，是因为青藏铁路沿线施工条件极为艰苦，必须克服许多常人难以想象的困难，这就需要吃苦奉献、顽强拼搏，树立光荣感、使命感、责任感，奋战在高原，奉献在高原，立功在高原。铁路建设队伍素有"迎着困难上，勇于当先行"的优良传统，大家把建设青藏铁路作为建功立业的难得机遇，争先恐后，踊跃参加。中国铁建总公司副总经理丁原臣和铁十七局领导带着100多名职工写的"血书"，来到我办公室请战。他们说，在修建青藏铁路西格段期间，原铁道兵七师和十师牺牲了300多名战友，长眠于青海荒漠大地。他们曾向牺牲的战友发誓，一定要把铁路修到拉萨去！现在，青藏铁路开工了，他们请战上高原，实现对牺牲战友的承诺。他们对青藏铁路的深厚感情和坚定决心，使我深受感动，表示坚决支持。后来，在青藏铁路格拉段二期招标中，铁十七局中标修建唐古拉山北麓越岭地段，做出了突出贡献。

我们坚持求实创新的科学态度，是因为针对高寒缺氧的环境下，要采用科学的方法来保障建设队伍的健康和安全，在多年冻土上建设稳固的高质量铁路，保护高原脆弱的生态环境，应对太阳强辐射和地震频发的不良影响等难题，要组织科技人员联合攻关。我说，不在于发表论文有多少，而重在应用科研成果，使青藏铁路能够经受高原环境运营考验。要科学合理组织施工，坚决杜绝盲目蛮干瞎指挥。青藏高原的有效施工期每年只有 7 ~ 8 个月，必须实行动态协调管理，除个别隧道外一般不要在冬季安排露天施工，利用冬休时机休养生息，做好来年再战的准备，这既有利于确保工程质量，又有利于职工健康，从而调动职工积极性，提高施工效率。

我们瞄准世界一流的奋斗目标，是因为在借鉴国内外多年冻土工程和高海拔铁路建设的经验教训基础上，坚持高起点、高质量、高标准，立志把青藏铁路建成世界一流高原铁路。我给到会的领导干部讲了一些国外的事例。如世界上有个国家，由于冻土地区铁路的路基桥涵不稳定，导致列车实际运行速度只有时速 50 公里至 70 公里。而青藏铁路通车后，我们的列车在冻土地带的运行时速要达到 100 公里，在非冻土地带的运行时速要达到 120 公里；在保障职工健康安全方面，要实现高原病"零死亡"；在保护高原植被、水源和野生动物方面，要创造世界上绝无仅有的最好水平。实现了这些奋斗目标，我们就建成了世界一流高原铁路。

总体施工进展

根据青藏铁路沿线严酷的自然环境、复杂的工程地质和多年冻土地段长、生态环保要求高、物资运输任务重等特点，我和青藏铁路公司（筹备组）、青藏铁路建设总指挥部及相关单位一起，研究确定了全线的施工组织原则。围绕建设世界一流高原铁路的总目标，突出质量、安全、环保的严格要求，攻克关键技术和重点工程，充分利用每年4月至11月的施工有效季节，合理配置各种要素，实现均衡生产，提高施工效率和效益。

为此，我把全线建设划分为三段组织实施。第一段是格尔木至望昆段（格望段），全长148公里（其中新建116.6公里）。从海拔2800米的格尔木南山口站出发，一路沿河谷两岸展线攀升，直到昆仑山北麓海拔4500米左右的望昆站，这一段按照山区铁路组织施工。第二段是望昆至安多（望安段），全长552公里，海拔在4500米至5100米之间，基本上全部处于多年冻土地段，是全线工程最困难的地段，也是全线工程的重点所在，这一段要按照高原冻土铁路组织施工。第三段是安多至拉萨段（安拉段），全长442公里，地处藏北高原，海拔在3630米至4600米之间，这一段按绿色铁路组织施工。需要根据全线总工期要求研究制订分年度计划，确定每年施工形象进度。要求各参建单位按照总体施工部署，科学组织靠前指挥，采取各种有效措施，站前站后密切配合，保证青藏铁路建设按照确定的年度目标有序推进。

由于西藏境内物资长途运输有困难，所以我在青藏铁路施工部署中确定，以多年冻土和高原设备突破为重点，以铺轨架桥为主线，由北向南，分段建设，分段铺通。国家批准的总工期为6年，我们计划用一年半时间完成格望段主体工程，2002年11月铺轨到望昆，然后翻越昆仑山到不冻泉站。这样就可以使铁路建设物资直接运送到不冻泉站，再用汽车倒运到工地，可以节省时间、节约运费。望昆至安多段工程施工需要较长时间，主要是多年冻土工程试验段建成需要经过一定时期观察，才能做出科学评价，以便运用试验段研究成果指导施工。另外，勘测设计周期紧张，特别是翻越唐古拉山方案确定较晚，勘测设计任务艰巨，难以提前开工建设。所以，当时计划2005年底铺轨到达安多，2006年铺轨到达拉萨。

2003年3月全国人大会议结束后，铁道部部长换届，新任部长深入青藏铁路建设工地检查工作，提出了更高要求，后来又提出压缩青藏铁路工期的想法。对此，我十分慎重。我认为控制工期的主要因素有三个：一是多年冻土地段存在不确定性；二是高原高寒电力、通信信号等运营设备缺乏实践经验；三是铺轨作业需要较长时间。2003年虽然全线工程进展取得了较好成绩，多年冻土工程技术难题基本突破，运营设备可靠性基本落实，但由于在冻土地段采用"以桥代路"措施，增加了大量桥梁，铺轨架桥时间更长。对此，青藏总指研究后建议在安多增建一个铺轨基地，以加快铺轨进度。我听取汇报后，要求青藏总指充分进行技术、经济论证。经青藏总指组织有关单位论证后，认为技术上是可以的，但投资要增加。我对此项建议表示同意。于是，2004年建设了安多铺架基地，加快了全线铺架进度。安多南北两端提前铺轨，中铁十八局压力最大。由于唐古拉山越岭设计未完成时，不能正式开展施工，所以工期特别紧张。中铁十八局指挥长韩利民迎难而上，增加施工力量，确保按期开始铺轨。2005 年 10 月 12 日青藏铁路铺轨胜利到达拉萨车站。

10 月 15 日上午 10 时，国务院副总理黄菊在拉萨车站出席"青藏铁路全线铺通庆祝大会"，宣读了胡锦涛总书记的贺信并发表了重要讲话。11 时，我在拉萨西站货场主持了首批援藏物资交接仪式，由中石油、中粮、攀钢、武钢、黑龙江绿都、大同煤矿、山西焦煤、晋城无烟煤等 8 家企业，捐赠的钢铁、煤炭、化肥、粮食等援藏物资共 12300 吨，装满 205 辆车皮，编为 12 列货运专列。首列援藏物资专列，由铁道部副部长胡亚东添乘列车，经青藏铁路运抵拉萨西站。在交接仪式上，西藏自治区主席向巴平措、常务副主席胡春华等党政领导表示感谢，向捐赠物资企业和青藏铁路公司敬献哈达并赠送了"无私援助情意重，与时俱进谋发展"的锦旗。

青藏铁路全线铺通后，我提出 2006 年上半年，要全力以赴实现"三个阶段目标"：第一阶段目标，3 月 1 日前货列试运行；第二阶段目标，5 月 1 日前不载人客列试运行；第三阶段目标，7 月 1 日全线正式通车。当时主要矛盾是道砟缺口很大，"四电"和联调工期很紧。青藏铁路公司总经理李文新、党委书记黄弟福组织力量，深入现场抓落实。铁道部党组研究决定采取加强措施，整合资源，全力支援。2006 年元旦刚过，我就抓紧组织落实。铁道部机关各部门都很支持，除建设司、计划司、劳卫司等派员在现场检查指导外，运输系统机务、车辆、工务、电务、调度等部门也都派员到青藏铁路公司，帮助解决有关问题，大大提高了工作效率。铁道部副部长胡亚东从有关铁路局调集运砟专用车辆，多渠道突击装运道砟，增派养路机械队进场，使上砟整道加快完成。2006年3月1日，胡亚东副部长添乘机车，牵引首列工程试运营货物列车，满载1260吨物资顺利到达拉萨西站。2006年4月底，由部领导添乘不载人旅客列车从北京开到拉萨。5月2日召开了客列试运总结会议。铁道部副部长卢春房带领青藏铁路初验委员会全体成员，先后对全线站前站后工程进行初验。铁道部副部长彭开宙、陆东福、王志国等协调做好工程收尾配套和青藏铁路公司运营准备工作，以及全线通车庆祝大会筹备工作。我一面抓青藏铁路工程上砟整道、"四电"安装、收尾配套，一面抓青藏铁路新型客车和内燃机车高原适应性试验以及运输接管准备工作，曾多次乘工程列车对格尔木至拉萨全线进行检查，并添乘首列不载客旅客列车从西宁至拉萨。在充分准备和条件具备基础上，铁道部决定：2006年7月1日青藏铁路格尔木至拉萨段开通运营。

强化项目管理

我受命组织指挥青藏铁路建设后，考虑最多的问题，除了突破"三大难题"等关键技术外，就是如何运用管理科学知识，搞好现代项目管理。在提高思想认识、更新建设理念基础上，努力探索工程项目管理新模式，建立现代项目管理新制度、新机制。

对于像青藏铁路工程这样的公益性铁路项目，传统管理模式是由政府设立项目建设指挥部。这种管理模式在计划经济体制下得到了广泛应用，在协调各方关系、集中优势力量、解决重大难题等方面，有较大的权威性，发挥了一定的积极作用，但也存在着明显的弊端。因为，项目建设指挥部不是一个独立的经济实体，缺乏明确的经济责任；指挥部是一个临时机构，主要是靠行政手段管理，不能积累专业化的管理经验；指挥部只负责项目建设，竣工后要移交给铁路运营单位。所以，我建议成立青藏铁路公司，实行项目法人责任制，这符合建立社会主义市场经济体制的要求，也是建设管理改革的方向。青藏铁路公司对工程项目实行全寿命期管理，既管建设又管运营，可以在建设中充分考虑运输需求，有利于提高管理的质量和效益。青藏铁路公司所负责的青藏铁路工程项目由国家投资建设和运营，是有别于股份公司或有限责任公司的国有独资公司。铁道部党组研究后，采纳了我的建议。

由于青藏铁路开工建设在即，而办理公司注册登记手续尚需一定时间，铁道部决定先由部工程管理中心负责，抓紧开工准备工作。2001年6月4日，由铁道部部长傅志寰、国家计委副主任张国宝及青藏两省区领导，在格尔木为青藏铁路建设总指挥部揭牌，施德良任指挥长。6月26日我和西藏自治区领导同志为青藏总指拉萨指挥部揭牌，吴维洲任指挥长。铁道部建设司司长王麟书（后任铁道部总工程师）、司长杨建兴（后任铁道部副总工程师）为青藏铁路开工建设做了大量工作。2001年6月20日，铁道部成立了青藏铁路有限责任公司筹备组，由铁道部建设司副司长卢春房任组长。2001年12月铁道部决定，青藏铁路建设总指挥部划交青藏铁路有限责任公司筹备组管理。2002年7月上旬，铁道部向国务院报送了《关于组建青藏铁路公司有关问题的请示》。7月27日，国务院向铁道部、国家经贸委下发了《国务院关于组建青藏铁路公司有关问题的批复》，批准成立青藏铁路公司。8月12日，铁道部和铁道部政治部，向部属各单位发出《关于组建青藏铁路公司的通知》，决定撤销青藏铁路有限责任公司筹备组，正式组建青藏铁路公司。2002年9月3日，青藏铁路公司成立大会在西宁召开，会议由我主持。国家经贸委主任李荣融宣读了国务院关于成立青藏铁路公司的批复后，吴邦国副总理在欢快的乐曲声中，将刻有"青藏铁路公司"六个大字的牌匾，授予青藏铁路公司党委书记、总经理卢春房，全场响起了热烈的掌声。卢春房接牌并表示，一定要努力建好管好青藏铁路。

卢春房参军入伍到铁道兵一师，1978年恢复高考后第一批考入西南交通大学，毕业后回到铁十一局三处工作，逐步从基层技术人员成长为处领导、局领导，他原来所在的三处也成为一支铁路铺架劲旅。1995年，我在检查京九铁路南段铺架工作时，就听中国铁道建筑总公司京九铁路建设指挥部指挥长陈嘉珍介绍过卢春房，当时卢春房在铁十一局任副局长兼该局京九铁路指挥部指挥长，后任中铁建总公司副总经理。1998年我提出对铁道部部分司局领导人员结构进行适当调整的想法，要求部政治部干部部了解情况后，调卢春房任建设司副司长。他工作思路清晰，基层经验丰富，协调能力也强，所以让他担负青藏铁路公司筹备组组长的重任。公司筹备组在格尔木成立了青藏铁路建设总指挥部，卢春房任指挥长，王志坚任常务副指挥长，黄弟福、拉有玉（藏族）、才凡、张克敬、吴维洲等先后担任副指挥长，赵世运任总工程师。

铁道部党组研究决定，由 7 名同志组成青藏铁路公司领导班子。卢春房任总经理、党委书记，黄弟福、王志坚、张克敬、拉有玉、王建明任副总经理、党委委员，才凡任党委副书记、纪委书记。2004 年 5 月 20 日，铁道部党组对公司领导班子调整，卢春房任青藏铁路公司党委书记，铁春林任青藏铁路公司总经理、党委副书记，黄弟福任青藏铁路公司党委常务副书记、青藏总指指挥长、青藏总指党工委书记。随后，铁道部对卢春房工作另有安排，由黄弟福任青藏铁路公司党委书记，2005 年 5 月李文新任青藏铁路公司总经理、党委副书记。青藏铁路公司领导班子成员加强团结协作，勇于开拓创新，为青藏铁路建设做出了重要贡献。

在青藏铁路建设中，我特别重视目标管理，首次提出了落实项目总目标的"五大控制"目标体系。"工程质量、健康安全、环境保护、工期、投资"五大控制目标，互有联系、互有影响，形成了一个有机整体，既是"建设世界一流高原铁路"总目标的特殊需要，也是新时期工程建设的普遍追求。我在主持召开全线各参建单位领导干部会议时，多次阐述"五大控制"目标体系的具体内容。我说，"工程质量、健康安全、环境保护、工期、投资"五大控制目标，体现了以人为本、可持续发展的理念，是对传统的质量、工期、投资"三大控制"目标体系的重大突破，各参建单位要对"五大控制"目标进行分解，层层落实责任，运用科学管理方法抓主要矛盾和关键路线，实施计划、执行、检查、纠正四阶段循环管理，达到有效管控、不断提升的目的。在"五大控制"目标体系中，工程质量管理是核心，要围绕这个核心，建立"业主负责、企业自控、全面监理、政府（社会）监督"的质量体系，推进"试验先行、样板引路"，开展质量创优活动。我以混凝土工程为例，对各参建单位的领导干部说，建立若干混凝土集中搅拌站，自动计量，自动控制，信息存档，彻底纠正了采用鼓式搅拌机或人工分散拌和不规范的弊端。全线钢筋混凝土梁，全部采用工厂预制、机械振捣、蒸汽养护等措施，这样就确保了质量优良。各参建单位要积极推进"质量、安全、环保"一体化管理，实施全员参与、全方位落实、全过程控制，改变过去多头管理、重复作业的状况，努力提高质量管理的工作效率。同时在确保工期、健康安全、环境保护和控制投资等方面，也要取得显著成就。"五大控制"目标体系在全线得到了普遍推广应用，成为铁路工程项目管理的新标杆。

青藏铁路从合同管理走向合作共建。实行招标投标制、合同制和监理制，这是落实项目法人责任制的根本保证。工程合同是一种契约关系，确定了建设方与承建方的权责和利益。青藏铁路工程合同管理改变了传统的博弈关系，代之以相互理解、相互信任、合作共建的关系，形成了利益相关的联合体，这个联合体能够整合人力、技术、物资、设备、信息等资源，实行有效激励，联合攻克技术难关，为铁路工程管理提供了新经验。

铁道部和青藏铁路公司在已有项目管理制度体系基础上，总结实践经验，实现制度创新，使管理制度更趋完善，这对推进铁路建设体制改革具有重要作用。为了坚持正确的舆论导向，加强对内对外宣传工作，2002 年 6 月 10 日铁道部青藏铁路建设领导小组决定，成立青藏铁路建设宣传领导小组，由政治部副主任任喜贵兼任组长，有关部门参加。中国铁路工程总公司党委书记石大华、总经理秦家铭，中国铁道建筑总公司党委书记李国瑞、总经理王振侯，十分重视青藏铁路建设，分别成立了指挥部。工总指挥长孟凤朝、刘辉，常务副指挥长罗育桂；建总指挥长夏国斌、范德，常务副指挥长彭江鸿。

五、保障健康安全

我把关爱生命、保障参建人员的身体健康和生命安全，当作青藏铁路建设的头等大事来抓，这主要来自调查研究的启迪。首先，青藏高原严酷的自然环境世界罕见。全线海拔超过 4000 米的地段占到 84%；全线最高点海拔 5072 米的唐古拉山铁路垭口，空气中氧气含量大约只有海平面的 50%；全线年平均气温为 −6℃至 −8℃，最低气温达到 −45℃；全线每年约有 5 个月出现 6 级以上大风，空气相对湿度为 50% ~ 70%，紫外线辐射为海平面的 2.5 倍。在这样的恶劣环境下工作，对建设人员的身体健康和安全生产造成不良影响，是不言而喻的。其次，铁道兵建设青藏铁路西格段时的史料记载。我查阅了 20 世纪 70 年代铁道兵文献得知，当时部队指战员的高原病发病率相当高。在低气压环境下，有的人肺动脉压升高，肺血容量增加，引发高原肺水肿；有的人因急性缺氧引起中枢神经系统功能严重障碍，颅内压增高，发生脑水肿；有许多人心脏发生病变甚至失去生命。特别是我在初上高原进行现场调研时，出现头脑发胀、吃不下饭、睡不好觉、精神乏力等症状的亲身体验难以忘怀，给我留下了刻骨铭心的记忆。在青藏铁路即将开工前夕，铁一院在安多勘察地质期间，就有一位年轻的助理工程师因患急性脑水肿，经抢救无效不幸逝世，我表示悼念。这些都促使我认真思考，如何保障建设队伍身体健康和生命安全的问题。

建立管理制度

青藏铁路开工伊始，铁道部就强调贯彻"以人为本"和"预防为主"的方针，提出"卫生保障先行"的要求，研究做出总体部署。在青藏铁路没有开工之前，2001年4月我就邀请卫生部副部长殷大奎来铁道部，联合召开专家研讨会议，对青藏铁路卫生保障措施进行评审。我在会议开始时说，卫生医疗工作肩负的重任，就是要确保建设队伍能够上得去、站得稳、干得好，努力做到不因高原病死人。专家们在发言中提出了不少好的建议，但都认为如此规模宏大的施工人群上高原，要做到不因高原病死人难度很大。一位军队医学专家诚恳地谈了他的实践体验，他说，过去他们每年用汽车运送新兵进藏，都是18岁左右的年轻人，有的在翻越唐古拉山途中就因患急性高原病去世了，现在要组织几万人上高原修铁路，很难做到不因高原病死人。我感谢各位专家对青藏铁路卫生保障工作提出的宝贵意见和建议。同时我也再次表明，从新世纪开始，我们要把"不因高原病死人"作为努力方向和奋斗目标，希望各位专家献计献策。

在多次研讨的基础上，铁道部和卫生部联合发布了《青藏铁路卫生保障若干规定》《卫生保障措施》《防治高原病管理办法》《突发卫生事件应急预案》等文件，指导全线做好卫生保障工作。经过几年实践，形成了制度化、规范化的管理体系和高原铁路的职业标准体系，为高效有序推进卫生保障工作提供了制度保证。铁道部劳动和卫生司副司长韩树荣和医改处处长梁渤洲负责联络协调，也做了大量工作。

构筑保障体系

青藏铁路卫生保障工作得到了各单位领导的高度重视，沿线地方政府和军队医疗机构也给予了大力支持，构筑了全面覆盖的卫生保障体系。最主要的是，各参建单位严格掌握高原准入标准，实行体检筛选，进行阶梯式习服适应，从源头上确保健康人员进入高原工作；开展全员卫生知识宣传教育，提高参建人员的自我防护意识，积极投入群防群控；邀请专家培训各参建单位医务人员，提高基层医务人员预防和救治高原病的能力等。以格尔木铁路医院和拉萨西藏军区总医院为依托，在全线建立了包括派出机构在内的 6 个三级医疗机构；在沿线施工单位人员较为集中的地区，设立了以各工程局指挥部工地医院为主的 23 个二级医疗机构；在全线各施工现场，设立了以工程项目部卫生所为主的 115 个一级医疗机构。同时，施工现场各工地医院共配备了 3900 多台（件）先进适用的急救医疗设备，医务人员与施工人员的占比达到了 1.5% ～ 2%。2001 年 10 月，青藏铁路开工后气候转冷，我在铁二十局风火山隧道队伍营地看到，施工人员住在帐篷里，生着煤火炉御寒，担心发生煤气中毒事故，当即要求医务人员进行夜间巡查。后来，逐步在全线推行了白天巡诊、夜间查铺的制度，为参建人员的健康安全热情服务。2002 年，我邀请青海高原医学研究所所长吴天一院士率领高原生理咨询专家，到施工现场进行培训和技术指导，解决了不少预防、救治高原病的技术难题，深受各参建单位欢迎。我到唐古拉山北麓雁石坪时，中铁十六局指挥长程红彬向我表态说："我局管内虽无重点工程，但我们要全段创优。首先建好花园式的家（营地），保障人员健康安全，同时搞好生态保护，攻克冻土工程难关。"

青藏铁路施工队伍初上高原时，因为气压低，做不熟米饭、蒸不熟馒头，职工吃的都是夹生饭、黏馒头。我在现场检查工作时看在眼里、痛在心里，马上与青藏总指商议，决定在格尔木设立生活供应基地，把馒头蒸好，副食做成半成品或成品，送到工地只要加热即可享用。回到北京后，我走访解放军总后勤部，参观了部队的高原锅等炊事设施，推广到青藏铁路工地使用，这就解决了大家把饭吃好的问题。同时，我还要求各参建单位采取多种措施加强劳动保护，减轻劳动强度，改善食宿条件，免费提供医疗、抗缺氧药品和劳保用品，降低高原病发病率。全面落实好早预防、早发现、早治疗的要求，加强工前、工中（上高原 3 个月）、工后体检，掌握每个人的健康状态，并积累资料供研究之用。一旦发现危重患者，立即向海拔较低的格尔木或拉萨"低转下送"。开工初期，中铁四局指挥长戴和根给职工提供卫星通信，每人每月可同家人通话 3 分钟，被职工称为"温馨三分钟"，对稳定队伍有积极作用。这些措施的全面落实，为保障参建人员身体健康和生命安全，发挥了重要作用。

青藏铁路参建人员，在高原工作时间长了，或者是频繁上下高原，都会出现影响身体健康的相应症状。以我自己亲身感受为例，在青藏铁路建设期间，我频繁往返于北京、西宁、拉萨之间，在全线施工期间，几乎每个月都要上青藏高原，工作紧张时甚至一个月要往返两次。虽然我对高原缺氧环境逐步有了一定适应性，但也出现了不良症状，如心律严重不齐，二尖瓣、三尖瓣闭合不全出现反流现象，还患过急性肺炎。2004 年秋天，我在唐古拉山北麓一座桥头下车，沿着近 10 米高的路堤台阶走上桥面时，忽然一下子人就晕了。当时天空飘着雪花，我的头上却流淌着大汗珠，心里闪过一个念头：这次可能扛不过去了！随队医生发现后，立即进行紧急处置，我很快恢复了意识，这才知道与死神擦肩而过。当时，医生测量我的氧饱和度降到了 80% 以下，使我体验了一个人濒临死亡时的心态。我十分感谢西宁铁路医院和格尔木铁路医院的医生、护士对我精心照顾，使我能够为完成使命坚持到底。由此，我产生了在青藏铁路建立职业健康监护系统的想法：就是以项目部为单元，设置危害因素监测点，进行劳动环境定期监测和病伤登记，作为健康状况统计分析的基础；以局指挥部为单元，建立劳动卫生、职业健康档案，组建本局健康监测管理系统；以青藏总指为单元，对全线各参建单位进行年度健康监护评定和职业性高原病鉴定。我把这个想法与吴天一院士和西藏军区总医院院长李素芝进行了交流，他们听后都表示赞同。后来，青藏总指卫生保障部部长戴瑞臣联系了相关卫生医疗单位，在中铁二十局等单位的工地医院，对上高原工作满一年的人员，通过抽血检测留取标本等方式，筛查职工高原职业病，并建立了筛查档案。遗憾的是，这项工作没能坚持到最后。因为，国家对鉴定高原职业病，有严格的界限和范围，政策性很强，只对青藏铁路参建人员进行高原职业病鉴定，会影响其他在高原从事不同职业的人群。所以，这件事情也就搁置下来了。

设备设施创新

2001年秋天，我在青藏铁路建设工地上，巧遇中国科学院兰州寒区旱区环境与工程研究所著名冻土专家吴紫旺，他提醒我要高度重视职工夜间上厕所引发高原病的问题。他举例说，有一位年轻人在夜里顶着寒风到露天厕所解手，回来患了感冒，几天后就转为急性高原肺水肿，经抢救无效去世了。说到这里，他的声音提高了几度：不要认为感冒是小事，在高原上就可能因为上厕所酿成大祸。吴紫旺回到兰州后，又专门给我寄来一封信，再次强调：要警惕死神会躲在露天厕所里拉我们职工去阴间。我认为他的善意提醒非常重要，一定要杜绝这类事故的发生。所以，我在青藏总指召开各参建单位指挥长参加的会议上专门讲了这件事，要求各单位关心职工生活，不仅要吃好、睡好，还要来一个"厕所革命"。中铁十二局指挥长余绍水从移动的飞机舷梯产生联想，很快就在清水河的指挥部驻地设置了由小活动板房构成的"移动厕所",白天把小板房推到宿舍以外存放,晚上把这个小板房推来与宿舍连通,这样,职工夜间上厕所就不用露天了。我看后大加称赞,立即在全线进行推广。

对高压氧舱的用途,我在上青藏线之前了解得并不多,但是看到高压氧舱有助于治疗潜水员的职业病,这对我有所启发。为此,我专门拜访了时任卫生部部长张文康,他是这方面的专家。当我问到医治高原病能否用高压氧舱时,他的答复十分肯定,并再三强调这是高压容器,操作人员必须经过培训才能上岗。回到铁道部机关后,我安排铁道部劳动和卫生司组织有关专家进行分析论证,结论是:可行。

中铁三局和中铁二十局等单位率先购置高压氧舱,医务人员经过专业培训持证上岗。据现场医务人员反映,使用高压氧舱,能够有效救治急性高原脑水肿和急性肺水肿患者。这是因为高压氧舱不同于常压吸氧,它能及时有效地提高氧分压,迅速纠正脑缺氧状态。高压氧改善机体缺氧状态,可消除导致肺动脉高压和高原脑水肿的各种因素。随后我安排青藏总指在青藏铁路全线推广应用高压氧舱。有一年中秋、国庆"双节"来临前夕,我带领铁道部慰问团,从拉萨出发慰问全线建设队伍,当我们乘坐汽车到达沱沱河,在中铁三局指挥部吃完晚饭时,已经近午夜了。临睡觉前,中铁三局指挥长刘登科和该局工地医院院长段晋庆,将我和几位随行人员一起带到工地医院,进入高压氧舱感受高压氧的效果。坐在高压氧舱内,果然感觉精神轻松,一路奔波劳累顿时减轻了许多。

高原制氧机的研制成功，给大家带来更大喜悦。青藏铁路开工后，现场施工单位一直都是用汽车从格尔木、拉萨运送氧气瓶到工地医院，以备急救之用。中铁二十局和北京科技大学合作，在海拔4905米的风火山隧道工地，运用变压吸附制氧工艺，研制成功了大型制氧站，每小时可生产24立方米的高纯度氧气，氧气浓度达到94%，这就从根本上解决了高原供氧的来源问题。我到风火山隧道走进掌子面时，看到隧道进口的大型制氧站，通过鼓风机和管道把氧气吹送到隧道里面，使隧道掌子面形成一个弥散式供氧环境，洞内氧分压比洞外提高2~3千帕，相当于所处的海拔高度降低了1200米左右。同时，他们还在隧道内设置了可供12人同时吸氧的"工地氧吧车"，这就大大改善了隧道里的施工环境。在工程项目部的营区宿舍里，我看到正在休班的职工一边吸氧一边下棋，神情都很愉快。中铁二十局青藏指挥部指挥长况成明向我报告说，工地大型制氧站投入运行后，施工现场作业人员的输液人次和急性高原病的发病率，都有明显下降，隧道掘进效率也大为提高。我对青藏总指领导说，要在全线推广应用这个创新成果。这项成果就很快在全线广为应用，全线共建立了17个大型制氧站，配置了25台高压氧舱，对预防和救治高原病患者发挥了重要作用。

由于青藏高原高寒缺氧，在海拔4000米以上地段人们非常容易因喝酒等原因，诱发高原病或导致行车安全问题。2003年9月下旬，在喜迎中秋佳节和国庆节之际我带领铁道部慰问团从格尔木前往拉萨慰问全线建设者。我们准备了洗漱用品包、精装牛奶、牛羊肉和从"五粮液"酒厂定制的"铁哥们"白酒等慰问品，用铁路集装箱分别托运到格尔木和拉萨，然后送达各慰问点。后来，一同参加慰问活动的青藏总指副指挥长黄弟福对我说："孙部长，总指有条规定，在海拔 4000 米以上的地段不准饮酒。"我听后连忙说："你们做得对，是我忽略了，抓紧下发通知，重申这项规定，'铁哥们'酒留到下山再喝吧。"这件事后来不胫而走，成了青藏铁路建设期间的一段轶闻趣事。

联合预防疫情

青藏高原鼠类之多，人们很难想象。2001 年 10 月，在冬季来临时我乘汽车从格尔木出发，到沿线检查冬季施工情况，途经昆仑山时，看到路边不远处茫茫雪地上有许多小洞穴，每平方米至少有五六个，这些都是鼠类蹿动留下的痕迹。特别是旱獭（俗称土拨鼠），皮质柔韧、肉质鲜美，成为某些人员捕猎的目标。老鼠、旱獭都是传播鼠疫的主要宿主，潜藏着巨大杀机，因此成为人们防疫灭除的对象。

青藏铁路沿线动物间鼠疫疫情时有发生，如青海省境内的西大滩、二道沟一带，还有西藏自治区境内的那曲和安多等地，都发现过动物鼠疫疫情。疫情地距离施工现场最近的只有约 500 米，如果防范失控，就会引发人之间鼠疫的传染，势必严重威胁建设人员的健康和安全。青藏铁路把防治鼠疫作为卫生保障工作一项重要内容，全线开工时就做出了部署。由于国家卫生部门规定，鼠疫防控由属地管理，所以铁路防疫必须同地方防疫联合行动，才能取得实效。卫生部副部长马晓伟同我商定，2002 年 7 月 31 日在格尔木召开鼠疫联防现场会，青海省和西藏自治区、新疆维吾尔自治区及交通部派员出席。马晓伟副部长强忍着严重的高原反应在会上讲话，要求以地方政府为主，铁路与地方联防联控，建立鼠疫疫源监测网络及信息通报制度，确定紧急处置方案，形成全方位、立体化的鼠防系统。会后，我要求各参建单位认真贯彻落实，特别要深入宣传，组织职工和农民工学习鼠防知识，实施专业化鼠防管理；严格执行"三不""三报"制度。"三不"就是不私自捕猎疫源动物，不剥食疫源动物和不私自携带疫源动物及其产品出疫区；"三报"就是报告疑似鼠疫病人，报告不明原因高热病人和急死病人，报告病死鼠獭。各参建单位认真落实鼠防现场会精神，采取在营区驻地房屋周围挖防鼠沟、投灭鼠药，在工地医院设立鼠疫隔离病房、配备相应设备等措施，及时处置突发疫情，杜绝人之间鼠疫传播。2003 年 2 月至 2005 年 8 月铁道部与卫生部多次派出联合工作组，对青藏铁路沿线鼠疫防治和鼠疫疫情监测工作进行检查，促进整改落实，确保了鼠疫防治工作取得全胜。

2003 年 4 月，国内突发传染性非典型肺炎（以下简称"非典"）疫情。根据中央通知精神，我立即打电话给青藏总指，要求召开全线电视电话会议，贯彻落实中央通知精神。"五一"节期间，我到格尔木，专题研究"非典"防治工作。要求各参建单位加强领导，层层设防；学习《传染病防治法》，落实预防为主、群防群控措施；实施封闭式管理，暂停新来施工人员进入工地，切断疫情传播途径。同时，我又协调兰州铁路局等有关单位，帮助青藏铁路参建单位解决"非典"防治急需的药品和器材。并希望各参建单位在当地政府统一部署下，做到早发现、早报告、早隔离、早治疗，坚决打赢防治"非典"战役，确保青藏铁路建设顺利推进。

青藏铁路建设卫生保障工作取得了卓越成效。2001年6月至2006年6月，全线共接诊患者53万余人次，其中470例高原性脑水肿、931例肺水肿患者，全部得到有效救治。5年建设期间，每年都有数万名人员奋战在高原，实现了高原病"零死亡"和鼠疫疫情、"非典"疫情"零传播"。2004年8月，在西宁召开的国际高原医学大会上，有来自美国、英国、法国、日本、秘鲁等20个国家的160名国外专家和200余名国内高原医学及相关领域的专家学者参会。会议由中国工程院院士吴天一主持，我在会上介绍了青藏铁路卫生保障工作取得的成就，陪同国内外医学专家考察青藏铁路青海段卫生保障后，又飞到拉萨。到达拉萨第二天，我陪同国内外医学专家乘汽车到距离拉萨160公里的当雄，察看中铁十三局工地医院。正在工地医院察看过程中，忽然有一位美国专家提出，想要看工地食堂。会议组委会人员感到事发突然，没有一点准备，不想答复他。我得知这一情况后，当即就说"可以"，并表示欢迎。这位美国专家来到工地食堂，看见储物架子上放着新鲜蔬菜，冰箱里存有各种肉类，又看了当天中午的食谱菜单，兴奋地竖起大拇指对我说：你们的预防、医疗、生活都很好，我信服了！国内外高原医学专家通过学术交流、现场观摩和座谈讨论，对青藏铁路建设创造无高原病死亡的这一奇迹，感到非常震撼，高度称赞青藏铁路卫生保障成就巨大，认为"这是对世界高原医学的重大贡献"！

2006 年 10 月，在中国工程院高原医学科技论坛上，我作了关于青藏铁路卫生保障工作的专题报告。我在专题报告中指出：青藏铁路建设创造了大群体、长时间、高海拔的卫生保障奇迹。

六、生态环保铁路

我国铁路生态环保工作，是从 20 世纪 90 年代开始启动的，经过了从不自觉到自觉、从不严格到严格、从不规范到规范的发展历程。21 世纪之初，青藏铁路建设站在高起点上，高标准、高质量开展生态环保工作，为建设高原生态环保型铁路进行了有益探索，取得了令世人瞩目的重要成果。

全员依法环保

保护生态环境是我国的基本国策。但在相当长的时间里环保意识不强，铁路环保工作较弱，处于被动状态。有的铁路项目，为使用世界银行或其他外资机构贷款，按要求编制了项目环境影响评价报告。可一旦项目贷款获准，环评报告便被束之高阁。我受命指挥青藏铁路建设后，决心改变这种局面，把"要我搞环保"变为"我要搞环保"，不仅是领导带头，还要加大宣传教育和培训力度，提高全体建设人员的环保意识，以对人民负责、永为子孙后代造福的高度责任感和使命感，搞好青藏铁路建设的生态环境保护工作。

在青藏铁路建设中，我们把坚决执行国家的环保法律和法规作为自觉的行动，全面贯彻"预防为主、保护优先、开发与保护并重"的环保方针，严格落实《青藏铁路工程项目环境影响评价报告》所提出的各项要求，明确提出了"建设生态环保型铁路"的奋斗目标。要求各参建单位，用国家环保总局对青藏铁路的"生态环境评价结果"指导设计和施工，研究制定并施行"环保设施与主体工程同时设计、同时施工、同时投产"的"三同时"制度。在此基础上，我们逐项分解环保任务，重心向下，压实责任。首次建立了全线环保监理制度，由青藏总指委托第三方，对全线环保制度的落实情况进行监督，对多项环保工作进行全过程监控；建立了由青藏总指统一领导、施工单位具体落实并承担主体责任、工程监理单位负责施工环保日常监理、专职环保监理（第三方）实施全面监控的"四位一体"环保管理体系。在明确目标、落实责任前提下，加强检查考核，实施激励措施，推动各项环保工作扎实推进，从而形成了全员依法环保的可喜局面。铁道部计划司副司长杨忠民、环保处处长陈建东等做好联络协调工作，发挥了积极作用。

保护植被景观

青藏铁路沿线高原高寒生态环境十分脆弱，地表植被一旦破坏很难恢复。我在 2000 年 7 月第一次上高原考察青藏铁路时，看到 20 世纪 50 年代初修筑青藏公路时施工机械在地表上留下的履带压痕，至今也没有恢复植被，这个刻在脑海里的印象挥之不去。所以，保护青藏铁路沿线十分脆弱的地表植被，是一项非常艰巨的任务，也是压在我肩头上沉甸甸的重担，保护难度再大也必须突破。

2001 年夏天，青藏铁路刚开工不久，我就专程到中国科学院西北高原生物研究所进行调研，寻求保护高原植被的良方。研究所科研人员向我介绍说，当前现有种草恢复植被的科研成果，多数是用在海拔 3700 米以下的地方，重点是保护好表层土，选用当地的好草种。我听后，向他们发出邀请，和中科院植物所等科研单位一起，开展青藏铁路沿线植被恢复和再造技术研究。在听取专家意见基础上，铁一院全面调查沿线干扰地段植被恢复情况，初步筛选出不同地段的优质多年生草本植物，提出了建设植被恢复试验段的建议。我主持铁道部计划司、铁道科学研究院环保所、青藏总指一起研究后，同意铁一院建设 3 处植被恢复试验段。一个是海拔 4500 米的沱沱河铁路取土场试验段，这里平均气温为 -4℃，极端最低气温为 -45.2℃，主要进行高寒草原植被再造试验；再一个是安多海拔 4750 米利用公路取土场试验段；还有一个是当雄海拔 4292 米利用公路取土场试验段。在安多、当雄试验段主要进行高寒草甸植被再造试验。试验段确定后，铁一院通过专家咨询和走访当地环保部门，精心筛选出 20 余种高原高寒植物品种，进行原状土、有机肥改土、化肥改土等不同土壤的种植对比试验。我连续三年到试验段进行观察，看到人工植被生长旺盛，越冬成活率比较高。植被试验段取得的研究成果，在全线不同适宜地段进行推广应用后，收到了明显效果。各参建单位在实践中又总结出了不少新经验，如表土保存和草皮移植、路基坡面植被防护、取（弃）土场植被防护等，逐渐形成了实用"工法"。尤其是中铁五局指挥长王晓兵在青藏总指的指导下，把该局管内工程建成了绿色草皮路基护坡、绿色草皮水沟和绿色取（弃）土场，将铁路融入两侧的草甸大地，创造了海拔4000米以上人工种草恢复植被的新成果。中铁十三局在古露创新了"人工湿地再造技术"。青藏总指及时组织各参建单位在当雄召开了全线植被绿化交流会，进行现场观摩，总结推广经验，使安多至拉萨400多公里铁路沿线，展现出了绿色长廊的诱人景观。

在全线保护植被的同时，保护沼泽植被、垫状植被和保护多年冻土环境等。规划取（弃）土场、砂石料场及临时工程位置，最大限度地保持高原景观的完整性。优化沿线车站站房设计，努力做到一站一景。这些都使高原生态景观、高原自然景观、沿线人文景观融为一体，相映生辉。

保护野生动物

我在首次考察青藏铁路时，访问了设在青藏公路旁的索兰达杰自然保护站，工作人员向我介绍了可可西里野生动物分布与活动情况，以及藏羚羊迁徙规律等。同时指出，藏羚羊是国家一级保护动物，因其皮毛柔韧深受人们喜爱，盗猎行为一度猖獗。中国政府坚决打击盗猎行为，索南达杰就是在反盗猎中英勇牺牲的。

后来，我又相继走访了国家环保总局、青藏两省区环保和林业部门，以及中国科学院动物研究所等单位，对保护青藏高原野生动物的情况有了比较全面的了解。

青藏高原是世界山地生物物种的一个重要起源和分化中心。青藏铁路沿线地域广阔，人迹罕至，有多种类型的生态环境，生态条件优越，从而为高山山地动物、高寒草原草甸动物、沼泽湿地动物等不同种类的野生动物，提供了多样的生存空间。沿线野生动物的分布区域，绝大部分位于可可西里、三江源和色林错国家级自然保护区之内。以藏羚羊为代表的野生动物，会随着季节变化在不同地域内觅食、迁徙和繁衍，呈现出一定的规律性。从格尔木到拉萨的青藏铁路由北向南，这对藏羚羊等野生动物在东西方向的迁徙路径会形成阻碍。因此，青藏铁路建设必须研究解决影响藏羚羊等野生动物正常迁徙路径通畅问题。

铁一院研究提出了保护野生动物的主要措施，铁路线路尽量避开野生动物栖息地和活动区域，如为了保护西藏自治区林周澎波黑颈鹤栖息地，青藏铁路线路改走羊八井方案。在查明野生动物迁徙规律之后，在铁路沿线设置了野生动物迁徙通道。最初设计了桥梁下方、隧道上方（洞顶）和路基缓坡平交等3种野生动物通道方式，共计有33处。2002年6月至7月，青藏铁路野生动物通道尚未建成之前，在可可西里地区施工的中铁十二局、中铁十四局等单位主动停工让道，采取撤除施工机械、拔掉彩旗标牌、保持工地宁静的"偃旗息鼓"方式，保障了藏羚羊等野生动物顺利迁徙。有的施工单位捡到迁徙途中受伤的藏羚羊幼仔后，细心加以喂养，伤好之后放归自然。

青藏铁路唐古拉山以北地段，有大量的野生动物在那里栖息和活动。2003 年全线野生动物通道基本建成，这时有许多人担心，野生动物会不会从设计好的通道位置迁徙。为此，我要求研究人员选取重点通道位置，进行定点观测、动态观测和自动录像监测，以取得实证。2004 年 7 月 1 日，青藏总指向我报告，通过人工观测及长期自动观测系统同时获悉，藏羚羊已经顺利通过了可可西里楚玛尔河五北大桥的桥下通道。我闻知此讯，特别高兴，要求宣传部门立即将这个信息通报给新闻媒体，让社会各界群众了解青藏铁路野生动物保护的最新成果。后来，经过两年多观察表明，藏羚羊等野生动物，已经越来越适应青藏铁路设置的桥下通道。所以，我们从运营安全和动物安全角度考虑，封闭了原来设计的缓坡路堤平交动物通道，使桥下通道和洞顶通道成为藏羚羊等野生动物穿越铁路的常态化路径。青藏铁路通车后，旅客们在列车上可以看到藏羚羊、藏野驴、藏野马等野生动物，在铁路两侧附近悠然自得地觅食和活动，形成了铁路与野生动物和谐共处的感人景象。

保护江河水源

青藏高原是中国和南亚地区的"江河源"，长江、怒江、黄河、澜沧江、雅鲁藏布江等大江大河，均发源于此。高原湖泊星罗棋布，素有"中华水塔"之美誉。青藏铁路开工后，我在中铁三局沱沱河工地上看到矗立着一块巨大的标语牌，上面写着两行醒目的大字：家住长江尾，来到长江源。保护长江源，就是保护家乡水。我感到特别激动，因为这反映了全体建设者的共同心声。所以，我要求各参建单位在青藏铁路建设中，要像热爱自己的家乡和保护自己的眼睛一样，保护好高原的江河湖泊，确保沿线水源水质不受污染，确保地表水土不流失，确保完成好这项繁重而艰巨的重要任务。

在青藏铁路设计施工阶段，为严格保护江河湖泊水源，我们对特别重要工点做出专项环保设计，对沿线沱沱河、错那湖、拉萨河等重点江河水源和路段工程施工，做出了专项环保安排。大桥建设采用冲击钻进行桩基施工时所产生的泥浆，必须用静置沉淀法进行固液分离，分离出来的水用于现场降尘，不准把泥浆直接排入江河里。对施工区域和生活营地产生的污水，必须经过污水处理池处理达标后才能排放。在青藏总指的指导下，中铁十九局指挥长卓磊组织施工队伍在错那湖沿湖岸边20多公里路段施工时，用13万条装满砂石的编织袋垒成护堤，有效防止了施工泥沙抛撒入湖中。为做好水土保持工作，我们在设计施工中，采取了一系列的工程措施，包括施工便道、取（弃）土场、砂石料场的水土防护和植被恢复，以及主体工程路基坡面防护、风沙路基防护、隧道弃砟防护等。通过青藏两省区专业部门对全线有代表性的水蚀、风蚀、冻融侵蚀地点进行监测表明，青藏铁路建设工程扰动土地治理率和水土流失治理率均达到98%以上，说明各项水土保持措施有效发挥作用。此外，我们在青藏铁路运营阶段，成功研究低温生活污水处理工艺，在车站安装了混凝沉淀膜生物反应器一体化设备，使生活污水处理达标。对沱沱河站排水处理提出了更高要求，采用混凝沉淀＋膜生物反应器＋催化电氧化组合工艺，使排水指标达到了国家《生活饮用水水源水质标准》。列车运营采取封闭式管理，固体废物和污水在格尔木站和拉萨站集中处理，确保列车不在沿线抛撒垃圾和污水。

党和国家领导人对青藏铁路建设的环保工作高度重视，多次到现场视察，作出重要批示，给予热情鼓励，提出严格要求。2003年8月中旬，由国家环保总局、国家林业局、水利部、交通部、铁道部组成联合检查组，听取青藏铁路环保工作汇报后，到全线进行全面检查。检查组乘轨道车检查了已完工的114公里新线路基和14处施工地段的生态恢复情况；乘坐汽车检查了沿线40个施工点的植被保护、弃砟防护、野生动物通道、水源保护和水土流失监测以及自然保护区环保措施等。检查组认为，青藏铁路建设环保工作成效显著，处于领先水平。同时，他们还总结了青藏铁路建设环保工作的主要经验：认真搞好环保前期工作；设计贯彻环评意见；重视环保宣传教育；开展环保科技攻关；创新环保管理制度。同时检查组提出了许多重要意见和建议。我要求青藏总指认真落实检查组提出的改进意见，推进青藏铁路环保工作深入推进。

2005年7月29日至8月3日，全国人大环境与资源保护委员会主任委员毛如柏率领专题调研组，对青藏铁路的环境保护工作进行专题调研。一路上，专题调研组一行早出晚宿，途中不时阴晴多变、风雨交加，十分辛苦。我全程陪同专题调研组一行，汇报了青藏铁路建设情况，并现场介绍了环保重要成果。8月3日，专题调研组在拉萨召开的座谈会上，毛如柏主任委员对青藏铁路建设和环保工作给予了高度评价。他说："我在西藏工作了32年，特别期盼铁路早日通到拉萨。铁路建设者们以科学求实的态度，顽强拼搏的精神，高起点、高标准、高质量建设世界一流高原铁路，创造了叹为观止的奇迹。青藏铁路是环保型铁路，成效特别显著，经验十分宝贵。青藏铁路是践行'三个代表'重要思想的伟大实践，是落实科学发展观的具体体现，是构建人与自然和谐的重要范例，是依法保护环境的先进典型，为其他重点工程建设项目树立了良好的榜样，具有重要的示范作用。"

2006年2月21日，在人民大会堂举行的"绿色东方——2005年中华环境奖颁奖典礼"上，我荣获中国环境保护领域的最高奖项——"中华环境奖"。我认为，这份殊荣属于全体青藏铁路建设者。我捐赠全部奖金，设立铁路环保奖，用于奖励为铁路环保事业做出重要贡献的先进个人。经铁道部批准，2009年设立铁路环保奖，截至2019年共有164名先进个人获奖，对促进铁路环保事业发挥了积极作用。

青藏铁路通车后，《科技日报》的记者在采访时，让我概括青藏铁路建设的环保工作经验。我说，主要是依法环保、科技环保、全员环保。国家环保法律法规是我们搞好青藏铁路环保工作的依据，也是我们应尽的责任；科技攻关是我们解决环保难题的有效手段，为青藏铁路环保工作提供了技术支撑；增强全员环保意识，人人参与环保行动，是我们搞好青藏铁路环保工作的重要基础。有了这三条，青藏铁路的环保工作就能扎实推进、不断创新。

七、跨越多年冻土

我对多年冻土铁路的认识，初始于学习工程地质学。在青藏铁路方案论证中，我通过查阅研究文献和调查工程实况，才逐步加深了对多年冻土铁路的认识。学术界通常把持续冻结两年或两年以上的土类，界定为多年冻土。冻土内含有冰，因而对温度极为敏感。土在冻结过程中，土中的水分凝结成冰，使土的体积产生膨胀；土在融化过程中，土中的冰又溶解为水，产生了融化下沉。青藏铁路有长达近 550 公里的线路位于多年冻土区，所以修建青藏铁路的关键是要解决好多年冻土问题，控制好多年冻土的冻胀融沉，以确保建筑物的稳定性。青藏铁路开工之前，我就意识到多年冻土难题，将是面临的最大挑战。铁道部机关缺少冻土专业人才，我把铁道科学研究院西北分院（现中铁西北研究院）副院长、研究员钱征宇调到铁道部科技司，负责多年冻土工程。

考察冻土铁路

为了高质量、高水平地建设多年冻土铁路，必须了解国内外修建多年冻土区铁路的历史和经验教训。我安排铁道部科技司、铁道科学研究院、中铁西北研究院和铁一院，搜集整理相关资料，先后编印了《国外冻土技术文献汇编》《国内外冻土工程设计与实践综述》《青藏铁路多年冻土科研成果汇编》等。同时，我又多次带队出国考察。

2001年4月，我率领中国铁路代表团赴俄罗斯考察冻土铁路。俄罗斯有7条铁路干线穿越多年冻土区，包括20世纪初建成的第一条西伯利亚大铁路和20世纪70年代建成的贝阿（贝加尔至阿穆尔）铁路等。我们主要考察了正在运营的西伯利亚大铁路和正在新建的腾达至雅库茨克铁路。俄罗斯交通部非常重视，为我们加挂了一节专用客车，并派员全程陪同考察。这次考察往返行程有4700公里，历时5天4夜，列车平均时速为50公里左右。所考察的这些铁路都处于高纬度多年冻土地带，冻土层厚度比较大，地表植被茂盛，但在全球气候变暖背景下，也出现了一些冻土退化趋势。俄罗斯方面向我们介绍了他们的冻土铁路设计原则，以及发生冻土融沉冻胀现象所带来的严重危害。据介绍，后贝加尔铁路多年冻土病害率高达40.5%，贝阿铁路多年冻土病害率达到27.5%。我们在腾达车站下车，看到站台和股道已经累计下沉了1.5米，全靠填充道砟保持轨面水平，夏季时列车运行限速15公里/小时。据腾达铁路分局职工透露，在他们管区内曾发生过因突然塌陷造成的列车颠覆事故。我看后认为，多年冻土地段病害严重主要原因是对冻土问题认识不足，措施不力，排水不畅。腾达冻土研究站已经建立了70多年，在冻土理论研究和病害防治技术等方面，取得了许多成果，他们正在对多年冻土铁路设计规范进行修订。这些都为我们提供了有益借鉴。

我也考察过加拿大的哈德逊湾铁路。这条在20世纪20年代末建成的自南向北铁路，属于高纬度低海拔寒区冻土铁路，投入运营以后路基发生严重的融沉变形，线路明显不平顺。据加拿大铁路公司介绍，这条铁路有的路基最大抬道量达到 3 ~ 5 米。桥梁冻拔变形较为普遍，主要是打入地基的木桩较浅。受全球气候变暖影响，加拿大冻土出现退化，冻土融区不断扩大，产生了热融湖塘、沼泽化湿地等不良冻土现象。在北京，我接待过来访的美国阿拉斯加大学教授，他们向我介绍了在输油管道工程中运用热棒的成功经验。我在考察挪威寒区铁路时，看到洞口设置防雪栅栏，道岔安装融雪装置等，对我也很有启发。

对我国东北地区森林铁路冻土地段的调查表明，在 20 世纪 50 年代和 60 年代我国修建的牙林铁路和嫩林铁路，多年冻土地段病害率超过 30%，由于冻土病害严重曾发生过行车安全事故。1962 年在牙林铁路潮乌段 8 公里处，就发生过 5 小时内路基下沉 1.4 米，造成机车掉道的事故；在牙林铁路 197 公里处，也曾发生过一次路基下沉 1.5 米，致使旅客列车停车 4 小时的事故。此外，青藏公路虽然经过改造，但在 1999 年进行调查时，公路病害率也达到了 31.7%。

通过查阅文献资料，考察国内外多年冻土铁路，使我对青藏铁路多年冻土工程的复杂性和风险性，有了更加深刻的认识。世界上在多年冻土区修建铁路已有 100 多年历史，但是成功的经验不多，失败的教训却比比皆是。青藏铁路有总长约 550 公里的多年冻土地带，处于中低纬度和海拔 4500 ~ 5000 米的高海拔地区，其发育特征有别于欧洲和北美的高纬度多年冻土。主要表现在：

受青藏高原地形地貌、地质构造等区域因素影响，高温极不稳定和高温不稳定冻土占到多年冻土区总长的一半左右；热稳定性差；厚层地下冰和高含冰量冻土所占比重大，占到多年冻土区总长的40%以上；青藏高原植被稀疏，对气候变暖反应尤为敏感；太阳辐射影响大，特别是坡向效应明显，路基不均匀沉陷会产生裂缝。青藏铁路多年冻土，比其他国家的多年冻土更为复杂，在冻土区修建铁路的难度更大。因此，我们修建青藏铁路建设必须保持高度警惕，增强风险意识，从源头抓起，组织科研、设计、施工和建设单位联合攻关，制定建设规范，创新工程技术，形成系统治理的成套工程措施。

探索治理思路

在青藏铁路开工之前，铁道部组织力量研究编制了青藏铁路多年冻土区勘察、设计、施工暂行规定，填补了我国没有冻土铁路建设规范的空白。但是，由于缺乏经验，存在不完善之处，需要在实践中补充修改，以臻不断完善。为此，我到铁一院多次听取青藏铁路勘测设计工作汇报，提出了进一步加深冻土地质勘察工作的要求，特别是加大地质钻孔密度，综合采用钻探、地质雷达、浅层地震等物探方法，查明冻土分布和主要特征，为设计提供可靠依据。铁一院增强地质勘察力量，完成了大量钻探、物探、土工化验和地温观测资料，提交了多年冻土地温分区、上限位置、不良冻土现象分布等重要成果。为了确保地质勘察质量，我提出实行地质监理制度，由铁二院、铁三院组成地质监理组进行监督核查，这在铁路建设史上尚属首次。

线路方案的选择，要充分考虑高原多年冻土特点、保护生态环境和技术经济分析，进行综合评定。研究确定多年冻土区铁路选线的基本原则：尽量绕避工程地质条件复杂的不良冻土地段；尽量选择相对位置较高、地表干燥的地带通过；线路纵坡要满足路基最小设计高度的要求；路基结构形式以路堤为主，多填少挖，减少路堑、零断面和低填方的长度；线路通过冻融过渡段时，尽量选择在融区和地表排水条件好、地下水不发育的地段通过。在青藏铁路开工后，铁一院多次进行暖寒季地质调查和补充勘察，研究处理与线路走向有关的不良冻土现象，进一步提高了地质勘察质量，对完善工程设计和施工措施都具有重要作用。

在多年冻土区修建铁路，关键在于保护冻土地基不发生融化和退化，使工程结构置于稳固的地基之上。我国从事多年冻土研究的科学家和工程技术专家，如中国科学院院士程国栋等，通过对国内外多年冻土区工程经验教训的研究分析，深感采用增加路基填土高度、使用隔热材料等传统的冻土工程措施，依靠简单地增加热阻来解决冻土问题，是一种消极的办法。这种方法不能从根本上改善路基热物理状况，因为，这些隔热保温措施在阻止暖气和外界热量传入地基的同时，也隔断了寒季冷能的输入，不利于路基的稳定，因此是不成功的，应该探寻积极的方法解决多年冻土问题。我希望在青藏铁路建设中探索新思路，创造新技术，确保多年冻土铁路取得成功。

从热力学可知，路基的传热形式基本上有辐射、对流和传导这三种。我国科研人员积极探索，通过改变路基结构和材料，以调控辐射、调控对流、调控传导，降低路基下伏多年冻土的温度，达到冷却路基的目的。经过实验研究和现场工程试验，形成了治理青藏铁路多年冻土的新思路，概括而言就是："主动降温，冷却地基，保护冻土。"要求参建单位用这个思路指导冻土区铁路的设计和施工。对于"被动保温"和"主动降温"这两种思路和两类措施，起初有很多人不太理解。我在向公众进行科普讲座时，打了一个"卖冰棍"的比喻。我说：20世纪70年代以前，大街上卖冰棍的人都背着一个小木箱，箱子里铺的是棉絮，棉絮把冰棍包裹起来，这样就可以使外界的高温对冰棍的影响小一些，使冰棍的融化速度得到延缓，这就是"被动保温"。如果我们在店铺门口放个电冰箱，把冰棍放在电冰箱里，那就可以保证冰棍不会融化，这就是"主动保温"。青藏铁路解决多年冻土工程的思路，就是采用多种方式，把大气中的冷能传输到冻土地基，像一个制冷机、电冰箱的作用，就可以使冻土地基保持稳定。

冻土试验工程

在借鉴国内外多年冻土研究成果和实践总结的基础上，我组织铁道部计划司、建设司、科技司、工程设计鉴定中心、铁科院、铁一院和青藏总指等单位，研究确定了青藏铁路多年冻土工程设计原则。铁一院提出了多年冻土工程主要措施。大家都认为需要先建设冻土工程试验段，用以验证这些设计原则和工程措施的适用性和有效性。我表示完全赞同和支持，并亲自布置和督促试验段建设，希望抓紧时机早日建成，早获收益。

经过组织专家研究论证，提出了建立冻土试验段的基本原则：一是试验段冻土条件的典型性，能够反映高原多年冻土主要工程的地质特点；二是试验段工程措施的针对性，根据不同的冻土地温和地层特点，设计相应的工程措施，验证工程措施的可靠性和适应性，为全线冻土工程提供示范；三是试验项目的系统性，充分发挥试验段的现场试验功能，对可能采用的各种新结构、新材料和新工艺进行系统研究试验，为青藏铁路全面应用提供依据；四是试验测试工作的长期性，测试资料是评价工程措施应用效果和可靠性的依据，也是确保工程长期使用和养护维修所必需的技术资料，试验段测试要延续到运营阶段，通过长期测试掌握冻土工程的动态变化。经过系统分析沿线的冻土勘察资料，决定在清水河、北麓河、沱沱河、安多、昆仑山隧道、风火山隧道等地建设 5 个冻土工程试验段。

清水河试验段。这个试验段位于楚玛尔河高平原，长约 3 公里，海拔 4550 ~ 4600 米，由中铁十二局施工，主要是解决高温、高含冰量细颗粒多年冻土工程措施的可靠性验证问题。试验片石气冷、碎石护坡、热棒、通风管等主动降温措施，对路基合理高度、路基隔热保温材料、路基沉降变形特征等进行试验测试，同时对冻土钻孔灌注桩和拼装式涵洞进行试验研究。

北麓河试验段。这个试验段位于北麓河冲洪积高平原，长约 3.9 公里，海拔 4600 ~ 4700 米，由中铁二十局施工，主要解决高温极不稳定多年冻土和厚层地下冰地段多年冻土工程措施的可靠性验证问题。试验段除路堤工程外，还有两处冻土路堑工程，试验工程主要针对碎石护坡、通风管、隔热保温材料和冻土路堑支挡结构、坡面防护、基底处理和填挖过渡段工程措施等进行试验研究。

沱沱河试验段。这个试验段位于沱沱河盆地冲洪积平原，长约1.5公里，海拔4500～4600米，由中铁三局施工，主要解决融区和多年冻土过渡地段冻土工程措施的可靠性验证问题。试验工程主要针对路基边坡防护、高原草皮植被恢复和冻融过渡段路基工程措施和冻融过渡地段的钻孔灌注桩及拼装式涵洞进行试验研究。

安多试验段。这个试验段位于唐古拉山南麓，分为不相连的5段，总长4.24公里，海拔4700～4800米，由中铁十八局施工，主要解决深季节冻土地段工程措施的可靠性验证问题。试验工程主要针对冻土沼泽湿地地基处理、斜坡湿地路基稳定、深季节冻土路基冻胀防治和高寒草甸植被恢复等进行试验研究。

昆仑山隧道和风火山隧道试验工程。昆仑山隧道长1686米，轨面标高海拔4772米，由中铁五局施工；风火山隧道长1338米，轨面标高海拔4905米，由中铁二十局施工。两座隧道均穿过多年冻土层，地质条件复杂，为全线重点控制工程。试验工程主要针对隧道冻融圈、冻融对隧道结构影响、隧道防排水技术、隔热保温技术、支护技术和施工通风技术及施工温度场控制开展试验研究。

2001年10月，我到风火山、沱沱河等地检查冻土工程试验段进展情况。由于担心试验段建设进展缓慢，会失去当年冬季观测数据的时机，我对中铁二十局和中铁三局青藏指挥部的领导说："试验段不建成，我就不下山。"这两个单位都很努力，调动一切资源，加大工作力度，很快就建成了试验段，积累了当年冬季的观测资料。与此同时，组织设计、科研和高校对全线 39 项冻土工程开展研究，分析现场观测资料后提出阶段性研究报告，由专家进行评估。针对试验段发现的问题，积极研究对策，采取强化措施。我认真仔细地看了每一份研究报告，给我留下深刻印象的是，对路堤阴阳坡不均匀变形的危害严重性认识不足。路基设计虽然采用土工格栅加固，但仍产生纵向裂缝。后来，在阴坡面设置厚 0.8 米的碎石护坡、在阳坡面设置厚 1.6 米的碎石护坡，才解决了这个难题。另外，针对原有设计在少冰、多冰冻土地段和高含冰量冻土地段路基工程措施不足，我提出必须采取补强措施，有的要采取综合工程措施加以解决。试验观测资料还表明，排水不畅是冻土病害的主要诱因。多年实践表明，很多路基病害都与排水不畅有关。对此，我提出要重视地表水整治，而且要重视冻土层上水截排，使水远离路基。

青藏铁路建设冻土工程试验段取得了颇丰收获。主要表现是：掌握了建设期冻土地温变化特点，完善了评估多年冻土稳定性的地温分区和工程分类原则；检验了多年冻土工程措施的应用效果，为优化设计和施工提供了可靠依据；完善了多年冻土区铁路勘察设计和施工规定，为确保冻土工程质量提供了技术保障；阐明了主要冻土工程措施的工作机理，确定了结构形式和施工工艺；培育了专业技术人员，为大规模冻土工程施工提供了骨干支撑。以清水河多年冻土试验段为例，这个试验段建成两年后，片石气冷路基的基底处平均地温下降了 0.7 ~ 0.85℃，基底负积温增加了 2.37 ~ 7.61 倍。热棒的传热影响半径范围达到 1.5 ~ 1.8 米。对碎石护坡与片石护坡的对比试验表明，虽然寒季差异不大，但暖季碎石护坡热屏蔽作用好，降温效果更为明显，因此要多用碎石护坡。青藏铁路多年冻土工程试验段所取得的成果，对全线多年冻土工程施工发挥了非常有力的指导作用。

　　我国以往的铁路建设和运营实践，都局限在海拔 4000 米以下地区，对高海拔条件下的站后工程技术研究比较薄弱，可供借鉴的工程实例非常罕见，许多问题需要通过现场高原环境试验验证来解决。我多次组织青藏铁路公司、铁一院及有关单位，对青藏铁路站后工程设计和施工等问题进行研究，逐步形成了共识，确定在玉珠峰至不冻泉段建设站后工程试验段，以验证既有铁路电力、通信、信号等站后技术和装备的高原适应性，并对新开发的站后技术装备，进行高原性能试验和运用考核。站后工程试验段包括玉珠峰、望昆、不冻泉三站二区间，线路全长 56.45 公里，海拔高程为 4159 ~ 4611 米。考虑到通信信号试验的系统性，通信信号试验工程设在格尔木至不冻泉之间，全长 187.6 公里。根据青藏铁路站后工程设计总体需求，确定了 23 个站后工程试验项目。通信信号系统试验主要包括 GSM-R 系统、列车卫星定位技术及信息传输系统、通信信号设备雷电防护系统、区间闭塞系统等设备功能及环境适应性试验；电力系统试验主要包括 35 千伏超长距离供电技术试验、高低压电力设备高原适应性试验、防雷接地技术和电力线路及设备基础试验研究等。同时开展了高原轨道车、救援起重机、大型养路机械运行试验和车辆红外线轴温探测设备适应性试验、道岔融雪设备试验等。通过试验，对主要站后设备的高原适应性和可靠性进行了验证，提出了完善站后系统和设备的意见，为站后工程设计和运营提供了科学依据和经验。

在施工现场建设工程试验段验证新技术、新结构、新设备的安全可靠性，是一项行之有效的重要措施。它可以提前发现薄弱环节，采取改进完善措施，使工程建设少走弯路，有利于提高科研成果的转化效率。青藏铁路建立试验段的经验，后来推广应用到了我国高速铁路建设中，典型项目都建设了工程试验段，对推动高速铁路技术创新和提高工程质量发挥了重要作用。

成套冻土技术

青藏铁路在冻土地区的工程建设中，设计、科研、施工、建设单位联合攻关，突破传统理念，创新设计思想，以"主动降温、冷却地基、保护冻土"为指导，与国内外冻土工程相比，实现了"三大转变"：对冻土环境分析由静态转变为动态，对冻土保护方式由被动保温转变为主动降温，对冻土治理措施由单一措施转变为多管齐下，综合施治。由此形成了多年冻土路基、桥涵、隧道等成套技术。我特别强调在具体工点上应用时，除了要考虑地温、土质和含冰量外，还要重视地形和水流等局部环境条件对冻土工程的影响，使工程措施更具针对性。

运用主动降温技术，主要有片石气冷路基、碎石（片石）护坡或护道、热棒、通风管路基等。片石气冷路基是在路基垫层之上，设置一定高度（1.2 ～ 1.5 米）和一定空隙度（石块径 0.2 ～ 0.4 米）的片石层，因片石层上下界面间存在温度梯度，依据热空气上升原理，引起片石层内空气产生以对流为主的热交换作用，利用高原冻土区负积温量值大于正积温量值的气候特点，加快路基基底地层散热，取得降低地温、保护冻土的效果。这也可以理解为，在周期变化的自然条件下，使路基在寒季加强散热，在暖季减少吸热，从而冷却片石层下的土体，起到"热半导体"的作用（热半导体材料具有冻结时导热系数远大于融化时导热系数的特征，如饱和泥炭等）。在全线 117 公里的高含冰量、高温不稳定冻土区应用了片石气冷路基措施。碎石（片石）护坡或护道的作用原理，与片石气冷路基基本相同，阴阳坡面碎石（片石）护坡厚度分别为 0.8 米和 1.6 米。在寒季时，碎石（片石）层内空气对流热换作用强烈，有利于地层散热；在暖季时，碎石（片石）层内空气对流热换作用减弱，并对热量传入产生屏蔽作用。青藏铁路采用长 12 米、直径 83 毫米的热棒，是利用无缝钢管内氮、丙烷等介质的气液两相转换，依靠外露端由散热片构成的冷凝器与埋入土中的蒸发器之间的温差，通过对流循环来实现热量传导的系统。当大气温度低于冻土地温时，热棒会自动开启工作，将土中的热量传递散发到大气中。当大气温度高于冻土地温时，热棒会自动停止工作，不会将大气中的热量传给地基。通风管路基是在距地表不小于 0.7 米的位置，沿路基横向埋设直径 0.3 ～ 0.4 米、净距约 1.0 米的水平钢筋混凝土通风管，寒季时冷空气在管内对流，增强了路基填土的散热程度，从而达到降低地温、保护冻土的目的。

低温多年冻土区路基设计高度应控制在合理范围内，一般为 2.5 ~ 5 米。保持路基合理高度，在一定的气温、地温条件下可以实现多年冻土上限基本稳定。但是随着路基高度加大，边坡受热面增大，由边坡传入地基的热量增加，这就不利于路基稳定。当路面高度不能满足最小路基高度要求时，为减少地表热量向地基传递，采用聚苯乙烯等隔热材料，可以起到当量路基高度同样的保温效果。在挖方地段或低路基地段，将基底冻土挖除换填成粗粒土，厚度为天然上限深度的 1.3 ~ 1.4 倍，有利于防止冻胀融沉的发生。对已经建成的多年冻土区路基发生开裂、沉陷等病害，需要采用多种措施进行综合治理，如片石路基＋片石护坡＋热棒＋防排水等，可以保持路基稳定。

桥涵基础主要采用桩基。在施工现场对钻孔灌注桩、钻孔打入桩和钻孔插入桩等进行了对比试验。在冻土层中打入桩施工困难，插入桩周边回填质量难以控制，钻孔灌注桩具有承载力大、抗冻拔能力强等明显优点。把冲击式钻机改为旋挖式钻机施工后，工效提高了 20 倍以上，不仅施工速度快、质量高，对冻土扰动小，而且没有冲击钻的泥浆护壁，避免了泥水污染等问题。这时有人担心钻孔灌注桩能否回冻，如果桩周冻土不能回冻，则会影响桩基摩擦力。我觉得这个问题提得很好，要求青藏总指组织试验研究。现场试验表明，钻孔灌注桩混凝土水化热对冻土地温的扰动是一个较长的过程，会随着灌注桩回冻时间的增加而减少。经过研究，我们确定将冻土层与灌注桩桩侧面交界处月最高平均温度低至 −0.5℃ 作为回冻标准。采用旋挖钻机干法成孔工艺，控制混凝土水化热和混凝土入模温度，在清水河、北麓河一带钻孔灌注桩周围冻土在成桩 50 ～ 75 天后就可以基本回冻。经单桩加载试验，灌注桩实际承载力大大超过设计允许承载力，桩顶竖向沉降和水平位移量均很小。鉴于这些研究成果，我们决定在全线非坚硬岩石地基的桥涵桩基，全部采用钻孔灌注桩。

针对多年冻土区的隧道，采取了特殊工程措施。隧道建成后，衬砌背后多年冻土容易形成一个冻融圈，由于冻胀将会造成衬砌混凝土出现严重开裂、掉块现象。因此，控制冻融圈的范围和动态变化是关键。铁一院在隧道设计中采用曲墙带仰拱整体式模筑钢筋混凝土衬砌（二衬），支护（一衬）采用模筑混凝土，背拱进行回填压浆。设计专门在一衬和二衬之间设置防水层和隔热保温层，以减少洞内外气温与地层热交换的影响。同时，还设计了完整有效的防排水体系，拱墙设有盲沟，双侧设有保温水沟，通过洞口保温管进行引排。施工期间，洞内温度和混凝土灌注温度，控制在 5℃ 左右。在昆仑山隧道施工中，出口端 2 号横洞作业面通过洞顶浅埋冲沟时，在冲沟内设置的通风竖井意外发生了坍塌冒顶，冲沟地表水涌进隧道，形成了局部的非贯通融区，多处出现涌水和道面积冰现象。我得知消息后，组织隧道专家进行研究，制定了综合整治方案，实行地表截水、排水、降水相结合，洞内堵水、排水相结合，取得了实效。当时对隧道注浆方案存有异议，我决定注浆钻孔深度达到衬砌背后。实践证明，这样处理是正确的，渗透水现象消除，全隧道二衬背后围岩出现回冻，保持了冻土稳定状态。

以桥代路措施

我在青藏铁路建设中萌发"以桥代路"的想法，主要来自三方面。一是 2000 年 7 月底我考察青藏铁路，对多年冻土工程的复杂性有了初步认识，当看到青藏公路沥青路面开裂鼓包，我乘坐的汽车在"搓板路"上缓慢行驶时，就思考着今后修建青藏铁路，该如何保持轨道稳定性的问题。我想到在多年冻土特别复杂地段修桥梁比修路基更有把握。二是在以往的新建铁路中进行过探索。我在 20 世纪 60 年代修建成昆铁路时，就曾在山坡脚或河滩地，修建过小跨度梁排柱式桥墩，这种桥墩结构轻巧，工程量不大；在 20 世纪 80 年代末修建大秦铁路时，我曾对高路基和桥梁的经济性进行过比较，当路基高度达到 8 ~ 9 米时，路基造价与桥梁造价大致相同，我当时就决定把许多高路基改为桥梁，效果很好。三是用全寿命期思想分析，在建设期间桥梁比路基要多投资，但在运营期间路基病害多发整治费用更大，还要影响运输效益。因此，从全成本比较，桥梁与路基的造价相差不大。我把在青藏铁路多年冻土特别复杂地段采用"以桥代路"的想法，同有关设计、科研单位和青藏总指谈了，希望开展专题研究。铁一院桥梁设计人员在认真研究后提出了多种方案，我与他们进行了反复讨论。

2001 年 9 月，我在北京主持召开桥梁专家咨询会，邀请我国桥梁工程界的院士、专家、教授们建言献策。参会人员针对青藏铁路特殊复杂地质情况，排除了托盘式带洞路基墙、钢筋混凝土框架桥等方案，形成了基本共识：小跨度桥梁（8～12 米）为主体，采用钢筋混凝土或预应力混凝土简支梁和钻孔灌注桩基础。"以桥代路"的适用范围主要是，治理难度大的复杂冻土地段和地势低洼积水或斜坡湿地等地段，包括非冻土区一些地质特别复杂的地段，均可采用"以桥代路"。同时，专家们也对桥梁设计和施工可能遇到的风险，提出了积极建议。青藏铁路"以桥代路"的总长度达到 87.2 公里，体现出了明显优势：桥梁比路基占用土地少，同时减少了修筑路基的取土场，有利于保护植被；修建桥梁的施工机械化程度高，可以减少人工分散作业，有利于提高工程质量；桥梁构成立体通道，可供动物自由迁徙，减少路基对湿地的切割；桥梁具有遮阳、通风的作用，有利于保护多年冻土。"以桥代路"增强了应对全球气温升高影响的能力，有利于确保多年冻土的长期稳定。鉴于"以桥代路"的这些突出优势，后来在高速铁路建设中也得到了广泛应用。

在青藏铁路通车运营十周年之际，我带领研究团队，对全线的多年冻土工程进行了典型调查。调查表明，多年冻土路基、桥涵、隧道工程，都经受住了时间考验和运营考验，保护多年冻土的措施十分成功。随着时间的推移和自然环境的变化，也出现了一些新情况，就是沿河路基受摆动的地表水影响，在局部路段产生了一点开裂，有的桥台受到冻胀融沉的影响，发生了一点倾斜变形等。针对这些出现的新问题，需要采取补强措施。

坚持长期监测

由于全球气温变暖和人为活动增加，对多年冻土热稳定状态的影响会长期存在。为了保障青藏铁路建设和运营安全，在全线建设期间，就考虑建设冻土工程安全监测系统问题。经过组织专家研究论证，我们在典型地段设立了 4 个冻土气象站，自动监测气温、风速、风向、气压、降水量、蒸发量，以及自动监测天然地面温度和太阳辐射等，对冻土生存环境和路基传热过程有直接影响的气象环境要素；建立了 66 处路基监测断面，进行路基土体地温监测和左右路肩变形监测。每个地温监测断面设 1 个天然地面地温监测孔（监测孔深 20 米、孔内设 36 个温度传感器），3 个路基地温监测孔（分别在路基坡脚和路肩安设 3 个孔深 20 米的监测孔，每个孔内设 36 个温度传感器）。按设定时间自动测量和存储数据，通过 GSM-R、GPRS 等设备，自动远程传输到主监测中心，进入数字路基平台，进行自动分析处理。这就为冻土路基的安全可靠性评估提供了基础数据，为病害预警和安全防范提供了决策依据。

在青藏铁路建设期间，经过三个以上冻融循环的监测表明，多年冻土区路基人为上限抬升、基底地温降低、工后沉降速率小于设计规范允许值；已建成的冻土铁路路基线路平顺，桥涵工程结构坚固稳定。2004 年 9 月，国际多年冻土工程会议在兰州市召开，有来自美国、俄罗斯、加拿大等 7 个国家的 151 位专家、学者参加。我有幸作为顾问委员会主席，在会上介绍了青藏铁路多年冻土工程建设成就。中国科学院院士程国栋作了《青藏铁路建设的冷却地基方法》的报告，铁一院总工程师冉理作了《青藏铁路勘察设计》的报告。中外冻土专家到青藏铁路现场考察后，一致认为，中国多年冻土筑路关键技术取得突破性进展，体现了当今世界冻土技术的最高水平。俄罗斯冻土专家 V.G. 瓦连金博士对我说，我们知道片石路基原理，但是中国运用这个原理建成大规模的实体工程，取得了重大成就。青藏铁路保护冻土的设计原则是完全正确的，主要工程措施是安全可靠的。美国冻土专家 T. 文森教授回国后发来电子邮件，高度评价青藏铁路冻土工程的科研成果。他祝贺青藏铁路作为 21 世纪人类最具标志性的伟大工程项目，已经取得成功。这些，都表明青藏铁路多年冻土工程技术达到了国际领先水平。

2015 年，我主持完成了中国工程院咨询项目《气候变化对青藏铁路和高速铁路的影响研究》。青藏铁路多年冻土处于中低纬度和高海拔地带，受太阳辐射强烈，加上冻土中含冰量高、热稳定性差，因此对气候变化尤为敏感。近 30 年来，青藏铁路沿线多年冻土区的年平均气温波动值在 0.7 ~ 0.8℃，与 20 世纪 70 年代相比，气温普遍上升 0.2 ~ 0.4℃，年平均上升为 0.013℃。调查表明，多年冻土南北界退缩，1991 年多年冻土区长度比 1979 年退缩了约 28 公里，多年冻土区的融区面积增加。根据数值模拟分析，若未来 50 年气温升高 1℃，则对多年冻土的影响相对较小；若气温升高 2.6℃，那么青藏铁路沿线大部分多年冻土地段将退化为季节性冻土区。这将会造成地基承载力降低、融沉变形和冻胀变形加大、不良冻土现象发育，并引发沿线沙漠化加剧。在青藏铁路建设中，我们采取了一系列保护多年冻土的工程措施，取得了良好效果。在青藏铁路运营中，仍要继续加强多年冻土监测工作，尽量减少对多年冻土环境的影响，并适时采取有效的应对措施。

八、专项科技创新

建设位于青藏高原腹地的铁路，除了攻克高寒缺氧、生态脆弱、多年冻土"三大难题"外，还有诸多在高原特殊环境下的专项技术面临挑战。我对此非常重视，组织各方面专家在高原长距离大坡道铺架、应对地质灾害、混凝土耐久性、电气工程和供氧客车制造等方面，取得了一系列技术创新成果，为建设世界一流高原铁路增添了光彩。

高原铺轨架梁

青藏铁路铺轨架梁任务艰巨，是控制全线总工期的关键。中铁一局中标铺架任务后，立即组织有关专业人员进行现场调查，制订铺架作业计划。中铁一局指挥长和民锁与常务副指挥长马新安向我汇报了他们的初步打算。我说，大规模高海拔铺轨架梁没有经验可鉴，必须立足创新，要在确保安全前提下完成铺架任务。

中铁一局研究解决的重大技术问题主要是：内燃机车在高原

环境下功率大幅下降,必须进行技术改造。内燃机车技术改造后,我专门登上机车运行一段距离,验证主要性能指标。铺轨机、架桥机等也要进行相应改造(或研制新型铺架机),以适应高原高寒地区铺架作业需要。另外,就是长距离大坡度(包括上坡和下坡)铺轨架梁技术,需要研究制定特殊的技术措施。

2002年6月29日,青藏铁路从南山口开始铺轨,中铁一局进入了长达130公里的长大坡度铺架作业地段,研究解决了宿营车保温体系、硫黄水泥砂浆锚固工艺、25米钢轨轨缝控制、大扭矩紧固弹条扣件施工等难题;改进了铺轨机牵引走行系统和制动系统,研制了JQ140G型架桥机,增强了高原适应性和安全可靠性。中铁十四局指挥长许兰明抓紧完成昆仑山北麓标段主体工程,迎接铺轨通过。2002年11月1日,铺轨到达海拔4484米的望昆站。当我接到青藏总指报告时,我向铺架作业人员表示祝贺。听说架桥人员冒着刺骨的寒风登上墩顶踩着冰雪作业时,我感到太辛苦也不安全,立即决定停止铺架作业,下山休整后明年再战。2003年中铁一局铺轨通过昆仑山隧道、风火山隧道及诸多桥梁,创造了日铺轨7.925公里、日架梁11孔的高原铺架新纪录。

2004年元旦刚过,我就同青藏总指指挥长卢春房研究增建安多铺架基地问题,主要难题是如何用汽车把内燃机车和铺架设备运到安多。1月5日青藏铁路公司副总经理张克敬、拉有玉召集有关单位开会,研究大型设备拆解、运输、组装等工作,细化了方案内容,明确了责任分工。自3月10日起,在秀水河站对东风4型机车进行分解、吊装,由大型汽车经过一天多行驶390公里,于 3 月 18 日运抵安多铺架基地。中铁十一局和铁路机务段专业技术人员对分解的东风 4 型机车进行组装、调试。为了确保安全，我请铁道部派驻大连机车工厂专家赶来进行现场测试，验收合格后一次启动成功。这开启了"汽车背火车"的先河，使大家备受鼓舞。到 5 月 15 日，18 台内燃机车和 160 多台（套）大型铺架设备全部运到安多。6 月 22 日，在安多举行了铺轨仪式，中铁一局和中铁十一局两台铺轨机分别向北、向南开铺，结束了西藏没有铁路的历史。8 月 4 日，中共中央政治局委员、湖北省委书记俞正声一行到西藏中铁十一局铺轨现场进行慰问（中铁十一局机关在湖北省），我和中铁十一局指挥长尹社联表示感谢并介绍了铺架情况。

2005 年 8 月 24 日，中铁一局南北两台铺轨机，在唐古拉山站把两节轨排落下连在一起，标志着青藏铁路铺轨已胜利通过海拔 5072 米的唐古拉山站。中铁十一局从安多向南挺进，最困难的是羊八井至拉萨段长大下坡段铺架。我到当雄看望中铁十一局铺架队伍时，鼓励他们周密安排、稳扎稳打、确保安全。中铁十一局克服了峡谷险峻、风沙肆虐等困难，2005 年 10 月 12 日铺轨到达拉萨站，创造了高原长大坡道铺架作业新水平。

应对地质自然灾害

地震是青藏铁路面临的最大地质危害。青藏高原是我国大陆地壳构造运动最为强烈的地区，青藏铁路设计线路多次穿越作为活动块体主边界的大震发震断裂区域，而相应的研究甚少，基础资料十分缺乏。为了加强地震地质工作，2001年初我请国家地震局局长陈章立给予支持，他要求该局所属工程地震研究中心全力以赴。

铁道部组织铁一院、中国地震局工程地震研究中心和中国地质科研院地质力学研究所等单位，分别进行了8项专题研究，成果经过主管机关评审，用于指导设计和施工。研究表明，全线为地震基本烈度七度以上高地震烈度区，在线路经过的23条深大活动断裂带里，共有34条活动断裂，另外还有250条一般性活动断裂。据此，铁一院研究确定了高地震烈度区和活动断裂区的地质选线原则：尽量绕避活动断层带，难以绕避时应在断裂带较窄处以简易工程大角度通过；不宜在断裂带内设置大桥、高桥、隧道和高填深挖路基等难以修复的工程；设计减震抗震性能好且易修复的防震工程措施。从技术发展趋势而言，我强调要提高铁路建筑结构的韧性。

2001年11月14日17时26分，昆仑山口西发生了里氏8.1级地震，中央领导十分重视。我要求青藏总指组织设计、施工、科研单位联合调查。这次地震造成自东向西的地表破裂带长达426公里，最大水平位移6.4米，最大垂直位移4米。由于青藏铁路刚开工不久，这次地震造成的损害主要是有些临时房屋和围墙倒塌，格尔木至望昆段实体工程没有受到破坏，位于地震断裂带北侧的昆仑山隧道也未造成破坏性影响。由此证明，我们对昆仑山隧道位置的选定和以路基形式大角度跨越断裂带的设计都是正确的。在建设期间，青藏铁路沿线曾多次发生地震，均未造成破坏或威胁。

风沙是青藏铁路沿线广泛分布的不良地质现象。在全球气候变暖的大背景下，部分草场退化、土地沙化，直接加大了风沙对铁路的危害。我们采取了石方格、卵砾石覆盖为主的固沙措施，以高立式沙障为主的防沙措施，取得了明显成效。青藏铁路沿线平均每年大风期 100 多天，瞬时风速可达 40 米／秒以上。为了防止大风和沙尘暴天气引发列车运行安全事故，我请中南大学研究设计了青藏铁路大风监测预警系统，设立了 52 个大风预警自动监测点，并在西宁设有大风监测预警中心，这对确保列车运行安全发挥了重要作用。

对于沼泽湿地、斜坡湿地、石膏岩溶、泥石流、危岩落石等不良地质现象，我们也都采取了有效应对措施。例如：针对羊八井峡谷路基发生边坡滑塌、泥石流现象，增加了明洞和渡槽；在沿河路基受冲刷部位，增加了防护措施；在唐古拉山北麓一处石膏岩溶地区，发现路基坡脚有一处溶洞，为了确保安全进行了局部改线。

提高混凝土耐久性

青藏铁路桥涵、隧道和房屋等建筑结构物，几乎全部采用混凝土结构。因此，混凝土品质能否经受住高原严酷环境的考验，能否确保结构物使用寿命期的安全，是我特别关注的问题。2001年八九月间，我在楚玛尔河一带看到青藏公路改造废弃的桥梁，混凝土严重劣化，敲击几下就掉块，这更加重了我的忧虑。我安排铁科院派员取样，带回北京研究分析，提出加强预防措施的建议。

为了提高混凝土结构耐久性，我从三方面下手：由铁一院负责研究混凝土结构物耐久性措施；由铁科院、中南大学等单位研究高性能混凝土材料耐久性（高性能混凝土）；由铁道部主持编制混凝土耐久性标准，如《青藏铁路高原冻土区混凝土耐久性技术条件》《青藏铁路混凝土耐久性检验评定暂行标准》等，使混凝土耐久性设计和施工规范化、制度化，冻融循环次数应达到300次以上，抗渗等级应达到S12级以上等；提高结构物耐久性，大都采用实体结构，分别提高混凝土等级。例如：桥梁实体墩台混凝土表面加设了防护钢筋，同时加厚混凝土保护层（从3厘米加大到4厘米），以增强抗裂性和对钢筋的保护性；在墩台或承台与土壤（或水面）接触的部位，加涂厚为1厘米的沥青保护层；置于地面下的承台周围，采用换填粗粒土措施，以减少冻土产生的法向冻胀力影响。

在高性能混凝土材料耐久性研究方面，也取得了创新成果，这对提高青藏铁路建筑结构的耐久性至关重要。对高性能混凝土应具备的基本性能要求，聚焦在抗冻融循环、抗氯离子渗透、抗硫酸盐侵蚀、抗碱－骨料反应性能等方面。据此，研发了DZ系列专用混凝土外加剂，提出了高性能混凝土配合比。其特点突出表现在高效减水（降低混凝土水灰比）、引气防冻（缓解混凝土中冰晶破坏作用）、早强增实（改善混凝土抗渗耐冻性），降低混凝土水化热，减少混凝土运输中的坍落度损失。经现场测试表明，高性能混凝土能够满足青藏铁路建设的要求。通过集中培训技术人员和现场观摩，使高性能混凝土很快在全线得到推广。在推广应用过程中，重点抓了原材料品质控制，对水泥、矿物掺和料、细骨料、粗骨料、外加剂等，做出了严格规定。对高性能混凝土施工过程的关键技术，包括混凝土搅拌、运输、浇注、振捣及养护、拆模等，都制定了操作规范。实行混凝土耐久性跟踪检验、施工过程专业总监制等制度，严格把好质量关。

我在现场发现，混凝土灌注前需取样送格尔木基地养护并做压力试验后，才能知道混凝土质量是否合格。但这时混凝土已经灌注到模板之中，这个压力试验成了"马后炮"，无法起到事前防控的作用。于是，我向铁科院研究人员提出，能不能在混凝土灌注之前，测定几项主要指标，如判断合格再行灌注，同时取样养护作压力试验进行验证。不久，铁科院提出了现场快速检测技术，主要强调3项指标，就是混凝土坍落度、混凝土含气量和混凝土泌水率。同时，也明确了入模温度。这就为混凝土灌注前质量把关提供了具体依据。后来用取样试验的最终结果进行比对，证明完全有效。

在青藏铁路建设期间，凡是按照铁道部规定建设的混凝土结构物，整体质量状态都很好。但也有个别单位重视不够、执行不严，出现了一些问题和缺陷。我在检查发现后，都要求研究改进。例如：混凝土结构物表面存在的收缩裂纹，主要是混凝土配合比控制不严、养护措施不到位所致；桥墩水位变动范围出现冻融剥蚀，主要是由于养护周期短、早期强度低，造成抗冻性能差。对于可疑混凝土部位，要取芯到实验室做慢冻试验并做出评价。但受到现场取芯设备限制，以及结构物配筋影响，无法取到足够大尺寸的试件，这时就采用实物芯样的气泡间距系数予以判断。对于桥墩混凝土出现冻融剥蚀的部位，必须采取补强措施：主要是加设钢板箍（厚 5 毫米），并填充微膨胀混凝土（厚 30 厘米）进行包裹；对钻孔灌注桩，在桩顶部分加设钢护筒。采用这些措施后，比较好地防止了混凝土质量问题的发生。

2004 年青藏总指向我报告说，32 米后张法预应力混凝土梁发生沿孔道的纵向裂纹。我感到这是一个新遇到的重大问题，如果不及时解决，会造成桥梁质量隐患。为此，我多次到南山口桥梁预制厂进行现场调研，组织专家进行研讨分析，并要求预制厂人员凿开裂纹处，检查管道注浆情况。结果发现管道内存在冰冻现象，主要是由于施工工艺不符合规范要求造成的。经过优化注浆材料，完善管道真空灌浆施工工艺，并对灌浆密实度进行抽检，杜绝了此项裂纹。2005 年在青藏铁路唐古拉山南麓一座大桥上，发现桥墩支承垫石和墩帽有开裂现象。我从桥面经过检查梯下到墩顶，看到有墩帽鼓包和托盘开裂。经专家们讨论分析，一致认为是施工单位在进行防震落梁支架埋置孔和支座螺栓孔安设作业时，由于措施不当、封闭不严，致使雨水、雪水下渗冻胀，导致鼓包开裂。经采取纠正措施后，再也没有发生类似现象。当时在现场的很多人都不理解，一个小小的孔道、孔洞内的砂浆（或混凝土）有水结冰，怎么就会把桥梁或墩台胀裂？但这是铁的事实，就摆在我们面前。从物理学可知，水在结冰时的体积会增大 9.1% 左右，同时还会发生 330 焦 / 克的潜热。当水分子的温度降低到冰点时就有结冰趋势，以致嗣后融化时，仍不能获得应有的强度发展。这样，就会因混凝土强度低，在冻胀力的作用下产生鼓包变形或开裂现象。这个教训应该认真吸取。

青藏铁路通车 10 周年时，我对青藏铁路混凝土结构耐久性进行调查。据青藏铁路公司质量普查资料表明，全线桥梁混凝土结构未发生冻融、碱骨料反应、风沙磨蚀和化学腐蚀等病害，混凝土耐久性经受考验状态良好。通过对具有代表性的桥梁进行结构物耐久性评估，表明青藏铁路混凝土梁和墩台结构耐久性处于基本正常状态。对于混凝土表面裂缝，主要是受材料、工艺和环境三大因素影响。在碳化环境下，裂缝宽度大于 0.2 毫米时，应予以修复。铁道科学研究院专门研发了用于封闭裂缝的涂料，经现场运用，效果良好。

高原"四电"建设

铁路通信、信号、电力和电气化等四个专业工程，俗称站后"四电"。青藏铁路不是电气化铁路，我们把通信、信号、信息和电力系统成为"四电"。在高海拔、低气压、强辐射的恶劣环境下，"四电"设备共同面临诸多铁路建设前所未遇的新课题，如雷电防护、电子元器件性能和电气设备空气绝缘程度降低等问题，需要高度重视，认真对待。这项工作我指定青藏办副主任胡书凯负责检查落实。"四电"工程建设由电气化工程局指挥长王青斌负责。

青藏铁路开工伊始，铁一院给我送来一张雷雨天拍摄的照片，远处地面上呈现出一条类似燃烧烈火的红色闪光带，这就是令人谈虎色变的"滚地雷"。我认为，就应当从"滚地雷"入手，研究青藏铁路的雷电特点，进而提出工程建设的雷电防护措施。雷电先导快速接近地面，其放电过程就是发生对地面的雷闪。科研人员通过对青藏高原历史上长期雷电资料的分析研究和现场雷害的调查，得出了如下结论：青藏高原雷电活动频繁，虽然每次雷云放电的雷电强度不大，但年平均雷暴日数比同纬度平原要高，即年平均雷暴日多。高原雷电危害相当严重，既有直接雷击，也有雷电波侵入的间接雷击，还有地电位反击（雷电感应）。我希望青藏铁路建设站后"四电"工程要协同行动，选用耐电冲击能力强的电气设备，强化设备机房电磁环境改善，采用直击雷电防护、导电位连接、屏蔽、合理的综合布线、共用接地等技术，以及安装浪涌保护器，从而构建起完善有效的综合防雷系统，有效阻断雷电侵入的途径，确保"四电"设备安全运转。

青藏铁路沿线电源匮乏，约有 900 公里地段没有地方电源。铁路用电需从格尔木电网和拉萨电网接引电源，但需长距离输送，网架十分薄弱。我和国家电网公司领导多次会晤，请专家审改供电方案。最后决定，先建格尔木至沱沱河、拉萨至安多的高压供电线路，通过沿线合理配置电抗器补偿，优化沿线供电电能质量。由此，铁路系统首次实现了 35 千伏长距离供电，供电距离长达350 公里，是正常供电距离的 4 倍。此外，为了解决电源网架薄弱问题，我们采用了双备用电源模式，确保了关键设备用电安全。在沱沱河至安多间各个车站，为通信信号负荷配置了太阳能发电加蓄电池储能系统，作为一层备用电源；在沿线重要车站设置了大容量柴油发电机，作为第二层备用电源。为了提高供电自动化水平，我们借鉴国外先进技术，自主设计并建设了适合中国铁路的先进电力远动系统，实现了电力设备集中监控和发电、变电、配电所无人值守。

建设海拔 4000 米以上的电力工程，没有相应的技术标准和规范规程可以遵循，我要求有关单位加强现场试验并充分论证。冻土区电力线路塔杆基础，采用钻孔灌注桩或预制混凝土管桩，加上热棒措施，以增加可靠性；35 千伏架空线采用耐腐蚀、强度大和质量轻的铝包钢芯铝绞线，以预应力混凝土电杆为主。通过现场试验，对高原空气间隙和绝缘子放电特性有了全新的认识，为确定高原电力线路修正、合理选择绝缘子和金具等，提供了重要依据。

青藏铁路全线需要安装大量变压器，这是影响供电安全的关键电气设备。我要求有关单位组织对密闭油浸式电力变压器和缠绕式干式变压器等关键电气设备进行高原试验。现场曾发生由于短路或其他故障，导致熔断器熔断或变压器损坏的现象，后经设备淘汰或引进新设备，彻底解决了这些问题。2005 年 1 月我组织专家研讨后，果断决定采用体积小、质量轻、安装方便、内部绝缘、不受高海拔影响的干式电力变压器。这种变压器绝缘材料采用环氧树脂，放电后环氧树脂绝缘可以自行恢复，变压器可以继续正常工作，具有典型的免维修特性。经现场实际运用后，大大增强了供电稳定性，也有效节约了维修费用。

青藏铁路开工之前，对于参建单位施工临时通信，曾有人向我建议，租赁军用通信线路。但到沿线一看，只见到一根根光秃秃的电杆，早已没有通信线路了。于是，刚开始的一段时间里，只能使用卫星通信。对于青藏铁路通信工程方案，铁道部经过专题研究，确定青藏铁路通信传输系统采用世界各国广泛应用的同步数字体系（SDH）；无线通信系统采用欧洲铁路已经应用的铁路专用数字移动通信系统（GSM-R）。我国铁路实施通信信号一体化，这就必须依靠多信道、高可靠的无线通信系统，才能满足列车控制系统、调度集中系统的功能要求和沿线作业人员的通信需求。为了增加对 GSM-R 的了解，我率领中国铁路代表团赴加拿大考察了北电网络公司和德国法兰克福至科隆高速铁路，这条铁路是世界上第一条使用 GMS-R、速度 300 公里／小时的商业运营线。在德国 TGV 高速列车上，我通过 GSM-R 与远在北京的铁道部运输局调度值班员直接通话，声音清晰，效果良好。通过充分论证，2003 年铁道部向信息产业部申请 GSM-R 使用频率，因审批进展缓慢，我打电话商请信息产业部部长王旭东请求帮助。不久，信息产业部批准了铁路专用频率，这就正式确定了中国铁路数字移动通信技术制式。在站后信号试验段获得试验成果基础上，开展全面施工和联调联试工作。我乘坐运行在青藏铁路的列车上，用 GSM-R 同铁道部运输局调度部进行联络通话，音量音质都很好。在实际使用过程中，曾发现部分地段无线场强覆盖还存在一些问题，经通信技术人员研究后，对隧道、路堑等地形复杂地段弱场强处通过增加直放站进行了补强，很好地解决了这一问题。青藏铁路不仅是我国第一条采用 GSM-R 系统的铁路，也是世界上第一条在长大干线上采用同站址双层网络冗余覆盖方式承载列车控制信息传输的移动通信系统，为我国 GSM-R 大规模推广应用奠定了基础。后来，在修订《铁路主要技术政策》时，我同负责此项工作的铁道部总工程师何华武说，GSM-R 不仅在青藏铁路，而且应作为中国铁路无线通信的主体技术制式，纳入《铁路主要技术政策》，全面推广使用。

为了建成世界一流高原铁路，我们突破了以电锁器、继电联锁、半自动闭塞等为主体的传统型信号系统，实现了集成创新。确定以卫星定位（GPS）技术确认列车位置，以铁路数字移动通信系统（GSM-R）传输列控信息，实现集联锁、闭塞、列车超速防护于一体的信号系统。在研究信号联锁、列控一体化系统方案时，铁道部组织考察了法国阿尔斯通（ALSTOM）公司和美国 GE 公司，并进行了技术交流。相对而言，阿尔斯通信号系统技术比较成熟。我们与其进行了长达 7 个月的技术交流，但在商务谈判签约之际，阿尔斯通公司的律师坦言，该设备只在海拔 2000 米以下有应用实践，在更高海拔地区使用还有待试验，如果试验不成功，法方不承担任何责任。这就导致商务谈判中止。对阿尔斯通公司律师实事求是的态度和诚信至上的职业道德，我深为赞赏，曾在不同会议上讲述过这个典型案例，希望中国企业学习。对美国 GE 公司的增强型列车控制系统（ITCS），铁道部也组织了考察调研。GE 公司以其具有飞机发动机上使用电气设备的经验，承诺可以适应海拔 5000 米的环境需要。经过 20 多天的深入交流和增进了解，2004 年 10 月青藏铁路公司与 GE 公司签订了 ITCS 采购合同。2005 年 12 月初，我在访问美国期间乘坐 GE 公司专机前往卡拉马祖市，了解密歇根铁路 ITCS 的使用情况。美国密歇根铁路只有 70 公里使用 ITCS，实际上是试验线。我们看到，这里 ITCS 是在既有线叠加在既有信号系统上，只是作为辅助系统。而青藏铁路是要作为联锁列控主用系统，并且不设轨道电路和地面信号机，又处于高海拔环境，因此要求更高，技术更难，必须认真对待。ITCS 在青藏铁路进行了长时间的运行试验，多次对软件进行修改。青藏铁路信号设计和施工单位研究后，对原型机进行了一定的配套改造，形成了基于 GSM-R 和 GPS 技术的中国铁路联锁列控一体化信号系统。

建设完善的信息系统和综合监控系统，不仅要技术先进，而且要成熟可靠，尽量整合、集中，做到信息共享，这是我在青藏铁路建设期间审定设计方案时，反复强调的重要问题。实践表明，我们不仅做到了，而且达到了在高原环境下的国际领先水平。此外，我们还开发了建设项目信息管理系统，加强对工程质量、安全、环保、工期和投资的管理。通过综合监控系统，加强沿线环境和多专业管理，确保了运输安全畅通。

研制高原客车

2002 年 11 月 10 日晚，在中央电视台专题报道青藏铁路建设的《对话》节目中，有人问我，今后乘坐列车上高原，是否需要背上氧气袋？我笑着回答说，不会的。我们要研究制造让旅客感到舒适的高原供氧客车。青藏铁路建成之前，世界铁路最高点在秘鲁。为了解高海拔铁路建设和运营情况，2001 年 3 月我率领中国铁路代表团访问秘鲁，专门考察了秘鲁的中央铁路。这条铁路海拔4000米以上地段有84公里。在一条支线拉奇车站，矗立着一个巨大的标牌，用英文写着：这是世界准轨铁路最高点，海拔4817.80米。但这里地处热带，植被茂密，没有严重的高原缺氧问题。所以，我国自主研制的青藏铁路高原供氧旅客列车，是世界上独一无二的。

由四方机车车辆股份有限公司、青岛四方—庞巴迪铁路运输设备有限公司（BST）、铁道科学研究院、中车青岛四方车辆研究所有限公司以及有关高校联合开发、协同创新，针对青藏铁路低温低气压、严重缺氧、紫外线强、风沙雪大、生态脆弱、人烟稀少等运行环境及高标准要求，研究制定了高原客车设计原则。2003年首先研制成功青藏铁路公务动车进行试验。我乘坐这辆公务动车，在南山口至昆仑山垭口线路上进行运行体验，称赞这辆车可作为青藏总指的"流动指挥车"。2005年6月，四方机车车辆股份有限公司运来两辆高原试验客车，到青藏铁路进行适应性试验，四方公司总经理王军向我介绍了高原客车设计制造情况。在试验获得相关数据基础上，开展全新的设计和制造。我曾到四方机车车辆股份有限公司，听取高原客车设计和制造情况汇报，提出了殷切期望。2006年2月第一列高原客车"下线"，送往青藏铁路试运行，进行综合试验，接受高原特殊环境的实地考验，验证设计制造的可靠性。试验结果表明，各项指标均达到设计要求，试验取得了成功。

高原客车研发取得了诸多技术创新成果。主要反映在，首创了列车供氧技术，采用物理方式的膜技术制氧，车内由弥散式和分布式相结合的方式供氧，可以满足不同旅客对氧气的需要量，在世界上率先攻克了铁路客车在高原环境下实现补氧的难题；配置了高可靠性的高原电气系统，能够保证电气系统安全可靠，有效防止雷击威胁；能够满足绿色环保的严格要求，高原列车在青藏铁路格拉段运行时实现污水污物零排放，噪声符合国家标准要求；采用了特有的防紫外线、防风沙措施，选用低辐射中空玻璃，降低车内紫外线强度，采取多种措施提高整车密封性能；采用独有的大功率高原发电车，突破了高海拔条件下实现正常供电的"瓶颈"；首次装设了避免雷击破坏电气系统和避免威胁旅客人身安全的防雷系统。此外，还成功研制了大轴重转向架，备有完善的列车安全监控系统和旅客服务系统等。高原客车投入运营以来，旅行环境良好，深受广大旅客和铁路运营部门的欢迎。

　　高原内燃机车研制比起高原客车更具有挑战性。高原内燃机车如何应对高海拔、低气压、大温差、强风沙的环境，尚无先例可以借鉴参考。戚墅堰机车有限公司组建了研制团队，分为17个课题组攻关，并与铁道部签订了研制合同。2002年11月完成了两台东风8B型高原内燃机车（"雪域神州"号）的样车研制。我到工厂看了样车，他们为提高柴油机在高原上的功率，专门采购了ABB（中国）有限公司的高压比增压器，重新进行了柴油机增压系统的匹配优化。在高原适应性方面，他们对司机室增氧和冷却水系统、电气系统、制动系统、密封系统、防强紫外线等方面，都做了改进提高。在完成厂内试验后，我让铁道部机务局下令，将机车运送到青藏铁路工地进行高原试验。2003 年 1 月和 8 月，铁道部科技司先后在格尔木至望昆段、格尔木至不冻泉段（翻越昆仑山），组织东风 8B 型内燃机车进行高原环境性能试验。实验结果表明，各项指标可以基本满足合同中约定的技术条件要求，但存在低温水系统冷却能力不足、主动油泵安装面渗油等问题，这些问题在后续交付的机车中得到一定改进。当时，铁道部部长认为青藏铁路需要高性能、高可靠的内燃机车，牵引旅客列车要以最快速度安全通过青藏高原。于是，决定通过招标竞争方式，采购了美国 GE 公司 78 台 NJ2 型交流传动内燃机车。GE 公司承诺向中方转让大功率交流传动内燃机车技术，铁道部派员赴美监造，培训机务技术骨干。2006 年 2 月，GE 公司 3 台 NJ2 型机车样机到达格尔木，开展冬季运行试验，为批量生产提供了实践基础。2006 年 6 月，首批 18 台机车抵达格尔木，投入青藏铁路运营后，机车的牵引质量较大，故障相对较少，没有发生旅客列车中途非正常停车事故，满足了青藏铁路客货列车的牵引需要。这样，"雪域神舟"号高原内燃机车，也就再没有新的进展。

青藏铁路公司对全线通车运营后，开发高原旅游业进行了研究。有一家外资企业有意投资青藏铁路高档旅游列车，我介绍给青藏铁路公司进行接洽。2005 年，贝祥投资公司和国际联合列车公司（Rail Partners，RP）与青藏铁路公司商议，拟成立暂定名为唐古拉旅游列车有限公司的中外合资公司，预期开行暂定名为"腾龙"专列或"天际快车"的高原观光旅游列车。同年 12 月 10 日，RP 公司与 BST 公司、四方股份公司签订旅游列车采购合同，但在实施过程中遇到难题，被迫停滞。2007 年 4 月，青岛四方庞巴迪铁路运输设备有限公司与原买主美国 RPI 公司签订了"铁道车辆购买协议"，生产制造 3 列青藏铁路高档旅游列车。每列 15 辆编组，其中卧车 12 辆、餐车 2 辆、观光车 1 辆，再加上备用车，总计 49 辆。每节卧车设 4 个客房，内有盥洗卫生间等设施，装潢达到国际五星级酒店档次，可以满足国际、国内高端旅游客群体观光旅游要求。但在 2010 年 3 月，BST 与 RPI 公司的"协议"因故终止，第一列高原试运行旅游列车已于 2010 年 8 月完成，存放在 BST 公司厂内股道上，这实为一件重大憾事。我期望高原观光旅游列车早日开行。

　　青藏铁路建设攻克了"多年冻土、高寒缺氧、生态脆弱"等一系列世界级工程技术难题，取得了丰硕的令世人瞩目的创新科技成果，实现了建设世界一流高原铁路的目标，创造了前无古人的辉煌成就。经过两年通车运营，青藏铁路工程经受住了青藏高原严酷自然环境的考验。为此，铁道部推荐青藏铁路工程项目申报国家科技进步奖。2008 年 7 月初，科技部副部长兼国家科技进步奖评审委员会主任曹健林，率领专家组赴青藏铁路现场考察。我向专家组汇报了青藏铁路取得的技术创新成果，并回答了专家们的提问。7 月 15 日，国家科技进步奖评审委员会在北京友谊宾馆召开全体会议，我在会上汇报了青藏铁路工程项目总体情况，重点汇报了所取得的一系列创新技术成果，并向各位委员阐明了这一系列科技创新成果的技术经济指标先进性和知识产权自主性，经济社会效益和对铁路行业科技进步的推动作用，同时回答了委员们关切的有关问题，得到委员们的良好评价。9月25日，全国政协副主席、科技部部长万钢，在京西宾馆主持召开国家科学技术奖励委员会全体会议，审定2008年度国家科技进步奖的获奖项目。经过现场答辩，全体委员全票通过，授予青藏铁路项目工程国家科技进步奖特等奖。2009年1月9日上午10时，国家科学技术奖励大会在人民大会堂隆重举行，中共中央总书记胡锦涛亲自为青藏铁路项目工程获国家科技进步奖特等奖进行授奖。当我从胡锦涛总书记手中接过大红色的"国家科技进步奖特等奖奖状"时，激动地说："感谢中央领导亲切关怀！这个殊荣属于全体青藏铁路建设者！"

九、铁路标志性建筑

从青藏铁路所处的特殊地理位置和地域文化出发，我非常希望沿线城市车站和重要景点的站房以及重大桥梁等建筑物，在满足各项功能要求的同时，体现出建筑美学的艺术魅力，使铁路建筑物同自然环境、人文环境相协调，展示时代风貌，成为名副其实的地标建筑。

拉萨站房建筑

拉萨站是青藏铁路的终点站。拉萨车站站房是拉萨市拉萨河南岸柳梧新区的第一座现代化建筑。对此，铁道部和西藏自治区的领导都特别关注。为了选择优秀的站房设计方案，青藏铁路公司组织了两轮国内外建筑设计方案竞选活动。2003年6月第一次竞选时仅有4个单位参加，初评结果不太理想。于是，我请建设部领导出面，动员知名设计单位参加竞选。2004年1月，在第二次建筑设计方案竞选活动时，共有12个单位报名，其中国内有8个、国外有4个。经过专家评审，最终由中国建筑设计研究院崔恺建筑大师团队呈送的拉萨车站建筑概念设计方案胜出。该方案建筑风格体现了民族特色和时代气息，突出了以人为本的使用功能。我邀请10多名专家研讨，对中标方案提出了完善建议。同时，多次征询了西藏自治区党委和政府的意见。2004年7月14日，我专程到拉萨听取西藏自治区领导对拉萨站房设计的意见。他们认为该方案很有创意、很有特色，建筑造型厚重、大气、舒展，现代感强，但在民族特色的表现方式上，还要注意西藏人民的认同感。我把这些意见和建议转达给崔恺大师，请他们认真研究，进一步优化设计。

拉萨市区既有建筑集中在拉萨河北岸，拉萨车站设在拉萨河南岸柳梧新区。我考察拉萨车站位置时，看到拉萨河水与连绵高山之间有一片狭长的台地，那里只有柳梧村稀疏的简易民居，没有一幢正式建筑。拉萨市已经制定规划，要借助青藏铁路建设的良机，开发这个潜力巨大的柳梧新区。新建的拉萨站房坐南朝北，与拉萨河北岸的哲蚌寺、布达拉宫遥相呼应。回到北京后，我登门拜访了崔恺大师工作室，听取他对拉萨站房设计的主导想法。崔恺大师说，拉萨站房的建筑设计最为关键。考虑到拉萨站房建筑规模有限，又位于山脚之下，所以这个建筑主体形象不能以高度取胜，只能巧妙地以长度取胜。从水平方向延伸舒展，由中向侧、从前向后分别跌落；在垂直方向，下大上小、适度"收分"，尽显雄伟崇高之感。整个站房建筑简洁有力，与依山傍水的自然环境融为一体，宛如原生的大地自然景观。崔恺大师工作室经过优化设计，很快就拿出了一个新的设计方案。

在这个新的设计方案中，拉萨站房特别重视体现藏族建筑特色，突出现代建筑与藏式建筑相结合的风格。首先映入眼帘的是白红斜墙、竖直条窗、方木檐口等建筑外形。走进车站里面，看到的是东西通廊、候车厅、生产用房及站台雨棚等不同功能空间，组成了一个个的空间序列，再用板柱结构体系强化列柱效果。其次在光的处理上也独具匠心，自然光与人工光混用，室内光线显得幽暗，使建筑更具迷人魅力。利用太阳能作为采暖能源。贵宾厅设计红白相间的色彩，金色点缀，庄重典雅，整体地毯和挂毯采用具有浓烈地域特色的图案。

站前广场有大量车流、人流活动，必须衔接顺畅、方便快捷。为此，利用广场南高北低的自然坡度，设计了梯形的斜坡式下沉广场。下沉广场中部隆起，形成正对车站大门的景观主轴。同时，设计修建林荫道。整个拉萨站房设计，充分体现了以人为本、可持续发展的建设理念。2005年2月初，铁道部对中国建筑设计研究院牵头与铁一院组成联合体提交的拉萨站房初步设计进行审查。在审查会上，我强调建筑面积要留有发展余地，使用功能要突出方便旅客。我的建议，崔恺大师表示完全赞同。

　　拉萨站房工程由中铁建工集团施工，刘炳才、马福林在现场指挥。他们在工期十分紧张、面临巨大压力的情况下，科学组织、精心施工，克服了重重困难，攻克了道道技术难关。经过多次试验研究，形成了彩色混凝土外墙挂板施工工艺和氟碳漆面层处理技术，内墙面 CRC 装饰挂板施工技术等，取得了优异成果。2006年6月底，拉萨站房正式投入使用。7月1日，在新建成的拉萨车站，举行了隆重的青藏铁路通车庆祝活动。拉萨车站不仅成为青藏铁路的标志性工程，也成为拉萨市的地标型建筑（2011年，拉萨站房设计者崔恺当选中国工程院院士）。为留下成功修建拉萨车站那段拼搏鏖战的记忆，中铁建工集团在车站附近的荒坡上，修建了"青藏铁路纪念林"。我在这里种下一棵杨树苗和一棵云杉树苗，把绿色留给西藏人民。

　　在研究拉萨车站规划时，我曾提出修建"青藏铁路纪念馆"（或"展览馆"）的设想。目的在于收集和展示青藏铁路设计、施工、运营的历史文物，作为弘扬青藏铁路精神的重要基地。由于各种原因，这个想法未能如愿，只能留待以后再实现了。

拉萨河大桥

　　拉萨河大桥位于拉萨市西南方向，是青藏铁路通往拉萨车站的必经之路。桥址地形平坦，河床宽阔，为典型的宽谷游荡型河流。地层地质条件较为单一，主要为砂砾、石英岩。为了把拉萨河大桥建成青藏铁路的又一个标志性工程，青藏铁路公司在全国铁路系统进行招标，广泛征集大桥设计方案。在诸多的应征方案中，经过初评有 6 个设计方案入围，包括斜拉桥方案、混凝土系杆拱方案、拱形梁方案、槽形梁方案和钢管混凝土叠拱连续梁桥方案等。最终，由铁三院设计的钢管混凝土叠拱连续梁桥方案脱颖而出，一举中标。

铁三院的设计方案形式新颖美观，新技术含量高，既体现了民族特色，又具有现代气息。大桥为下承式拱桥，建筑造型舒展飘逸，结构较为高耸，具有明显的景观效果。孔跨布置为主桥采用 40 米 + 80 米 + 120 米 + 80 米 + 40 米的五跨（三拱）预应力混凝土系杆拱连续梁桥。中拱跨度大，拱肋采用双层钢管混凝土叠拱，不仅结构轻盈，而且外形流畅。边拱拱肋采用哑铃形钢管混凝土拱。引桥采用三联（32.7 米 + 32.7 米 + 32.7 米）预应力混凝土连续箱梁。大桥全长 664.8 米。铁三院中标后，按照铁道部和西藏自治区的要求，调整为主桥（36 米 + 72 米 + 108 米 + 72 米 + 36 米）；引桥采用六联（32.7 米 + 32.7 米 + 32.7 米）；大桥全长 928.6 米。

自古以来，藏族崇尚白色，认为白色象征着纯洁、喜庆和正义。拉萨河大桥整体呈现纯白色，体现了藏族文化特征。主桥系杆拱宛如洁白的哈达，飘舞在青山碧水间，笑迎四面八方的宾客；变截面连续箱梁仿佛连绵起伏的雪山，傲立在世界屋脊，展示着坚韧不拔的精神。主桥桥墩做成下粗上细的双柱式变截面图形桥墩，像牦牛腿一样充满力度；引桥桥墩设计为圆端形变截面墩身，墩顶部分为两半，犹如一朵盛开的雪莲。

拉萨河大桥由中铁大桥局施工，刘幸福、朱巨堂在现场指挥。大桥局认真研究了梁拱组合体系，做出了总体施工方案。确定水中墩采用套筒钻孔灌注桩，大桥主桥施工顺序采取先梁后拱，拱肋安装按照先边拱、后主拱的原则推进。攻克了钢管拱空中架设实施焊接、钢管拱采用顶升泵送微膨胀混凝土等关键技术，加强施工过程的实时监控，确保了工程质量优良和环境保护达标。在拉萨河大桥建设期间，我曾多次到现场了解施工情况，深感铁三院和大桥局为精益求精地把拉萨河大桥建设成为青藏铁路标志性工程，所付出的艰辛努力和表现出的拼搏精神。这座大桥造型美观大方、寓意深刻，与拉萨市的自然环境、人文环境有机融合；采用新理念、新结构、新技术、新材料，使桥梁建筑的先进性、地域性、时代性和经济性得到了有机的统一。2009年，铁三院副院长兼总工程师孙树礼编著《青藏铁路拉萨河大桥》一书出版时，我应邀写了"天路映彩虹，高原铸辉煌"的题词。

沿线站房景观

青藏铁路通车初期开站45个，其中有10个客运作业车站。对于沿线车站站房的设计，我同铁一院副院长李宁谈了对沿线站房设计的两点要求：一是站房建筑造型要同当地的自然环境、人文环境相协调，尽力做到一站一景；二是站房设计要以方便旅客使用为前提，大力采用新技术、新材料、新能源，展现时代风采。铁一院组织设计人员到青藏铁路沿线调研，感受当地的独特环境和民族风情，经过反复研究并多次修改后，形成了全线的站房设计方案。

位于长江源的沱沱河站房，屋面设计为流线型，象征江河的波浪，反映出该站独特的地理位置。雄居世界海拔最高的唐古拉站，典雅的展厅和整体造型，与唐古拉山的地貌和谐一致，高耸的碑体强化了站房的纪念性。安多站房以简洁体块穿插构成稳定、舒展的建筑形象。错那湖站用当地石材砌成古朴的站房造型，与周围自然景色浑然一体。那曲站房通过运用藏式建筑檐口、斜墙、碉楼、窄窗等，营造出风格独特的整体造型。所有站房都有专项节能环保设计；采用钻孔桩基础，采用新型保温材料，内外墙之间加保温层的复合墙体，及屋面、门窗保温措施；充分利用太阳能，并辅以其他清洁能源。

对拉萨市区和近郊的铁路工程，我也特别重视。要求中铁二局青藏铁路指挥部指挥长郑建中、王云波认真研究，努力做到质量优、环境美，成为拉萨市的一道风景线。

为了发展青藏铁路旅游事业，我提出在沿线主要观光景点（如玉珠峰、昆仑山、可可西里、沱沱河、唐古拉山、错那湖等）增加雕塑艺术的想法，青藏办也曾召开座谈会听取意见并征集方案，但因种种原因，此事未能如愿。

十、国家环保审计

2005年青藏铁路建设进入决战决胜年阶段，各参建单位都在奋力实现全线铺通目标和加快推进站后工程。国家审计署决定：对青藏铁路环境保护资金进行专项审计。铁道部积极配合，保证了审计工作顺利进行。

审计前期准备认真

2005年1月19日，国家审计署副审计长令狐安专程来到铁道部正式告知，国家审计署要在今年开展青藏铁路环保审计。他说："青藏铁路建设取得了举世瞩目的成绩，环境保护工作也很出色。去年，我到西藏时，没给你们打招呼，专门看了拉萨至安多的铁路施工情况，留下了深刻印象。对于修建青藏铁路，国内外最关注的是工程建设的环保问题，达赖集团也攻击铁路建设会破坏生态环境。我们就是要经过审计，更好地宣传青藏铁路建设的环保成绩。"他强调指出，环保审计是个新事物，我国对重大工程项目进行环保审计还是第一次。审计署特别重视，要派人现场调查、研究方案，在充分准备的基础上开展审计工作。究竟是否具备环保审计条件，审计署认为要在调查后确定。如果不具备条件，宁可不审；一旦确定审计，就一定要下功夫搞好。

2005年3月中旬，春节刚过去一个月时间，审计署就派员到青藏铁路现场进行调查。铁道部积极配合审计署的工作，从铁道部计划司、青藏办、青藏铁路公司和铁一院等单位抽调专人，陪同审计署调查人员边看边议，同时回答了他们关注的一些问题。调查人员既在格尔木青藏总指和青藏总指拉萨指挥部查阅内部资料，又到沿线施工单位核对实物工作量，在一路非常辛苦的同时，增进了对青藏铁路工程的了解，也增强了搞好环保审计的决心。

审计署听取调查组汇报后，认为青藏铁路建设具备环保审计的条件，决定实施青藏铁路环保专项审计。为此，国家审计署从全国各地的审计特派员办事处，抽调了 44 名具有丰富经验的审计人员。但这些人员来自地方部门，很多人不熟悉铁路工作，也缺乏铁路专业知识。所以，国家审计署首先进行了审计前人员培训工作。6 月 22 日至 24 日，国家审计署举办审计人员培训班，请中国科学院植物研究所、中国科学院兰州寒区旱区环境与工程研究所、中铁第一勘测设计院和铁道部计划司等单位的专家，给审计人员详细讲述青藏铁路的环保问题。

2005 年 7 月 12 日，国家审计署在铁道部召开了青藏铁路环保审计进点会，有关负责人在会上宣读了国家审计署关于开展青藏铁路环保专项审计调查的通知。明确指出，这次审计调查以国家批复的青藏铁路环境影响报告书和水土保持方案为基本依据，以检查环保措施投资落实情况为主线，以评价执行环保法规情况为重点，了解情况，查找问题，提出改进建议。审计工作将分两个阶段进行，分别安排在 7 月中下旬和 8 月下旬。铁道部总经济师兼计划司司长黄民在会上汇报了青藏铁路环保工作，对环保投资使用情况作了说明。我代表铁道部对审计组到来表示热烈欢迎，感谢国家审计署对青藏铁路建设的关心和支持。同时，我在简要介绍青藏铁路环保工作成绩和存在的问题后，特别说明，本项目没有单独编制环保概算，需要在项目总概算中进行分劈，并经铁道部审计局作了内部审计。会后，铁道部成立了配合专项审计工作组，由黄民任组长，财务司余邦利、计划司副司长杨忠民和青藏办等单位人员参加，负责提供相关资料。

审计工作扎实细致

国家审计署青藏铁路环保专项审计，分为两个阶段实施。第一阶段从7月13日至29日，审计署派出三个审计小组共20人，分别在北京、格尔木和拉萨，对铁道部本级、青藏铁路公司、青藏总指、青藏总指拉萨指挥部的建设资金管理、验工计价、工程管理等进行审计，还延伸审计了铁道部工程管理中心和水土保持监测单位；第二阶段从8月25日至9月27日，审计署派出5个审计小组共40余人，对青藏铁路公司、青藏总指、青藏总指拉萨指挥部和10个标段的施工单位等进行审计。审计人员克服高原缺氧等困难，经受了各种高原反应的考验。他们的工作深入扎实，认真细致，审阅了全部相关资料，核对了现场实体工程，体现出高度负责的精神。更可贵的是，他们能够耐心听取铁路方面的意见，做出合理的结论，并对由于个别单位缺乏环保资金使用管理经验而出现的一些问题表示理解，体现了实事求是的精神。针对审计人员提出的一些问题，铁道部及时作了说明，并补充提供了相关资料。

9月22日下午，国家审计署副审计长令狐安带着秘书，从北京飞抵西宁。我把他俩接到西宁铁路招待所休息，并谈了前往青藏铁路建设工地的初步安排。令狐安表示感谢，他强调要严格遵守国家审计署公布的审计纪律"八不准"，如不准由被审计单位安排住宿、不准接受被审计单位安排就餐和宴请、不准无偿使用被审计单位的交通工具、不准接受被审计单位的任何纪念品等。

说完，他俩就离开了招待所，先去街道上吃了一碗面条，又买了一些黄瓜和西红柿装在塑料袋里，然后回到招待所对我说："我们已买好了公共汽车票，现在就到长途公共汽车站，坐夜班汽车前往格尔木。"我听后感到十分惊讶，忙对令狐安说："已经给你们安排好了今天晚上的列车软卧席位，在火车上睡一夜就到格尔木了，不会影响白天工作。你坐长途公共汽车睡不好觉，路上也很不安全啊！"虽经我再三劝阻挽留，也没有起到作用，令狐安带着秘书还是乘长途公共汽车去了。望着他俩离开招待所的背影，我十分着急，也很不放心，马上安排青藏铁路公司派人随行，并特别叮嘱，派2名便衣铁路警察，再派1名医生和1名干部，安排一辆越野汽车随公共汽车到格尔木，以备途中应急之需。他们4人马上出发，火速赶往西宁市长途公共汽车站。两名便衣铁路警察购买汽车票后悄悄上车，坐在令狐安和秘书席位的后排。另外两人驾驶一辆越野汽车紧随公共汽车行进，确保旅途安全。这段故事，我一直没对令狐安说过。在做好了暗中保护令狐安和秘书的安排后，我当晚就乘火车从西宁出发，23日清晨到达格尔木，在金轮饭店同坐长途夜班公共汽车到来的令狐安，一起吃自助早餐。我一边吃饭一边问他："一路夜行是否顺利？"他笑着说："一路上挺顺利，躺着还可以休息，就是车里的气味太大了！"我听后笑着对他说："还是坐火车安全舒适！"当天，令狐安在格尔木听取审计组工作汇报后，我陪他乘坐轨道车检查了格尔木至清水河段已经完工的铁路环保工程。

9月24日，我陪同令狐安乘坐工程列车到达沱沱河站后，改乘汽车前往拉萨，沿途检查了那曲和当雄等工点，我们一行到达拉萨宾馆时，已是夜里10点半了。紧接着，25日和26日两天，令狐安在拉萨听取审计组工作汇报，检查了拉萨河特大桥、拉萨西站、拉萨站和沿线多项实体工程情况。9月27日，令狐安在拉萨宾馆召开现场检查总结会议。他在会上说：这次审计时机好、方法好、作风好、时效好；在国家重大工程项目中，青藏铁路环保工作是搞得最好的，成绩和经验都很可贵；希望抓紧整改存在的问题，发挥青藏铁路的环保示范作用。

审计监督是促进

国家审计署对青藏铁路环保投资专项审计，既是对铁路投资管理使用的有效监督，也是对铁路环保工作的极大促进。审计结果表明，青藏铁路各参建单位认真贯彻落实了"预防为主、保护优先""开发与保护并重"的方针，以及"环评成果指导设计、施工和环境管理"的原则，严格执行了环境保护法律法规，强化环境管理、宣传教育和监督检查，按照财务制度要求，管理和使用环保建设资金，全面完成了各项环保任务，达到了"环评报告"的要求，取得了突出成绩。总共安排环保措施投资15.4亿元，占项目总投资4.6%，审计未发现严重违规使用资金问题，资金使用效果良好，包括建设野生动物通道，恢复植被、景观，保护江河湖泊水源以及保护湿地、冻土等。

审计组全体同志高度负责的精神和求真务实的作风，使我深为敬佩。我要求各参建单位，充分认识审计工作对优质高效建设青藏铁路的促进作用和鞭策作用。对于审计发现的问题，我们经过逐项研究，采取有效措施，及时进行了整改。如有的环保工程计价款不实或有错漏，这与铁路概算编制有关，我们已经纠正并改进了结算程序和软件系统；有些临时设施的环境尚未完全恢复，我们全面检查后做出了安排，除移交给地方使用外，其余要求限期恢复达标；承担水土保持监测任务的单位已经办理完成相应资质，等等。总之，各参建单位要积极行动起来，全面抓好整改任务落实，以优异成绩迎接环境保护和水土保持竣工验收。

2006 年元旦，我参加全国政协团拜会时，见到了国家审计署审计长李金华。他对我说：年前，我们向温家宝总理汇报青藏铁路环保审计情况后，温家宝总理对青藏铁路环保工作给予了高度评价，认为青藏铁路环保工作，是国家重大工程建设项目中环保典型，要认真总结并进行宣传。同年 3 月，国家审计署向全国公布了《青藏铁路环保审计报告》。这份报告在社会上引起了强烈反响，各界人士和广大群众对青藏铁路环保工作给予很高评价。我听到称赞声后，既感到欣慰，也感到有压力，我们还要借国家环保审计的东风，通过整改问题，进一步提高青藏铁路环保工作水平，进而提高全国铁路的环保水平。

十一、开拓工作新局面

青藏铁路格拉段开工后，针对铁路设计、施工等单位已与铁道部"脱钩"，铁道部与铁路设计施工单位已由过去的行政隶属关系转为经济合同关系的重大变化，如何加强党对青藏铁路建设的统一领导，形成"两个文明"一起抓的工作合力，像一个挥之不去的大问号，在我脑海中盘桓往复。

经多方调研、论证，并学习借鉴三峡总公司等单位的经验，我向铁道部党组提出了加强青藏铁路党组织建设的建议。2002年10月铁道部党组研究同意并由铁道部政治部发文，成立青藏铁路建设总指挥部党的工作委员会，作为青藏铁路公司党委的派出机构，可吸收中国铁路工程总公司、中国铁道建筑总公司青藏铁路工程指挥部党工委书记为成员。各主要参建单位的党组织实行双重领导，在青藏铁路建设总指挥部党的工作委员会领导下，在青藏铁路建设中既管建设又管队伍，既管工程又管思想政治工作。这在我国铁路建设中尚属首次，从而开创了以青藏总指党工委为龙头，全线参建单位59个党（工）委、178个党支部、402个党小组为基础的新工作体制。青藏总指党工委紧紧围绕建设世界一流高原铁路的目标，充分发挥党组织的政治核心作用，形成了目标一致、齐心协力的思想政治工作新格局，农民工管理、劳动竞赛、征集歌曲等活动都取得了好成绩，促进了全线各项工作协调发展。

创新农民工管理

2001年9月有一天，我带队从格尔木至风火山检查开工进展情况。在返回途中，当我们乘坐的越野车路过可可西里时，发现公路右侧有一个钻机组，旁边的工人正围拢在一起吃晚餐。我让司机临时停车，下车后走上前探个究竟。一问才知，他们是铁一院的农民工钻机组，承包了部分地质钻探采样任务。我看他们满身泥土，吃着凉馒头和咸菜，晚上就住在钻机旁边非常简易的小工棚里，在气候多变、"一天有四季"的可可西里无人区，有多苦啊。我当即嘱咐随队考察的铁一院领导说："要把这些农民工管理好、爱护好，解决他们的食宿和劳动保护问题，一定要避免发生非战斗减员的现象。"后来，我在参建单位领导干部会议上讲述了这次途中看到的情况。我说："现在咱们各个工地上有近50%的人员是农民工，他们是青藏铁路建设的重要力量。国家高度重视农民工工作，制定出台了一系列保障农民工权益和改善农民工就业环境的政策措施，铁道部对农民工的管理也有明确规定，铁道部与青藏两省区就农民工问题签署了专题纪要，青藏总指和各个单位都要认真贯彻落实。"会后，青藏总指和各参建单位都积极行动起来，很快在全线形成了齐抓共管农民工的可喜局面。经过一段时间实践后，青藏总指成立了由指挥长卢春房、党工委书记黄弟福任组长，党工委副书记、副指挥长才凡担任副组长的农民工管理领导小组，认真贯彻落实国家和铁道部有关农民工管理规定，与青藏两省区协调有关农民工管理事项。中铁工程总公司、中铁建筑总公司青藏指挥部和各施工单位及所属项目部，也都成立相应的农民工管理领导小组，形成谁主管、谁负责，谁用工、谁负责的农民工管理责任体系。

在青藏铁路开工后，唐古拉山以北各参建单位都在格尔木建立了生活供应基地，把加工好的主副食品或半成品和蔬菜等，用保温车送到施工现场，较好地解决了单位职工在高海拔地区吃饭问题。可是，当我走进工地上的农民工食堂和宿舍时，看见他们仍然在吃"夹生饭"和"黏馒头"，简陋的帐篷里地面潮湿，住得很拥挤。我心疼地对这个工地的指挥长说："你们对职工生活很重视，这很好。现在我要求你们把农民工生活也管起来，行不行？农民工只有在高原上吃好、住好、休息好，才能有力气干活。"当得到肯定的回答后，我才离开工地。

2002 年 5 月 27 日上午，中共中央政治局常委、国家副主席、中央军委副主席胡锦涛视察青藏铁路南山口建设工地，亲切慰问参建干部职工，并发表重要讲话，提出了建设世界一流高原铁路的总要求。胡锦涛同志在听了傅志寰部长和我的工作汇报后，深有感触地说，大家在高原工作很不容易，保证安全和身体健康是第一位的，要关心大家生活，加强劳动保护，不仅要吃好，还要防寒，减轻高原反应。将来铁路通车后，运营人员在高海拔地带晚上休息不好，可以一部分人员坚守岗位，一部分人员到海拔相对较低的地区休息，定期实行轮换。我回到北京后，立即向青藏铁路建设领导小组组长曾培炎同志做了汇报，并提出给建设职工和农民工增加高原补贴的建议。他表示要认真贯彻胡锦涛同志指示精神，赞同给铁路建设人员和农民工增加高原补助，让我尽快拿出一个方案。我向国家计委和财政部领导通报后，制定了具体办法，经领导小组审定同意，给每个参建职工每天增加生活补贴10 元，在建设费用中列支；给每个农民工每天增加 10 元伙食补贴，由国家财政支付。

青藏总指认真落实胡锦涛同志的重要讲话精神和青藏铁路建设领导小组指示精神，相继制定下发了《青藏铁路农民工管理办法》等 12 个规章和办法，把农民工纳入职工队伍管理，在政治、经济、生活待遇上实行与职工一视同仁的"三个统一""四个一样"等硬性规定。"三个统一"就是：统一卫生保障，农民工与职工同样享受医疗健康保障；统一居住条件，农民工与职工同样享有人均不小于 2.5 平方米宿舍面积；统一饮食标准，农民工与职工同样享受每人每天 10 元伙食补贴标准。在政治上对农民工与职工一样关心，对农民工中的党团员进行登记造册，单独建立党团小组或编入职工党团小组，参加党团活动，培养发展农民工党团员，让农民工中的党团员感受到"离乡不离党团组织"等。中铁五局有一位四川农民工在给家人写信时高兴地说："我们多年来在外打工，只有在青藏铁路的待遇最高、条件最好。"他自豪地称自己是"中央直属农民工"。铁道部与青藏两省区就青藏铁路建设尽量使用当地农民工问题进行协商，并形成了会议纪要。青藏总指与青藏两省区劳动主管部门多次召开劳务协调会议，组织施工单位与地方劳动部门对口签订农民工责任书，超额实现了使用当地农民工的计划目标。

施工单位能否按时足额发放农民工工资，这是每一个农民工最为关心的问题，也是我非常关注的大事。每次到现场检查工作，我都要过问此事，询问农民工是否每个月发工资、通过什么方式发工资等。同时要求青藏总指和参建单位建立用工单位农民工工资发放保障机制，防止出现包工头拖欠或克扣农民工工资、携款逃跑和农民工群体上访事件。当我了解到中铁一局青藏指挥部采取农民工工资由用工单位代发，并直接存入农民工银行卡的做法，感到这是确保足额发放农民工工资、有效减少劳资纠纷的好方法，立即要求青藏总指在全线进行推广。青藏铁路建设工地，有来自全国各地20个少数民族，上万名农民工参与施工。我觉得这是值得重视的问题，要求青藏总指和各参建单位尊重少数民族生活习俗和宗教信仰，尽最大努力为他们的饮食生活和正当的宗教活动提供便利条件。为此，青藏总指专门编印了介绍少数民族风俗习惯的宣传资料，供各单位职工学习参考。中铁十七局有回族、撒拉族、东乡族等120多名信奉伊斯兰教的农民工，看到他们在清真食堂吃着民族饮食，我十分高兴。一位回族农民工握着我的手说，这里对他们照顾很周到。中铁十九局为200多名藏族农民工采购酥油茶等，并组织跳"锅庄舞"。中铁五局对山南地区藏族劳务队进行岗前培训，教他们学会移植草皮、浆砌水沟等技能。这些措施都有利于增强民族团结，同时也调动了少数民族农民工投身建设青藏铁路的积极性。

　　我在青藏办、青藏总指多次强调，对于农民工的投诉，一定要认真接待，耐心倾听，妥善处理。我给各参建单位领导打招呼，必须有专人认真处理，防止矛盾激化。许多单位的农民工管理都比较严格，总结了不少鲜活的经验。如中铁一局把农民工管理纳入本项目运行评估体系，实行职工与农民工同吃、同住、同劳动、同医保、同纪律（即"五同"）管理；中铁二局立足"早抓、抓小、抓实"，把农民工问题解决在基层和萌芽状态；中铁建工集团拉萨站房项目部率先成立了农民工党支部,中铁五局第七项目部第一个成立农民工工会;中铁十二局年终评比表彰"十佳农民工";中铁十三局实行农民工治安联防等。青藏总指及时总结交流这些经验,使全线民工管理水平不断提高。

农民工投诉的问题,绝大多数是经济问题。包括同施工企业的劳务合同纠纷、费用清算纠纷以及拖欠农民工工资等。有一个项目部配合施工的两位农民工负责人,因经济合同兑现问题到青藏总指上访,虽经青藏总指多次协调仍未彻底解决。我知道此事后,找机会约见了该项目部的主管单位领导,请他了解情况研究处理。经过协调,由该项目部向这两位农民工负责人支付了全部应付款额,这个问题终于得到解决。据青藏总指报告,仅2005年就接待了农民工上访164起,接待上访人员800余人。我对青藏总指的黄弟福、才凡同志说:"青藏总指领导重视、作风扎实,做到事事有查办、件件有回音,维护了农民工的合法权益,保证了建设队伍稳定,向大家表示感谢!"

青藏铁路农民工管理取得了显著成绩,不仅农民工十分满意,劲头更足,而且受到社会各界好评。在2005年"五一"温家宝总理视察青藏铁路期间,青海省委书记赵乐际对我说:"青藏铁路农民工管理工作做得很好,创造了新经验,值得总结推广。"我说:"感谢赵书记的鼓励,我们一定要善始善终做好农民工管理工作。"

建功立业竞赛

青藏铁路开工建设之后,中华全国总工会(以下简称"全国总工会"）非常重视这一国家重大工程项目，组织开展青藏铁路建功立业劳动竞赛活动，旨在充分发挥工人阶级的主力军作用，调动和激励各参建单位、广大参建人员和青藏两省区的积极性和创造性，齐心协力建设世界一流高原铁路。2002年4月10日，全国总工会作出决定，由各有关方面负责人组成青藏铁路建设建功立业劳动竞赛委员会，办公室设在中华全国铁路总工会（以下简称"铁路总工会"）。我非常称赞全国总工会在青藏铁路开展的这项活动。我认为，在青藏铁路建设中，大张旗鼓地开展既轰轰烈烈又扎扎实实的建功立业劳动竞赛活动，可以成为建路育人、筑路育魂、培育青藏铁路精神的有效载体，可以成为全体参建人员立功高原、拼搏奉献而大显身手的广阔舞台，可以为建设世界一流高原铁路提供强大精神动力。所以，我要求铁路总工会精心组织，扎实工作，稳步实施，取得实效。

铁道部党组成员、铁路总工会主席黄四川在多次组织调研基础上，主持制定了《青藏铁路建设建功立业劳动竞赛办法（试行）》等文件，提出了竞赛管理、竞赛内容、竞赛考评和表彰奖励等具体措施。为使这项活动有组织、有计划、有步骤地在全线蓬勃展开。青藏总指和各参建单位积极响应，制定竞赛实施方案，细化、量化竞赛内容和考评标准，并结合各自承担建设任务情况，以工程质量、安全生产、卫生保障、环境保护、建设工期、经济效益为重点，开展劳动竞赛。组织职工家属和中小学生给一线职工写慰问信等方式，为劳动竞赛活动加油，出现了写血书请战上高原和父送子、妻送郎，夫妻双双上青藏的动人场面。从2004年至2005年，青藏铁路建功立业劳动竞赛委员会先后四次召开表彰奖励大会，有122个单位（次）被评为"青藏铁路建设先进集体"（其中有8个农民工劳务队）；有531人（次）被评为"青藏铁路建设先进个人"（其中有18名农民工）。在这些受到表彰的单位和个人中，有30个先进集体（其中有2个农民工劳务队）和134名先进个人（其中有5名农民工），被授予"火车头奖杯"和"火车头奖章"。给受到表彰的先进集体和先进个人颁发了荣誉证书，并给予了相应的物质奖励。

我密切关注在全线开展建功立业竞赛活动，对于铁路总工会报来的有关请示件及时研究作出批示。每年召开铁道部青藏铁路建设工作会议时，都把表彰劳动竞赛先进集体和先进个人事项列入会议议程，并请部领导同志在会上给受表彰的先进集体和先进个人颁发奖状、奖章和证书。我认为，青藏铁路建功立业劳动竞赛活动，既轰轰烈烈、影响巨大，又扎扎实实、深入人心，促进全线形成人人学习先进、个个争当先进、你追我赶超先进的大干热潮，对于建设世界一流高原铁路，发挥了非常重要的作用。铁路总工会在组织开展青藏铁路建功立业劳动竞赛活动中，创造了许多新经验，值得认真总结推广。

《天路》唱响全国

在青藏铁路建设期间，全线各单位文艺宣传工作十分活跃，文化生活丰富多彩，精神文明建设成果丰硕。脍炙人口的歌曲《天路》，就诞生在青藏铁路建设高潮中，并且很快从青藏高原传唱到全国各地。

2002 年 6 月 29 日，青藏铁路建设领导小组组长、国家计委主任曾培炎，在格尔木出席青藏铁路铺轨典礼之后，由傅志寰部长和我陪同视察格尔木至昆仑山段铁路建设。翻越海拔 4600 多米的昆仑山垭口后，曾培炎一行看到正在施工的昆仑山隧道出口，又看到向南延伸的铁路路基，远处是一望无际的可可西里，激动之情挂在脸上。这时，一位随行的部门负责同志说，要是有一首像《二郎山》《我为祖国献石油》那样的歌曲，来颂扬英雄的青藏铁路建设者并广为传唱，那就好了。我听后当即表态说，这个想法很好，我们已经在宣传工作计划中做了安排。

回到北京，我马上召集有关部门同志开会，研究加快青藏铁路建设文艺创作工作。这项工作主要由铁道部政治部副主任、青藏铁路宣传领导小组组长任喜贵同志负责，由青藏办副主任刘新科，青藏总指副指挥长、党工委副书记才凡，铁路总工会生产宣传部部长谢琴秋和副部长刘志江等同志具体组织推进。中国作家协会、中国摄影家协会等都组织作家、摄影家赴青藏铁路进行现场采风和创作活动。中铁文工团从团长到演职员更是群情激昂，由团长陈旭光带队，著名作曲家孟卫东，相声表演艺术家侯耀文、石富宽等赴高原采风，创作了一批高质量的歌曲、舞蹈、相声、杂技等文艺作品。2003 年 1 月 6 日，铁道部和中央电视台在北京国安剧场，联合举办了《高原彩虹——献给英雄的青藏铁路建设者》大型文艺晚会，受到表彰的青藏铁路建功立业先进个人、先进集体和建设者代表观看了这台节目，受到了各方面的好评。

为了把青藏铁路建设文艺创作活动推向更高水平，2003 年 8 月决定，在全国范围内开展"青藏铁路杯"歌曲征集活动。全国有 28 个省、自治区、直辖市的近 2000 多名专业和业余词曲作者踊跃投稿，到 10 月底共征集歌曲 687 首。西藏自治区文化厅特别重视，到 2003 年年底共在全区收集了 100 余首歌词，从中评选出 12 首优秀作品请作曲家谱曲。社会各界如此高度关注，使我深为感动。这些应征歌曲不仅数量很多，而且风格多样。2004 年上半年，征歌领导小组邀请铁路和社会知名专家，及铁道部宣传部、青藏办、青藏总指、铁路文联、铁路文工团等单位的同志，集中进行评选工作。第一步，进行初评。征歌领导小组成员单位从全部作品中推出 32 首候选作品。第二步，专家评选。邀请资深词曲作家组成专家组，采取无记名投票方式，评选出 18 首推荐获奖作品。第三步，群众听评。将 18 首歌曲制作成 CD，发送给青藏铁路各参建单位，组织建设者听唱，评选喜爱的歌曲。第四步，审定。综合专家评选和群众评选的结果，最终评选出 20 首获奖歌曲。其中，《天路》《天下第一》《大青藏》等 3 首歌曲获一等奖，有 5 首歌曲获二等奖，12 首歌曲获纪念奖。这些歌曲主题鲜明，旋律优美，朗朗上口，易于传唱，深受广大青藏铁路建设者的喜爱和欢迎。

在青藏铁路建设工地，最受建设者欢迎和传唱最为广泛的歌曲是由著名军旅作曲家印青和著名军旅词作家屈塬合作创作的《天路》。他们两位创作了许多讴歌党的领导、讴歌时代精神、讴歌当代军人的主旋律作品，多次荣获中央宣传部"五个一"工程奖等奖项。2001 年 6 月 29 日，青藏铁路正式开工。广大铁路建设者认真贯彻落实党中央、国务院作出的重大战略决策，以高度的责任感、光荣感和使命感，顽强拼搏，无私奉献，高起点、高标准、高质量地开展施工。印青和屈塬在青藏高原采风，所到之处谈起青藏铁路，大家都很激动。广大铁路建设者为能在世界屋脊修筑铁路感到自豪，藏族群众更是热切期盼早日通车，把青藏铁路看成是走向富裕的"幸福路"。这些情景，深深触动了他们的灵感，点燃了他们的创作激情。于是，用"天路"来颂扬青藏铁路，这个重大现实题材的歌曲《天路》就诞生了。

屈塬创作的《天路》歌词，简洁朴实，朗朗上口，富有诗意，使人能够敞开心扉地置身于雪域高原。他的歌词充满哲理，富于情感，用平实朴素的言语，讲述打动人心的事情，用本真的抒情来感染听众，把短小歌词做成了深大文章。印青创作的《天路》曲谱，把西藏民族的音乐元素与现代流行的音乐元素，巧妙地融为一体，格调雅致，表现方式通俗，构成了美妙动听的旋律，突出显示了他的风格独特、雅俗共赏的音乐神韵，深深打动了听众，引起了强烈的情感共鸣。

歌曲《天路》被评为一等奖，该由谁来演唱呢？我们首先想到的是西藏军区文工团藏族女演员巴桑。歌曲作者也认为巴桑是最佳人选，大家看法完全一致。藏族演员巴桑个头不高，嗓音洪亮，声色甜润，吐词清晰，被誉为是飞遍雪域哨卡的"军中百灵"。她从小生长在拉萨市堆龙德庆，深知藏族人民对青藏铁路的期盼和喜悦心情，所以对《天路》这首歌曲的深刻内涵和音乐特征，有她自己独到而深刻的理解。因此,巴桑在青藏高原放声演唱《天路》,凭着宽广的音域,从中音过渡到高音,并用最高音来烘托"天路"这个主题,抒发藏族人民的喜悦心情,这是一种震撼力极强、荡气回肠的天籁之音,使人听后可以达到出神入化的境地。

2004年年底,在人们关注春节联欢晚会的节目之际,传出了由著名歌手韩红演唱歌曲《天路》的消息。有人说是韩红办妥了歌曲《天路》的首唱手续。这时,全国人大常委会副委员长热地先后写信给中央电视台和中共中央宣传部的领导同志,极力推荐巴桑演唱歌曲《天路》,希望她能在春节联欢晚会上向全国人民演唱。2005年元旦之后,我听说中央电视台已经决定由著名歌手韩红演唱《天路》。但是,中央电视台领导还是听取了我们反映的意见,采取了一些改善措施,立即派摄制组赴青藏铁路施工现场,拍摄建设者在中铁建工集团拉萨站职工食堂联欢、包饺子、同家人通电话、藏族群众献哈达等活动,还拍摄了拉萨河大桥等施工场面,以及由青藏总指副指挥长拉有玉和巴桑领唱的歌曲《天路》。这些提前录制的场景,穿插在2005年春节联欢晚会实况转播之中,引出著名歌手韩红演唱的歌曲《天路》。这样,在同一台晚会上,播出了韩红和巴桑两人分别演唱《天路》的场景。可以看出,两人都唱得很好,但演唱风格有所不同。

面向全国的"青藏铁路杯"征歌活动结束后,我接受部分职工的建议,又特别邀请乔羽、阎肃、张千一等三位著名词曲作家为青藏铁路创作新歌,他们都欣然同意了。为此,我专程拜访著名词作家乔羽,在欢快的气氛中进行交谈。乔老听了青藏铁路建设进展情况十分高兴。他面带慈祥的笑容，用浓重的山东口音，给我们讲了他的革命经历和感悟，使我们很受教育。乔老创作了许多经典歌词，深受人民群众的敬仰。他说，歌词就像是寻常人家不可或缺的家常饭、粗布衣。"我不喜欢涂脂抹粉，就喜欢直来直去的大白话。"他认为，"带着纯朴的生活气息和泥土芬芳，倒是最好的作品。"过了一段时间，我们收到了乔老的新作，题目是《铁路铺上了世界屋脊》。遗憾的是，由于时间晚了些，未能在演唱会之前谱曲演唱。（2016 年，在庆祝青藏铁路运营十周年之际，由著名作曲家孟卫东为乔老的歌词谱曲，中国铁路文工团演唱了歌曲《铁路铺上了世界屋脊》。）

著名军旅词作家阎肃始终坚守高唱时代主旋律，是文学艺术界的常青树。他以满腔热情创作出大量贴近时代、贴近生活、贴近群众的精品力作。在日常生活中，我看到的不是"严肃"，而是颇有风度的"幽默。"阎老很快就为我们创作了一首新歌词《青藏铁路进行曲》。著名作曲家孟卫东谱曲后，由中铁文工团演唱。

我们喜欢唱《青藏高原》这首歌，早就知道词曲作者是著名军旅作家张千一。2004 年，我同张千一聚会过几次，主要是介绍青藏铁路建设情况。同乔老、阎老相比，张千一是年轻人，很热情、很健谈。1994 年张千一创作的《青藏高原》，经李娜的精彩演唱，迅速传遍大江南北，成为竞相传唱的经典歌曲。我们在青藏铁路工地唱着这首歌，深为气势磅礴的优美歌声所打动。这歌声既有对祖国大好河山的赞美，又有对西藏繁荣的向往。他坦诚地对我说，创作《青藏高原》时，自己还没有去过青藏高原。但他十分向往西藏，通过多种渠道学习了有关西藏的知识，包括西藏的历史文化、宗教习俗等，通过了解那片神奇的土地，使他产生了创作的强烈冲动。他说，音乐创作有时想象的空间大于现实的空间，想象中的艺术真实更具有艺术性。我安排铁道部政治部副主任任喜贵和青藏办副主任刘新科陪同张千一参观青藏铁路建设工地。他特别兴奋，说这次亲自到青藏高原采风，就有直接体验，就有激情涌现。不久，由任喜贵作词、张千一谱曲的歌曲《青藏之梦》问世了。著名独唱演员谭晶首唱成功，获得好评，被誉为是《青藏高原》的姊妹篇。2005 年 4 月 12 日，在青藏铁路工作会议期间，铁道部举办了"青藏铁路杯"征歌获奖作品演唱暨颁奖晚会。晚会共演唱了《天路》等 23 首歌曲，录像和歌曲光盘都发送各参建单位，在铁路工地广为传唱。

　　在青藏铁路建设期间，每当现场举行重大活动，铁道部领导都率领中铁文工团赴现场，代表党政工团慰问参建人员，进行演出活动。如青藏铁路开工典礼文艺演出，青藏铁路开工建设一周年文艺演出，青藏铁路西藏段铺轨仪式文艺演出，青藏铁路拉萨火车站建设专场演出等，并组织演出小分队到地处偏远的施工现场，为坚守岗位的职工和农民工进行专场慰问演出，受到热烈欢迎。中铁文工团演出的节目，大都是通过青藏铁路现场采风创作出来的，通过艺术表演的形式，生动形象地展现了广大建设者的拼搏奉献精神和决心建设世界一流高原铁路的崇高精神风貌，为青藏铁路建设的文艺宣传做出了突出贡献。

十二、青藏铁路精神

铁路建设大军素有"开路先锋"之称,"逢山开路,遇水架桥",勇往直前,无往不胜。我到铁道部主管铁路建设以来,始终秉持"修建一条铁路,树立一座丰碑,培育一种精神"的理念。在2000年7月考察青藏铁路和2001年5月受命指挥青藏铁路建设后,我就一直在想,青藏高原不仅是地理高原,也是一处精神高原,鼓舞和激励着一代又一代的建设者,建设美丽的新高原。修建世界上海拔最高、线路最长的青藏铁路,是前无古人的伟大壮举,除了要有雄厚的经济实力和科技实力作支撑,也要有强大的精神力量来推动;不仅要让神奇的"天路"飞跨雪域高原,也要培育具有崇高精神的建设队伍,在继承和弘扬"老青藏精神""老西藏精神""两路(川藏公路和青藏公路)精神"的基础上,凝聚形成具有鲜明时代特征的青藏铁路精神。

凝练青藏铁路精神

党中央、国务院高度重视青藏铁路建设,中央领导同志多次听取青藏铁路建设情况汇报,亲临现场视察,出席有关会议,作出批示和发表重要讲话,亲切接见先进代表和劳动模范。2002年5月27日,胡锦涛同志视察青藏铁路建设工地,提出要大力发扬铁路建设大军"吃苦耐劳、能打硬仗"的优良传统,建设世界一流高原铁路;2002年12月19日,江泽民同志题写了"建设青藏铁路,造福各族人民"的重要题词;2003年8月27日,黄菊同志在接见青藏铁路建设先进事迹报告团时指出，要大力弘扬"不畏艰险，拼搏奉献，依靠科技，以人为本，珍爱自然，争创一流"的精神；2003年6月8日，曾培炎同志做了学习中铁二十局青藏铁路建设指挥长况成明"不畏艰险，勇于创新，关心群众，大公无私"精神的重要批示；2002年6月15日，迟浩田同志视察青藏铁路南山口铺架基地，特别强调了青藏铁路对巩固国防的重要意义。朱镕基、李瑞环、吴邦国、温家宝、贾庆林等中央领导同志视察青藏铁路时，都要求广大建设者大力弘扬"老青藏精神"和"开路先锋"精神，为建设世界一流高原铁路做贡献。最高人民检察院检察长、铁道部原部长韩杼滨到青藏铁路工地看望广大建设者，勉励大家奉献在高原、立功在高原。

20世纪70年代，在青藏铁路西格段建设中，数万筑路官兵来到荒无人烟的青藏高原，唱响"铁道兵战士志在四方"，体现了"特别能吃苦、特别能战斗"的精神。中铁西北科学研究院三代人守望冻土40年，为探索多年冻土奥秘，破解冻土工程难题提供了科学依据，形成了"以苦为荣、献身科学"的风火山精神。

青藏铁路格拉段开工后，广大建设者肩负着神圣使命，以筑国脉、架金桥、扬国威、振士气的豪情壮志，昂首阔步地挺进高原。在他们当中，有率先垂范、关心职工的各级指挥员，有依靠科技、严格把关的科研、设计、监理和工程技术人员，有埋头苦干、忘我工作的一线工人，有救死扶伤、高度负责的白衣天使，有甘愿奉献、"巾帼不让须眉"的女职工，有心系铁路、密切协作的青藏两省区地方干部和专家教授。随着举世瞩目的青藏铁路向拉萨节节挺进，全线 20 多个参建单位都在建设青藏铁路伟大实践中，总结出各具特点的企业精神。例如：铁一院"特别能吃苦、特别能忍耐、特别能战斗、特别能奉献、特别能创新"的设计尖兵精神；中铁一局"艰苦不怕吃苦，缺氧不缺精神，风暴强意志更强，海拔高追求更高"的高原铺架精神；中铁二十局"以人为本、科技攻关、注重环保、争创国优"的风火山隧道精神；中铁三局"为国争光、为民造福、奉献高原"的长江源特大桥精神等。

中央领导亲临工地视察，看望参建人员，发表重要讲话，提出了建设青藏铁路的宗旨，揭示了青藏铁路精神的精髓，极大地鼓舞了全体建设者，为培育形成青藏铁路精神提供了重要依据。中央领导的重要讲话、题词和批示，明确了青藏铁路建设的目的，丰富了青藏铁路精神的内涵，为总结提炼青藏铁路精神拓展了思路，指明了方向。铁道部党组把青藏铁路建设高度概括为"伟大决策、伟大工程、伟大实践、伟大精神"，并把"伟大精神"的内涵概括为"吃苦奉献、立功高原、遵循科学、争创一流"，成为总结提炼青藏铁路精神的重要引导。老一代筑路人和新世纪建设者，在青藏铁路建设中所体现出来的崇高精神，为总结提炼青藏铁路精神提供了厚重基础和宝贵源泉；中央主流新闻媒体和社会舆论的广泛参与，为总结提炼青藏铁路精神起到了重要助推作用。《人民日报》、新华社、《工人日报》等新闻单位，刊发了大量采访青藏铁路建设的系列报道，称赞广大建设者是"最值得讴歌的群体"，在建设者身上体现出了"科学精神、创新精神、奉献精神、仁爱精神"，以及无私奉献、以人为本、追求和谐等。

这些表述，为总结提炼青藏铁路精神做了良好铺垫。

铁道部高度重视总结提炼青藏铁路精神工作，把握有利时机，进行研究部署。青藏铁路开工3天，2001年7月1日，我在格尔木主持召开青藏铁路参建单位领导干部会议，提出了"拼搏奉献、依靠科技、保障健康、爱护环境、争创一流"五句话二十字的青藏铁路建设方针，基本反映出了青藏铁路精神的本质内涵。2003年7月10日，我在新华社第2534期《国内动态清样》刊发《在青藏铁路建设中打造"精神高原"》的文章上作出批示："要组织力量认真总结青藏铁路精神，不断发扬光大，使之成为青藏铁路建设的巨大动力和宝贵财富。"2003年10月8日，在格尔木举行了青藏铁路纪念章颁发仪式，会议由中华全国铁路总工会主席黄四川主持，我和青海省副省长苏森、西藏自治区副主席杨海滨出席，首批2.6万余名在高原工作半年以上的建设者获得纪念章，其中有1万余名农民工。

青藏铁路公司党委按照铁道部党组关于认真总结青藏铁路精神的要求，在汇总各参建单位企业精神和豪言壮语基础上，经过研究，于2003年11月3日向铁道部政治部报送了《关于概括青藏铁路建设精神的请示》，提出了"挑战极限、立功高原、开拓创新、建设一流"的表述建议。2004年春节过后，为系统深入地总结提炼青藏铁路精神，我主持成立了由青藏铁路建设宣传领导小组组长任喜贵牵头，青藏办、青藏铁路公司、政治部宣传部、铁路总工会、铁道团委、铁路文联、铁道部党校、《人民铁道》报社等部门和单位有关负责同志及外请顾问等参加的"青藏铁路精神"总结提炼小组。我在小组成员会议上明确提出：总结提炼青藏铁路精神，要以"三个代表"重要思想和科学发展观为指导，源于青藏铁路建设实践，反映青藏铁路建设特点，体现青藏铁路建设主旨和广大建设者的追求与意志，并在建设期和运营期都管用。

从 2004 年 4 月 10 日开始，"青藏铁路精神"总结提炼小组自下而上地在不同范围组织开展了多次研讨，有上百名参建单位党工委、宣传部门负责人和工程技术人员代表参加了研讨。青藏铁路建设宣传领导小组各成员单位，于当年 7 月至 9 月分别在北京宽沟培训中心、格尔木金轮宾馆和铁道部机关，组织开展了 4 次集中研讨。除在北京宽沟培训中心举办的研讨活动委托任喜贵同志主持外，其他 3 次研讨由我亲自主持，听取大家意见，提出具体要求。经过集思广益，使青藏铁路精神的建议表述方案，从 6 个方案中逐步集中到"挑战极限、科学攻关、勇创一流"和"挑战极限、勇创一流"这两个方案上。铁道部政治部副主任佟立军组织有关部门经过两个多月专题研究，向铁道部党组呈送了报告。铁道部党组最终确定，以"挑战极限、勇创一流"作为青藏铁路精神的表述。要求认真研究，全面、深入阐述青藏铁路精神的丰富内涵，在全路进行广泛宣传。

青藏铁路精神内涵

"挑战极限、勇创一流"的青藏铁路精神确定后，我要求青藏铁路建设宣传领导小组立即将青藏铁路精神总结提炼小组变更为青藏铁路精神宣传推介研讨小组。

从 2005 年 2 月 1 日起，在北京连续多次召开青藏铁路建设宣传领导小组成员单位会议。我在会上说，总结提炼青藏铁路精神要从繁到简，概括精准，易于传扬，体现青藏铁路精神的时代特征；深刻阐述青藏铁路精神要从简到繁，分解内容，形成专题，挖掘青藏铁路精神的丰富内涵。具体研究讨论了系统阐述青藏铁路精神的系列文章篇目、提纲和内容框架，明确了具体写作任务分工。在封闭撰写系列文章过程中，我到北京市丰台区京燕饭店，看望慰问青藏铁路精神宣传推介撰写小组全体人员，给他们鼓劲、加油。很快，一系列推介青藏铁路精神的文章，就见诸各大新闻媒体。《人民日报》以《挑战极限，勇创一流》为标题，刊登了署名为"青藏铁路精神课题组"的解读和透视文章；新华社1424 期《国内动态清样》刊发了题为《建设世界一流高原冻土铁路，培育具有鲜明时代特征的青藏铁路精神》的文章。《人民铁道》报以专访我的方式，刊载了题为《弘扬青藏铁路精神　建设世界一流高原铁路》的文章，并在"论青藏铁路精神"的专栏中，陆续刊发了《人民铁道》报评论员《建设世界一流高原铁路的强大精神支柱》、《挑战极限的大智大勇》和《勇创一流的不懈追求》等系列文章。舆论普遍认为，青藏铁路精神是中华民族精神的传承和发扬，是新时期火车头精神的又一丰碑。

2005 年 4 月 12 日，我在格尔木召开青藏铁路建设工作会议，向参加会议的各参建单位领导干部正式宣布：铁道部党组 2004 年12 月 14 日议定，将"青藏铁路精神"的表述确定为"挑战极限、勇创一流"。我说：挑战极限就是广大建设者以不畏艰险的英雄气概和求真务实的科学态度，克服许多常人难以想象的艰难困苦，在"生命禁区"挑战生理心理极限，攻克"多年冻土、高寒缺氧、生态脆弱"三大世界性工程难题；**勇创一流**就是广大建设者以敢于超越前人的大智大勇，开拓创新，制定一流工作标准，实施一流工程管理，创造一流施工质量，采用一流技术装备，培养一流建设队伍，建设世界一流高原铁路。这是青藏铁路建设伟大实践孕育的伟大精神，充分展现了全体建设者的崇高思想境界、顽强意志作风、高尚品格追求和杰出智慧才能。紧接着，我从不辱使命的责任意识、顽强拼搏的奉献情操、务实创新的科学态度、以人为本的建设理念和勇攀高峰的攻坚品格等五方面，向大家详细阐述了青藏铁路精神的深刻内涵；又从青藏铁路精神是实践"三个代表"重要思想的必然产物、青藏铁路精神是落实科学发展观的智慧结晶、青藏铁路精神是展现社会主义大协作的光辉篇章、青藏铁路精神是弘扬中华民族优良传统的文明成果等四方面，向大家强调了青藏铁路精神的时代特征。最后，我在会上号召全路大力弘扬青藏铁路精神，要求铁路各部门和各单位在实践中不断丰富、升华青藏铁路精神，把青藏铁路精神变成推进青藏铁路建设伟大事业、推进铁路跨越式发展、为全面建设小康社会做出更大贡献的力量源泉和精神支柱，变成凝聚队伍、鼓舞士气的一面旗帜。

随着中央主流媒体相继刊发一系列阐释青藏铁路精神内涵的访谈和文章，一时间在铁路系统、青藏铁路建设工地和青藏两省区，兴起了宣传弘扬青藏铁路精神的热潮，在社会各界和路内外引起了强烈反响，得到了中央领导的充分肯定。2005 年 6 月 2 日，西藏自治区党委书记杨传堂，在新华社第 1424 期《国内动态清样》刊发《建设世界一流高原冻土铁路，培育具有鲜明时代特征的青藏铁路精神》的文章上批示："青藏铁路建设、青藏铁路精神是中华民族与时代精神的又一典范。如何宣传？如何深入人心？如何成为建设新西藏的动力？一定要有权威的解释。感谢铁道部、铁道部党组及永福和各位同志。"2005 年 10 月 12 日，胡锦涛总书记在祝贺青藏铁路全线铺通的信中明确指出："青藏铁路各参建单位和广大干部职工坚持以科学发展观为指导，发扬'挑战极限、勇创一流'的青藏铁路精神，胜利完成了全线铺通的任务，谱写了我国铁路建设史的新篇章。"这是中央领导首次公开称赞青藏铁路精神。2006 年 7 月 1 日，胡锦涛总书记亲临格尔木出席青藏铁路通车运营庆祝大会，并发表重要讲话，号召全党全国各族人民学习和弘扬"挑战极限、勇创一流"的青藏铁路精神，为全面建设小康社会、把中国特色社会主义伟大事业继续推向前进而团结奋斗。并强调指出，青藏铁路建设者表现出来的"挑战极限、勇创一流"的精神，是中华民族艰苦奋斗、自强不息伟大精神的生动体现。这是对青藏铁路精神的高度肯定，也是对全体建设者的最高褒奖。

青藏铁路精神的诞生，极大地鼓舞和激励了全体参建人员。在连续五年的青藏铁路建设中，全体建设者面对高寒缺氧的严酷环境，以苦为荣、与苦相伴，奋战高原、奉献高原、立功高原，涌现出一大批先进集体和英雄模范人物。青藏铁路设计总体负责人李金城，连续两届当选中央候补委员；总指挥部藏族副指挥长拉有玉等 9 人被评为全国劳动模范；有 16 个集体、34 名个人荣获全国五一劳动奖状和奖章；有 43 个集体、112 名个人分别被青海省、西藏自治区，人事部、铁道部授予先进集体和劳动模范光荣称号。一批讲政治、懂技术、会管理的优秀中青年干部接受了考验，经受了锻炼，积累了经验，挑起了大梁，走上了各级领导岗位。

弘扬青藏铁路精神

青藏铁路各参建单位认真贯彻落实铁道部党组关于"在全路进行广泛宣传青藏铁路精神"部署要求，采用多种方式开展学习弘扬青藏铁路精神的活动。青藏铁路公司党委要求参建单位迅速掀起学习宣传青藏铁路精神的热潮，深刻把握精髓，准确理解内涵，明确时代特征，认真总结、广泛宣传、大力弘扬青藏铁路精神，用伟大的精神推动伟大的实践，为青藏铁路建设和运营提供强大精神动力。青藏总指党工委在全线开展了"学先进、做贡献、创一流""保质量环保双优、保安全稳定，在青藏铁路建设决战中再立新功"等主题活动。总结宣传拉有玉、张鲁新、张兰革、马建争、丁太环（女）、余绍水、邵尧霞（女）、陈舸、况成明和中铁一局青藏铁路铺架项目部、中铁电气化局指挥部、中铁十三局青藏指挥部等一批先进人物、先进集体的模范事迹，组成先进事迹报告团在全线巡回演讲，引起强烈反响，受到普遍欢迎。2005 年 4 月 25 日，青藏铁路公司推荐拉有玉、张鲁新、丁太环（女）、马建争、陈舸、郭冬雪等6名同志到西宁，参加青海省委举行的"青藏铁路精神"报告会。他们从不同角度和侧面，用具体生动的鲜活故事，阐释了建设者们用心血和汗水凝铸的"青藏铁路精神"，感人至深，掌声雷鸣。青海省委书记赵乐际说，"青藏铁路精神"是青藏高原"五个特别精神"在新时期的进一步深化，是"两个务必"、延安精神等党的优良传统和高尚精神在青藏铁路建设中的具体体现。我对青藏总指和青藏铁路公司迅速落实铁道部党组决定，开展学习弘扬青藏铁路精神的各项活动，表示了赞赏和肯定。

为了在更大范围宣传和弘扬青藏铁路精神，我要求青藏铁路建设宣传领导小组和铁路总工会，组织铁道部青藏铁路建设先进事迹报告团，为铁道部机关和各单位代表做先进事迹报告。从2002年至2005年，先后有17名先进个人代表和3个先进单位代表，应邀在铁道部机关做先进事迹演讲报告。与此同时，我积极支持青藏总指推荐4名青藏铁路建设先进个人，参加全国重点工程先进事迹报告团；推荐6名青藏铁路建设先进个人，参加国资委青藏铁路建设先进事迹报告团。他们的先进事迹报告，弘扬了具有鲜明时代特征的青藏铁路精神，升华了"开路先锋"精神和新时期火车头精神。报告事迹朴实生动、亲切感人、催人奋进，使听报告的干部职工和院校师生深受教育。

2006年2月10日，在中央电视台2005年度"感动中国"颁奖晚会上，给青藏铁路工程的颁奖词是这样说的："每当汽笛声穿过唐古拉山口时，高原上的雪山、冻土、冰河和成群的藏羚羊，都会想念他们，想念那些有力的大手和坚强的笑容。他们能驱动钢铁，也会呵护生命。他们是地球之巅的勇者，他们，缔造了世界上最伟大的铁路！"我当时听了这段颁奖词后，眼眶都湿润了，脑海中自然而然地就浮现出，广大建设者以对党对国家对民族高度负责的使命担当，用爬冰卧雪、拼搏奉献的实际行动，践行"挑战极限、勇创一流"青藏铁路精神的难忘场景。

2006 年 9 月 28 日，我受铁道部党组委托，参加了由中宣部、铁道部和西藏自治区党委、政府在拉萨联合举行的青藏铁路建设成就报告会。西藏自治区有关方面负责人、各族各界群众代表900 多人参加会议。我在会上作了《青藏铁路建设成就辉煌》的主题报告，从攻克了多年冻土等重大工程技术难题、实现了大规模高原建设高原病"零死亡"目标、创造了重大工程项目环保领先水平、选用了世界一流技术装备、铸就了伟大的青藏铁路精神等五方面，总结了青藏铁路建设取得的辉煌成就。西藏自治区党委书记张庆黎在讲话中指出：青藏铁路精神孕育在伟大时代，催生在雪域高原，我们一定要把蕴含在青藏铁路精神中的艰苦奋斗、无私奉献的崇高境界，不畏艰险、顽强拼搏的英雄气概，敢为人先、锐意进取的开拓精神，崇尚科学、实事求是的求实态度，团结一心、争创一流的敬业精神，凝聚成建设小康西藏、平安西藏、和谐西藏的强大力量，不断把改革开放和社会主义现代化建设事业推向前进。大会结束后，张庆黎书记拿着一张《西藏日报》对我说："记者报道你先后 50 多次到青藏高原，是省部级干部中来西藏最多的一位领导干部。"我说："这是我应该做的，使命所然，常年坚持在西藏工作的干部更值得我学习。"

2018年10月10日晚上7时，我照例在家中收看中央电视台《新闻联播》节目，听到习近平总书记主持召开中央财经委员会第三次会议，研究提高我国自然灾害防治能力和川藏铁路规划建设问题时，发表了重要讲话。习近平总书记在讲话中明确指出：规划建设川藏铁路，对国家长治久安和西藏经济社会发展具有重大而深远的意义，一定把这件大事办成办好。并特别强调：要发扬"两路"精神和青藏铁路精神，高起点高标准高质量推进工程规划建设。看完新闻，我精神振奋，心潮起伏，也浮想联翩。我坚信，随着时间的推移，青藏铁路精神的璀璨光芒，将会激励一代又一代的人们，为实现中华民族伟大复兴的中国梦而不懈努力奋斗。青藏铁路精神，永远镌刻在地球之巅，激荡于江河之源。

十三、班禅祝福青藏铁路

1990年2月13日，在西藏嘉黎县的一个普通藏族家庭里诞生了一个男孩，取名坚赞诺布，意为"神圣的胜利幢"。这个颇具瑞相的男童，就是第十世班禅额尔德尼·确吉坚赞大师转世的灵童真身——第十一世班禅额尔德尼·确吉杰布活佛。

1989年1月28日，十世班禅大师圆寂后，按照宗教仪轨，开始了秘密寻访十世班禅大师转世灵童的工作。寻访人员根据十世班禅大师的逝相，以及观湖、占卜所得结论，确定转世灵童诞生的大致方向。寻访人员在数名候选男童中，经过几轮筛选后聚焦为3名灵童。

1995 年 11 月 29 日，按照宗教仪规和历史定制，在拉萨大昭寺的佛祖释迦牟尼像前，通过金瓶掣签，经国务院批准，确认 3 名候选灵童中的坚赞诺布为十一世班禅大师的转世真身。1995 年 12 月 8 日，在扎什伦布寺的日光殿，由国务院代表、国务委员李铁映，国务院特派专员、西藏自治区人民政府主席江村罗布和国务院特派专员、国务院宗教事务局局长叶小文主持坐床典礼。2009 年 7 月 25 日，在扎什伦布寺隆重举行了第十一世班禅额尔德尼·确吉杰布受比丘戒仪式。

有些宗教界人士与我谈到十一世班禅时，都称赞他聪慧超人。这除了天资以外，同他刻苦学习是分不开的。十一世班禅坐床后，既学习藏、汉、英文，也学习佛教经典、自然知识等，还有计划地安排参观活动，增加科学知识和社会知识。他在弘法活动中所展现出来的才华，受到僧众敬仰。2009 年 3 月，十一世班禅在第二届世界佛教论坛上发表英文演讲，更是震惊四方。2010 年后，十一世班禅担任了中国佛教协会副会长，并参加全国政协活动。我在全国政协会议期间，多次见到十一世班禅，他总是高度称赞铁路发展的巨大成就。2013 年 3 月 11 日，十一世班禅当选为政协第十二届全国常务委员会委员。

十一世班禅对青藏铁路建设十分关心，在格尔木、日喀则两地，他和我进行过多次会晤，言谈之中充满了对青藏铁路建设成就的赞赏和对参建队伍的祝福。2003 年 8 月初，青藏总指向我报告说，接青海省人民政府通知，十一世班禅额尔德尼·确吉杰布结束在西宁的佛事活动后，将到格尔木参观青藏铁路建设工程。我立即开会研究接待方案，明确分工，提出要求，做好准备工作。十一世班禅不仅在藏族僧众中享有崇高威望，而且在国内外也有很大影响。因此我强调要认真做好安全工作，特别是铁路设备安全和行车安全，以及现场安全保卫工作，保证参观活动顺利进行。

8月10日上午9时40分，从西宁开来的570次列车抵达格尔木站。我登上公务车，向十一世班禅献上哈达并致问候，表示热烈欢迎。十一世班禅也给我送了哈达，并说在列车上休息得很好，称赞列车上服务周到，一路很顺利。我向他简要介绍了青藏铁路建设进展情况，热情邀请十一世班禅参观青藏铁路建设工地。十一世班禅愉快地微笑点头接受邀请，合手胸前说："扎西德勒！"

8月11日上午，十一世班禅一行37人在青海省和海西州、格尔木市等领导陪同下，参观了青藏铁路南山口铺架基地。他饶有兴致地观看了预应力混凝土轨枕生产过程和轨排钉联作业。这些产品全都按照程序流水作业和标准化作业，他感到很神奇，不时询问具体工艺要求。接着，十一世班禅一行乘轨道车参观了南山口至纳赤台57公里新铺铁路。青藏总指副指挥长拉有玉，代表青藏铁路建设者向十一世班禅敬献哈达，介绍了青藏铁路开工两年来取得的主要成绩，重点介绍了卫生保障、环境保护、技术攻关和路地共建等情况。在轨道车上，十一世班禅看了播放的青藏铁路建设资料片和《高原彩虹》文艺晚会节目后，心情特别高兴。列车行进途中，当他看到新建铁路列车平稳，路基两侧植被完好时，不由自主地伸出大拇指对随行人员说："真不错！"十一世班禅十分热情，每到一地都与建设人员合影留念。他高度赞扬青藏铁路建设取得的成绩。他说,建设青藏铁路是西部大开发的标志性工程,这是西藏人民盼望已久的大事。他对参建职工说,你们在这么艰苦的地方工作,非常勇敢,精神可贵,你们辛苦了!衷心感谢你们!在参观结束之际,十一世班禅又深情地说,你们建设青藏铁路,西藏人民不会忘记你们!全国人民不会忘记你们!祝愿你们顺利地完成青藏铁路建设任务,祝愿青藏铁路全体参建人员扎西德勒!一位年仅13岁的活佛,在大庭广众之中,能够讲出如此充满激情、大气磅礴的话来,真使我感到惊喜。

从2004年8月14日开始,我再次考察拉萨至日喀则铁路的设计方案,于8月16日到日喀则地区考察车站位置及重点工程。日喀则是西藏境内地形色彩最丰富的一个地区,既有辽阔的草原牧场,又有肥沃的河谷良田,还有茂密的亚热带丛林和高海拔冰雪世界。同时,这里也有著名的寺院,藏传佛教格鲁派六大寺院之一的扎什伦布寺,就是历代班禅坐床的寺院。16日上午,十一世班禅额尔德尼·确吉杰布完成在拉萨的各项佛事活动后,乘坐汽车回到了日喀则。日喀则市领导和群众,在距扎什伦布寺3公里以外的路上夹道欢迎。凡是车队经过的地方,公路两旁群众或敬献哈达、鲜花,或双手合十默默祈祷,充满祥和喜庆气氛。宏伟的扎什伦布寺(意为"吉祥须弥")堪称是一座山城,东边那片金顶建筑是灵塔殿,供奉着一世达赖和四世至十世班禅的法体;西边大殿是强巴佛(弥勒佛)殿,供奉着高达26.2米的强巴佛鎏金铜像,这是世界上最大的室内鎏金铜佛像。在扎什伦布寺门口,当十一世班禅在众人簇拥中行走时,隆隆的法号声、清脆的唢呐声和悠长的法螺声，响彻山城上空。十一世班禅微笑着向僧俗群众挥手，从 800 多名僧人组成的仪仗队伍中间，缓缓地进入扎什伦布寺，来到措勒大殿朝拜佛祖释迦牟尼像。在众僧诵经声中，十一世班禅向释迦牟尼佛像敬献了哈达，并念经祈祷。

8 月 17 日清晨，十一世班禅在扎什伦布寺日光殿，同我们考察组进行了亲切会面。我向十一世班禅介绍了西藏铁路发展规划。当听说我正在考察拉萨至日喀则铁路，以及从日喀则通往尼泊尔的铁路走向时，十一世班禅笑容满面地说：青藏铁路建设进展很快，铁路建设队伍做出了重大贡献。听你说国家要修建拉萨到日喀则的铁路，这又是一件大喜讯。并说：拉日铁路建成后，我就可以从拉萨坐火车到日喀则了。临别时，十一世班禅给我们送了哈达，还送了他的像章、彩照和影集，衷心祝福铁路队伍扎西德勒！

2006 年 8 月 26 日，正在拉萨举行佛事活动的十一世班禅，兴致勃勃地参观了刚刚投入运营的拉萨车站。当他看到这一宏伟的藏族风格建筑，每天运送着成千上万的旅客，给西藏人民带来幸福生活，即兴写下了赞美诗句："众所向往之境遇，旷世铁路展新姿，青龙声声轰鸣急，雪域民众绽笑颜。"

十四、欢庆通车运营

2006 年 7 月 1 日上午 10 时，青藏铁路通车庆祝大会在青海省格尔木市和西藏自治区拉萨市同时举行。格尔木站前广场上，鲜花怒放，彩旗飘扬，鼓声喧天，由中共中央政治局委员、国务院副总理曾培炎主持庆祝大会。中共中央总书记、国家主席、中央军委主席胡锦涛专程前往格尔木出席庆祝大会并发表重要讲话。他代表党中央、国务院向青藏铁路通车表示热烈祝贺，向做出突出贡献的全体建设者表示崇高敬意，向支持青藏铁路建设的各级党政机关和各族群众表示感谢。他说，建设青藏铁路是几代中国人梦寐以求的愿望，今天终于实现了。这不仅是中国铁路史上的伟大壮举，也是世界铁路史上的一大奇迹。他要求铁路部门要管好用好青藏铁路，促进沿线经济发展、社会和谐、环境优美。号召全党全军各族人民学习和弘扬"挑战极限、勇创一流"的青藏铁路精神，为把中国特色社会主义伟大事业继续推向前进而努力奋斗！胡锦涛总书记为首趟旅客列车开通剪彩，600多位劳模代表、各界代表和普通旅客乘车驶上雪域高原。我在拉萨站庆祝会场，看到花团锦簇、彩旗招展，各族群众载歌载舞，欢庆青藏铁路通车。我有幸乘坐首趟旅客列车，从拉萨驶往格尔木、西宁，欣喜和幸福之感涌上心头。

青藏铁路通车的喜讯，令国人欢庆，令世界震惊。国内外新闻媒体做了大量报道。新华社报道："人类开启了客运火车穿梭世界屋脊的历史"；《人民日报》报道："幸福之路开启西藏发展新时代"；《科技时报》报道："建设创新型国家的标志性工程"；《经济日报》报道："青藏铁路通车带来百姓乐"；《工人日报》报道："雪域高原树丰碑"。美联社称："中国开通世界海拔最高铁路"；德国《法兰克福评论报》称赞青藏铁路："中国使不可能变成了可能"；

西班牙《先锋报》称赞青藏铁路是"世界铁路工程伟业",等等。

青藏铁路通车后,立即组织全面进行工程总结,同时加强运营管理工作,确保运输安全畅通。我受铁道部党组委托向有关部委、青海西藏两省区及参建单位等,赠送了"青藏铁路通车纪念"铜质镀金圆盘。运营一周年后,2007 年 7 月 7 日,中共中央政治局委员、国务院副总理、青藏铁路建设领导小组组长曾培炎,在拉萨地区检查工作后乘列车离开拉萨。当晚,在拉萨开往格尔木的列车上,曾培炎主持召开青藏铁路领导小组会议,宣布青藏铁路格尔木至拉萨段工程通过国家竣工验收。国家验收委员会对青藏铁路给予高度评价,认为:青藏铁路工程设计规范完善;工程措施科学合理;技术设备先进适用;卫生保障成效显著;环境保护和水土保持全面达标;管理达到较高水平;工程质量安全可靠。实现了建设世界一流高原铁路的目标。

在青藏铁路建设领导小组正确领导下,国家各有关部门(包括国家发改委、财政部、卫生部、公安部、交通部、水利部、环保总局、国家地震局、中国科学院、中国工程院、解放军总后勤部等)、各有关企业以及青藏两省区党委、政府,全力支持青藏铁路建设,使广大建设队伍深受鼓舞。青藏两省区都成立了支援青藏铁路建设领导小组,由西藏自治区主席列确、常务副主席杨传堂、副主席多吉和杨海滨,青海省省长宋秀岩、副省长苏森、徐福顺和马建堂等领导挂帅,组建支铁办公室,做好征地拆迁、物资供应、爱路护路等工作,协调环境保护、卫生防疫等工作,为青藏铁路建设创造了良好环境。我们始终坚持正确的舆论导向,对青藏铁路建设的伟大成就、广大建设者的拼搏精神以及各部门和青藏两省区的大力支持，主动联系中央和地方新闻媒体，进行了大量富有成效的宣传报道，发挥了积极作用。

青藏铁路沿线有藏族、回族、蒙古族等少数民族群众，其中藏族占多数。我要求各参建单位干部职工，要认真执行党的民族政策和宗教政策，做到自觉尊重藏民族文化、风俗习惯和宗教信仰。青藏总指和各参建单位通过积极为沿线藏族群众捐资助学，修建学校、道路、水渠、房屋，看病救护送医送药，抢险救灾，文艺联欢，以及选送藏族青年到大专院校培养深造，联合进行爱路护路等多种方式，广泛开展路地共建活动，有力地推动了青藏铁路的顺利进行。

我从组织开展进藏铁路方案研究，优化青藏铁路设计文件，到花甲之年受命修筑"天路"，前后历时十多年时间，坚持不懈，付出心血，没有辜负中央领导对我的期望，没有辜负铁道部党组对我的委托，也没有辜负全体建设者付出的拼搏和奉献。看着开通运营的青藏铁路日益发挥着越来越大的作用，看着青藏两省区依托青藏铁路步入了经济社会迅猛发展的"快车道"，看着沿线各族群众借助青藏铁路走向脱贫致富，看着解放军部队通过青藏铁路实现了快速投运兵力，我的心里感到无比欣慰，一切付出都是值得的。

2016年，青藏铁路开通运营十周年之际，我率领由中国铁路经济规划研究院副院长林仲洪和北京交大林晓言教授等组成的研究团队，到青藏铁路全线进行调研。研究结果表明，青藏铁路具有明显的公益性，其综合效益十分卓著，这让我更加坚定地认识到：党中央、国务院作出修建青藏铁路的战略决策完全正确。

青藏铁路开通运营，结束了西藏自治区没有铁路的历史。为进出西藏提供了全天候、大能力、高安全的运输方式，在地区综合交通运输体系中发挥着骨干作用。青藏铁路通车后，客货运量逐年大幅度增长，2014年青藏铁路完成进出藏货运总量509万吨，占全区货运总量的78.6%，成为进出藏货运的主力；青藏铁路完成进出藏客运总量216万人，占全区进出藏客运总量34.4%。实际完成下行客货运量快速增长，早已超过了当初的设计运量。

青藏铁路开通运营，推动了沿线经济发展。由于青藏铁路极大地改善了沿线地区的运输条件和投资环境，提高了区域内外的通达性，降低了生产和交易成本，由此带动了青藏两省区的产业结构发生很大变化，第三产业增加值远高于第一、第二产业。如旅游业已成为青藏两省区的主导产业。2015年，西藏自治区的旅游总收入占到全区生产总值的27.5%，青海省形成了西宁—格尔木旅游增长极。在格尔木，我看到青藏两省区共同谋划建设的藏青工业园区发展势头喜人，把西藏自治区的矿产品运到格尔木加工（有电力、有工厂），充分体现了两省区的优势互补，开创了两省区的合作新模式。到2015年12月，入园企业已多达171家。外商来西藏自治区的投资积极性大为增长，2015年全区外资企业已达258家。

青藏铁路开通运营，促进了沿线社会进步。青藏铁路带来的人口聚合和漂移效应，提高了城镇化率。在那曲，我看到正在形成以那曲镇为中心、各县县城所在地为骨干、以人口相对集中的村镇为基础的城镇结构新布局。那曲地区的恩格尔系数，在 2006 年时为 63.3%，还属于极度贫困地区；但到了 2014 年，那曲地区恩格尔系数已降为 56.3%，8 年间下降 7 个百分点。青藏铁路给当地农牧民带来了更多的就业机会，使藏族群众生活条件得到了很大改善。同时，藏族文化受到保护，同内地交流更加便捷，对民族团结和社会稳定等，都发挥了重要作用。

青藏铁路开通运营，产生了巨大的外溢效应。通车运营十年来，不仅取得了可观的直接经济效益，同时还有显著的间接效应。最为突出的是运费节约，因为青藏铁路的货运价格仅为公路运输的一半左右。铁路单位运量能耗比公路和飞机低得多，节能减排效益十分明显。另外，减少交通事故、节约运输时间也产生良好的经济效益。仅按上述几项效益的不完全估算，青藏铁路运营十年所产生的间接效益在 334.8 亿元以上，已超过青藏铁路项目建设总投资 330.9 亿元。由此可以看出，青藏铁路国民经济效益显著，为国家和青藏两省区发展做出了重大贡献！

2021 年，是中国共产党建党 100 周年，也是青藏铁路开工 20 周年、通车运营 15 周年；作为青藏铁路重要延伸线的拉日铁路通车运营 7 周年，拉林铁路即将建成通车。在我学铁路、干铁路、管铁路的六十多年生涯中，我格外珍惜为青藏铁路建设而奋斗的那段难忘经历和峥嵘岁月，至今我还珍藏着来自唐古拉山的雪水和泥土，那是中铁十七局干部职工亲手在海拔 5072 米的青藏铁路唐古拉山垭口，专门采集送给我的，情深意浓，弥足珍贵。抚今追昔，我为自己能够成为一名青藏铁路格拉段建设的亲历者、奉献者和指挥者，感到无上荣光。衷心希望青藏铁路行稳致远，不断创建新辉煌！

【第七章】 推进铁路改革

在改革开放方针指引下，国家推出了一系列改革举措。由于历史原因，铁道部一直实行"政企合一"模式，所以改革任务重，压力确实很大。社会上对铁路改革也褒贬不一。有的认为，铁道部政企合一的管理体制是历史形成的，铁道部既制定政策，又抓铁路企业实施，政令畅通，符合中国国情；有的认为，"铁老大"垄断车皮、车票，货难运、票难买、门难进、脸难看，是计划经济最后的、也是最顽固的堡垒；还有的认为，铁路具有很强的公益性，牵一发而动全身，如果条件不成熟，最好暂时不要动。所以，每次政府机构改革，铁道部都是热门话题。我在担任铁道部副部长期间，曾经分管铁路改革工作，也参与了许多铁道部改革的重大事项，对此深有体会。尽管面临着自身压力和许多社会议论，铁道部党组都是坚定地按照中央要求积极稳妥地推进铁路各项改革工作。具体改革方案，大都由体改法规司司长曹仲雄和劳动卫生司司长齐德堂等牵头，组织有关部门研究提出。

一、政企分开落地

铁路政企分开，是国家政府机构改革的一项重要内容，也是铁路企业改革的难点所在，关键是要明确政府和企业的定位，分清政府和企业的职能。从提出铁路政企分开设想，到2013年尘埃落定，前后经历了20多年。我亲历了铁路实施政企分开的全过程，在关键年份"摸着石头过河"的情景，至今仍然记忆犹新。

1987年10月党的十三大提出了以经济建设为中心、坚持四项基本原则、坚持改革开放的社会主义初级阶段基本理论（即"一个中心、两个基本点"），提出了党在社会主义初级阶段的基本路线，作出了社会主义初级阶段经济发展分三步走的战略部署。强调了经济体制改革的重点任务之一，就是要"按照所有权经营权分离的原则，搞活全民所有制企业"，并要求"一定要简政放权，政企分开"。在党的十三大精神指引下，转变政府管理经济职能，实行政企分开，转换国有企业经营机制，建立现代企业制度等，成为深化经济体制改革的重要举措。

1988年初，社会上就有了"撤销铁道部"的说法。后来，我听到了正式传达，才感到此前的社会传言，并非空穴来风。在1988年3月全国"两会"召开前的一天上午，我接到通知，来到北京西长安大街中国民航总局机关大楼里，参加了铁道部、交通部、民航总局、邮政总局4个单位领导干部出席的会议。在会上，有关领导传达了即将报送全国人大会议审议的国务院机构改革方案，其中就有组建大部制的运输部，撤销上述4个单位的内容。

通过进一步了解得知，拟在运输部机关设立铁道司、公路司、水运司、民航司、邮政司和其他综合司局，履行政府职能；4 个单位分别成立专业总公司，按企业管理。回到铁道部机关，李森茂副部长问我有何打算，我不假思索地说："还是想到铁路总公司干点实事吧！"

1988 年 3 月 25 日至 4 月 13 日，第七届全国人民代表大会第一次会议在京召开，"审议国务院机构改革方案"的事项列入了大会议程。4 月初，候任的运输部部长阮崇武已经到铁道部来上班，他的办公室就在我的办公室对面。按照安排，他先同铁道部党组成员谈话，再同铁道部机关部门负责同志谈话。他在和我谈话时，主要听取铁路建设安排情况，征询我对政企分开后铁路建设管理的方案设想。可是世事难料，就在全国人大会议召开期间，此事发生了让人意想不到的逆转。4 月 4 日晚饭后，全国人大代表、乌鲁木齐铁路局局长张正清从所住京西宾馆来到我的办公室，非常激动地说："许多人大代表认为，撤销铁道部不利于铁路发展，不赞成这个方案，明天上午大会主席团将进行审议。"4 月 5 日中午，张正清打电话告诉我说，主席团通过的国务院机构改革方案保留了铁道部。我当即就把这个消息告诉了铁道部几位领导同志。当天下午，阮崇武和铁道部总工程师屠由瑞谈话结束时，屠由瑞说了一句"听说铁道部不撤了"。他听后大为吃惊，随后立即打电话，在核实了这个消息属实后，就离开了办公室。大部制改革计划未能实施，全国人大决定保留铁道部，任命李森茂为铁道部部长。

时隔 10 年之后，1998 年 3 月 5 日至 19 日，第九届全国人民代表大会第一次会议在京召开。我作为全国人大代表，在重庆代表团参加会议。会上审议通过了新的国务院机构改革方案。这次机构改革力度之大前所未有，推动政府职能转变有了重大进展。突出体现在撤销了几乎所有的工业专业经济部门，包括煤炭部、电力部、冶金部、机械部、化工部、地矿部等单位，国务院不再保留的部委多达 10 个。国务院各部门转交给企业、社会中介或地方的职能有 200 多项。这次机构改革仍然保留了铁道部，国务院领导要求铁道部研究适应社会主义市场经济需要的铁路体制改革方案。

多年来，铁道部一直在组织力量开展铁路改革研究和探索。1996 年 2 月 8 日成立铁路体制改革总体方案研究组，韩杼滨部长任组长，我任副组长。设立了研究组办公室，主任由王兆成担任。1996 年 4 月 9 日，广深铁路股份有限公司在深圳挂牌，5 月份该公司发行的 H 股分别在香港联交所和纽约证券交易所成功上市，创新"广深模式"，为全路树立了标杆。1997 年 10 月我曾赴奥地利参加了世界银行召开的铁路改革圆桌会议，先后对几个有代表性的国家铁路改革进行过考察。通过组织国内专家研讨、请外国专家传经、出国实际考察等方式，我把世界铁路管理模式归纳为三种类型：一是北美铁路模式，以货运为主，成立若干铁路公司；二是日本铁路模式，以客运为主，成立 6 个地区性铁路公司、1 个货运公司；三是欧盟铁路模式，客货兼顾，实行"上下分离"改革。所谓"上下分离"改革，就是成立全国路网公司，负责线路等下部设施维护管理，维护费用主要靠收取过路费，不足部分由国家财政补贴；上线运营公司可以设若干个，自主经营，自负盈亏。按照欧洲铁路联盟介绍，这种模式就是把政府补贴摆在明处，只给路网公司，不给运营公司。大多数人认为"上下分离"模式优势比较明显。但在若干年后，发现有的国家铁路网维护投入不足，设备质量下降，安全事故增多，反映了这种模式也存在一定缺陷。铁道部部长傅志寰多次主持会议，听取研究报告，征询多方意见。大家都倾向于借鉴欧盟模式，实行"上下分离"，成立一个国铁路网公司统一管理基础设施，同时按地区或按干线设立若干运营公司经营客货运输。傅志寰部长和我向国务院领导做了汇报，国务院领导有意成立两个铁路路网公司。我们仔细研究认为，不管是以京广线为界分成东西两大公司，还是以陇海线为界分成南北两大公司，都难以形成竞争格局，反而会因增加交接工作量影响运输效率。国务院领导听后认为有一定道理，要求继续深入研讨。我们从实际出发，能改的先改，集中解决运输管理和建设管理两大难题。决定成立运输指挥中心和工程管理中心，积极为企业服务。同时我也深切感到保留铁道部的体制，很难实行真正的政企分开，只能从当前实际出发，先通过机构改革，弱化政府不该管的职能，逐步增强企业活力。因此，先在全路推行了资产经营责任制。

又过了十年，2008 年 3 月 5 日至 18 日，第十一届全国人民代表大会第一次会议在京召开。会上有的代表再次提出铁道部改革问题。当时，铁道部上下都认为应该保留铁道部，铁道部副部长陆东福用接受记者采访的方式表明了态度。他说，未来五年是铁路发展的黄金时期，保留铁道部有利于发挥体制优势，又好又快办大事。时隔 5 年，2013 年 3 月 5 日至 17 日，第十二届全国人民代表大会第一次会议在京召开。3 月 14 日全国人大审议通过了《国务院机构改革和职能转变方案》。明确撤销铁道部，实行铁路政企分开；把铁道部拟定铁路发展规划和政策的行政职责划入交通运输部；组建国家铁路局，由交通运输部管理，承担铁道部的其他行政职责；组建中国铁路总公司，承担铁道部的企业职能。政府是国家行政机关，其职能包括政治职能、经济职能、公共管理职能，以及经济调节、市场监管、社会管理、公共服务等职能。总的来说，实行大部制符合改革方向，有利于转变政府职能，有利于构建立体综合交通运输体系。在交通运输部内设机构中，突出了交通运输公共行政的政策、法规、安全质量监管、综合交通运输规划编制等职能。当然，也有不少实际问题，有待于继续深化改革加以解决。

我作为一名老铁路职工，学铁路、干铁路、管铁路 50 多年，对铁道部充满留恋，怀有依依不舍的深厚感情。因此，在 2013 年 3 月 17 日新成立的"中国铁路总公司"挂牌之前，我站在机关大门口挂着"中华人民共和国铁道部"的名牌前照了一张相片，留下终生难忘的纪念。我深信，通过继续深化铁路改革，一定会形成政府依法管理、企业自主经营、社会广泛参与、充满创新活力的铁路发展新格局。

二、厘清企业职能

一般而言，企业是以营利为目的，实行自主经营、自负盈亏、独立核算的法人或其他社会组织。但由于受多年来传统计划经济体制的影响，铁路实行政企合一的体制，使企业职能难以到位，企业"大而全"，干了许多应由社会管理的事情。有的职工说，铁路除了没办火葬场外，其他一应俱全。这充分表明了企业办社会的范围之广。推进铁路改革，就要逐步分离企业办社会的职能。要做到这一点，其工作量之大、影响面之宽、涉及范围之广、情感纠结之深，是一般人所难以感知的。但是再难，我们也要勇往直前。

非运输企业脱钩

我在担任铁道部副部长期间，遵照"中央党政机关与所办经济实体和管理的直属企业脱钩"的要求，经铁道部党组研究决定，先从铁道部与中国铁路机车车辆工业总公司、中国铁路工程总公司、中国铁道建筑总公司、中国铁路通信信号总公司及中国土木工程集团公司等5家非运输企业脱钩的改革入手。从1998年开始，经过一年多时间深入调研，初步形成了非运输企业脱钩方案。我逐一征询了这5家企业负责人对脱钩方案的意见，他们一致表示赞同，但也提出一些具体问题。后来经过协调，这些问题都得到了妥善解决。2000年9月，这5个单位成为首批与铁道部脱钩的企业。同年12月15日，铁道部向部属单位印发《关于规范铁路与工程总公司等脱钩企业相互关系的通知》，依法规范了铁路与各公司的相互关系，建立与社会主义市场经济体制相适应的运行机制。《通知》明确提出，铁路工程建设、机车车辆和通信信号工业等铁路市场，继续对各公司开放；严格控制投资，防止重复建设；各铁路企业与各公司是平等的市场主体，双方都应遵纪守法，诚信经营，严守合同，还贷付息，解决资金拖欠，规范经济协作，尊重知识产权，共同促进铁路事业的健康发展。这5家企业经过改组和调整，移交给中共中央企业工作委员会（后改为国务院国有资产管理委员会，以下简称"国资委"）管理。紧接着，2003年铁道部和铁路局所属的42个勘察设计单位和施工企业，分别移交给中国铁路工程总公司和中国铁道建筑总公司。2004年铁道部又将中国铁路物资总公司和铁道通信信息有限责任公司移交给国资委管理。这样，国家铁路运输企业的管理特征得以充分凸显。

分离办社会职能

分离企业办社会职能涉及面很广，不仅涉及铁路职工，更涉及成千上万铁路职工家属，其工作难度和面临矛盾的复杂性，真是难以用语言加以表述。但是必须实施这项改革，才能减轻企业负担，为国有企业参与市场竞争创造平等条件。2000年2月12日，国务院办公厅转发了教育部、国家计委、财政部《关于调整国务院部门（单位）所属学校管理体制和布局结构实施意见的通知》，明确了教育部、外交部、国防科工委等12个部门和单位继续管理其所属学校外，国务院其他部门和单位原则上不再直接管理学校，铁道部被列入了"不再直接管理学校"的部门和单位。铁道部认真落实中央精神，决定将所属的北方交通大学、西南交通大学、长沙铁道学院等 10 所高等院校，分别划转教育部和地方人民政府管理。2003 年后，又把包括中小学、职业学校等在内的铁路学校和幼儿园、医院等都移交给地方人民政府管理，实行整体无偿划拨资产，按规定移交在职人员和离退休人员。我们要求各铁路局主动向当地政府汇报，取得当地政府理解和支持，同时希望移交单位领导顾全大局，积极做好队伍稳定工作。针对地方政府的财政困难情况，经铁道部研究，对学校移交后的日常经费采取三年过渡措施，过渡期内学校的日常经费由铁道部与地方财政共同分担。移交单位反映的一些实际问题，经过铁路和地方协商都得到了妥善解决，使这项艰巨复杂的改革任务进展得比较顺利。

运输企业主辅分离

与此同时，我们大力推进铁路运输企业主辅分离，以提高铁路运输主业的竞争力。铁道部研究明确界定了主业与辅业的从业范围：凡直接从事铁路客货运输服务及其主要设备维护管理的生产经营业务属于主业范围；铁路车站餐饮、小件寄存、车上售货、客车保洁、卧具清洗等其他生产经营均属辅业范围。在这项改革中，我们要求各铁路局承担主体责任，在与当地政府沟通协商基础上，制定铁路局主辅分离改制分流总体方案，经有关部门批复后分批实施。据反映，难度较大的是理顺包括资产、业务、劳务、财务等方面的主辅业关系和推进辅业重组改制、做好富余人员再就业工作。各铁路局从实际出发，采取了多样化的措施，坚持有情操作，稳步推进这项改革，没有发生大的矛盾纠纷。我到铁路局调研这项改革进展时，发现有的单位为了完成主辅分离减员任务，实行"有偿解除劳动关系"的做法，由铁路局、铁路分局、站段共同出资，给申请离职的人员一次性付费，被称为"买断工龄"。我认为这种做法缺乏政策依据，一旦这些离职人员把钱花完了又回头来找原单位怎么办？因此，我们及时制止了这种不符合规定的做法，有效防止了隐患发生。

公检法与企业分离

在铁路设立公安局、法院、检察院等司法机构，是新中国成立之初的国家决策。当时国家考虑到铁路是交通大动脉，运输呈现跨区域流动的特质，而且存在着社会治安不稳定等因素，于是要求铁道部公检法系统模仿苏联建制。1997 年 9 月 12 日至 18 日召开的中国共产党第十五次全国代表大会，把"依法治国"确定为治理国家的基本方略。那时我就在想，铁路公检法是国家机器的重要组成部分，在依法治国成为治国方略的新形势下，继续由铁路企业来领导公检法，不符合法治要求。但由于受当时政策等因素影响，未能提出改革铁路公检法体制之事。到了 2003 年，随着铁路主辅分离改革进一步深入实施，铁道部开始研究这项改革。时隔不久，中央就决定铁路系统实行公检法剥离。2004 年底，中共中央转发了《中央司法体制改革领导小组关于司法体制和工作机制改革的初步意见》，明确提出，要改革有关部门、企业管理公检法体制，将铁路公检法纳入国家司法管理体系。全国有 18 个铁路公安局、72 个铁路公安处；14 个铁路运输中级法院、57 个铁路运输法院；18 个铁路运输检察分院、59 个铁路运输基层检察院。整个铁路司法系统共有 20 多万人。改革铁路司法体制备受各方关注，难点较多、问题突出、反响很大，导致较长时间没有取得实质性进展。2007 年 7 月商定，提出铁路公检法移交地方给予三年过渡期。直到 2009 年 7 月，铁路公检法管理体制改革进入正式实施阶段。铁路司法系统与铁路运输企业全部分离，一次性整体纳入国家司法管理体系，一次性移交给驻地省（自治区、直辖市）党委和公检法机关，实行属地管理的总原则。2012 年铁路司法系统从铁路运输企业中剥离出来，全面纳入国家司法管理体系。

铁道部经过持续多年政企分开改革，基本厘清了政府、企业和社会职能。铁道部共移交划转了 1656 个单位、110 多万人、资产约 2200 亿元，移交划转人数占到全路职工总数的三分之一。完成移交划转后，铁道部管辖运输企业职工约为 225 万人。这项改革将企业从政府过度干预和社会负担沉重中解放出来，为企业增强了活力，也为铁路进一步深化改革创造了条件。铁路政企分开改革，取得了非常显著的成绩。但我认为也有值得反思的地方，就是为铁路运输企业培训人才的学校（技校、职业技术学院）应该留下几个，勘测设计院也应该留下一个或者两个。这对提高铁路队伍素质、提高铁路发展质量、确保运输生产安全，能够发挥积极作用。

三、移交养老保险

推进企业职工养老保险制度改革，是建立社会主义市场经济体制的需要，也是建立现代企业制度的需要。1987 年以前，铁路企业职工养老保险费用完全由企业负担。1989 年以后，经国务院批准，铁路实行了养老保险费用行业（系统）统筹。从 1993 年起，实行职工缴纳基本养老保险费制度，开始建立职工养老保险由国家、企业、个人共同负担的新机制。1995 年 5 月，我主持召开全路养老保险制度改革会议，提出由铁道部代表国家组织行业基本养老保险实施，建立单位和职工缴费机制，实行社会统筹与个人账户相结合的新办法。并鼓励企业为职工建立补充养老保险和职工个人储蓄性养老保险，初步形成多层次的养老保险体系。为此，铁道部专门成立了"社会保险事业管理中心"。

随着改革的深入发展，1998 年 8 月 6 日国务院给铁道部等 17 个单位下发了《关于实行企业职工基本养老保险省级统筹和行业统筹移交地方管理有关问题的通知》。《通知》决定，加快实行企业职工基本养老保险省级统筹并将行业统筹移交地方管理的步伐，要求"对 1998 年 8 月 31 日前的结余资金进行清理并缴入财政部养老保险基金专户"，"在 8 月 31 日以前，实行基本养老保险行业统筹企业的基本养老保险工作，按照先移交后调整的原则，全部移交省、区、市管理"。为贯彻落实国务院决定，同年 8 月 14 日，劳动和社会保障部召开了"全国基本养老保险行业统筹移交地方管理工作会议"，我参加了这次会议。通过学习认识到实行这项改革，有利于减轻企业社会负担，对企业进入市场参与竞争具有重要作用。但有的行业待遇比地方高，不愿交到地方；有的省（区）财政负担较重，不愿接管企业，因此很难达成一致协议。会议要求各行业与地方政府签订移交协议，要求"先移交，后调整"，凡不签协议的部门和省（区）市均不准离会。在这种情况下，虽然有许多问题没有得到解决，但实行统筹的 11 个行业与 30 个省（区）市都签订了移交协议。

企业基本养老保险行业统筹移交地方管理，时间紧、任务重、政策性强，事关改革、发展和稳定，要在这么短的时间内，完成如此复杂的移交工作，实施起来难度可想而知。铁路行业统筹职工基本养老保险在全国处于较好水平，资金有结余，退休人员待遇较好，而有的省（区）市的养老保险资金不足，退休人员待遇较低，因此铁路移交地方管理遇到一些阻力。铁道部与各省（区）市洽商后，同意把铁路企业职工养老保险移交给退休人员待遇较高的各省会级城市管理。尽管如此，仍有不少铁路企业存在提前办理职工退休手续的现象，主要是担心移交给地方管理后吃亏，也有个别基层单位想趁机完成减员任务。铁道部检查组深入各单位检查这项工作的进展情况时，就发现有的单位违反政策，弄虚作假，办理了个别职工因病提前退休或提高标准等问题，被当即制止并要求改正。但也有个别单位措施不力，发生了影响恶劣的弄虚作假行为，受到了国务院领导的严肃批评。对于铁路行业统筹移交地方管理过程中出现的问题，我作为分管此项工作的铁道部领导，负有领导责任，因此在铁道部党组会上做了检查。

四、企业社会责任

推动企业履行社会责任，是世界各国公认的发展大趋势。我在研究铁路体制改革时，多次强调要把企业社会责任纳入改革内容，融入铁路企业发展战略之中。我说，国有企业特别要重视国家使命、经济责任、环保责任和社会责任。

国家使命。国有企业社会责任要把国家使命摆在首位。只有把国有企业做大做强，才能壮大综合国力、促进经济社会发展、保障和改善民生，为国家发展提供物质基础和政治基础。铁路是国家重要基础设施，在综合交通运输中发挥着骨干作用。铁路肩负的国家使命，主要是服务国家经济发展，提升科技创新能力，保障民生供应，保障国家安全。

经济责任。经济责任是国有企业不可推卸的应尽之责。特别是确保国有资产保值增值，确保国有资本收益上缴和纳税。铁道部在研究"七五"计划时，丁关根部长就提出了向国家实行经济承包的方案。经过认真研究，1986年3月，国务院批准铁道部实行经济承包责任制（即"大包干"）。主要包括承包铁路客货运输、机车车辆生产、铁路工程建设，照章纳税后利润留给铁道部。铁路实行自负盈亏，自我发展。实行铁路"大包干"后，铁路运输部门实行换算吨公里工资含量包干，铁路施工单位按百元产值工资含量包干，这在当时起到了增强发展活力的重要作用，确保了"南攻衡广、北战大秦、中取华东"三大战役的全面胜利。但是，铁路建设规模大，需要投资多，除了政府加大投入，还必须开拓新的投融资渠道。如国家批准铁路运输征收铁路建设基金，开展合资建路等。到了"八五"期间，铁路局只承包铁路运输生产经营，不承包铁路基本建设，建设项目由铁道部安排下达，实行项目承包制。随着铁路建设投资由国家拨款改为贷款（即"拨改贷"），铁道部要按期支付贷款利息。到了 20 世纪 90 年代中、后期，全国铁路运输形势严峻，亏损额度加大，扭转亏损局面成为重要责任。铁道部部长傅志寰主持召开铁道部党组会议研究全路扭亏问题时，明确提出要转变观念、增强信心、创新经营机制，充分调动企业和职工的积极性。会后，铁道部总会计师王奎中、改革法规司司长曹仲雄、财务司司长于川等，分别带领工作组开展深入研究并进行扭亏试点。在总结试点经验基础上，铁道部决定于 1999 年在全路推行资产经营责任制，由铁道部部长与铁路局局长签订了两年扭亏的资产经营责任状。这项经济责任的落实，使以推进企业改革为动力的铁路局享有了 12 项经营自主权，推行了工效挂钩、竞争上岗制度，强化了考核机制和激励机制。结果提前实现了扭亏目标。

环保责任。在各种运输方式中，铁路运输具有非常明显和突出的环保优势。但铁路在履行环保责任方面，却经历了从不自觉到自觉、从不规范到规范、从低水平到高水平的发展过程。进入 21 世纪，铁道部贯彻国务院关于推进全国绿色通道建设的精神，要求搞好铁路绿色通道建设。我曾陪同全国绿化委员会负责同志视察京九铁路沿线绿化工程，他们对长大干线铁路绿色通道建设取得的突出成绩表示赞赏。2003 年 12 月开通运营的胶新铁路，高标准、严要求地履行环保责任，以生物技术防护为主，与土工合成材料、圬工防护相结合，一次建成绿色铁路，为全国铁路树立了榜样。2006 年 7 月 1 日建成通车的青藏铁路，在整个建设期间都坚持依法环保、科技环保、全员环保，严格环境影响评价，认真落实环保措施，全面强化环保监督，尽量绕避敏感地区，保护野生动物和生态环境，创出了铁路履行环保责任的新格局，成为国家重大工程建设的环保典范，推动了全路环保水平的全面提高。在我国高铁建设中，注重提高设计标准，建设优质工程，增强抗御自然灾害能力，减少建筑垃圾和运营维护工作量；大量采用"以桥代路"、强化路基防护等措施，节约土地，减少水土流失。在高铁运营中，大量采用新技术新设备，延长建筑物和设备使用寿命；千方百计节约电能，减少污染物排放；采取减振降噪设施，减少对居民区的影响等。这些都反映了铁路履行环保责任取得的显著成效，受到了社会各界的好评。

　　社会责任。铁路企业的社会责任是社会各界和各方人士都关注的重点。企业以营利为目的，追求良好的经济效益无可非议，但仅考虑企业自身经济效益是不够的，必须履行企业的社会责任，诚信守法，行道义之所为。企业有责任处理好与利益相关者的关系，成为风险共担、利益共享的合作伙伴；有责任依法保障职工的正当权益，确保职工的健康和安全，加强培训和沟通，建立和谐的劳动关系。我们在铁路建设和运输经营中，充分利用当地资源，提供劳动就业机会，积极开展扶贫活动，以促进地区经济社会发展，是履行社会责任的主要载体。我曾到宁夏固原、湖北麻城、新疆和田等铁道部扶贫点，看到铁路建设企业普遍开展了修桥铺路、兴建水利、架设电线、建设小学等活动，有的还支持当地办小型企业等，使老百姓直接受益。

新疆维吾尔自治区和田县是铁道部扶贫重点。1994 年我到和田县进行调查后，确定由乌鲁木齐铁路局制订扶贫计划。当了解到和田县部分居民缺衣少穿过冬困难时，乌鲁木齐铁路局组织职工捐献衣物共 37 辆汽车，维吾尔族群众列队近两公里迎接，情景十分感人。乌鲁木齐铁路局职工捐款 270 余万元，在和田县城修建了一所铁路希望小学。局党委书记郭敏杰、局长徐福根、总经济师冯留成带头，各帮扶了多名小学生，结下深厚民族情谊。当得知群众热切盼望解决过河难题时，我到玉龙喀什河进行调查，决定在铁道部出资 680 万元基础上，多方筹资共 2000 多万元，修建长达 1 公里的公路大桥，为河两岸 5 万多居民出行提供安全便捷通道，深受群众欢迎。10 多年来，铁道部和乌鲁木齐铁路局为和田县新建中小学 10 所，扩建 12 所，为学校配备了计算机、设立了奖学金。新建 3 座大桥，架设 100 多公里高压电线，帮助 1072 户特困家庭购置奶牛、修建牛棚，为有织地毯技能的农户购置 1500 台织地毯架，发展产业增强造血功能。各铁路局在运输支农、救灾物资和开展军交运输等方面都有很多贡献，在处理经济效益和社会效益的关系方面的态度非常明确。成都、西安铁路局多年来一直坚持在四川大小凉山、大巴山区等贫困山区和少数民族地区，开行站站停的绿皮车（俗称"慢火车"），打造出了流动的"惠民助农列车"品牌。虽然铁路局的收益受到一些影响，但方便了沿线群众出行，起到了扶贫助困作用，促进了山区百姓致富，赢得了普遍赞誉。铁路企业履行社会责任取得了很大成绩，但同国内外先进企业相比，还存在差距。我认为，铁路企业要结合深化改革，高度重视加强社会责任管理，建立相关制度和考核指标，增强企业影响力和竞争力，这是企业在国际国内两个市场开拓发展的制胜法宝。

五、推广南昌模式

"九五"时期，铁道部研究制定了推进铁路改革的总体部署，强调要适应经济体制转变和经济增长方式转变的"两个根本转变"，加快推进政企分开、企业重构和市场经营。面对京九铁路即将建成，如何接管新线成为亟待解决的重大问题。我在与铁道部劳卫司、运输局等部门进行研讨基础上，提出了改革设想。

减少管理层次

新中国成立以来，我国铁路一直实行铁道部—铁路局—铁路分局—站段的"四级"管理模式。在计划经济体制下，这种管理模式发挥过积极作用，但在新形势下已很不适应社会主义市场经济的需要。企业组织体系同生产力发展水平有直接关系。例如：当初设置铁路机务段，就是根据蒸汽机车所装载煤和水能够维持的运行距离而决定的，使用电力机车不受煤和水的限制，就可以减少机务段的设置。随着科技进步和管理改善，企业组织管辖的范围不断扩大，"宝塔式"的组织结构弊端凸现出来。我在欧美考察时，已经看到国外有些企业实行"扁平化"管理，减少中间层次，提高管理效率，这在理论和实践上对我国铁路改革都有启发。

南昌局直管站段

1996 年 8 月初，在京九铁路全线通车在望之际，铁道部作出了成立南昌铁路局的重大决策。当时，上海铁路局管辖的铁路遍布七省一市，接管京九铁路南段后，全局的营业里程将达到 6800 多公里。若成立南昌铁路局，上海铁路局可以减少管辖里程，集中力量加强铁路运输管理。对于新成立的南昌铁路局实行哪一种管理模式，韩杼滨部长态度非常鲜明，就是必须探索新模式，赞同不设铁路分局，由铁路局直接管理站段。这项改革从根本上减少管理层次，克服铁路局和铁路分局两级法人以同一方式经营同一资产的弊端，从而有效解决机构重叠、部门分割、管理分散、效率低下的痼疾。经征求机关各部门的意见，大家都表示赞同这项改革举措。

在铁道部正式宣布成立南昌铁路局之前，我和铁道部政治部主任盛光祖率领铁道部工作组赶赴南昌，先向江西省委、省政府通报了铁道部关于成立南昌铁路局的决定，以及调整路局领导班子的意见，取得了地方党政领导的理解和支持。我们同新任铁路局领导和原南昌分局主要领导进行谈话，并召开铁路局老同志座谈会，传达了铁道部的改革要求。在此基础上，1996 年 8 月 8 日铁道部召开南昌铁路局成立大会，江西省省长舒圣佑、江西省委副书记舒惠国、江西省副省长黄智权等省领导到会表示祝贺。我在会上宣布了铁道部的决定和任命，由杨建兴任局长，郑明理任党委书记。杨建兴原先在上海铁路局工作，后来担任京九铁路建设指挥部办公室副主任，工作有思路，管理能力强，熟悉铁路建设和运营管理，他和郑明理等新班子成员一起，为南昌铁路局的改革发展奠定了良好基础。新成立的南昌铁路局创新了不设分局、直管站段的运营管理新模式，顺利接管了京九铁路中的 1103 公里线路，占京九铁路正线全长的 47.65%。新线设计定员 16000 人，实际配备 11000 人。1997 年春运时，大量客流涌入京九线。2 月 12 日（正月初六）发现有旅客滞留现象。南昌铁路局从 13 日（正月初七）开始增开了淮滨至南昌、麻城至南昌两对旅客列车，及时疏导了滞留旅客，体现出了路局直管站段的显著优势。在 2004 年原隶属上海铁路局的福州铁路分局并入南昌铁路局后，运营里程增加，进一步丰富了路局直管站段经验。

扩大实施范围

随后，我又相继到 3 个铁路局，宣布了铁道部党组关于撤销铁路分局的决定。1996 年 10 月 22 日，宣布撤销呼和浩特铁路局包头铁路分局和集宁铁路分局，要求妥善安置人员，保持队伍稳定；1997 年 3 月底，在南昆铁路全线通车之际，宣布撤销成都铁路局昆明铁路分局和开远铁路分局，成立昆明铁路局，划定了铁路干线管界；1997 年 11 月，宣布撤销柳州铁路分局和南宁铁路分局，由柳州铁路局（现南宁局集团公司）直管站段，同时把柳州机车车辆厂划归柳州铁路局领导。南昌、呼和浩特、昆明和柳州等铁路局实施直管站段的改革进展顺利，收效非常显著。2004年6月，为适应青藏铁路发展需要，铁道部决定将兰州铁路局西宁铁路分局划归青藏铁路公司领导，然后撤销西宁铁路分局，由青藏铁路公司直管地处青藏两省区的站段，推广铁路局直管站段范围得到进一步扩大，成效十分显著，这更增强了铁道部全面推进铁路局直管站段改革的信心。

全路撤销分局

2005年3月下旬，铁道部决定撤销全部铁路分局。新成立了武汉、西安、太原3个铁路局，对有关铁路局管界作了调整。推进这项改革，工作难度最大的是郑州铁路局，因为新成立的武汉铁路局和西安铁路局，基本上都是从郑州铁路局划出来的，河南省领导认为，这会削弱郑州的铁路枢纽地位，反映十分强烈。我受铁道部党组委托，到郑州向河南省领导介绍了改革意图，表明支持河南省铁路发展，充分发挥好郑州铁路枢纽作用。同时，也做好郑州铁路局领导的思想工作，他们表示理解和支持这项改革，确保职工队伍稳定和运输生产秩序正常。至此，全路18个铁路局（公司）统一实行了直管站段模式，管理人员减少四分之一，工作效率大为提高，为建立现代企业制度创造了良好条件。

六、建设改革先行

在铁道部领导下，铁路建设队伍不畏艰险、无私奉献，逢山开路、遇水架桥，为我国铁路网建设做出了巨大贡献。到了 20 世纪 80 年代至 90 年代，铁路建设队伍多达 65 万人。在铁路政企合一的管理体制下，铁路建设"大而全"的组织体系、"大一统"的经营模式和"大锅饭"的分配方式，已很不适应建立社会主义市场经济的需要，必须加快推进铁路建设管理体制改革。

项目管理改革

1987 年，国务院副总理李鹏给我讲了鲁布革水电站实行"项目法施工"的经验，要求在铁路建设中进行试点。日本大成公司通过竞标承包了鲁布革水电站部分工程，他们实行管理层与作业层分离，只派遣 30 余人组成项目部负责管理，施工作业由我国水电工程局承担，取得了优质高效的好成绩，这使我受到很大启发。按照国务院领导的要求，我在铁路建设中先试点后推广，收到了意想不到的效果。铁路施工企业实现了"三大转变"：从"等、靠、要"任务转向参与市场竞争，从吃"大锅饭"转向按项目经济核算，从成建制调遣队伍转向组织精兵强将上阵。根据这种新情况，我认为各铁路工程局再也不能像以前那样，每到一个项目都带着陈旧设备和老婆孩子，搭设简易工棚式的"游击作战"了。要求各工程局建设企业后方基地，安置家属、存放设备，让职工无后顾之忧，轻装愉快地上一线。我也介绍了铁二局建设后方家属基地的做法。各工程局非常重视，很快就迅速行动起来，遍布全国各省区市的后方基地，像雨后春笋般地兴建起来，为推进铁路建设改革创造了条件。

建设体制改革

1993 年 11 月，党的十四届三中全会通过了《中共中央关于建立社会主义市场经济体制若干问题的决定》。这是中国建立社会主义市场经济体制的总体规划，也是指导铁路建设体制改革的纲领性文献。在铁道部实行政企合一体制下，推进铁路建设体制改革，这是其他部委、企业所没有的难题。早在 1988 年 7 月铁道部机构改革时，撤销了铁道部基建总局，成立了履行政府职能的建设司和主管设计施工企业的中国铁路工程总公司。1989 年 7 月撤销了由铁道兵集体转业而组建的铁道部工程指挥部，成立了中国铁道建筑总公司。2000 年 9 月，铁道部将中国铁路工程总公司和中国铁道建筑总公司移交给中共中央企业工作委员会（后改为国务院国有资产管理委员会）管理。铁路建设实行政企分开迈出了实质性步伐。

在反复研讨之后，我认为铁路建设管理体制改革必须抓住产权关系变革这个核心，在政企分开、政资分开、社企分开和探索投融资体制改革等方面取得突破性进展。我提出铁路建设体制改革要从五方面下手。首先是政府转变职能。铁道部作为政府部门，主要承担行政管理和行业管理职能。加强宏观管理，制定政策和规划，颁布标准和规范，维护市场秩序，实施安全质量有效监督。

在此基础上，精简机构、下放权力，把设计审查、工程监理等具体工作交给事业单位承担，逐步弱化管理企业的职能。其次是企业自主经营。按照《公司法》等法律法规健全企业组织，完善管理制度，建立有效机制，增强企业活力，使企业真正成为独立的法人实体和市场竞争的主体。第三是发挥中介作用。充分发挥工程咨询、资质认证、学会协会等中介组织的桥梁作用，积极主动地为政府和企业提供服务。政府在简政放权中转移的职能，完全可以由中介组织承接。第四是完善市场体系。建立健全有关法规，实施市场信息公开制度，形成有序运作的自组织功能。第五是投融资体制改革。实现投资主体多元化，开拓融资渠道，吸引社会资本参与铁路建设。1994 年 1 月，我在铁道部领导干部会议上，做了积极推进铁路建设体制改革的专题报告，详细阐述了铁路建设改革的总体思路。

现代企业制度

从计划经济转向市场经济，企业必须脱胎换骨，建立产权清晰、责任明确、管理科学的现代企业制度。公司制是现代企业制度的一种有效组织形式，主要包括股份有限责任公司和有限责任公司，其核心是构建完善的法人治理结构。法人治理结构是公司控制权和剩余索取权、分配权的制度安排，要在各法人治理主体之间建立委托代理，在各组成部分之间建立信托关系，实行所有权与经营权分离。建立完善的法人治理结构，就是要在股东会、董事会、监事会和经理层形成分工明确、各负其责、协调运转、有效制衡的完整体系。铁路企业在实施《公司法》方面比较滞后,我们就先在铁路建设中实行项目法人责任制、招标投标制、工程监理制、合同管理制等带有根本性的制度,并借鉴国际通用的"菲迪克"(FIDIC)条款和其他行业的经验,在实践中总结提高。同时还注重培育铁路建设市场,规范铁路经营行为。以评标办法为例,我们曾进行了多方案研究比较,对于"限额设计""最低价中标",大多数人在当时持否定态度,认为在有些情况下容易造成偷工减料,危及质量安全;比较赞同采用综合考虑技术、商务、诚信等因素的专家打分法,但要加强监督,确保公开、公平、公正。工程总承包(EPC)是国际工程管理的发展趋势,我们先后在侯月、达成、南昆等铁路线上进行试点,虽然有一定成绩,但仍存在"包而不死"的现象,需要进一步改进和完善。

培养领军人才

领军人才是铁路发展的关键因素,在铁路发展中具有战略性、决定性作用。在铁路建设管理体制改革中,我逐步探索培养铁路建设领军人物的新途径。1996年京九铁路建成通车时,我总结自己的体会,概括成一句话,就是"在重点工程项目关键岗位上培养领军人才"。具体地说,包括三方面:首先是个人要苦练内功,提高素质;其次是组织要搭建平台,提供机会;最后是群众要尝试认可,积极推荐。铁道部政治部干部部把我所谈内容整理后上报给有关部门受到鼓励。

作为领军人才的"好苗子",必须具备良好的素质,包括政治素质、品德素质、身体素质、心理素质等。"打铁还需自身硬"，这是人才成长的内因，是主导和根本所在。领军人才应该具备一定的技术知识和管理经验，养成勤于学习、善于思考的习惯，跟上时代发展需要。应该具有战略思维能力，高瞻远瞩，纵览全局。正如古人曰："不谋万世者，不足以谋一时。不谋全局者，不足以谋一域。"要掌握系统工程方法，抓准主要矛盾，解决薄弱环节。在此基础上，不断提高组织指挥和领导决策能力。

组织上要为领军人才成长搭建平台，压重担受锻炼。把领军人才摆在重点工程项目环境艰苦、任务艰巨的关键岗位上，迎接挑战，经受考验。组织上要给人才成长创造宽松环境，为人才成长提供丰富的营养。实践锻炼是人才成长的最重要途径，艰苦环境磨炼和逆境挫折考验，才能展示出领军人才有思想、有情怀、有责任和有担当，才能炼出真本领。接受锻炼的人才能够把一个项目从开工干到竣工，这样可以积累项目管理的完整经验。个人工作是由组织安排的，所以我希望培养领军人才既要考虑多岗位锻炼，又不宜在短期内频繁调动工作。

各单位职工群众是项目建设的主体，是领军人才成长的土壤。他们对领军人才成长既有期盼，又有监督和促进。当领军人才在项目大舞台上展示自己的才华时，职工群众会为他们喝彩，这也会成为人才成长的外部动力。我认为，在正常情况下职工群众对领军人才的评价都是比较客观、比较真实的。职工群众推荐是选拔重用领军人才的基础。不可否认，领导举荐也是一个重要通道。

我国铁路建设管理体制改革取得了可喜成果，可以说走在了铁路系统改革的前列。政府职能转变力度大，企业进入市场活力强，中国铁路工程总公司和中国铁道建筑总公司与铁道部脱钩后，经过重组改制，成功地在上海、香港上市，成为活跃在国内国际建设市场的劲旅。随着铁路建设市场的扩大开放，中交、中建、中冶、中水、安能等路外大型企业，相继进入铁路市场，对提高铁路建设水平发挥了积极作用。

七、发展合资铁路

合资建设铁路是我国改革开放后出现的新生事物。最初只是中央与地方政府合资，后来发展成为"国家铁路部门与其他部委、地方政府、企业或其他投资者共同投资、建设、运营的铁路"。合资铁路的蓬勃发展，对于建立适应市场经济的铁路建设新体制是一种有益的探索，现已成为全国铁路网的重要组成部分。

20世纪80年代，我国经济发展速度加快，运输需求不断增加，铁路运能缺口很大，成为制约国民经济发展的"瓶颈"。当时国家财力有限，只能集中力量安排一些重大铁路项目，无力顾及地方修建铁路的迫切愿望。在这种形势下，一些省、自治区政府为发展经济，修建铁路的愿望十分迫切，他们积极筹资建路，希望得到铁道部的支持，这为建设合资铁路提供了良好机遇。80年代初修建南防铁路时，广西壮族自治区政府就与铁道部共同探索合作途径，出现了合资铁路的雏形。1985年2月，新疆维吾尔自治区与铁道部合作成立了新疆维吾尔自治区北疆铁路公司（由金守梁任总经理），负责合资修建乌鲁木齐西至阿拉山口铁路，1990年9月铺通，现已成为新亚欧大陆桥的重要组成部分。1987年初，广东省副省长匡吉同我商议合资建设三水至茂名铁路问题。广东地处改革开放前沿，思想解放，办法多、门路宽，由广东省负责多渠道融资；铁道部以在建的西江铁路大桥和轨料等作为投资（后来做了调整）。达成共识后，我和省领导签署了相关文件。1987年5月，广东省与铁道部共同组建成立广东省三茂铁路公司，合资修筑路网性的三茂铁路，为中国铁路合资建设铁路开启了先河。1991年11月11日，国家计委和铁道部在广州联合召开全国合资铁路工作会议，推广三茂铁路公司经验。广东省三茂铁路公司成立30年后实际出资9.58亿元，其中广州铁路局占62.8%，广东省铁路投资公司占30%，其余为广东国际信托、广东粤财创业等机构所有。这条合资铁路的经营管理规模不断扩大，经济效益持续大幅提升，2019年三茂铁路公司实收资本已达到14.57亿元。

　　给我留下了深刻印象的还有3条合资铁路。1988年6月20日，应陕西省副省长张斌之邀，我在检查宝中铁路工程建设之后，接着察看西（安）延（安）铁路。这条全长333公里的铁路，从1973年1月开工以来几经周折，修了10多年才简易通车到秦家川。秦家川至道镇61公里铁路铁一局正在施工，剩下道镇至延安58公里铁路尚未动工。我看了以后心情很不平静，当即表示："一定要把铁路修到宝塔山下。"《陕西日报》用我讲的这句话为标题，在该报头版做了报道。我和张斌副省长商定合资建设西延铁路，部、省投资比例为6：4，1989年道镇至延安段开工，1991年全线铺通。成立西延铁路公司经营西延铁路，以后再往北挺进，修建全长385公里的延安至神木铁路。后来这些目标都如期实现了，成为包头—西安—成都（重庆）至昆明南北运输大通道的重要组成部分。西安—延安—神木铁路，经济效益显著，对开发陕北资源、脱贫致富发挥了重要作用。

再一条是由内蒙古自治区主导、铁道部支持，双方合资修建我国线路最长、投资最省、以运煤为主的集（宁）通（辽）铁路。这条铁路西起集（宁）二（连浩特）铁路的贲红站，东接通（辽）霍（林河）铁路的通辽站，全长944.7公里，途经内蒙古4个盟市、13个旗县，是连接我国东北、华北、西北的重要干线铁路，也是"蒙煤东运"的重要能源通道。集通铁路1990年6月开工，铺轨到达赤峰时我曾到现场进行调研。1994年5月18日10时，我和内蒙古自治区党委书记、人大常委会主任王群一起，手扶最后一节轨排徐徐落下，实现全线铺通。经过收尾配套和试运营，1995年12月1日集通铁路正式建成通车。开通运营后，集通铁路股份有限公司不断扩大规模，完成了集通铁路电气化改造，新建复线870公里，发展势头喜人。现在运营里程已达到2492公里，取得了十分显著的经济效益。

还有一条是金温铁路。1992年经国家经贸委批准，由浙江省与香港联盈实业有限公司（董事长南怀瑾先生）合资，修建全长252公里的金华至温州铁路。这是新中国成立以来内地与境外资金合资修建的第一条铁路。这条铁路早在1958年曾动工修建，因遇到国家经济困难停滞。1984年该项目再次启动，又因缺乏资金搁置。1985 年温州被列为沿海 14 个对外开放城市，温州市政府决定"内引外联"建设铁路，由浙江省与香港联盈实业有限公司合资建设金温铁路。1991 年国家有关部门对金温铁路正式立项，并批准了建设方案。后因港方在筹资中遇到难题，国务院领导指示铁道部参加，资本金比例为：港方 25%，浙江省 45%，铁道部 30%。在港方因故退出后，省部投资比例调整为浙江省 55%，铁道部 45%。我到金温铁路沿线检查工作时，在看到山区铁路工程艰巨的同时，更感受到地方政府和人民群众发展铁路的极大热情。1998 年 6 月 11 日，金温铁路全线建成通车，开通运营后运量逐年持续增长，对浙西南扩大开放和加快发展做出了贡献。

　　1999 年 5 月，铁道部召开了全国合资铁路工作会议。在会上，我回顾 10 多年来合资铁路建设走过的不平凡发展历程时说："'七五'时期是合资铁路的探索起步阶段，'八五'时期是合资铁路的稳步发展阶段，'九五'时期是合资铁路的规范管理阶段，'十五'时期将是合资铁路的创新发展阶段。"2000 年 1 月，我在全国合资铁路董事长会议上强调，要加强合资铁路公司自身建设，充分发挥董事会作用，建立有效机制，提高经济效益。我说，规范合资铁路管理要从董事会做起，董事会要对股东负责，履行法定职责，建立现代企业制度；监事会要健全约束机制；经理层要开拓经营，严格管理。

　　截至 2001 年 12 月，全国有 20 多条合资铁路投入运营，运营里程达 6100 多公里，完成货物发送量 4446 万吨。但由于合资铁路公司经营管理水平差异很大，有些公司在合资铁路通车运营后很快就实现了盈利，有些公司却长期亏损，扭亏为盈任务非常艰巨。合资铁路投入运营后，合资公司实行了不同的经营管理模式。最初多数公司是自管自营模式，也有少数公司把部分专业委托管理。各公司都设立了独立的运营管理机构，层次较多、效率较低，这对于规模较小的公司，弊端更显突出。后来，大都采取了委托铁路局的经营管理模式，管理机构得到精简，但委托与被委托的关系仍需进一步理顺。2011—2013 年，我受太中银铁路有限公司和蒙华铁路公司（已改为浩吉铁路公司）的委托，带领中国铁道学会咨询组进行现场调研，多次召开座谈会，听取多元投资主体、合资公司、相关铁路局及地方政府等部门的意见。最后，在咨询报告中对运营管理模式提出建议，同时指出了需要研究解决的问题。

在中国铁路大发展中，合资铁路规模迅速扩大，发挥了重要作用。首先是加快了铁路发展，对缓解"瓶颈"制约发挥了积极作用；其次是调动了各方面的积极性，实现了投资主体多元化，投资来源多渠道；更重要的是，合资铁路公司在全国铁路率先建立了现代企业制度，为国铁改革提供了有益借鉴。当然，也必须重视、研究解决合资铁路公司存在的问题，如合资铁路公司数量多、有的规模小，需要研究重组，以发挥规模效应；铁路行业有关机构要对合资铁路公司加强监督管理，规范契约关系，建立考核机制和激励约束机制，构建平等合作、互利共赢的新体制。

八、朔黄铁路创新

朔黄铁路公司是一家非国铁控股的合资铁路公司。20 多年来，朔黄铁路公司创建了"建管一体"的运营模式，创新以 30 吨轴重为标志的重载铁路成套技术，为铁路改革和发展提供了可资借鉴的宝贵经验。

成立合资公司

朔黄铁路是神府东胜煤田的外运通道。神府东胜煤田位于陕西省榆林地区北部与内蒙古自治区鄂尔多斯市南部的交界处，是我国最大的煤田，也是世界七大煤田之一。煤田含煤面积达到 3.1 万平方公里，探明储量 2236 亿吨，占到全国探明煤炭储量的五分之一。神府东胜煤田由神华集团控股的合资公司建设和运营。

20 世纪 90 年代初，在大秦铁路即将建成通车之际，我带领铁道部机关有关司局负责人，考察朔黄铁路线走向方案及重大工程。铁三院向我介绍了全线技术条件和设计概况。当时，神（木）朔（县）铁路已经建成，我们从山西省神池县神池南站出发，自西向东踏勘。线路沿着滹沱河峡谷蜿蜒盘转，在宁武县境内以全长 12.78 公里的长梁山隧道穿越太行山脉，由西向东顺坡而下进入河北省。除了受地形地质等条件制约、合理绕避不良地质地段外，基本上是沿着北纬 38° 方向延伸，直达黄骅港。朔黄铁路全长 592 公里，按电气化重载铁路标准建设。有人提出过接入天津港方案，但河北省力主接入黄骅港，我也应邀参加过研讨会。经过多次论证比较，国务院领导决定接入黄骅港。

1995年10月，经国务院批准组建神华集团有限责任公司（以下简称"神华集团"），列入国务院大型企业集团试点，主要负责开发经营神府东胜煤田及其配套的铁路、电厂、港口、船运等，旨在建立现代企业制度，实行煤矿、电力、铁路、港口、航运一体化开发建设和产销运一条龙经营，开拓企业发展新路子。神华集团十分重视朔黄铁路项目前期工作，在组建朔黄合资铁路公司中坚持控股。当时有些人认为朔黄铁路是国家西煤东运第二通道的组成部分，按传统观念应由铁道部控股。我听到这些反映后认为，神华集团是试点企业，朔黄铁路由神华集团控股，是改革中出现的新鲜事物，有助于形成竞争态势，可以试一试。最终，国务院领导拍板定案，朔黄铁路由神华集团控股。1997年2月，铁道部批准了朔黄铁路初步设计。1997年11月25日，朔黄铁路在黄骅港举行了开工典礼。

遵照国务院安排，朔黄铁路资本金由神华集团、铁道部、河北省和山西省四方出资。1999年6月，四方签订了《合资建设、联合经营朔州至黄骅港铁路合同书》。朔黄铁路有限责任公司注册资本金为58.8亿元，其中神华集团出资30亿元，约占总投资的51%；铁道部出资23.5亿元，占总投资的40%；河北省出资5亿元，占总投资的8.5%；山西省出资0.3亿元，占总投资的0.5%。2002年7月，由于山西省退出和河北省欠资1.4亿元，总投资出资额分别调整为神华31亿元，占52.7%；铁道部24.2亿元，占41.2%；河北省3.6亿元，占6.1%。铁道部指派中铁建设开发中心法人代表华德洪（2000 年后为陈克济）、崔增福（2001 年后为刘永康）参加董事会。神华集团设立朔黄铁路董事会，罗云光任董事长，崔增福任副董事长、总经理。

朔黄铁路公司通过股东会、董事会、监事会和总经理层，开展各项工作。朔黄铁路公司成立后，提出了"源于国铁、优于国铁"的发展理念，对国铁管理模式既不照抄照搬，也不全盘否定，而是继承和发扬国铁的优点，摒弃国铁的缺点，解放思想，推进改革，开拓新路，这成为朔黄铁路公司的立足之本和兴业之道。

建设运营模式

对于朔黄铁路建设和运营管理情况，我非常关注，通过多渠道增加了解。从铁路行业管理来说，铁道部有关会议邀请朔黄铁路公司参加，有些文件也会征询他们的意见；铁道部出资人代表有责任汇报朔黄铁路公司情况，我也多次到该公司进行实地调研。

在朔黄铁路建设阶段，朔黄铁路公司更新思想观念，积极推进项目管理创新。主要抓"四制落实"：认真落实项目法人责任制，对项目建设重大问题都本着"统筹规划、精心运筹、集思广益"的原则，由董事会做出科学决策，为项目顺利实施提供了体制保障；全面实施招标投标制，严格遵守法定程序，并邀请纪检监察部门全程参与，做到了公开、公正、公平，确保了质量优、价格优、队伍优；强化工程监理制，充实监理队伍，实行全方位、全过程监督和控制，确保了安全、质量、工期和投资效益达到规定要求；严格合同管理制，坚持平等、自愿、公平和诚实信用原则，履行发包方与承包方的法定责任和权益，优化设计，精心组织，严格管理。1997年10月1日，朔黄铁路神池南至肃宁北段开工（长梁山隧道1995年底提前开工），2000年底实现临管运煤；2000年3月，肃宁北至黄骅港段开工，2001年底实现临管运煤；2002年12月底全线电气化完成。基于上述"四制"的项目管理，朔黄铁路工程质量全线创优，优良率达到80%，工期提前14个月，投资节约25亿元，实现了边建设、边运营、提前见效、提前还贷的目标要求。

朔黄铁路创新运营管理模式，取得了令人瞩目的成就。他们没有照抄照搬铁路局运营管理模式，而是实施"网运分离、条块结合、修程分管、管理综合"的创新模式。"网运分离"是指凡是形成固定资产的静态设备及行车统一指挥、运力分配，都由本公司自行管理（包括利用外资采购的机车），大部分机车牵引采取委外经营，利用工程局和铁路局的机车，按完成的牵引工作量付费，这样就形成了以本公司为主体、充分利用国铁富余资源、具有竞争机制的联合运输体系；"条块结合"是指行政管理按块组建两个分公司，基层业务技术如车站、工务、电力、供电等分条，这样就实现了精简机构的要求；"修程分管"是指设备日常养护维修自管，大中修原则上委外，这样可以节约维护和修理费用；"管理综合"是指人事、劳资、财务、计划和党群部门实行综合管理，经营权集中在公司本部，资金运用、物资采购等实行集中管理，这样就大大提高了管理效率。2012年，我对比了朔黄铁路公司与国铁的主要指标，运输人均创收为66万元比12.56万元；每公里用工人数为 11.38 比 20.85；货运机车日产量为 287.8 万吨公里比 102.2 万吨公里。从中可以看出朔黄铁路建设和运营管理模式的鲜明特色，体现了按照现代企业制度规范管理，以质量和效益为中心，实行"建管合一"管理体制，建立了有效的竞争机制和激励机制，从而使企业充满了生机与活力。

重载技术创新

随着朔黄铁路运量持续增长，运能趋于饱和，扩大既有线运能成为面临的紧迫任务。朔黄铁路公司研究确定了"大轴重、大牵引质量、高密度"的发展战略，做出了研发轴重 30 吨重载铁路关键技术和核心装备的系统安排。我曾作为该公司研发项目评审专家组组长，对有关成果进行了评审。关于重载铁路基础设施加固，由朔黄铁路公司与中南大学、铁三院等单位联合攻关，形成了重载铁路桥梁和路基检测与强化技术体系；关于载重 100 吨级大轴重货车，由朔黄铁路公司与齐齐哈尔车辆厂研发，30 吨轴重运煤专用自卸货车最大载重 100 吨，名义载重 98 吨，自重约 22 吨，单车较 C80 型敞车增加 20 吨，载重量提高约 25%；关于重载铁路新型移动通信技术（LTE-R），由朔黄铁路公司、铁三院、北京交控科技公司和北京交大联合研发，展示了高可靠性、高数据业务传输速率、低数据传输时延等良好移动性能。此外还有大功率交流传动电力机车、新型机车无线重联控制技术等。所有这些，构成了朔黄铁路公司的重载铁路技术新体系。

2014 年，我应邀为朔黄铁路公司编写的《重载铁路技术创新模式》一书的出版写了序言。在序言中，我概括了朔黄铁路重载技术创新特点：一是需求引领，从国家战略需求和企业发展需求出发，立足于解决重载铁路运输关键问题，使技术创新具有很强的针对性、实用性和领先性；二是企业主导，突出朔黄铁路公司在技术创新中的主体地位和总体责任，加大研发投入，加强过程管理；三是平台支撑，整合国内外优势科技资源，搭建产学研用创新平台，建设创新文化，实现了开放创新；四是运行机制，构建协调机制、激励机制和评价机制等，协同合作，高效运转；五是工程实践，各项创新成果及时用于工程实践，使研发有所用，用有实效，共享成果，大大缩短了创新成果转化为生产力的周期。朔黄铁路公司领导者弘扬企业家创新精神，以敢为天下先的勇气组织和引领创新发展，把企业打造成强大的创新主体，不断攀登新高峰、创造新辉煌。朔黄铁路公司重载铁路技术创新，为我国铁路行业做出了典型示范。

中国铁路改革筚路蓝缕，玉汝于成。习近平总书记深刻地指出，要有"功成不必在我"的精神境界和"功成必定有我"的历史担当，一张蓝图绘到底，一任接着一任干。对我而言，"功成在谁"不重要，"功成有我"方可贵。毕竟我为稳步推进铁路改革有过呕心沥血，也有过操劳奉献，因而看到铁路改革创新成果，内心也格外欣喜。

【第八章】

促进铁路发展

一、"十五"规划研究

20 世纪 90 年代中后期，按照国家计委部署要求，我组织铁道部计划司、经济规划研究院等科研、设计单位及高校，开展了铁路"十五"路网规划研究。这项研究经历了全面调查研究、专题研究形成规划思路和编制规划草案等阶段。由铁道部计划司司长蕾菁、副司长黄民及经济规划研究院院长罗冬树等主持汇总铁路"十五"规划战略研究成果。2000 年 12 月我做了阶段总结报告，提出了 21 世纪初铁路发展总体构想。由部党组审定后报送国家计委。

更新规划理念

新中国成立后，很长时期内都是以"五年计划"的发展模式，作为国家对经济发展的干预形式，推动国家经济社会发展取得了巨大成就，体现着显著的制度优势和独特的治理经验。铁路实施的前九个"五年计划"，描绘了不同时期的发展意图。在开展铁路第十个"五年计划"（即"十五"计划）时，我感到思想压力很大。因为，这是初步建立社会主义市场经济体制和进入 21 世纪后的第一个"五年计划"（后改为"五年规划"），面临着新形势、新要求，更新规划理念首当其冲。

我们把铁路第十个五年规划（简称"十五"规划）定位为中长期发展规划，着眼未来，规划全局，提出有针对性的战略部署。因此强调"从战略高度科学编制铁路发展规划"，把铁路融入综合交通之中，以改革开放和科技进步为动力，以调整结构为主线，推进政企分开，建立发展新机制，为国家经济社会发展提供运输支撑。更新规划理念主要体现在四方面：从国家铁路规划转向铁路行业规划；从战术性规划转向战略性规划；从扩大规模为主转向提升质量效益为主；从少数专家参与转向扩大社会参与。在新理念指引下，产生了规划新思路，对规划内容进行了新探索。

系统建设通道

关于铁路"通道"的概念，我们是在改革开放的实践中逐渐认识和形成的。概括而言，铁路通道是指连接城市之间运能强大的干线铁路。我把界定"通道"的原则归纳为三项：一是跨省（区）市、跨地区的铁路长大干线；二是运输负荷 3000 万吨 / 公里以上的运输强度大的铁路干线；三是与多条铁路相通的辐射范围广的铁路干线。与铁路通道相向而行的公路、水运、航空结合在一起，构成了综合交通运输大通道，铁路通道在综合交通运输大通道中发挥着骨干作用。

新建晋煤外运南通道就是一个典型案例。20 世纪 90 年代初，为了增加山西煤炭运输能力，除晋煤外运北通道大秦铁路外，铁道部计划建设从山西侯马至山东石臼所港（现日照港）的晋煤外运南通道。沿线调研时，我看到这条新规划的运煤通道由若干段铁路相接而成，包括侯马至月山的新建铁路、月山至新乡的既有铁路、新乡至菏泽的新建铁路、菏泽至兖州的地方铁路、兖州至石臼所（日照港）的新建铁路等。由于各段铁路建设时期不同，技术标准不同，运输能力也不相同，因而在这个铁路通道系统中存在着若干"短板"，必须采取加强措施。铁路通道是一项系统工程，需要统筹协调才能有效发挥通道作用。多年实践经验表明，要运用系统思维规划建设铁路通道，高度重视解决"卡脖子"地段，补齐"短板"专业，真正做到各区段运能协调、移动设备与固定设备能力协调、车站与区间能力协调，这样才能提高铁路通道的整体效能。

构建路网骨架

基于运用系统思维建设铁路通道新理念，在"十五"规划研究中首次提出将"八纵八横"铁路通道作为全国铁路网主骨架，这在铁路发展史上树立了一个新的里程碑。

"八纵"是指南北方向主要铁路干线。包括：京哈通道（北京—哈尔滨—满洲里），重点建成秦沈客运专线，京秦线提速和哈大线电气化改造等，逐步形成通往东北的高速客运通道；沿海通道（沈阳—大连—烟台—无锡—杭州—宁波—温州—福州—厦门），重点建设烟（台）大（连）轮渡、胶（州）新（沂）铁路及温（州）福（州）厦（门）铁路等，构成东北直达华东的通道；京沪通道（北京—上海），主要建设京沪高速铁路，既有京沪线电气化改造，实现客货分线运输；京九通道（北京—南昌—深圳—九龙），主要建设龙川至东莞复线，全线提速扩能，增建广深四线；京广通道（北京—广州），主要建设武汉长江第二铁路大桥，全线电气化改造。此外还有大湛（大同—太原—洛阳—柳州—湛江）、包柳（包头—西安—重庆—贵阳—柳州—南宁）、兰昆（兰州—成都—昆明）等三条通道。

"八横"是指东西方向主要铁路干线。包括：京兰（藏）通道（北京—呼和浩特—兰州—西宁—拉萨）；晋煤北运通道（大同—秦皇岛，神木—黄骅港）；晋煤南运通道（太原—德州，长治—济南—青岛，侯马—月山—新乡—兖州—日照港）；大陆桥通道（连云港—兰州—乌鲁木齐—阿拉山口）；宁西通道（南京—西安）；沿江通道（重庆—武汉—九江—芜湖—南京—上海）；沪昆成通道（上海—株洲—怀化—昆明，怀化—重庆—成都）和西南出海通道（昆明—南宁—湛江）等。

"八纵八横"共计16条铁路通道，运营里程占全国铁路网的43%，承担全国80%的客货周转量，具有运营里程长、运输强度大、影响范围广的特点。这些铁路通道覆盖了我国大多数大中城市、主要旅游景区和大部分物品产销地，具有很大的辐射范围，对全国铁路运输产生着全局性影响，起着纲举目张的作用，也是保持国有铁路控制力的核心所在。确定构建"八纵八横"全国铁路网主骨架，为"十五"期间铁路建设和运营管理指明了方向。在强调"八纵八横"重要作用的同时，我们也提出了需要研究解决的一些重大问题。如有些铁路通道是"通而不畅""大而不强"，需要持续加大投入，以改善设备能力不匹配、不适应运输需求的状况等。"八纵八横"全国铁路网主骨架的确立，为建设我国强大铁路运输网络，打下坚实基础。

确立"四化"重点

在铁路"十五"规划研究中，我倡导大力发展电气化铁路，要求把"客运快速（高速）化、货运重载化、管理信息化、适箱货物集装化"（即"四化"）作为提高全国铁路网质量效益的主要目标，依据科技进步加快推进。这是缩小我国同世界发达国家差距、实现铁路现代化的重要举措。

客运快速（高速）化。提高旅客列车运行速度，这是人民群众的迫切愿望，也是增强铁路竞争力的重要内容。构筑连接大城市和主要旅游景区的快速客运系统，以北京、上海、广州等为中心，连接各省会城市和其他大城市，建设由客运专线（高速铁路）和客货混跑快速铁路组成的"四纵两横"（后改为"四纵四横"）快速客运系统。在实现开行 160 公里 / 小时、200 公里 / 小时以上快速列车"朝发夕归""夕发朝至""一日到达"的基础上，创造 300 ~ 350 公里 / 小时客运列车高速运行的新业绩。

货运重载化。 我国在新建大秦、朔黄等运煤铁路，开行重载列车运输取得了宝贵经验，正在进一步提高重载列车质量和水平。在既有铁路运输中，不仅要提高货物列车运行速度，更要提高货物列车牵引质量，还要增加行车密度。因此，要把加强既有线技术改造作为提高铁路质量和水平的重要任务，加大复线、电气化和铁路枢纽的技术改造力度，这是走内涵扩大再生产的重要途径。

管理信息化。 铁路发展必须依靠信息化，铁路管理必须实现信息化。在铁路建设、运营管理各方面，要大力推广数字化、网络化、信息化建设。按照全路信息化总目标，开展科技攻关，开发应用平台，尽快建成铁路基础通信网络体系和铁路电子商务体系，以铁路管理信息化促进铁路发展现代化。

适箱货物集装化。 集装箱运输是多式联运的重要载体，是现代运输的发展方向。但是我国铁路集装箱运输发展滞后，市场占有率不高。2000 年铁路集装箱运量完成 3850 万吨，仅占全路货物发送量的 2.3%，这与国外铁路相比差距很大。因此，必须大力发展集装箱运输，组建专业化运输公司，建设大型集装箱货站，形成连接各主要港口和口岸（包括内陆口岸）的集装箱快捷运输通道，特别要加强国际铁路集装箱运输。改善集装箱运输组织，提高集装箱运输质量和市场竞争力。

"十五"规划明确了铁路发展目标和方向，确保各项重点任务有序推进，取得了巨大成就。路网规模大幅增长，路网质量和效益明显提高，构建"八纵八横"路网主骨架成效显著，依靠科技进步加快铁路"四化"取得良好开局，并在此基础上持续加强。

这都表明，铁路"十五"规划对铁路发展起到了宏观指导作用。值得反思的是，规划路网总规模有些偏小，难以适应铁路长远发展需要，因此铁道部在 2004 年以后又进行了修订。从这里可以看出，需要下功夫加强基础研究和应用研究，创建具有中国特色的铁路规划理论。

二、铁路可持续发展

从传统发展模式转向可持续发展模式，是一个全球关注的大战略问题。经过 20 世纪 60 年代以来 30 多年不懈努力，世界各国终于形成了可持续发展共识。1992 年联合国环境与发展大会通过的《政治宣言》指出，世界各国一致同意实施可持续发展战略。中国政府积极响应，颁发了一系列文件，在全社会各领域推进可持续发展。铁路交通运输是社会整体的有机组成部分，铁道部采取有效措施认真贯彻落实可持续发展要求。

在研究铁路发展规划、组织铁路工程建设中，我深刻感受到转变铁路发展方式，对落实可持续发展要求所具有的紧迫性和艰巨性。因而组织研究团队，对项目按属性分类建设、明确投资主体责任、重视节约能源资源和减少环境污染、实行项目综合效益评价等进行了研究。2004 年 3 月，我在全国政协十届二次常务会议上，做了题为"构建可持续发展的中国交通运输体系"的发言，有关意见和建议得到了全国政协领导的肯定并批转给有关部门研究。

项目分类筹资

长期以来，在铁路政企不分体制下，铁路建设观念比较陈旧落后，基本上是封闭式管理。铁路建设投资对外开放程度和市场化程度都比较低，主要弊端表现在：投资主体单一，主要靠铁道部（政府）投资；筹资渠道单一，主要靠有限的铁路发展基金和大量的银行贷款；融资方式单一，主要靠债权融资，很少有股权融资。在铁路大发展的形势下，由铁道部"包打天下"的投资行为，已很难适应可持续发展的需要，必须探索建立"政府统筹规划、政策积极引导、社会广泛参与、市场规范运作"的铁路投融资新体制。按照项目属性分类筹资，就是其中一项重要举措。

铁路具有多重属性的特征，既有垄断性，也有竞争性；既有经营性，也有公益性；既有公共物品特征，也有私人物品特征。因此并非所有铁路项目都能实现市场化，必然存在一个政府供给与市场供给的界面。按照经营性和公益性的程度不同，我们把项目分为三类：经营性、准经营性和公益性铁路。经营性项目主要是具有运量大、经济效益好等明显优势的国家长大干线或重要支线及专用线，这类项目采取市场化运作，由企业作为投资主体；准经营性项目主要是为地区经济社会发展服务的铁路，运量不是很大、有一定经济效益，这类项目原则上按市场化运作，但政府可以给予一定投资支持；公益性项目主要是为国家政治、国防安全、国土开发等建设的铁路，这类项目运量小、成本高，企业经济效益欠佳，但社会效益和环境效益显著，由政府作为投资主体，也可探讨政府与社会合作共建的模式。

实行按项目属性分类建设，明确了投资主体，体现了"谁投资、谁决策，谁受益、谁承担风险"的责任。

用好政府资金

政府转变职能，就必须彻底摆脱过去宏观管理"缺位"、微观管理"越位"，过多过细干预企业的传统模式，转向制定发展战略、规划、政策、标准，加强安全质量环保监督，维护市场秩序，提供公共服务。在铁路发展中，政府应作为公益性项目投资主体，并对整个铁路的公益性运输给予适当补偿。

按照国家规定，政府投资主要用于关系国家安全和市场不能有效配置资源的领域。公益性铁路是以谋求社会效益为主要目的的非营利性项目，所提供的产品和服务属于公共产品，在消费上具有不可分割性、非竞争性和非排他性，同时具有较强的正外部性。公益性产品仅由市场难以调节解决，需要政府发挥弥补"市场失灵"和促进社会公平的作用，担当好提供公共产品的责任。公益性项目用的是政府资金，必须本着对国家高度负责的精神，做好全面系统的工作安排，切实管好用好政府资金，最重要的是在发展规划指导下，做深做细项目前期工作。我们在实施铁路公益性项目时，都在预可行性研究之前，增加了方案研究阶段，反复论证提出推荐方案，严防决策失误；加深可行性研究内容，基本上达到初步设计深度要求。在项目实施阶段，我们要求施工招标以施工图为依据，科学编制实施性施工组织设计，加强工程监理，安全优质高效推进建设。同时还非常重视加强审计监督，对政府投资绩效进行评估，反馈相关信息以改善管理。

青藏铁路是公益性铁路的典范。在研究青藏铁路可行性报告时，我特别强调要实事求是地向中央领导汇报。2001 年 1 月下旬，铁道部在呈送国家计委的报告中，明确提出青藏铁路是公益性项目，建设投资应由中央财政安排，运营期间出现亏损由中央财政给予适当补偿。2001 年 2 月 1 日，国家计委向国务院呈送了《国家计委关于审批新建青藏铁路格尔木至拉萨段项目建议书的请示》，在"资金筹措意见"中明确提出："本次投资较高，运量较小，铁路企业效益差，投资无法收回，是典型的国家公益性、开发性、国防性铁路。铁道部要求全部安排财政性资金，我们建议本线建设资金的 75% 由中央财政性资金安排（含发国债年份的国债资金），25% 由铁路建设基金安排。"2001 年 3 月 9 日，国务院批复同意了这份《请示》。所以在项目实施时，我们首次在公益性项目成立了青藏铁路公司，实行法人责任制，并制定了一系列提高质量效益、严格控制资金的措施。国家审计署对青藏铁路环保资金专项审计后，给予了充分肯定。国家验收该项目时，高度评价了青藏铁路建设取得的成就。青藏铁路安全运营实践表明，中央作出投资建设青藏铁路的战略决策完全正确，在经济、社会、环境、国防等方面发挥了巨大作用。

发挥市场机制

我国绝大多数铁路，都属于经营性（包括准经营性）项目，应当遵循市场规律，按照市场化运作。在当前铁路政企分开尚未完全到位情况下，政府部门要健全有关法规，扩大开放铁路市场，维护铁路市场秩序，充分体现市场运作的自组织功能。铁路企业也要通过重组改制，建立现代企业制度，实行项目法人责任制、招标投标制、合同制、工程监理制以及项目资本金制等。同时还要进一步完善运输价格形成机制和清算办法，增加信息透明度，使企业真正成为自主经营、自负盈亏、自我发展的经济实体。只有这样，才能发挥经营性项目投资主体作用。

铁路经营性项目，要充分利用市场机制，多渠道多方式吸纳社会资本。国有铁路企业逐步改为混合所有制企业，由多元投资主体合资合作建设运营铁路，是未来发展方向。在 21 世纪初，铁道部和 30 个省（区）市签订了合资建路协议（或纪要），在全国各地掀起了路地共同加快铁路建设的热潮。同时，还大力探索筹资渠道和融资方式的多元化，推进债权融资、股权融资和混合融资方式发展。通过研究发行铁路债券，成立铁路投资公司等，突破了仅靠有限的铁路建设资金和大量银行贷款建路的局限。1995 年 12 月 23 日，中国铁路建设债券正式发行，主承销商为华夏证券有限公司，我到会表示祝贺，充分肯定吸纳社会资金支持铁路建设的重要意义。在开展债务融资的同时，注重发展股权融资，加快有条件的企业上市融资，用好"债转股"等政策，吸收社会投资者入股。在此基础上，积极探索发展第三方咨询评估业务，为发挥市场机制提供客观公正的支持。

政府为项目提供部分投资，能够增强吸引力，产生带动效应，我认为值得提倡。政府投资可以选择合适的铁路项目，试行政府特许经营方式。如建设—经营—转让（BOT）、政府与社会资本合作（PPP）等，推动铁路与地方发展深度融合，探讨建立"铁路＋土地开发""铁路＋物业"和资产证券化（PPP+ABS）等新模式。铁路项目不仅要为人们出行和货物流通提供安全、便捷、经济的运输产品和服务，而且要为地区经济和城市发展，担当起基础性、引导性、服务性作用。所以，铁路项目评价要兼顾经营性和公益性，深入研究铁路项目公益性与经营性的平衡问题，有助于发展公私合作理论，指导制定相关政策。

综合效益评价

现阶段对铁路项目的效益评价，主要从项目经济效益出发，量化项目财务基准内部收益率（经营性项目要大于6%）和项目国民经济受益率（经营性项目要大于12%），这是国家衡量项目是否可行的重要指标。我认为，仅用这两项指标来评价项目还不够完善，不能全面反映项目的整体效益和贡献。因此我倡导，对项目经济效益、社会效益、环境效益等进行综合评价。

最近这些年，我带领铁路经济规划研究院副院长林仲洪和北京交大教授等组成研究团队，先后对运营10年的京九铁路（2007年）、运营10年的青藏铁路（2016年）和运营6年的京沪高速铁路（2018年）进行了深入调研。研究报告表明，不管是经营性项目，还是公益性项目，都在取得良好经济效益的同时，带来了显著的社会效益和环境效益。如京九铁路运营 10 年，累计盈利可偿还建设期和运营期的全部建设投资，使沿线革命老区的 GDP 增长幅度，比不通铁路的地区高出 2 ~ 3 个百分点，促进麻城等市县摘掉了贫困帽子。据不完全统计，青藏铁路运营 10 年所产生的社会效益和环境效益，已超过该线建设总投资。京沪高速铁路运营 6 年来，为推动沿线城市发展形成经济带等方面发挥了积极作用。

所以我倡导加强对项目综合效益评价研究，按照可持续发展战略要求，围绕经济、社会、环保及质量等制定具体指标，构成项目综合效益评价指标体系。这些指标包括：促进沿线地区经济社会发展，有利于资源利用、土地升值、时间节约、物流成本降低、科技水平提升、就业机会增多等；节约能源、节约土地、节约材料、节约用水等；减少二氧化碳排放，减少水源、土地污染，减少对生物多样性影响等；还有以高质量、耐久性、可靠性工程，减少运营维修工作量，延长使用寿命等。开展项目综合效益评价，有利于实现"人、工程、环境"和谐相处，有利于我们全面了解项目贡献，有利于正确决策，也有利于向社会广泛宣传，促使政府、企业和社会大力支持铁路的可持续发展。

三、有效利用外资

铁路是我国改革开放后利用外资最早的领域之一。1999 年在纪念全国铁路利用外资 20 周年之际，我回顾了铁道部贯彻"积极合理有效利用外资"方针取得的成绩和经验。针对中国加入世界贸易组织（WTO）的新要求和铁路"十五"面临的新形势，2001年12月我在全国铁路利用外资工作会议上，对铁路利用外资工作做出了新部署。这些年的实践充分表明，积极、合理、有效利用外资，对促进铁路发展起到了重要作用，不仅有利于提高铁路运输能力，而且通过利用外资引进技术，提高了铁路可持续发展的质量和水平。

加快铁路建设

1979年以后，铁路利用外资的初衷是为了解决铁路建设资金短缺问题，加快铁路建设发展。经过多年努力，铁路利用外资逐步走向了制度化和规范化，贷款渠道不断拓宽，除了原有的日本海外协力基金（约占47.3%）、世界银行（约占35.4%）、亚洲开发银行（约占8.7%）等渠道外，还先后与奥地利、法国、英国、德国、加拿大等国政府及北欧投资银行等金融机构签订了贷款协议，使利用外资规模进一步扩大。截至2000年底，铁路利用外资共57.4亿美元，折合人民币为295亿元。同时，调整外资贷款投向，从最初用于采购建筑材料，转向引进先进技术和设备，再到直接用于重大工程项目建设，充分发挥了利用外资对加强铁路建设的促进作用。

针对大秦、京九、南昆、宝中、西康等新线建设和京广、浙赣、哈大等既有线增建第二线，以及电气化铁路改造的需要，我们利用外资贷款，通过国际招标采购了大批先进机械设备。如引进先进勘探设备、计算机辅助设计（CAD）、桥梁钻孔桩旋挖钻机、隧道掘进机、震动压路机、焊轨机以及通信、信号、电气化设备等，都引发了铁路建设技术的巨大变化，具有示范意义。特别是加快了全国铁路通信网建设，传输实现了数字化，车站实现了计算机联锁，增强了安全可靠性。这不仅补充了铁路建设资金不足，也提高了铁路建设质量和水平。此外，利用外资对长春、齐齐哈尔、四方、株洲等机车车辆工厂进行技术改造；采购先进工业制造装备、运输装备和运输管理信息系统等，为发展高速铁路、重载铁路和提高铁路运输能力，做出了积极贡献。

引进先进技术

西方国家对其拥有的先进技术，大都实行保护主义。经过几年的探索，中国铁路采取技贸结合、合作生产等方式引进先进技术，取得了可喜进展。引进新法造型设备，改变了我国道岔生产的落后状况，提高了质量，延长了寿命，深受运输部门欢迎。哈大铁路电气化项目，采用中德联合设计方式，采购部分德国电气化设备，在德国专家指导下建成了中国首条200公里/小时的电气化铁路，接触网和供电设备质量达到国内一流水平，编制定员减少了2000余人，为我国高速铁路电气化建设提供了宝贵经验。

我国除高速铁路采用无砟轨道外，其余铁路全部都是有砟轨道，养护维修工作十分艰辛，长期依靠人工捣固道床，后来使用小型捣固机，但效率较低也不配套。为解决这一难题，铁道部决定引进国际先进的大型养路机械，由隶属中国铁建的昆明中铁大型养路机械公司（以下简称"昆明中铁"）与世界大型养路机械领军企业——奥地利普拉塞·陶依尔公司（以下简称"普·陶公司"）开展技术交流合作。我曾 3 次访问普·陶公司，并在北京会见了该公司负责人，宣传中方主张，促进企业合作。昆明中铁引进了普·陶公司的道砟清筛机、捣固车等有关技术，经过消化吸收实现了国产化，进而拥有了自主创新成果，填补了我国大型养路机械生产的空白，成功实现了进口替代。当前，昆明中铁制造的铁路整道系列产品已经形成品牌，国内市场占有额达到80%，部分产品进入了国际市场。这些大型养路机械设备，为既有线提速、高速铁路发展提供了有效支撑。

利用外资引进的四显示自动闭塞系统、数字程控交换机系统、交流传动电力机车设计制造技术、新型客车和国际联运客车制造技术等，促进了我国铁路装备制造水平的快速提升。

中外合资办厂

开办中外合资企业，是我国铁路直接吸引外资的重大突破。截至 21 世纪初，在铁道部推动下，铁路系统中外合资企业已达200 多家，主要涉及装备制造、通信信号及电气化等专业领域。一方面，中国铁路企业有借助外企资金投入和技术优势加快发展的愿望；另一方面，中国铁路巨大的市场需求对外企有着强劲的吸引力。开办中外铁路合资企业是双方共同的目标，也是双赢制胜的路径。中德交流传动电力机车、中美铸钢轮、中瑞（典）铁路轴承、中德地铁车辆和中加高档客车等 5 个大型中外合资重点企业相继建成投产。尽管在发展过程中遇到不少困难，但合作成效都比较显著。中美铸钢轮、中瑞（典）铁路轴承这两个工厂的生产能力、管理水平及产品质量等，已达到世界同行业的先进水平。

中加两国企业合资建立的青岛四方庞巴迪铁路运输设备公司（原称 BSP，已改为 BST），发展成就显著。20 世纪 90 年代初，铁道部与加拿大庞巴迪公司等，就洽商过合资生产高档客车问题。中、加两国领导人直接关注，有力推动该项目实施。1994 年 4 月，我作为中国陪同团团长，在陪同加拿大总督纳蒂辛访华期间，亲身体会到加方的合作诚意。我也到加拿大访问过庞巴迪公司，对该公司客车制造技术水平和创新能力有一定了解。庞巴迪（中国）总裁张建炜常来铁道部进行交流沟通，建立了良好的合作基础。1998 年，青岛四方庞巴迪铁路运输设备公司成立后，经营效益良好。我曾到这家公司了解青藏铁路高原客车的设计、制造情况。该公司按照铁道部要求，对高原客车设计和制造都作了精心的研究安排，特有的供氧系统，良好的客车性能，应对恶劣气候环境的特殊设施，以及完善的环保设施，车窗能够适应气压波动变化的影响。该公司研制的和谐号 200 公里/小时的 A 型高速动车组，首先运行在提速线路上；接着研制了 380 公里/小时的和谐号 D 型高速动车组，运行在高速铁路上。该公司创出了品牌，已成为我国高档客车生产的重要企业。

1995 年 12 月，西安西门子信号有限公司成立，德国西门子公司的股份占到 70%，中国铁路通号总公司的股份仅占 30%。这个公司规模不大，但是把德国西门子公司的先进轨道交通信号技术引入中国，生产道岔转换系统设备（电动转辙机）、安全型继电器，以及计算机联锁系统等电子产品。1998 年该合资公司通过了 ISO 9001 国际质量体系认证，其产品在中国铁路广泛应用，享有安全可靠的美誉。我在同西门子公司负责人会面时，充分肯定了该合资公司取得的良好业绩，同时也赞赏西门子公司把盈利用于在中国开拓经营、扩大生产的举措。

<h2 style="text-align:center">培训铁路人才</h2>

在利用外资引进先进设备等"硬件"的同时，我们也重视改善管理和培训人才等"软件"的升级。学习先进管理理念和科学管理方法，如管理组织减少层级实行扁平化，开展风险辨识和风险防控管理等，对提高铁路管理水平大有裨益。按照世界银行等金融机构要求，贷款项目必须要有关于生态环保和安置就业的专题研究报告，这对我们有很大压力，也是很大促进。我们抓住利用外资的机会，充分借鉴国际工程管理的经验和运营管理的先进成果，充分借助政府、企业、社会等多种渠道，开展多种形式的国内培训和出国培训。同时，结合铁路科技项目引进外国智力资源，通过中外联合设计、联合咨询等方式，解决了我国发展高铁缺乏经验的现实困难，在培养人才方面发挥了积极作用。

经过多年实践，铁路利用外资工作取得了很大成绩，发挥了重要作用，同时也存在一些需要研究解决的问题。主要是由于铁道部实行统一对外的管理体制，企业使用外资的积极性没有得到充分发挥；利用外资直接投向铁路工程项目几乎还是空白；另外，对利用外资建设的工程项目后评价工作有待加强。

四、筹建京沪高铁

从 20 世纪 90 年代初我国开始研究京沪高速铁路，到 2008 年 8 月我国第一条 350 公里 / 小时高速铁路京津城际建成通车，走过了艰难曲折的发展历程。现在，我国高速铁路通车里程居世界首位，高速铁路技术处于世界领先水平。高速铁路使我国人民享受到了出行方便快捷的幸福感，成为中国铁路"走出去"的一张靓丽名片。

在筹建京沪高铁期间，曾经有三个重大问题引起热议：一是要不要修京沪高铁；二是采用什么技术路线，是轮轨系统还是磁悬浮系统；三是如何引进先进技术。经过反复研究论证，逐步统一认识，做出了正确抉择。

要不要建设高铁

京沪铁路是连接我国华北与华东地区的重要干线，途经北京、河北、天津、山东、安徽、江苏、上海"三市四省"，跨过海河、黄河、淮河、长江四大水系，沿线省市面积占全国总面积的 6.5%，人口占全国总人口的 25.8%，是中国社会经济发展最活跃的地区之一。20 世纪 80 年代末，这"三市四省"的国内生产总值占到全国的 39%。穿行在"三市四省"的京沪铁路营业里程仅占全国铁路的 2%，所完成的旅客周转量、货物周转量却分别占全国铁路的 11.9% 和 8%，因而是世界上最繁忙的铁路干线。改革开放促进和加快了京沪铁路沿线经济社会发展，运量大幅增加，运能已经接近饱和，有的区段已经饱和。20 世纪 90 年代初，为扩大京沪铁路通道客运能力，铁道部提出了建设京沪高速铁路的想法。当时，有几位铁路专家致信国务院领导，认为既有京沪铁路还有潜力可挖，没有必要新建京沪高速铁路。从国家经济实力和科技实力来看，也没有能力修建高速铁路。甚至说，修了高速铁路，老百姓也买不起票。

国务院领导对专家来信十分重视，要求有关部门认真研究。1993 年 4 月，国家科委、铁道部会同国家计委、经贸委、体改委等（以下简称"四委一部"），组织 47 个单位 120 余名专家，围绕工程建设方案、资金筹措与运营机制、国际合作、经济评价等，开展了"京沪高速铁路重大技术经济问题前期研究"。1993 年 12 月，铁道部向国家计委报送了《京沪高速铁路项目建议书》。1994 年 11 月 7 日，铁道部成立了"京沪高速铁路预可行研究领导小组"。1994 年 12 月，"四委一部"课题研究组完成的《京沪高速铁路重大技术经济问题前期研究报告》通过了国家科委主持的成果鉴定。该《研究报告》指出，中国需要发展高速铁路，也有能力建设高速铁路。国务院于同年 12 月批准开展京沪高速铁路预可行性研究。随后，韩杼滨部长要我负责做好京沪高铁项目前期研究工作。我专门听取了给国务院领导写信的几位铁路专家的意见，也向他们介绍了京沪铁路运输紧张状况。1996 年 4 月铁道部完成了《京沪高速铁路预可行性研究报告（送审稿）》，并于同年 5 月 3 日向国务院呈送了《关于京沪高速铁路预可行性研究情况的报告》。1996 年 9 月，国务院总理李鹏听取了铁道部关于京沪高速铁路研究情况汇报，接着铁道部向国务院呈报了《关于修建京沪高速铁路开展预可行性研究的建议》。

中央领导对京沪高速铁路前期工作进展特别重视。1994 年 6 月 8 日，铁道部部长韩杼滨和我向江泽民总书记主持的中央财经领导小组作了汇报，中央领导表示原则同意。1997 年 12 月 26 日，国务院副总理朱镕基视察京九铁路，在从麻城至深圳的专列上同我进行了长达一个多小时的谈话。我汇报了对新建铁路项目的考虑和对进藏铁路方案的研究后，朱镕基副总理说京沪高速铁路可以先做准备，搞个机构，先不要对外讲，3 年准备主要是搞科研、定方案。他特别强调，京沪高速铁路要搞就要用世界最先进的一流技术。我表示一定认真贯彻落实，不辜负领导期望。

轮轨与磁悬浮比较

世界上已建成的高速铁路都是采用轮轨技术。1964 年 10 月 1 日，日本建成世界上第一条高速铁路——东海道新干线。1971 年，法国政府批准修建巴黎至里昂全长 417 公里的 TGV 东南线（其中新建高速铁路线 389 公里），1976 年 10 月正式开工，1983 年 9 月全线建成通车。德国 1991 年 6 月建成曼海姆至斯图加特高速铁路，1992 年建成汉诺威至维尔茨堡高速铁路。随后意大利、西班牙等国也相继建成高速铁路。这些都是轮轨系统，速度从 210 公里 / 小时发展到 300 公里 / 小时和 350 公里 / 小时。

另外一种高速铁路技术就是正在试验研究的磁悬浮系统。如德国 430 公里 / 小时的常导磁悬浮，在艾姆斯兰德 31.5 公里试验线运行。日本 500 公里 / 小时的超导磁悬浮，在山梨 18.5 公里试验线运行。对这两种高速铁路技术，我都多次进行过考察。

1998 年 6 月，中国科学院第九次院士大会、中国工程院第四次院士大会在京召开，国务院总理朱镕基在会上提出，京沪高速铁路是否可以采用磁悬浮技术，希望能用新技术路线取得跨越式发展。中国科学院有 3 位院士，向朱镕基总理呈送了京沪高速铁路采用磁悬浮技术的建议。铁道部认真贯彻朱镕基总理讲话精神，在以往研究基础上进一步加强了磁悬浮技术交流和研究，我再次组织专家出国考察。中国工程院通过论证我国高速铁路技术路线后认为，应该采用轮轨技术。1999 年 1 月至 5 月，中国国际工程咨询有限公司（以下简称"中咨公司"）对京沪高速铁路项目提出了评估意见。1999 年 9 月，国家计委委托中咨公司召开了京沪高速铁路技术研讨会。这次会议规模大、时间长，中咨公司充分听取各方面院士、专家发表的意见，进行了归纳整理。2000 年 1 月，铁道部配合中咨公司完成并向国家计委上报了《关于高速轮轨与高速磁悬浮比较的论证报告》，在这个《报告》中，对院士、专家们提出的意见作了全面陈述。

2000 年 6 月 12 日，国务院总理朱镕基在他的办公室，召集铁道部、科技部等有关部门负责同志开会，听取京沪高速铁路技术研究有关情况汇报。傅志寰部长和我参加了这个会议。我在向朱镕基总理汇报时，概括了对轮轨技术和磁悬浮技术的论证意见，认为磁悬浮技术的优点主要是列车与轨道无接触（没有摩擦阻力），加速度大，运行速度快（速度400～500公里/小时），纵向坡度大（最大10%），对地形适应性好，没有边坡（全是桥梁），占地较少，噪声相对较小；其缺点主要是没有商业运行实践，线路结构复杂，不能与轮轨系统兼容。而轮轨技术的优点主要是技术完全成熟，多国已有实践经验，可与既有普速铁路兼容，因此客运量大，有利于提高经济效益；其缺点主要是有轮轨摩擦力，噪声相对较大，纵坡受限，运行速度为300～350公里/小时。因此我认为，对京沪高速铁路这样的长大干线，采用磁悬浮技术的风险较大，建议先选择线路短的项目建设磁悬浮示范线，取得实践经验后再扩大应用范围。当前，京沪高速铁路建议采用轮轨技术。到会的其他有关部门负责人对我的建议都表示赞同，科技部负责同志强调磁悬浮技术在中国有很大的发展空间。

2000年6月30日至7月3日和10月12日至17日，国务院总理朱镕基先后访问德国和日本时，派出先遣组提前到达德国和日本，考察磁悬浮和轮轨技术。赴德先遣组成员有国家计委副主任张国宝、科技部副部长徐冠华和我三个人。在进行技术考察之后，我们按照国内确定的方案，同德国磁悬浮公司商议了使用德国常导磁悬浮技术（速度430公里/小时），在中国上海修建一条长约30公里示范线的有关问题。在朱镕基总理访德期间，由上海市市长徐匡迪与德国磁悬浮公司签订了《修建上海市陆家嘴至浦东机场磁悬浮示范线的协议》。赴日先遣组成员除我们三人外，增加了中咨公司董事长屠由瑞、北京市副市长汪光焘等。我们一同考察了日本新干线和山梨超导磁悬浮试验线（速度 500 公里 / 小时）。

　　上海磁悬浮示范线从浦东龙阳路至浦东国际机场，全长 33 公里（其中正线 29.863 公里），设计最高速度 430 公里 / 小时，总投资 92.4 亿元。2000 年 8 月成立了上海市磁悬浮交通发展有限公司，由上海中通、中能、宝钢、上海国际、上海汽车及上海电气等 6 家企业组成，注册资本金 20 亿元。在项目前期工作中，我请铁道科学研究院、电气化工程局、电力机车研究所等单位派出专家协助，参加可行性研究等工作。2001 年 1 月 23 日，在上海市政府举行了该项目合同签字仪式。上海市市长徐匡迪、副市长韩正等会见了德方成员，科技部副部长徐冠华、外经贸部副部长张祥和我参加签字仪式。中方签字的是上海市磁悬浮交通发展有限公司总裁吴祥明等 4 人，德方签字的是磁悬浮国际公司董事长等 3 人。该项目 2001 年 3 月 1 日动工兴建，2002 年 12 月 31 日全线试运行。这是中德合作的世界上第一条磁悬浮商业运行线。

自主创新与引进技术

　　经过十多年努力，京沪高速铁路前期工作在科技研究、工程实践、勘察设计等方面都取得了重要进展。特别是从预可行性研究阶段开始，我们把高速铁路技术作为一项系统工程，分别对固定设施、移动设备、列车控制、牵引供电、通信信号、运营管理等 6 个子系统开展专题研究，取得了一批重要成果，为我国推动高速铁路的进展和技术水平的提高，都提供了有力支撑。

这期间，在借鉴国外先进经验基础上，依靠我国自主研究的高速铁路关键技术，组织实施了"三大工程实践"。主要是：1994年12月24日，建成了广州至深圳的准高速铁路，在客货混跑线路上开行160公里/小时的旅客列车；1995年6月铁道部决定在繁忙干线进行技术改造，此后分7个批次，把既有线旅客列车运行速度提高到160～200公里/小时，有的区段达到250公里/小时；2003年10月建成了全长404.6公里的秦沈客运专线，首次实现繁忙干线客货分线运输，旅客列车运行速度160公里/小时，后来逐步提高到200公里/小时。在"三大工程实践"中，可用于高速铁路的路基轨道工程、大跨度整体预制箱梁、牵引供电及通信信号等技术，都取得了新进展；自主研制的各种动车组如蓝箭号、先锋号、中华之星号等，在运行中创造了许多新纪录。

京沪高速铁路勘测设计工作也在不断加强。由铁三院和铁四院负责对线路走向、车站设置、技术标准等进行深入研究，在广泛听取各方面意见基础上，不断进行设计优化。我到京沪铁路沿线调研时，对设计单位提出了明确要求，特别强调要坚持高标准、严要求，在平原及河网地区采用"以桥代路"方案，线路绕避煤矿采空区，车站设置要与城市发展规划相结合，为铁路运输和地方发展服务等。对南京大胜关长江公铁两用大桥这样的控制工程，要在完成施工图设计之后提前开工。为解决软土路基难题，在京沪高速铁路项目未获国家批准之前，由铁道部安排专项资金，先期建设了昆山软土路基桥涵试验段。2002年10月23日至25日，第四届世界高速铁路大会在西班牙首都马德里召开，我在大会上介绍了中国高速铁路发展情况。

2004 年，为尽快赶上世界先进水平，铁道部做出了引进国外先进技术的安排，并向有关中央领导做了汇报。对于这一举措，有些专家持有不同意见。经党中央、国务院研究后，提出了推进铁路技术装备现代化的总方针：引进先进技术，联合设计生产，打造中国品牌。要求铁道部整合国内市场，统一对外招标。法国阿尔斯通、日本川崎重工和加拿大庞巴迪等公司与中国机车车辆企业组成联合体（随后德国西门子公司也加入），转让技术，共同设计，在中国生产，用中国品牌。

中国铁路低成本引进国外高速动车组技术，对迅速提升我国高速铁路发展水平起了积极作用。引进 200 ～ 250 公里 / 小时的动车组，经过消化吸收掌握了关键技术，并在此基础上实现再创新，马不停蹄地研发出中国 300 ～ 350 公里 / 小时的"和谐号"动车组。接着，中国自主设计建造出 350 ～ 380 公里 / 小时的"和谐号"动车组，继而研制出中国标准动车组"复兴号"。我国的高速动车组和高速铁路建造技术，从"陪跑"到"领跑"，进入了世界先进行列。

中国高铁成功之路

中国高速铁路发展之所以能够取得成功，有许多值得总结的经验。我认为最重要的是发挥"集中力量办大事"的社会主义制度优越性，正确处理政府、企业、市场之间的关系。具体反映在三方面。

第一，正确的发展路线。在京沪高速铁路前期工作中，就有许多媒体记者问我，中国高速铁路采用哪一国技术？我很明确也很坚定地回答说，要走中国自己的道路！我们对外国高速铁路技术要学习借鉴，但绝不能照搬，必须要有符合中国国情的发展模式。10多年来，我们坚持奉行的是"以我为主，博采众长，瞄准一流水平，利用后发优势，实现弯道超车"。在研究技术路线时，我们确定采用轮轨技术是正确的。

第二，巨大的市场需求。在中国推进现代化进程中，经济社会加快发展，人民生活水平不断提高，这对铁路提出了更高要求，特别是安全、快捷、高效。各省、自治区、直辖市对修建高速铁路积极性特别高，我们多次修改发展规划，新建高速铁路规模很大，已建成的高速铁路占到世界高速铁路总里程的三分之二以上。旺盛的市场需求，为中国高速铁路发展提供了难得机遇，也为高速铁路技术创新提供了强大动力。

第三，持续的技术创新。中国铁路技术创新已形成了全行业长时期不间断推进的良好机制。坚持系统创新，实现整体功能的倍增和涌现；坚持协同创新，凝聚国内优势的科技资源和产业资源，建立产学研相结合的协同创新体系；组织运用自主创新、集成创新和引进消化吸收再创新，实现跨越式发展，从而引领高速铁路不断创造新辉煌。

五、秦沈客运专线

秦皇岛至沈阳客运专线全长 404.6 公里，是铁道部从全国铁路发展战略出发决定修建的第一条客运专线。它不仅为全国铁路客运快速化做出了示范，也为我国建造高速铁路奠定了基础。

决策建设客专

20 世纪 90 年代后期，随着我国经济社会加速发展，特别是振兴东北老工业基地对铁路运输需求大幅增长，进出山海关的铁路通道运能严重不足。当时，构成进出关通道的既有铁路有京承线、京通线、集通线和沈山线等 4 条。京承线年输送能力只有 300 万吨，京通线年输送能力为 1500 万吨，合资铁路集通线主要运输煤炭。沈山线是进出山海关的主要铁路运输干线，经过多次技术改造已成为双线自动闭塞电气化铁路，1994 年这条铁路干线客货运能利用率就已接近 95%，预计到 20 世纪 90 年代末期沈山线运能缺口会越来越大。因此，迫切需要增加进出关通道运能，新建一条大运能的铁路干线。

那么，这条新建铁路究竟要建成什么标准？带着这个问题，我到沈阳、北京铁路局和有关部门进行了专题调研，并把铁三院提出的多种方案归纳为三大方案。第一个是货运专线方案。新建 120 公里／小时货运专线分流秦沈间直通货物列车，既有沈山线主要承担旅客列车、干支线地方货物列车。这个方案从中长期铁路发展来看，新建货运专线能力有余，既有沈山线能力不足，难以满足发展需要。第二个是客货混运方案。新建 160 公里 / 小时的秦沈双线电气化铁路，分流直通客货列车，既有沈山线承担部分直通货物列车及全部地方客货列车。这个方案的通用性较好，但货物列车运行速度较低（100 公里 / 小时），对运能有影响，工程造价也比较高。第三个是客运专线方案。新建速度 160 公里 / 小时的秦沈快速客运铁路，承担直通旅客列车，既有沈山线承担全部货物列车和少量地方旅客列车。这个方案的新旧线能力之和最大，可以为客货运输发展都留有余地。经过多次研讨论证和技术经济综合比较，同时结合铁路发展战略要求，我赞同推荐新建秦沈客运专线。这是因为，秦沈客运专线投资省、运能大、质量好，有利于运输管理和列车组织，具有明显优势。同时，在繁忙干线实现客货分线运输，不仅客运能力强大，运行速度快、舒适度高，而且能使既有线的货运能力大幅增加，符合发展需要。

接下来，在如何确定秦沈客运专线速度目标值方面，颇费了一番周折。客运快速化是我国铁路客运发展方向，所以从铁道部机关到设计院和铁路局，都希望把秦沈新线修建成为我国第一条 200 公里 / 小时的客运专线。但在铁道部审查秦沈客运专线方案时，韩杼滨部长说我部报送国务院的京沪高速铁路项目尚未获得批准，如果此时再上报修建秦沈高速铁路方案，恐怕很难得到批复，这样就有可能会搁置起来。据此，会后我把铁道部计划司起草的《新建秦沈客运专线项目建议书》文稿修改为"近期按 160 公里 / 小时双线电气化设计"，于 1995 年 6 月报送国家计委，这样就绕避了"高速铁路"这个敏感问题。鉴于铁道科学研究院设在北京市东郊的环线试验场不能进行高速列车运行试验，我提出在秦沈客运专线建设中要有前瞻性，在山海关至绥中段按 300 公里 / 小时标准建设试验段。今后自主研发的高速动车组，可以在这个试验段按照实际速度进行试验，这对提高我国高速铁路技术研发水平具有重要作用。我的这个想法，得到了大家的赞同。1998 年铁道部报送国家计委的《新建秦沈客运专线可行性研究报告》中写明："最高行车速度 160 公里 / 小时以上。"1999 年国家计委转发国务院批准新建秦沈客运专线，确定了"近期设计速度 160 公里 / 小时以上（基础部分预留高速铁路条件）"。

突破关键技术

在新建秦沈客运专线之前，我国铁路已经为高速铁路建造技术，进行了长达近十年方案论证、前期技术积累和试验运营实践。1991 年 12 月 28 日，经国家计委批准，全长 147 公里的广州至深圳准高速铁路技术改造工程正式动工，并在新塘至石龙之间设有 200 公里 / 小时高速试验段。1994 年 12 月 22 日，广深准高铁开通运营，开行了最高速度 160 公里 / 小时的"春光号"准高速列车，成为中国第一条准高速铁路。此后，到 1998 年 10 月，全国铁路又经历了两次全面大提速，特别是 1998 年 10 月 1 日实施的第二次大面积提速，京广、京沪、京哈三大干线提速区段最高速度达到 160 公里 / 小时，广深线最高速度达到 200 公里 / 小时。这就从技术积累和工程试验上，为新建秦沈客运专线奠定了扎实的实践基础。从而更新了设计施工理念，制定了设计施工新标准。不仅要保证运输安全性、可靠性、高效性，而且要突出旅客列车对运行速度、平稳度、舒适度的要求。把科研攻关成果纳入设计暂行规定之中，制定施工细则和验收标准，用新标准指导建设并在实践中不断修改完善。

1999 年 8 月 16 日秦沈客运专线正式开工建设，2003 年 10 月 11 日全线开通运营，工程建设取得一系列具有突破性的关键技术创新成果，为我国高速铁路建设积累了丰富经验。主要体现在：首次把路基作为高标准土工结构物进行设计施工，对软弱地基处理、填筑材料、压实标准、检测要求等都做出了严格规定；路基基床表面采用级配碎石，路基和桥梁连接处设置过渡段，因地制宜地采用土工合成材料等，成为路基工程的有效措施，路基工后沉降量控制在 15 厘米以内，年沉降速率不大于 4 厘米；首次以跨度 20 ~ 24 米整孔预应力混凝土箱形梁作为主要梁型，重新设计、集中预制，用 550 ~ 600 吨架桥机架设，展示了优质高效、刚度增大、整体性好等优势；首次采用一次性铺设跨区间无缝线路机械化作业技术，并在 3 座特大桥上试用无砟轨道技术；首次采用双径路光缆技术，建成数字移动通信系统、网络化遥控信号系统，取消了地面信号机；首次使用自主研发的"弓网受流技术模拟软件"，全面使用额定张力放线车，使接触网架设基本实现一次到位，等等。运用这些科技创新成果，加上高标准、严要求的施工管理，使秦沈客运专线的工程质量达到了新水平。

秦沈客运专线在全线开通运营之前，采用国产动车组"先锋号"和"中华之星"，按照设计速度运行，开展列车综合试验。

在试验运行中，对各类结构物和设备的运行状态进行测试、调整，使各项设备状态稳定。试运初期旅客列车运营速度 160 公里 / 小时，随着运营完善逐步提高到了 200 公里 / 小时。"先锋号"动车组，是我国生产的首列动力分散型动车组，它由两个动力单元组成，每个动力单元又由两辆动车和一辆拖车组成，总功率为 4800 千瓦，载客定员 424 人，运营速度 200 公里 / 小时，最高速度 250 公里 / 小时；"中华之星"动车组，是我国新研制的动力集中型动车组，运营速度 270 公里 / 小时，最高速度 300 公里 / 小时。2002 年 11 月 28 日 8 时 30 分左右，铁道部四位领导在山海关登上"中华之星"动车组等待发车试运行，后来因轴温高而停运，改乘"先锋号"动车组试运行。

发挥重要作用

2013 年 1 月 22 日，我组织中国铁道学会在北京铁道大厦召开了秦沈客运专线开通运营十周年座谈会。来自铁路系统的有关专家、学者和秦沈客运专线参建人员的代表会聚一堂，热烈研讨。铁道部原部长傅志寰、原副部长蔡庆华（主持秦沈客专建设），铁道部总工程师何华武、总规划师郑健，铁道部原总工程师华茂崑、王麟书，以及中国中铁大桥局副总工程师王启愚、原秦沈客运专线建设指挥部指挥长邢福海等 18 位专家和代表，从秦沈客运专线的修建过程、建设管理、技术创新、科技成果、运营管理、社会效益等方面，进行了深入交流与探讨，高度评价了建设秦沈客运专线的重大意义。大家一致认为，秦沈客运专线在中国铁路发展史上具有里程碑意义，为中国高速铁路发展奠定了坚实的技术基础。

我在发言中回顾了建设秦沈客运专线的决策过程，充分肯定了所取得的一系列创新成果，重点阐述了建设秦沈客运专线，对促进东北老工业基地振兴和提高铁路进出关运输通道能力所发挥的重大作用。我认为，秦沈客运专线开通运营十年来，客货运量持续增长，列车运行安全畅通，不仅项目财务效益良好，而且对全国铁路网的整体效益和沿线的经济社会发展，都做出了重大贡献。秦沈客运专线对铁路发展的重要作用，主要体现在三方面：

第一，形成了大能力的客运通道。秦沈客运专线平行图通过能力每天约 200 对，2012 年开行客车 54.5 对，日均输送旅客 10.3 万人，旅客运量逐年攀升。由于秦沈客运专线分流了客运，使既有沈山线能完成更多的货物运量，年均增长 4.5%。秦沈客运专线高密度开行旅客列车，使北京至沈阳间旅行时间缩短，提高了铁路市场竞争力。同时，也优化了沿线地区综合交通格局，缩短了城镇时空距离，拓展了城乡发展空间，有力推动了沿线产业布局改善和经济社会发展。

第二，探索了客货分线的运输组织模式。随着国家经济的发展和人民生活水平的提高，旅客运量增加，对铁路运输提出了更高要求。秦沈客运专线以小编组、高密度开行旅客列车，优化了旅客列车开行结构，确保了旅客列车运行安全、正点，提高了旅客乘车的舒适度，改善了客运服务质量，为推广繁忙铁路干线客货分线运输提供了宝贵经验。

第三，强化了发展高速铁路的技术基础。建设秦沈客运专线，是我国提高铁路设计施工技术标准的一次成功实践，使我们掌握了一些建设高速铁路必须突破的关键技术，登上了技术新台阶，为我国发展高速铁路提供了有力的技术支撑。同时，秦沈客运专线也培养了一批高质量的专业技术人才和管理人才，为我国发展高速铁路提供了有效的人才保障。

六、应急救援启迪

"安全第一"，是铁路始终坚持的工作方针。由于种种原因，包括设备、技术、管理、环境及人为因素影响等，铁路运输有一些安全事故发生。我经历了多起突发事故的抢险救援，从中也受到一些有益的启迪，其中最主要的就是要把"安全责任重于泰山"摆在铁路可持续发展重中之重的位置。

隧道火灾

20世纪80年代至90年代，铁路发生了多起隧道火灾事故，我多次在现场指挥灭火救援工作。发生火灾的前提，有可燃物、氧化剂和引火源三个基本要素。可燃物与氧化剂在引火源的激发作用下，发生放热化学反应即形成火灾。

1987年8月23日7时34分，由兰州站发出的1818次货物列车，在行驶到陇海线兰州东至桑园子站间穿越十里山二号隧道时，因钢轨疲劳损伤断裂没有及时更换，造成机后六七辆油罐车脱轨颠覆，16个油罐车在洞内起火，烈火燃烧了一昼夜，洞口冒着滚滚浓烟，抢险队伍难以靠近，使陇海线天水至兰州段中断行车201小时56分钟，导致3名押运人员死亡，报废货车23辆，大破3辆，中破1辆，隧道裂损179米，损坏线路763米，直接经济损失240万元，损失极其严重。

1993年6月12日，一列运油列车在西延铁路蔺家川隧道燃烧起火，原因是当地炼油厂自备的油罐车顶盖未拧紧，在炎热的气温下产生油气外泄所致。油罐车里装载的稠原油受到日晒蒸发，这些原油蒸汽与空气混合后形成易爆性混合物，遇到明火、高温或氧化剂，均可以引起爆炸。

给我留下最深刻印象的一起事故是，1990年7月3日14时16分，编组55辆总重3379吨的0201次货物列车，由SS1型605号机车牵引，行至襄渝线梨子园隧道（长1776米）内，发生爆炸火灾事故。事故造成列车脱轨颠覆17辆，死亡4人、重伤7人，车辆报废28辆，损坏线路340米、通信电缆2.7公里，直接经济损失约500万元。经过22天日夜奋战，7月25日14时56分隧道内的车辆、轨道起修复完毕；7月26日13时50分线路开通运营。此次事故中断行车550小时54分钟，造成了重大人员伤亡、经济损失和不良影响。经过调查分析，确认该事故是因油罐超载，孔盖密闭不严，在大气温度急剧增高、罐内压强增大的情况下，产生油气外溢，甚至喷出了油柱，在隧道里形成的油气团浓度升高。当油气浓度达到一定程度，接触网的绝缘表面放电成为火种，引发了大爆炸。

　　这起隧道火灾的特点，主要是隧道内的热量不易排除，形成1000℃以上的高温，烟气浓度高、毒性大；烟气向隧道进出口扩散，阻断疏散和救援通道，这是由隧道火灾引发的热动力现象造成的，如烟囱效应、节流效应、烟流滚退、风流逆转等。所以参加隧道火灾应急处置，绝对不能盲目采用通风方式。

　　我在参加多起铁路隧道火灾事故抢险救援中，总结出了三条主要应对措施：首先要断氧熄火，组织力量尽快封堵洞门，使洞内火势因缺氧逐步减弱；其次要灌水降温，洞内油气燃烧形成高温环境，需要大量注入流水加快灭火降温，为抢险队伍进洞创造条件；第三要通风排毒，在确认洞内明火全部熄灭后，立即打开封堵的洞门，让洞内空气流通，必要时增加鼓风机，以排出或稀释洞内有害气体。处理隧道火灾事故，铁路没有专业应急救援队伍，自发救援极易造成人身伤亡，必须请当地专业消防队伍进行支援。经组织解放军、公安消防、矿山救护队和民兵，同铁路部门一起进行灭火战斗。在测定隧道内温度和有害气体含量等达到安全指标后，我和铁路局领导打着手电筒进洞，查看车辆颠覆情况和隧道结构受损情况。事故调查组和事故救援组迅速开展工作，根据现场实际情况，研究起复车辆、整修轨道等工作方案，尽早恢复线路运输。

防洪抢险

　　每到夏、秋两季，我国从南到北防洪任务都非常艰巨。洪灾不仅危及铁路运输安全，也影响职工和家属的正常生活。1996年

7月中旬，柳州铁路局管内发生洪水灾害，我赶到现场组织指挥抗洪抢险。此时，柳江最高洪水水位已经达到93.02米，比有史以来记载的最高洪水水位（1902年91.94米）还高出1.08米。全局因洪灾中断行车189小时，90%以上的铁路单位和家属宿舍被淹。我察看受灾情况，慰问受灾职工，决定给柳州铁路局增拨救灾专款，向受灾职工发放补贴，这起到了稳定队伍的作用。同时，加强抢险力量，恢复水毁工程，保证运输安全。由于湘桂线柳江铁路大桥建设年代久远，抗洪能力只有20多年一遇特大洪水的标准，我认为必须提高大桥的抗洪能力。有专家建议抬高桥梁，我请铁科院做了水工模型试验。1997年5月，我主持召开有桥梁专家参加的论证会。论证结论表明，如果将大桥抬高2米，只能达到50年一遇特大洪水的标准。这个结论表明，抬高桥梁方案只是权宜之计，不能达到100年一遇特大洪水标准。所以，我要求有关部门研究在柳江上游约8.3公里处修建一座新桥的方案，使抗洪能力要达到100年一遇。

1998年8月中旬，东北的嫩江、松花江流域洪水成灾，哈尔滨铁路局防洪形势严峻。我飞抵哈尔滨后，直接从机场到滨洲线、滨北线检查铁路防洪工作，直到天黑才到招待所休息。齐齐哈尔铁路分局所辖的平齐线早已是汪洋一片，511公里处的路基被洪水冲开，抢险职工正在路基决口处奋战，常用的抛填块石办法根本不能奏效，抛向决口的块石瞬间就被急流冲走。最后改用报废货车装满块石，连车带石一起倾倒下去，这才堵住了路基决口。

在哈尔滨检查防洪工作时，我获悉黑龙江省政府已经作出炸毁松花江大桥桥头路基的预案，若洪水水位上升到 121 米时，他们将炸毁桥头路基进行泄洪。我感到此事重大，立即查阅大桥设计图纸，了解大桥处最新的水文情况。根据大桥设计文件和现场观察水位，我认为大桥下净空可以满足最高水位的泄洪要求。8 月 19 日，国务院副总理温家宝到哈尔滨视察防洪工作。当晚，我向温家宝副总理汇报了哈尔滨铁路局防洪情况，特别提到要全力确保滨洲线国际铁路通道安全畅通，不同意炸堤泄洪，并阐述了具体理由。我说，滨洲线和滨北线都是运输十分繁忙的铁路干线，每天开行 100 多对列车。如果炸堤泄洪，势必中断铁路运输，不仅影响黑龙江省和内蒙古自治区的经济发展，对国际贸易往来也会造成很大影响。当前，松花江大桥有足够的防洪能力，即便是在河床抬升 4 米情况下，从最高洪水位至大桥梁底仍然有 8 米高的净空可以排水。所以不是由于大桥阻水影响，而是哈尔滨市松花江北堤修建标准太低，抗洪能力不足。温家宝副总理听后表示肯定。经温家宝副总理给黑龙江省领导说了以后，保住了松花江大桥的桥头路堤，也保障了滨洲线、滨北线的运输畅通。

8 月 20 日凌晨 2 时 20 分，在松花江第三次洪峰到来之前，我乘轨道车来到松花江北岸，看到有 300 余名铁路职工正在装运土袋加固子堤。我代表铁道部向抢险职工表示慰问，宣布给哈尔滨铁路局增拨救灾专款，要求铁路局领导安排好职工生活，保证受洪灾职工在入冬之前住进新房。抢险职工深受鼓舞，抗洪劲头更加充足。

山体坍塌

山区铁路高边坡地段，在雨季经常发生塌方断道事故。宝成铁路马蹄湾站至徐家坪站区间桑树坪隧道北口的山体崩坍，就是一个典型代表。该区间线路沿嘉陵江岸边坡脚通过，山体自然坡度为 45 度至 50 度，相对高差 370 米。裸露基岩为千枚岩，褶皱裂隙发育，岩质松软破碎，山体坡面有亚黏土层覆盖，植被比较茂密。宝成线通车以来，这一区段曾多次发生塌方，为此增建了拦石墙、明洞、棚洞等防护措施。1992 年 5 月 20 日，桑树坪隧道北口突然发生山体大量崩塌，致使宝成线运输中断。

接到事故报告后，我立即给郑州铁路局和西安铁路分局领导打电话，要求迅速组织力量进行抢修。随后我乘飞机到西安，再转乘火车赶赴事故现场，看到山体上高约 210 米范围内的崩塌体，约有 5 万立方米以上。崩塌的土石越过明洞、棚洞冲入嘉陵江中，越过拦石墙掩埋线路，掩堵了桑树坪隧道北口。这次山体崩塌不仅体量大，而且受到地形限制，抢险机械进场作业非常困难。我和铁路局领导及已赶到现场的专家一起，研究确定了抢险方案，按照"削方减载、清理塌方、抢搭防塌棚、抢建新明洞"的四个步骤有序推进。我在现场成立了以郑州铁路局为主的抢险指挥部，组织有关单位上千名职工投入抢险，并要求铁一院、铁一局和铁科院火速支援技术力量，研究加快抢险的关键问题。抢险队伍冒着频繁落石的风险，顶着高温日晒，迎着尘土飞扬，在机械难以进场情况下，突击搭建枕木垛、修筑防塌棚，在确保安全的前提下，开展平行作业和立体作业，争分夺秒，连续奋战。

我白天在抢险现场了解各项措施的落实情况，针对抢险过程出现的新问题，及时研究制定新对策，晚上回到停靠在车站的公务车上休息时，仍然放不下心，最担心发生抢险过程中的安全问题，因为山体千枚岩严重风化，有再次发生塌方或滑坡的风险。于是，我要求抢险指挥部开展预防塌方监测工作，随时掌握山体稳定性的变化动态，同时建立多道安全防线，预防抢险中发生人身安全事故。经过7天夜以继日的顽强奋战，终于在5月27日23时恢复了宝成线运输，受到了国务院领导的表扬。四川省人民政府专门向抢险队伍表示慰问，因为宝成线恢复运输，可以立即解决四川省用油的燃眉之急，对四川省的发展和稳定是有力支持。

通过这次抢险，我认为在山区铁路建设中，要尽量避免修建高边坡、深路堑或高路基，以修建隧道（包括明洞、棚洞）或桥梁为好。对于既有山区铁路高边坡路基的稳定性，特别是坍塌、滑坡、落石等自然灾害，要高度重视，系统治理。对于严重灾害多发地段，如宝成线马蹄湾站至徐家坪站区间，应当研究改线措施。所以，在抢险结束后，我要求铁一院抓紧研究改线方案，以便彻底消除自然灾害对铁路运输构成的威胁。

桥梁垮塌

铁路桥梁垮塌事故十分罕见。1994年5月19日深夜，一阵急促的电话铃声，把我从睡梦中唤醒，铁道部运输局总调度长紧急向我报告说，浙赣线樟树赣江铁路大桥发生列车颠覆事故，大桥垮塌，运输中断。我立即赶到铁道部调度指挥中心，与上海铁路局局长张龙和南昌铁路分局领导通电话，询问事故发生情况，并电令正在修建浙赣复线樟树赣江新桥的铁道部大桥局五处处长，立即组织力量投入抢险。

浙赣线樟树赣江大桥建于1973年，为9孔跨度60米的下承式钢桁梁桥，全桥长570米。5月19日20时11分，一列由新余站开往向塘西站方向的货物列车经过樟树大桥时，机后第16位平板车所装载的挖掘机回转平台发生转动侵入限界，撞击钢桁梁杆件，使第9孔钢桁梁垮塌后落入江中，并有5节车辆坠落，导致浙赣线中断运输。我要求上海铁路局研究抢修方案，组织队伍救援抢修。5月20日上午，我在铁道部机关组织有关部门研究樟树赣江大桥抢修方案。有人提出在现场制作一孔60米的钢桁梁，再架设到位，但这需要几个月时间。此方案显然不可行，必须采取临时措施，尽快恢复通车。经过对几个方案进行比较，最后确定采用16米+16米+24米钢板梁方案。考虑到赣江水深，建设水中桥墩难度较大，我就把修建水中临时桥墩的任务交给有专业优势的大桥局五处承担，架设钢板梁任务则交给上海铁路局向塘桥隧段负责。

我带领桥梁专家和安监人员赶到事故现场，先在桥上看了钢桁梁损坏情况，接着乘船查看落水钢桁梁和车辆状态。此时，大桥局五处的35吨浮吊已经就位，正在清理钢桁梁杆件等；驳船上正在准备修建水中临时桥墩用的大块石笼；铁路局的临时钢钣梁也已准备就绪。经过各方协同奋战，临时便桥很快架设完成，由上海铁路局进行临时便桥的静载试验和动载试验，达到设计要求后于 5 月 27 日浙赣线恢复运输。

经调查分析，导致发生这起事故的原因，主要是挖掘机回转平台在装车时加固不牢，造成运输途中捆绑回转平台的钢丝磨损拉断，回转平台摇摆转动超限，撞断桥梁杆件所致。

客车事故

旅客列车事故以火灾、颠覆、追尾撞击最为严重。1988 年 1 月 7 日 23 时，从广州开往西安的 272 次旅客列车，从京广线马田墟车站通过时，外勤值班员发现机后第 6 位硬座车厢中部起火，立即用无线电呼叫司机停车。经分解列车、隔离燃火车厢和采取灭火措施，1 月 8 日凌晨 1 时许将火扑灭。此次事故造成 34 人死亡、6 人重伤、24 人轻伤，客车大破 2 辆。事故发生后，我带领铁道部运输局和安监司人员赶赴现场，先到医院看望受伤旅客表示慰问，又组织人员处理死亡旅客的善后事宜。经调查了解，发生事故的主要原因，是一名旅客携带 2.5 公斤的酚醛防锈油漆洒落在车上，被吸烟时掉落的火柴引燃导致火灾。这次事故的主要责任在携带易燃品上车的旅客，但车站方面安全检查不严，也应吸取教训。

1988 年 1 月 24 日凌晨 1 时 22 分，由昆明开往上海的 80 次特快列车，运行到贵昆线且午站至邓家村站之间时，在弯道上发生列车颠覆事故。机后第 2 位至第 7 位车辆颠覆（有的车辆已冲下路基倾倒），第 8 位至第 13 位车辆脱线，第 14 位车辆一根轴脱线，只有第 15 位车辆保持正常，机车和连挂于其后的行李车与后部车辆脱开后仍继续开行了一段距离才停了下来。这次列车颠覆事故，造成 88 人死亡，62 人重伤，140 人轻伤；客车报废 7 辆，损害线路 225 米。线路经抢修于 1 月 25 日 21 时 55 分开通，中断正线行车 44 小时 33 分钟。这次事故是新中国成立以来罕见的交通事故，给人民生命财产造成了重大损失，引起了国内外各界的极大关注。事故发生后，云南省省长和志强立即赶到现场组织抢救伤员。1 月 25 日，铁道部部长丁关根和我陪同国务院秘书长陈俊生从北京乘飞机前往昆明，再从昆明机场乘直升机到达群山环绕的事故现场。我在现场迅速组织各方面人员，成立事故调查组、抢修组和缮后组，以最快速度把受伤人员送到曲靖市进行医治；死亡人员名单经过核实，及时通知了有关单位或亲属；开展清理现场残车、修复损毁线路和接触网等一系列恢复通车的工作。国务院成立了"80 次列车事故"调查组，进行深入细致调查，认为这是一起严重的责任事故。关于事故原因，调查组对接触网导线断裂、客车电瓶箱脱落导致事故发生之说予以否定，主要聚焦在司机违章超速驾驶上。这起重大事故暴露了铁路基础工作薄弱，管理制度不严，劳动纪律松弛，教训极其深刻。

2011 年 7 月 23 日 20 时 30 分，在甬温铁路永嘉站至温州站之间，发生了旅客列车追尾事故，造成了 40 人死亡、192 人受伤。我作为国务院"7·23 事故"调查组副组长，参加了全程调查活动。这次事故原因清楚，主要是列车控制中心设备存在严重设计缺陷，二极管被雷电击坏后信号机未导向安全。同时，铁路运输管理也存在薄弱环节，值得吸取教训。

　　参加铁路突发事故应急救援活动，使我深感安全责任重于泰山，同时也从中获得了一些启迪。多年来铁道部总结的安全经验，开展"人防、物防、技防"，治理沿线环境，都非常重要。但全员安全意识、风险管理水平、应急管理能力等，确有不适应之处，必须常抓不懈。对于铁路工程建设，我认为必须提高设计标准，在确保结构应力、变形等要求基础上，增加突发事故下的"韧性"要求。重要线路、特殊工程的寿命期，可从 100 年提高到 120 年，为铁路运输提供高安全高可靠的铁路工程设施。

七、西藏铁路展望

　　2004 年，青藏铁路建设整体推进形势喜人。在全线主体工程即将基本完工之际，我就开始思考西藏下一个要实施的铁路建设项目和未来西藏铁路网规划问题。因此，我要求深入开展西藏铁路发展规划研究。铁道部经济规划研究院、铁一院和铁二院研究后，提出了建设川藏铁路、滇藏铁路、新藏铁路、甘藏铁路等多条进藏铁路，那曲至昌都铁路，以及通往尼泊尔和印度锡金的国际铁路等，构成完善的西藏铁路网。

　　我在深入分析这些研究成果后认为，必须依据国家战略要求，分次安排，有序推进。我把修建拉萨至日喀则铁路（拉日铁路）摆在前面。理由是：日喀则在西藏自治区是仅次于首府拉萨的第二大城市，是历史文化名城，同时又是历代班禅的驻锡之地。青藏铁路建成之后，接着修建拉日铁路，有利于藏传佛教格鲁派的团结和睦。另外，日喀则也是修建从中国到尼泊尔铁路的出发地。接着，再修建拉萨至林芝铁路（拉林铁路），林芝素有"西藏小江南"的美誉，自身发展迫切需要建设对外通道，同时拉林铁路也是川藏铁路和滇藏铁路的重要组成部分。随后再安排其他铁路项目，为西藏可持续发展提供基础性、战略性支撑。

为深入了解拉日铁路和拉林铁路线路走向，以及拉日铁路延伸线的中尼铁路、中印铁路线路走向，我带领铁道部机关和有关单位人员，进行了现场踏勘和全面考察。在青藏铁路建设期间和青藏铁路通车运营以后，对构建西藏铁路网的川藏铁路和滇藏铁路，我也进行了现场踏勘调研并提出相关建议。

考察拉日铁路

铁一院副院长李宁向我汇报了拉日铁路概况。他说这条铁路是新藏铁路的组成部分，初步研究共提出了三个走向方案：第一个是沿雅鲁藏布江方案，第二个是羊八井方案，第三个是江孜方案。2003 年和 2004 年我两次考察拉日铁路走向方案。

沿雅鲁藏布江方案。该方案从拉萨站出发沿拉萨河而下，经堆龙德庆区、曲水县后折向西（拉萨河在曲水汇入雅鲁藏布江），溯雅鲁藏布江而上，穿越长达 90 公里以上的雅鲁藏布江峡谷（雅鲁藏布江峡谷是印度板块与亚欧板块撞击的缝合带，地质破碎，灾害甚多），经尼木、仁布、大竹卡进入雅鲁藏布江开阔平地，抵达藏西南重镇日喀则，全长 253 公里。这个方案的突出优点是沿线海拔较低，在 3600 米至 3800 米之间，线路纵坡较小，对建设和运营均为有利。缺点是地形地质复杂，峡谷地带山体陡峭，缺少台地和展线空间，地表岩层风化松散。铁路线路不能靠近山坡，必须桥隧相连，造价相对较高。

羊八井方案。该方案的起点站为青藏铁路羊八井站，海拔较高，纵坡较大，但新建铁路只有约 220 公里，没有"峡谷"困难问题。从羊八井断陷盆地和 9 级地震裂区液化带，以长大隧道穿越北陡南缓、海拔 5280 米的雪古拉山垭口，翻过两道沟上到海拔 4800 米的冬古拉山，再沿麻江从芒热沟到大竹卡，进入日喀则。这个方案可利用青藏铁路拉萨至羊八井段约 90 公里线路，新建线路短，平均海拔在 4000 米以上，要以长大隧道穿越雪山，线路纵坡陡，将会影响列车运行速度。沿线没有县、镇等居民点，对地方经济的带动作用不明显。

江孜方案。该方案从拉萨站出发，跨雅鲁藏布江，沿着泥泞道路翻越海拔 4650 米的岗巴拉山口，就到了贡嘎县境内的羊卓雍措。羊卓雍措在藏语中意为"碧玉湖""天鹅湖"，是一个海拔 4441 米的高原堰塞湖，位于拉萨西南约 70 公里处，湖水流入雅鲁藏布江。1991 年，武警水电部队在这里修建了一座世界上海拔最高、水头最高的混合式抽水蓄能电站。电站利用羊卓雍措与雅鲁藏布江之间高达 840 米的天然落差，取羊卓雍措的湖水，通过引水隧洞和压力钢管，引水至雅鲁藏布江边的发电厂进行势能发电。我们在考察途中，沿着羊卓雍措畔行进时，恰逢雨过天晴，湖面上空映出三层彩虹，呈现出令人神往的美景。离开羊卓雍措后，经白地、浪卡子、江孜到达日喀则。沿途经过的江孜，是一座抗英名城，也是西藏"一江两河"开发中的年楚河重点开发区和西藏自治区的"米粮仓"。我们到达江孜时，那里正在开展纪念抗英100周年活动。我们来到1904年西藏人民抗击英帝国主义侵略者的炮台遗迹前，向英雄们致敬！江孜方案从拉萨至日喀则全长310公里，其突出优点是把拉萨、江孜和日喀则三座名城连为一体，带动地方经济社会发展的作用比较显著。缺点是雅鲁藏布江与羊卓雍措仅一山之隔，地势高差达特别大，铁路展线十分困难。

我们对沿雅鲁藏布江方案、羊八井方案和江孜方案，从多方面进行了反复比较。我认为，推荐采用沿雅鲁藏布江方案比较好。该方案穿越雅鲁藏布江峡谷地段，桥隧工程艰巨，所以应建设电气化铁路，内燃机车牵引只能作为过渡措施。当我把这个意见给西藏自治区政府和日喀则市政府领导谈后，他们都表示赞同。

日喀则的藏文全称是"溪卡桑珠孜"，意为"土质最好的庄园"。它地处喜马拉雅山、冈底斯山、念青唐古拉山三大山脉之中，雅鲁藏布江与年楚河汇流于此，形成河谷平原。由于地处雅鲁藏布江上游，故有"后藏"之称（拉萨称为"前藏"），扎什伦布寺是日喀则的象征，寺院依山而建，是历代班禅的驻锡地。我到日喀则考察铁路方案，不仅日喀则市党政领导高度重视，而且受到了当地藏族群众的热情关怀。

考察中尼铁路

早在 1973 年 12 月 9 日，毛泽东主席在中南海会见尼泊尔国王比兰德拉时就讲过，我们要修建青藏铁路，把铁路修到拉萨，今后还要修到中尼边境。铁一院向我汇报的中尼铁路走向方案，就是拉日铁路建成后，从日喀则站引出向南延伸到中国边境口岸站，再进入到尼泊尔。

2004 年 8 月，我带队考察了中尼铁路走向。我们从日喀则出发，经拉孜、定日县，从喜马拉雅山支脉北麓到南麓聂拉木县，再往南行走就是植被茂密、风光幽美的樟木沟，沿着大山沟的险峻公路，顺着长大下坡直到沟底，就到达了中尼边境的樟木口岸。这里是中国最独特的边境小镇，中国一侧的山坡上房屋建筑层层叠叠，不太宽的街道上车辆和游客熙熙攘攘，口岸边境贸易兴旺，被称为"西藏小香港"。樟木口岸旁边有一座钢筋混凝土拱桥跨越中国与尼泊尔的界河——波曲河，被称为"友谊桥"，连接着中尼两国公路。通过这次实地考察，我对从日喀则到樟木口岸的铁路线深表担心，因为该方案经行波曲高山峡谷区，从夏木德、聂拉木县至樟木口岸，航空距离约 21.7 公里，但高差却达到 1700 米，自然纵坡平均在 80‰以上。铁路沿线地形险峻，峡谷地带要实施多次展线，而且地质灾害严重，加上长大下坡列车制动困难，对运行安全构成很大威胁。所以我希望铁一院再做方案比较。

后来，铁一院又提出了中尼铁路不走樟木口岸，改为吉隆口岸的新方案。铁路从日喀则站引出，向西经萨迦县，穿越仲拉山，经过定日县，沿着朋曲、门曲河谷到佩格错（湖）后，穿越喜马拉雅山支脉马拉山，再从夏木德经行吉隆藏布高山峡谷到吉隆口岸。吉隆沟地形最困难地段为吉隆镇至吉隆口岸，直线距离约18公里，高差达1100米，自然纵坡平均为61‰左右。因此，我认为同樟木口岸方案相比，吉隆口岸出境方案相对要好，可以对线路走向做进一步优化。

在研究西藏铁路发展规划时，我也考察了从日喀则到亚东口岸的中国印度铁路方案。我们乘汽车从日喀则出发，经江孜、嘎拉、堆纳、帕里到达亚东县，看到亚东口岸中印两国边贸往来比较活跃。亚东口岸的前方就是乃堆拉山口，这是中国西藏自治区同印度锡金邦的交界之处。鉴于中印两国关系现状，这个项目只能作为长远规划的设想。

考察拉林铁路

拉萨至林芝铁路（拉林铁路），是西藏铁路网规划中川藏铁路和滇藏铁路的共线地段。2004年7月中旬，我带领铁道部有关部门和有关单位人员，在西藏自治区政府副主席杨海滨陪同下，考察了拉林铁路线路走向方案。铁二院院长漆宝瑞向我汇报了拉林铁路的技术标准，提出了两个铁路走向方案，即沿尼洋河的北线方案和沿雅鲁藏布江的南线方案。

北线方案。我们先考察了沿尼洋河的北线方案。该方案从拉萨出发，沿拉萨河而上，经达孜、墨竹工卡后，翻越海拔5013

米的米拉山口。在到达山顶时，我下车察看了地形和越岭长隧道的位置。随后沿着尼洋河而下，经过工布江达到林芝。拉林铁路途经两个地市 5 个县，全长 395 公里，其中约 100 公里在海拔 4000 米以上。沿线不良地质较多，以泥石流最为严重。林芝享有"西藏小江南"的美誉。我是首次到林芝，当地政府负责同志向我介绍了林芝的自然环境和经济社会发展情况，表达了对修建拉林铁路的热切期盼。林芝的海拔高度不到 3000 米，我在这里基本上没有较强的高原反应，看到眼前的高山上森林翠绿，谷地上江河奔流，台地上农田整齐，心情非常爽朗，有想放声歌唱的冲动。在林芝八一镇一个小村庄里，我们看到了一片神奇的古柏林，这里的柏树最长树龄有 2500 多岁，其中有一棵古柏树被称为"柏木之王"，它高约 50 米，直径约 5.8 米，树围竟然长达 18 米，这真是大自然的瑰宝。古柏林周围的藏族寺庙也与现代城镇相映生辉，给我留下了美好印象。

南线方案。我从林芝返回拉萨时，又一鼓作气地考察了沿雅鲁藏布江的南线方案。该方案从林芝出发，溯雅鲁藏布江而上，经林芝地区的米林、朗县，山南地区加查、桑日、乃东（泽当）、扎囊，最后到达拉萨市。沿线途经 3 个地市 10 个县，全长 462 公里。该方案的线路从海拔 2900 米攀升到海拔 3650 米，当我们考察组车队翻越赫赫有名的加查山时，其中一辆汽车在陡坡弯道上发生故障。由于这里没有手机信号，想方设法联络未果，我们只能摸黑探路，却又遇到河水暴涨的阻拦，最后只能改道前行。等我们到达山南地区时，已经接近午夜。山南地区领导由于联系不上我们，非常为考察人员的安全担心，一直十分焦急地在地区招待所等候。第二天上午，山南地区领导向我和考察组人员汇报了当地经济社会发展情况，然后表达了他们的强烈愿望，就是希望拉林铁路经过山南地区，认为这是山南地区千载难逢的发展机遇。

考察结束后，我和考察组人员一起对拉林铁路的北线和南线方案进行了初步比较。我认为南线方案虽然线路较长、投资较多，也有不良地质问题，但是在地理位置、地质条件、水电矿产、旅游资源和带动地区经济社会发展等方面，均有一定优势。特别是南线方案海拔高度相对较低，不仅有利于施工，而且也有利铁路运营期间的旅客安全舒适。我明确表态推荐南线方案，要求铁二院进一步优化勘察设计，适当提高设计标准，特别要在防止地质灾害方面狠下功夫。西藏自治区领导对此表示完全赞同，山南地区领导特别感到高兴。

调研滇藏、川藏铁路

滇藏铁路。2003 年后，我曾调研过滇藏铁路云南段线路方案，并参加了铁二院对滇藏铁路可行性研究报告的讨论，基本形成了一致意见。铁道部与云南省商议后，决定实施分段建设滇藏线。在广通至大理铁路（广大铁路）通车后，继续建设大理至丽江段，随后建设了丽江至中甸（香格里拉）段，再往前就到了云南省与西藏自治区交界的梅里雪山。滇藏铁路建成后，可以从拉萨出发经林芝、波密、德钦、香格里拉、丽江、大理到昆明，与南昆铁路相接，到达北海、湛江等海港，是西藏自治区最便捷的出海通道。

同时，也可以经大理至瑞丽的大瑞铁路，与缅甸铁路相连；或经中国到老挝的中老铁路，经泰国到达新加坡。所以，修建滇藏铁路，对于西藏自治区发展外向型经济，扩大出口贸易，融入国际经济圈和促进西藏经济大发展，都具有十分重要的意义。

川藏铁路。川藏铁路按照分段实施原则进行建设。其中，全长 142 公里的成都至雅安段，已于 2018 年 12 月开通运营；全长 435 公里的拉萨至林芝段，2015 年 6 月开工建设，2021 年建成开通。新建雅安至林芝段 1011 公里（其中西藏境内 538 公里），设计速度 120～200 公里/小时。它穿越横断山脉，跨过大江大河，地形起伏很大，工程十分艰巨，桥隧长度占到了全线总长的 94.8%，其中，隧道总长度占到全线总长度的 82.4%。为了加深川藏铁路建设，中国铁路总公司成立了由王建盛任董事长、徐建军任总经理的川藏铁路公司（筹备组）。中铁二院院长朱颖和中铁一院院长董勇亲自抓川藏铁路工程深化研究工作。2019 年 4 月下旬，由中国工程院副院长何华武院士等率领专家调研组考察川藏铁路雅安至林芝段。4 月 22 日，我在重庆主持一个研讨会，并应邀到重庆大学给师生做了报告。会后，我连夜乘高铁赶到成都，于 4 月 23 日清晨同调研组一起从成都双流机场乘国航班机飞往西藏林芝。上午 10 时许，专家调研组到达林芝机场后，马不停蹄，立即改乘汽车前往现场踏勘考察。承担川藏铁路林芝至昌都段设计任务的铁一院负责人，向我们介绍了线路走向和重点桥隧工程，并详细介绍了长达 42.5 公里、全线最长的易贡隧道。从林芝到波密这一段海拔较低，一路上青山绿水，满目百花，空气湿润，景色宜人，令人心旷神怡，当晚就住宿在波密。8月24日上午，我们早起出发，沿路翻越伯舒拉岭，跨过怒江，顺着72道拐攀行到果拉山垭口，察看设在开阔高地上海拔4339米的全线最高车站邦达站。接着我们越过他念他翁山，调研昌都车站的站位和澜沧江大桥桥位，傍晚到达海拔3500米的藏东重镇昌都，在那里落脚休息。8月25日开始，由铁二院设计负责人介绍沿线工程情况。我们一路奔波，经芒康山到贡觉，进入四川省境内，调研金沙江桥的桥位，当晚下榻在巴塘。8月26日，考察组人员不顾连日疲劳，一鼓作气地翻过沙鲁里山到达理塘，在那里调研雅砻江桥的桥位，还察看了折多山隧道和康定车站的站位。康定是川藏交通的咽喉，藏汉交汇的中心，解放前曾是西康省的省会，现在是四川省康定市。8月27日上午，我们到达了红军长征抢渡的泸定桥，在水电站下游调研了大渡河大桥方案，以及川藏铁路雅安接轨站。

现场调研结束后，8月28日在成都召开了调研成果研讨会。我在会上发言，主要谈了三点建议：第一，要深化项目前期工作，增加投资，增强力量，查明沿线工程地质、水文地质情况，为设计提供可靠依据；第二，要强调风险意识，如长大隧道、大跨度桥梁的建设和运营风险，以及严重自然灾害威胁等重大风险，设计必须有充分的研判和有效的对策；第三，要把川藏铁路作为推进"交通强国"的标志性工程，努力建设绿色智能川藏铁路，保护生态环境。

2019年8月29日，我应邀赴拉萨，参加西藏自治区川藏铁路专家咨询座谈会。西藏自治区党政领导聘任我为川藏铁路建设专家咨询组组长。对此，我深感荣幸，愿为川藏铁路建设献计献策。会后几个月，专家咨询组多次研讨，对西藏境内先建林芝到波密试验段工程和保护生态环境等，提出了若干建议。

2020年，习近平总书记对川藏铁路开工建设作出重要指示，强调发扬"两路"精神和青藏铁路精神，高质量推进工程建设。刘鹤副总理宣布川藏铁路雅安至林芝段开工建设，这是构建西藏铁路网的重大举措，是繁荣西藏、巩固国防的战略决策。我坚信为实现"交通强国"的宏伟目标，努力攻克川藏铁路等"超级工程"建设难题，一定会增强中国铁路核心竞争力，提升中国铁路国际话语权。"老夫喜作黄昏颂，满目青山夕照明。"我愿为构建西藏铁路网和提高中国铁路水平继续鼓与呼，愿为推进铁路强国建设再尽绵薄之力。

八、构建管理理论

在改革开放的推动下，我国开展了大规模、高质量的铁路建设，取得了举世瞩目的辉煌成就。现在，我国铁路的运营营业里程位居世界第二位，铁路客货运量排在了世界前列。以高速铁路、高原铁路、重载铁路为代表，我国铁路工程技术已进入世界先进行列，有些铁路工程堪称世界闻名的超级工程。在铁路技术创新方面，已经建立了完善的中国技术标准体系，但在铁路工程管理方面，并未形成中国的管理理论体系。我作为一名毕生情系铁路的工程师，觉得自己有责任迎难而上，推动这方面的研究工作。在2006年青藏铁路建成通车之后，我经过几年研究，初步提出了铁路工程管理理论框架。在此基础上，我带领研究团队潜心研究了6年时间，于2017年出版了《铁路工程项目管理理论与实践》这部专著。今后，若再谈及铁路工程管理时，我们不能只照着西方的已有成果去讲，而应当大讲中国在铁路工程管理理论创新方面的最新成果，并以此指导铁路工程管理迈向更高水平。

创新源于实践

探索铁路工程管理理论，我国有非常厚实的实践基础，这主要体现在中国铁路有近40年改革开放的丰富实践。伴随着计划经济体制转为社会主义市场经济体制，铁路工程项目管理走过了不断变革、不断强化的历程。20世纪80年代以前，铁路工程建设是以政府部门的行政管理为主；从20世纪80年代末至90年代初，铁路工程建设从试行项目法施工到实行项目法人责任制；20世纪90年代期间，借鉴国际工程管理经验，中国铁路工程管理逐渐规范化；进入21世纪后，中国铁路工程管理迈出了可喜的创新步伐，实现了从不自觉到自觉、从不规范到规范、从借鉴到创新的飞跃。青藏铁路工程管理的成功经验，2006年后在全国铁路系统得到了推广应用。这些实践，都是构建中国铁路工程管理理论的重要基础。

航空航天等行业的工程管理，为我们提供了有益借鉴。我国著名科学家、航空航天工程专家钱学森曾指出，对于复杂问题不能用还原论，而要用整体论、系统论。以钱学森创立的系统工程理论为指导，使我们拥有了科学的思维方式和正确的研究方法。运用唯物辩证法认真总结铁路工程建设的普遍规律，深刻分析现有工程项目管理理论的缺憾和不足，在此基础上，研究凝练出中国铁路工程项目管理的新思路、新方法。基于工程哲学、工程学、管理学、经济学等多学科的交叉融合，持续开展工程项目管理理论的系统研究，强调从整体上构建完善有效的铁路工程管理理论体系。有了正确的研究思想引领，使我们少走了许多弯路。

理论总体框架

铁路工程管理要由项目主体来完成，具体工作要由人来实施，而人的思想和行为，都受到建设理念的支配。建设理念是工程项目实施的灵魂，是对工程建设的期望和定位，对项目全生命期都有指导意义。我在开展铁路工程管理理论研究时，就大力倡导"人、工程、环境"协同发展。2000 年我提出了"以人为本、环境协调、持续创新、系统优化、服务运输"的铁路工程建设新理念，并在总结经验教训基础上，确立了坚持"建设程序、科学决策、综合效益、全生命期、市场竞争"的五大铁路工程管理基本原则。

传统的铁路工程项目管理理论著作，基本上都是由分别论述诸多管理要素集合而成，很少涉及管理要素之间的联系，更没有构成完整的理论体系。针对这些问题，我特别强调，不能只局限于研究诸多管理要素，而要以研究分析管理基础、管理要素、管理方法以及管理绩效等相互关系为基础，从整体上构建完善有效的铁路工程项目管理理论体系。

我提出的铁路工程管理理论体系，总体框架内容是：以建设理念为指导，以基本原则为准绳，统领工程项目管理。以组织模式为基本载体，目标管理为核心内容，支撑体系为重要手段，运行机制为可靠保障，科学实施项目管理。这些部分相互关联、相互作用，共同形成了系统的铁路工程管理理论体系。特别强调，铁路工程项目业主方自身管理模式，建设投融资体制以及承发包模式等，需要不断深化研究和创新发展。

五大目标管理

在 21 世纪初青藏铁路建设中，针对非常复杂的多年冻土地带、高寒缺氧的恶劣气候、极其脆弱的生态环境，以及高起点、高标准、高质量的建设要求，围绕实现"建设世界一流高原铁路"的总目标，我首次提出建立"工程质量、职业健康安全、生态环保、工期、投资"五大控制目标要求。这对传统项目管理由"质量、工期、投资"构成的"铁三角"是一大突破，体现了以人为本和可持续发展的要求，体现了时代进步的呼声。

充分考虑铁路工程项目管理的复杂性，我提出了基于"项目分解结构（PBS）+工作分解结构（WBS）+组织分解结构（OBS）"的目标分解系统方法。项目分解结构主要解决目标管理的对象是什么，工作分解结构主要解决目标对象有哪些工作，组织分解结构主要解决由哪个组织来完成这些工作。重要的是实施动态管理，根据监测进展信息适时采取相应措施。通过建立"一个中心（项目法人单位）、两种方法（过程方法和系统方法）、三方自控（设计、施工和物资供应）、四重监督（监理、检测、咨询、政府监督）"的目标控制模式，来实现有效控制。从目标制定、目标控制、目标实现等三个维度，建立了目标管理水平评价指标，提出了可拓物元综合评价方法。对五大目标协同管理，提升了铁路工程项目目标集成管理水平。

保障运行机制

为了确保五大目标的实现，需要建立"以合同管理为依据、资源管理为基础、技术创新为动力、信息管理为工具、风险管理为导向、文化管理为指引"的铁路工程项目管理支撑保障体系。合同管理强调平等、规范的契约关系，调动多主体、多客体积极性的伙伴关系；资源管理强调队伍、物资、机械设备等合理配置、高效利用。通过对技术创新的全面分析，建立了技术创新作用机理的"四力模型"，即需求牵引力、管理推动力、资源支撑力和环境制约力。信息管理强调发挥绿色铁路、智慧铁路建设的重要作用，强化信息管理平台建设和管理软件开发等薄弱环节。风险管理基于集成化的风险管理和全面风险管理理论，建立包含目标、组织、资源、流程、方法和信息等组成的项目风险管理体系，贯穿项目生命期全过程和全方位。文化管理包括物质文化、精神文化、制度文化、行为文化等，经过策划、塑造、凝练与传播，实现传承与创新。这六项主要管理，为项目实施过程中实现"五大目标"提供了重要支撑。

　　建立有效的项目运行机制，研发铁路行业建筑信息管理（BIM）+ 地理信息系统（GIS）的项目管理平台，具有重要保障作用。对此，我特别强调了四个主要机制，就是：建立决策机制，确保各项决策科学合理；建立协调机制，整合内外部各种资源形成合力；建立激励约束机制，充分调动各参与方的积极性；建立绩效评价机制，从技术、经济、环保等方面全程进行综合评价。有了这些良好机制，就会形成高效运转的新格局。

　　《铁路工程项目管理理论与实践》专著出版发行，受到业内好评，许多单位都把这本书作为干部培训教材。近几年，我主持研究了铁路工程知识论和方法论，构成了综合集成体系。这从工程哲学角度，进一步深化了对铁路工程项目管理理论研究。所有这些，只是中国铁路工程项目管理理论研究的一个可喜开端，今后还要继续努力丰富中国铁路工程管理的理论体系。

【第九章】 对外友好合作

我国有 2.2 万多公里的陆地边界，与朝鲜、俄罗斯、蒙古、哈萨克斯坦、吉尔吉斯斯坦、塔吉克斯坦、阿富汗、巴基斯坦、印度、尼泊尔、不丹、缅甸、老挝、越南等 14 个国家接壤，是世界上陆地边界线最长和邻国最多的国家。中国铁路与邻国铁路相连通的有 5 个国家，与这些邻国共有 11 个铁路口岸，分别是中国与朝鲜的丹东口岸、集安口岸和图们口岸，中国与俄罗斯的满洲里口岸和绥芬河口岸，中国与蒙古的二连浩特口岸和策克口岸，中国与哈萨克斯坦的阿拉山口口岸和霍尔果斯口岸，中国与越南的河口口岸和凭祥口岸。新中国成立以来，一直十分重视同邻国铁路的友好合作，特别是国际铁路联运具有相当的规模和影响，对中国与周边国家经济发展具有重要作用。中国从 20 世纪 70 年代开始援助非洲铁路建设，几十年来一直在工程技术、运营管理和新建铁路等方面给予大力支持。正因如此，一些邻国和亚非国家都把铁路称为"友谊的纽带"。

一、难忘的外事经历

陪同杨尚昆主席访蒙古

1991 年 8 月 26 日至 29 日，应蒙古国总统彭萨勒玛·奥其尔巴特的邀请，中国国家主席杨尚昆率代表团乘专机访问蒙古国，下榻在其首都乌兰巴托大天口国宾馆。中国代表团成员包括财政部、外经贸部、外交部和铁道部的领导同志，我有幸陪同访问。蒙古国是一个夹在中国与苏联两国之间的内陆国家。国土面积 156.65 万平方公里，是仅次于哈萨克斯坦的世界第二大内陆国家。蒙古国人口为 221.79 万（2019 年 1 月人口已达 320 万），是世界上人口密度最小的国家。正因为如此，国际铁路联运对蒙古国经济发展至关重要。

杨尚昆主席所率领的中国代表团，受到了蒙古国总统彭萨勒玛·奥其尔巴特、总理达希·宾巴苏伦的超规格热情接待。两国领导人在蒙古国首都乌兰巴托的国家利益宫举行了会谈。会谈结束后，中国代表团进行了一系列参观和会见等活动，蒙方特意安排中央省牧民家庭在草原上给中国代表团举办了小型"那达慕"（蒙古语，意为"娱乐"），表演了摔跤、射箭、赛马等蒙古国的传统节目。中国代表团这次访问有多项内容，其中一项重要内容就是商议加强两国铁路合作事项。由蒙古国运输总局局长和铁路局局长专门与我进行对口洽商。

蒙古国铁路方面提出，希望蒙、苏、中、朝、韩等国商谈铁路联运协议；本国使用外国车辆应按有偿占用原则办理交接计费；蒙古国大量矿产品要经中国二连浩特铁路口岸从天津港下海；加强技术交流、互派专家合作等。我明确表态，中国铁路同意互派专家加强技术合作，愿意为蒙古国矿产品出口提供运输支持。可以由两国铁路研究提出具体方案，然后再由两国铁路主管部门商签合作协议。同时，我也强调，两国铁路共同采取措施，解决口岸站及有关地段运输能力不适应的问题，以及提高海关效率等问题。

杨尚昆主席访问蒙古国共签署了五项协议，并向蒙古国赠送了大米等物资。其中，第一项协议就是"关于蒙古国出入海洋和过境运输协定"，其他分别是投资保护、不双重征税、中方向蒙古国提供贷款以及蒙古国延期偿还中国债务等。把过境运输摆在第一位，足见其重要性。所以，蒙古国官方人士称"铁路联运是蒙古这个内陆国家的生命线"，也就不言而喻了。

迎送金日成主席专列

朝鲜是与中国一江之隔的友好邻国，对铁路尤有特殊感情。在20世纪50年代抗击美帝国主义侵略时，中朝两国铁路兵工共同保障了"打不垮、炸不烂的钢铁运输线"，结下了深厚的兄弟情谊。朝鲜民主主义人民共和国主席金日成，是新中国成立后第一位访华的外国元首，他一生公开或非公开地访问中国近40次，只坐铁路专列，不坐航空飞机。1991年10月，应中共中央总书记江泽民的邀请，金日成主席乘专列从丹东入境，途经沈丹线和京沈线（京秦线），顺利抵达北京，下榻在钓鱼台国宾馆。江泽民总书记、杨尚昆主席同金日成主席举行了会谈，邓小平以老朋友身份会见了金日成主席。

　　金日成主席乘专列访问中国的迎送任务，由中联部部长朱良和我共同负责。专列从朝鲜入境中国抵达丹东站时，朱良部长和我登上专列，代表江泽民总书记欢迎金日成主席。我向金日成主席简要报告了专列经由的主要城市。当专列运行到京秦铁路线上时，金日成主席的秘书把我和朱良部长带到专列会议车。金日成主席同我们亲切握手，让我们坐在他对面的席位上，服务员立即给我们端来了斟满小茶杯的浅黄色人参茶。金日成主席面带笑容，像拉家常一样同我们进行交谈，翻译在中间给我们帮忙。当我汇报了中国铁路新成就时，金日成主席兴致勃勃地直接用汉语说，这几年中国铁路发展比较快，建设质量也比较高。他用手指着窗外，称赞京秦铁路线上列车运行很平稳，两侧环境也很整洁，还说"比我在苏联看到的铁路好得多"。听到这里，我心情激动地说："金主席的汉语讲得非常好。"金日成主席说："我小时候在吉林的抚松小学和毓文中学上过学。"最后，金日成主席坚定地说："朝中是可靠的伙伴，铁路联运是有力的支撑！"

　　抢救历史　在抗美援朝、保家卫国伟大斗争中，有一支由铁路职工组成的、列入志愿军序列的部队，承担着抢修维护、保障铁路畅通的重任。这支部队名为"中国人民志愿军铁道工程总队"，为创建"打不烂、炸不断的钢铁运输线"立下了显赫功绩。2000年底，参加过抗美援朝的中铁三局原局长张德顺到我办公室反映，建议撰写这支英雄部队的历史。我认为十分必要，应该抢救这段意义重大的珍贵历史，并表示铁道部支持，由中国铁路工程总公司组织参加过抗美援朝的铁道部各工程单位，共同回忆整理英雄事迹。经过三年多艰苦工作，2004 年正式出版《中国人民志愿军铁道工程总队抗美援朝抢修铁路历史》，我应邀为这本书题词："向援朝工程总队的英雄们致敬！"

担任陪同团长

1994 年 4 月，加拿大总督纳蒂辛（Ramon John Hnatyshyn）携夫人对中国进行国事访问，上级通知我在纳蒂辛访华期间担任中方陪同团团长，并携夫人同行。我感到十分荣幸，立即和夫人黄宁一起，着手做些熟悉外事工作有关规定及相应礼仪等方面的准备工作。当时我就在想，中央安排让我担任中方陪同团团长，可能是与中加铁路合作有一定关系。

我国铁路实行改革开放方针，利用外资不只是贷款修路、买设备，也在探索直接引进外资，在国内建立合资企业，加快铁路发展。中加两国合作内容主要是：寒区铁路建设和运营维护（太平洋铁路咨询公司 CP）；重载铁路运输（加拿大国铁 CN）；铁路无线通信（北方电讯公司）；铁路客车制造（庞巴迪公司等）。1990 年初，中国铁道部与加拿大庞巴迪公司就有合作生产高档客车的想法。当时，庞巴迪公司大力拓展环球业务，特别重视亚洲市场；而中国铁路发展很快，希望引进国外先进轨道交通车辆生产技术，双方都有需求。1993 年，中国铁道部与加拿大庞巴迪公司达成谅解备忘录。随后，铁道部安排中国铁路机车车辆工业总公司（即现在的"中国中车"）及有关部门共同组团，赴加拿大考察庞巴迪公司、鲍尔公司等。考察之后认为成立合资企业很有必要。中加两国领导人对此项合作都很关注。

1994年4月25日12时40分，加拿大总督乘坐的加拿大军用专机，在北京机场南停机坪着陆。当纳蒂辛总督偕夫人走下舷梯后，我和夫人黄宁向总督夫妇献上鲜花，表示热烈欢迎。我握着总督的手说："我代表江泽民主席，欢迎总督阁下访华！"总督表示感谢。随后到北京钓鱼台国宾馆18号楼下榻。当天下午，在人民大会堂东门外广场举行欢迎仪式，江泽民主席和纳蒂辛总督检阅三军仪仗队，军乐队奏响迎宾曲。接着，江泽民主席与纳蒂辛总督在人民大会堂举行会谈，江泽民希望中加双方从两国和两国人民的根本利益出发，在求同存异、平等互利的基础上，加强友好交往与合作，使两国关系步入全面合作的新时期。会谈结束后，江泽民主席在钓鱼台国宾馆举行了欢迎宴会。

4月26日，国务院代总理朱镕基、全国人大常委会委员长乔石，先后会见了加拿大总督纳蒂辛。纳蒂辛总督在清华大学发表讲话，高度赞赏加中友好合作。4月27日，纳蒂辛总督一行乘坐加拿大军用专机离京赴沪，下榻在上海市新锦江大酒店，上海市市长黄菊举行欢迎晚宴。在沪期间，纳蒂辛总督会见了中加企业界人士，并发表讲话。纳蒂辛总督一行参观豫园时，游园群众鼓掌欢迎。纳蒂辛总督在一间面积只有几平方米的食品摊位前停了下来，摊主笑盈盈地端着冒热气的饭盒说，这是上海小笼包子。

纳蒂辛总督听翻译解说后，拿起筷子夹了一个小笼包子放入口中，吃完后赞赏道：味道很好！随后参观了南浦大桥和上海交通大学，回答了加拿大记者的提问等。4月29日，我们欢送纳蒂辛总督夫妇一行乘坐加拿大军用专机离沪。

在陪同纳蒂辛总督乘坐专机从北京飞往上海的途中，我和夫人黄宁拜望了总督夫妇。我代表江泽民主席，向总督夫妇赠送了他们在北京活动期间的影集，并简要报告了中国青岛四方机车车辆工厂同加拿大鲍尔公司、庞巴迪公司协商在华合作生产铁路高档客车及成立合资公司的进展情况。纳蒂辛总督再次感谢江泽民主席的热情接待。他说，访问中国是他在任期间的一个愿望，今天实现了。他相信加中两国铁路企业的合作，会有喜人前景。

后来的实践表明，中加两国铁路企业的合作确实很成功。傅志寰部长在会见加拿大总理和企业界人士时，极力推进中加铁路合作。1998年11月27日，青岛四方—庞巴迪—鲍尔铁路运输设备有限公司（BSP）正式成立。2005年我曾到该公司了解专门为青藏铁路研制的高原供氧客车，并在青藏铁路现场检查了试运行情况，称赞这项创新成果为青藏铁路运营增添了光彩。2008年庞巴迪公司收购了鲍尔公司在BSP内的股份，更名为青岛四方庞巴迪铁路运输设备有限公司（BST），成为中国铁路客车制造业内的首家中外合资公司。该公司以先进技术为我国铁路制造了高档客车、高速动车组、青藏铁路高原客车以及城市轨道交通车辆等，成为国内知名的铁路车辆生产企业。

二、援缅大桥通车

仰光是缅甸故都，也是缅甸的最大城市。丁茵市距离仰光市区约有 20 公里。以前从丁茵市去仰光，白天需要乘船渡过两座城市之间的勃固河，到了夜晚连渡船都没有，往来交通非常不便。为了改变这两座城市之间的交通困难状况，1985 年中缅两国政府决定，在勃固河上建设一座公路铁路两用大桥，其中公路桥全长 2151 米、铁路桥全长 2938 米，由中国政府援助部分建桥资金，提供建桥技术指导等。仰光—丁茵公铁两用大桥横跨勃固河，跨河部分采用钢桁梁。此项工程由中土公司承包，铁道部大桥工程局负责大桥设计并派员现场指导施工。经过前期大量准备工作，1986 年 10 月该桥正式动工兴建。但刚施工两年时间，却因缅甸国内政局动荡，迫使中国援建团队撤离现场返回国内。到了 1990 年 5 月，缅甸国内动荡局势比较稳定之后，中国的援建团队又重返大桥工地，与缅甸建设人员一起合作建桥。

为了确保大桥工程顺利推进，1990 年 12 月我率中国铁路代表团访问缅甸，慰问了中国专家，在听取建设进展情况汇报后，同缅甸有关方面商议了需要解决的问题。从中国专家介绍中我了解到，他们在大桥建设中克服了许多困难，如受潮汐落差大（达 6 米）、地质复杂等因素影响，沉井曾一度发生了偏移现象，缅甸方面十分担心，但在中国专家指导下，终于使沉井纠偏复位。经过中缅两国建桥人员共同努力，1993 年上半年仰光—丁茵大桥施工任务全部完成。中缅两国在长达 8 年的合作建桥中，中国前后派出 500 多名大桥专家和工程技术人员到缅甸协助施工、传授技术。通过建桥实践，为缅甸培养了近 100 名桥梁工程技术人员。中缅双方技术人员朝夕相处，共同克服种种困难，建立了深厚的友谊。

1993 年 7 月 28 日至 8 月 2 日，全国人大常委会副委员长布赫作为中国国家主席特使，率领中国代表团访问缅甸。代表团主要成员有国务院副秘书长李世忠和我，以及外交部、外经贸部等有关部委负责同志。这次应邀出访，主要是参加中国援建的仰光—丁茵公路铁路两用大桥通车庆典活动。布赫特使率团飞抵缅甸仰光时，受到缅甸国家主席、政府总理丹瑞大将的热情欢迎。布赫特使在机场发表书面讲话后，下榻在森雷达坎国宾馆。缅方安排了一系列会见和参观等活动，举行了中国向缅甸提供贷款签字仪式。

1993 年 7 月 31 日上午，缅甸政府在仰光—丁茵公路铁路两用大桥桥头举行了隆重的庆祝大桥通车仪式。缅甸军政官员、中国特使布赫一行、各国驻缅使节和各界群众 4 万余人参加通车庆典仪式。那天，庆典活动刚开始时天空突然下起了大雨，可让人意想不到的是，仅过十多分钟大雨就骤然停了下来，缅方人员惊喜地说："这是奇迹！"他们神秘地告诉我说：选择今天这个日子，是请了"高人"看过天象的。

缅中两国代表先后在庆典仪式上致辞，庆贺大桥建成，并举行通车剪彩仪式。仰光—丁茵大桥的公路和铁路在同一层面上，中间是单线铁路，一列满载着各界代表的列车整装待发；两侧公路上的彩车整齐列队，观看通车的各方群众犹如长龙。布赫特使在公路桥上剪彩,我在铁路桥上剪彩。当剪彩结束彩带飘起后,现场数万民众热情欢呼;现场的汽车、火车鸣笛声响彻天空,热烈庆祝勃固河两岸人民结束了依靠渡船过河的历史。缅甸国家主席、政府总理丹瑞大将满面笑容地说,这座大桥是连接仰光和丁茵的重要通道,对丁茵工业区发展和群众生活都有重要作用,可称为缅中"胞波"情谊的结晶。中国政府和人民对缅甸的真诚友好,给予大量援助,缅甸人民永远不会忘记。布赫特使向丹瑞主席转达了江泽民主席的祝贺,并表示将继续加强中缅经济技术合作。后来,中缅两国有关方面在桥头竖立了纪念碑,上面铭刻着"仰光—丁茵大桥 中缅两国工程师共同建造"的文字,成为中缅友谊的象征。

我在陪同布赫特使访缅期间,还会见了缅甸铁道运输部部长吴温森,向他谈了中缅两国修建曼德勒至木姐铁路的想法。我国历史上曾多次提到建设全长约1070公里的滇缅铁路,这条铁路从昆明经禄丰、弥渡到苏达,进入缅甸后经滚弄到腊戌连接米轨铁路。其中,在中国云南境内约有880公里,缅甸境内约有190公里。但这条铁路清朝政府议而未修,民国政府修而中断,抗日战争期间国民党政府仅修了只有14公里的昆明至石咀段。我对吴温森部长说,如果修建曼德勒至木姐铁路,就可以与中国规划建设的大瑞铁路(大理至瑞丽)相接,形成一个新的铁路通道,也是泛亚铁路的重要组成部分。吴温森部长表示赞同,他说这对缅甸发展有利,可先开展前期研究工作。为此,缅方安排专机送中国代表团先到缅甸北部重镇蒲甘,次日上午又飞抵曼德勒,对修建曼德勒至木姐铁路进行了意向考察。

三、泛亚铁路方案

2001 年 1 月 2 日，我带领铁道部计划司、经济规划研究院、铁二院和昆明铁路局的有关专业人员到昆明集中，开始对泛亚铁路中国境内铁路线路走向方案进行调研。云南省委、省政府对此项调研十分重视，省委书记令狐安主持召开专题会议，向我们调研组一行介绍云南省发展规划设想，安排副省长牛绍尧全程陪同调研，并要求沿线各地州县提供相关资料。

关于泛亚铁路建设，有关方面已经议论了多年。1992 年 10 月，亚洲银行在菲律宾首都马尼拉召开的第一届次区域经济合作部长级会议上，中国政府代表团就提出了建设中国昆明至泰国清迈铁路和中国昆明至缅甸腊戌铁路的建议。这个建议，被纳入了这次会议形成的框架报告。1995 年 12 月，马来西亚总理马哈蒂尔在东盟第五届首脑会议上，首次提出了建设"泛亚铁路"的构想，建议修建从马来半岛南端新加坡，经马来西亚、泰国、越南、柬埔寨和老挝到中国昆明的铁路。1996 年 12 月和 1997 年 9 月，东盟又先后两次召开泛亚铁路特别工作会议，由马来西亚咨询公司承担"泛亚铁路"建设的可行性研究总报告。但由于种种原因，未能兑现。1997 年 12 月 16 日江泽民主席在马来西亚吉隆坡出席首次东盟—中国领导人非正式会议，以及 2000 年 11 月 25 日朱镕基总理在新加坡出席第四次东盟—中国领导人会议时，都表示中国政府支持建设泛亚铁路的设想，并愿通过投标等方式参与泛亚铁路建设。

铁道部要求铁二院开展泛亚铁路我国境内铁路线路走向方案的预可行性研究。铁二院在征询有关部门和云南省意见后，研究提出了东线、中线和西线共 3 个方案。这次我来昆明就是要对这 3 个方案进行调研。

西线方案——建设中缅铁路。从昆明至大理既有铁路（全长 328 公里），大理经保山、芒市至瑞丽为新建铁路（全长 522 公里），缅甸境内木姐至曼德勒新建铁路（全长约 410 公里），与缅甸既有铁路相接后，再修建缅甸至泰国铁路。通过现场调研，我们了解到，沿线矿产资源品类较多，腾冲等地区的地热资源特别丰富。瑞丽地处一个大坝子，是我国西南最大的内陆口岸，也是重要的珠宝集散中心，口岸贸易数额较大。沿线地形起伏大，工程地质复杂，桥隧工程比重大。特别是高黎贡山隧道长度超过 30 公里，埋深超过 1000 米，是当时亚洲最长的铁路山岭隧道；需要修建飞跨澜沧江和怒江的大桥，这将创造大桥施工建设的最新水平。如果中缅铁路建成，云南将会成为我国西南地区对外开放的桥头堡。从我国东南沿海港口出发进入印度洋，要经过南海、马六甲海峡、安达曼海的漫长路途；而从云南出境，经缅甸就可以直接进入印度洋，这将大大减少走海运的"舟车劳顿"。我们在调研中也听到有关部门反映，认为这个西线方案通道位置偏西，能够兼顾到的东盟国家比较少，有的国家对通道过境缅甸也存在一定疑虑。

中线方案——建设中老铁路。我国境内昆明至玉溪（全长77公里）铁路已建成通车，从玉溪经思茅、景洪、尚勇至磨憨口岸（全长约514公里）为新建铁路。磨憨口岸的地形比较开阔，沿线矿产、水力资源、旅游资源丰富，途经的西双版纳更是令中外游客神往的旅游胜地。沿线地形起伏相对较缓，工程地质比较复杂，要穿越国家级自然保护区，过境贸易量较少。泰国境内北部铁路缺失，需要修建新线。老挝境内（仅有3.5公里铁路）几乎需要全部新建铁路。中线方案位置适中，可以兼顾东西两侧。从昆明至新加坡的运距最短，铁路客运票价仅为航空票价的一半或三分之一，铁路货运费用仅为航空货运费用的九分之一，虽然比海运稍高一些，但节省了大量时间，有利于资金周转，使物流成本大幅降低。云南省认为，中线方案对开发云南资源具有很大价值。

东线方案——建设中越铁路。利用19世纪初修建的滇越铁路，在我国境内昆明至河口段米轨铁路（全长465公里），从河口一座小桥出境，经越南、柬埔寨、泰国至新加坡。此方案虽然新建铁路少，但米轨铁路的技术标准低，设备陈旧病害多，运输能力低，必须进行大规模技术改造。而且，从昆明至新加坡长达5500公里，运距长、运费高、市场竞争力弱。在缅甸等邻国未正式表态之前，我国可先利用既有东线通道开展跨国运输。但从长远来看，东线方案具有明显缺点。云南省也不赞同东线方案。鉴于昆明至河口段米轨铁路改造难度大，专家们建议新建昆明至河口准轨铁路直达国境，这样可以提高国内铁路运输效率。

现场调研结束后，我组织相关单位专家和有关部门人员进行反复讨论，大家认为三个铁路方案都有修建必要。在深入分析三个铁路方案工程特点、难点和重点后，首推中线方案。专家们认为，新建我国境内昆明至磨憨铁路，将与老挝、泰国铁路相连，再经马来西亚至新加坡，可以首先构成真正的泛亚铁路。不仅为我国大西南提供了重要的出海口，而且对我国能源安全具有极为重要的意义。因此，我要求铁二院抓紧进行可行性研究，为正式动工兴建做好准备。同时专家们也认为，如果今后东线新建昆明至河口段准轨铁路，西线建设大理至瑞丽铁路，也有条件与邻国铁路接轨，构成新的铁路运输通道。为此，我也要求铁二院进行超前研究，开展相关技术储备。

四、新亚欧大陆桥

大陆桥（Land Bridge）是指连接两个海洋之间的陆上通道，以横贯大陆的铁路为骨干，形成便捷的运输大通道。我国铁路经满洲里与俄罗斯的西伯利亚铁路接轨，经二连浩特与蒙古国铁路接轨，这两条铁路均通往欧洲，构成了联结太平洋和大西洋的陆上桥梁，被称为亚欧大陆桥。

早在 1956 年，中国政府和苏联政府签订了关于修建兰州—乌鲁木齐—阿拉木图铁路和有关联运协议。20 世纪 60 年代初，兰新铁路建成通车，结束了新疆维吾尔自治区没有铁路的历史。广大建设者乘胜前进，开展了兰新铁路西延工程北疆铁路的建设。北疆铁路从乌鲁木齐西行，经昌吉、乌苏、精河、博乐至阿拉山口，全长 460 公里。1961 年 8 月的一天，我从广播中听到了"昌吉河大桥主孔 56 米钢筋混凝土系杆拱桥架设成功"的新闻报道，当时就感到特别振奋。后来，随着中苏关系的恶化，这条被誉为"中苏友谊之路"的北疆铁路，于 1962 年停工下马。

20 世纪 80 年代中期，新疆维吾尔自治区领导急切希望通过修建北疆铁路，打开向西开放的出境通道。在铁路"七五"建设资金严重短缺的情况下，铁道部部长丁关根委派副部长李森茂、尚志功等前往乌鲁木齐，向新疆维吾尔自治区领导表明了支持修建北疆铁路的态度。后来我应邀到新疆调研北疆铁路建设问题，受到了新疆维吾尔自治区党委书记王乐泉和自治区主席铁木尔·达瓦买提的热情接待。他们向我表示，自治区对北疆铁路的建设用地和拆迁工作实行优惠政策，积极筹措建设资金，包括寻求外资贷款等。边疆少数民族这种支援铁路建设的热情使我深受感动，我代表铁道部对修建这条具有重要战略意义的干线铁路表示全力支持。北疆铁路以新疆维吾尔自治区为主与铁道部共同组成北疆合资铁路公司，自主经营，自负盈亏。由于受到资金限制，施工分为两期建设。北疆铁路一期工程乌鲁木齐至乌苏段 236 公里，1985 年 5 月 1 日开工，1987 年 9 月铺通。北疆铁路二期工程乌苏至阿拉山口段 224 公里，于 1988 年 5 月 1 日举行开工典礼，我和新疆维吾尔自治区主席铁木尔·达瓦买提分别致辞表示祝贺。1990 年 8 月铺轨到达国境阿拉山口站。

在北疆铁路建设期间，国家副主席王震、全国人大常委会副委员长廖汉生、全国政协副主席王恩茂等视察现场，给广大铁路建设队伍以极大鼓舞。1989 年 11 月 26 日，国务院总理李鹏出访南亚三国归来时，在新疆维吾尔自治区干部大会上讲话指出，北疆铁路的兴建，将成为连接亚欧的第二座大陆桥，为新疆也为全国向西部开放提供了有利条件，具有重要的战略意义。1990 年 9 月 1 日，江泽民总书记在乌鲁木齐出席北疆铁路通车庆典仪式，并为首列开往阿拉山口的列车剪彩。

关于中苏铁路接轨事项，两国有关部门提前进行过会晤。1989 年冬，在北疆铁路铺轨向阿拉山口挺进之际，中苏两国铁路专家就中国北疆铁路与苏联土西铁路接轨问题进行协商。按当时国界现状商定了临时接轨点，距苏联土西铁路德鲁日巴站（Дружба，俄语意为"友谊"之意）8.5 公里，距中国北疆铁路阿拉山口站 4.1 公里。我曾在中国阿拉山口边防哨所登高观察了边境地形，这里是一片开阔平地，风沙较大。从望远镜中可以看到远处山坡，也可看到苏联德鲁日巴车站房舍。1990 年 8 月，中苏两国铁路部门为接轨庆典活动共同努力，在临时接轨处搭建了主席台，将会场划分为两半，东部为中方人员，西部为苏方人员。

1990 年 9 月 12 日，北京夏令时 12 点 12 分，中国北疆铁路与苏联（今哈萨克斯坦共和国境内）土西铁路胜利接轨。在临时接轨点举行了隆重的庆祝仪式。当天风和日丽，中苏两国各 200 余人在会场欢聚。我和苏联交通部副部长尼基金，分别代表两国政府签署了中苏铁路接轨记录。当我和新疆维吾尔自治区主席铁木尔·达瓦买提，苏联交通部副部长尼基金和哈萨克苏维埃社会主义共和国部长理事会主席卡拉马诺夫，共同用扳手拧紧钢轨夹板连接螺栓时，现场全体人员热烈鼓掌，欢呼跳跃，载歌载舞，共同庆祝中国和苏联两国的多年愿望终于实现了！随后，中国和苏联两国联合召开了记者招待会，我在会上宣读了李鹏总理签发的国务院贺电，并回答了中外记者关心的问题。时隔两年我才得知，当时在接轨现场拧紧螺栓所使用的扳手，已被中国历史博物馆（现中国国家博物馆）珍藏，成为永久的纪念。

北疆铁路在阿拉山口接轨，标志着中国政府倡导多年的新亚欧大陆桥正式开通，也标志着新疆维吾尔自治区由封闭的内陆地区，一跃成为中国对外开放的桥头堡。新亚欧大陆桥全长约10800公里，从我国陇海铁路的起点、东海之滨的连云港出发，一路向西，途经江苏、山东、安徽、河南、陕西、甘肃、青海、新疆等8个省和自治区，以及沿途65个地、市、州的430多个县（市），在阿拉山口出国境后，再经苏联、波兰、德国、荷兰等国，抵达鹿特丹港。新亚欧大陆桥比海上运距缩短约5000海里，货物在途时间缩短一半以上，运输费用大幅度降低。因此，新亚欧大陆桥有更大吸引力，发展前景广阔。

随着我国政府决定沿新亚欧大陆桥全线开发开放，建设新亚欧大陆桥沿线经济带，北疆铁路运量迅猛增长。这时，北疆铁路由于建设标准不够高，运输能力很不适应运量的问题凸显出来了。要提高北疆铁路运能，就必须采取强化轨道结构、车站设施等措施，需要有大量的资金投入，这对于新疆维吾尔自治区来说是一个巨大的压力。因此，新疆维吾尔自治区领导在与我会面时，谈了把北疆铁路移交给铁道部管理的想法，同时，还想把新疆维吾尔自治区为修建北疆铁路曾向苏联贷款的债务，一并转给铁道部。铁道部党组认为此事重大，要报请国务院研究解决。国务院考虑到新疆维吾尔自治区的特殊情况和实际困难，同意利用中国和苏联贸易顺差予以抵偿。决定由中央财政拨付 16.45 亿元专项资金，归还北疆铁路基建贷款本息余额。新疆维吾尔自治区闻知，感到皆大欢喜，向铁道部表示感谢。

2001 年 9 月 15 日下午，我和新疆维吾尔自治区政府主席阿不来提·阿不都热西提在乌鲁木齐郑重签署了《关于北疆铁路公司移交铁道部管理的交接纪要》，正式将新疆维吾尔自治区北疆铁路公司（合资）移交给铁道部管理，更名为"乌鲁木齐铁路局北疆铁路公司"。我对新疆维吾尔自治区领导表示，北疆铁路公司移交以后，铁道部将会加大投资力度，完善乌鲁木齐至阿拉山口沿线铁路设备，不断提高运输能力，使其更好地适应西部大开发的需要。下一步，还要努力实现北疆铁路电气化牵引，使它充分发挥新亚欧大陆桥的重要作用。

五、中吉乌新通道

在建设新亚欧大陆桥的同时，我们还对建设中国—吉尔吉斯斯坦—乌兹别克斯坦新通道进行了深入研究。

南疆铁路东起新疆维吾尔自治区吐鲁番市，西至南疆重镇喀什市，横贯新疆维吾尔自治区南部，全长 1446.37 公里，是连通新疆南部四个地州的黄金通道，也是开发塔里木盆地油气资源、建设中国棉花基地的重要铁路。这条铁路分两段进行建设，其中东段吐鲁番至库尔勒（全长 471.37 公里）于 1974 年开工，1984 年建成投运；西段库尔勒至喀什（全长 975 公里）于 1996 年 4 月开工，1999 年 12 月建成通车。在南疆铁路西段宣布开工时，乌兹别克斯坦和吉尔吉斯斯坦两国，提出了修建从乌兹别克斯坦安集延，经吉尔吉斯斯坦奥什到中国喀什的"中吉乌跨国铁路通道"建议。我国政府积极回应，国家计委和铁道部开展项目前期研究工作，具体由铁一院负责实施。

我多次听取铁一院项目前期研究工作汇报，并到现场实地考察线路走向方案。关于这条铁路通道在中国境内的线路走向，铁一院提出了南线、中线、北线三个比较方案。南线方案是经伊尔克什坦山口进入吉尔吉斯斯坦，中线方案是经廊葛尔特山口进入吉尔吉斯斯坦境内，北线方案是经吐尔尕特出中国国境。由于吉尔吉斯斯坦方面明确提出不考虑中线方案，所以我们把主要精力放在集中研究南线和北线两个方案上面。

南线方案。自喀什站向南引出，经乌恰县城至牙师，跨克孜勒苏河，沿河南岸到伊尔克什坦山口。我们看到沿线地形多为山前戈壁平原和中低山陵地区，工程地质相对较好，有一定的居民点。国境换装站可设在海拔 2840 米的山口开阔地带，工作环境较好，该方案铁路总长约 500 公里，其中我国境内约 215 公里。

北线方案。自喀什站南端引出，经小阿图什、托帕进入恰克马克河谷，到托云乡后，再向东北沿吐尔尕特河谷攀高，到达吐尔尕特山口，中吉双方将在越岭隧道中接轨，在我国境内的铁路约有 165 公里。我们看到沿线有山前戈壁，但更多的是高山峡谷地带，地质比较复杂，工程甚为艰巨。国境换装点拟设在海拔3504 米的多年冻土地带，气候恶劣，严重缺水，人烟罕见。原有的中国吐尔尕特公路口岸和海关机构，现已内迁到距国界 110 公里的托帕办公（海拔 2030 米）。我们专门到帕托走访了公路口岸和海关部门，听取他们的意见。经对这两个方案进行反复比较后，我们建议采用南线方案。

　　1997 年 11 月 3 日至 8 日，应吉尔吉斯斯坦共和国第一副总理克·纳纳耶夫邀请，我率领中国铁路代表团一行 7 人，赴吉尔吉斯斯坦首都比什凯克，参加中、吉、乌铁路联合工作委员会第一次会议。吉尔吉斯斯坦位于中亚腰部，矿产资源丰富，开发潜力很大，修建铁路可为经济发展提供支撑。吉尔吉斯斯坦铁路西接中国新疆铁路，东接乌兹别克斯坦铁路，将构成重要国际铁路通道。所以，吉、乌两国都有修建这条铁路的意向。会议确定：联合工作委员会由吉尔吉斯斯坦第一副总理纳纳耶夫任主席，乌兹别克斯坦副总理尤努索夫和中国铁道部常务副部长孙永福任副主席。吉方介绍了南线、北线方案的研究情况，明确表示推荐北线方案，认为此方案在吉境内地形地质条件好，工程投资也省，沿线资源丰富，城镇比较密集。乌方认为，新建铁路主要在中、吉两国境内，线路方案应由中、吉两国商定。我谈了中方对南线、北线两个方案所进行的技术经济比较，认为南线方案有明显优点。会议赞同将南线、北线两个方案，都作为中、吉、乌铁路项目预可行性研究范围，进一步研究后再行确定。吉尔吉斯斯坦共和国总理朱马古洛夫会见了三方代表团团长，对签署的会议纪要十分满意，希望共同推进中吉乌跨国铁路通道建设。

1998 年 4 月 26 日至 28 日，应国家主席江泽民邀请，吉尔吉斯斯坦总统阿斯卡尔·阿卡耶夫对中国进行国事访问。江泽民主席同阿卡耶夫总统举行会谈，并签署了关于进一步发展和加深友好合作关系的联合声明。《联合声明》特别指出："双方认为修建中国—吉尔吉斯斯坦—乌兹别克斯坦之间的铁路具有重要意义。双方将共同努力，进一步扩大两国边界过境口岸的运输能力。"为落实《联合声明》内容，中吉乌铁路联合专家组开展了通道方案等研究工作，形成的共识写入了正式报告或会议纪要。2000 年 5 月 11 日，我在北京会见了参加中吉乌铁路联合专家组第三次会议的代表。2000 年 9 月 7 日，朱镕基总理视察南疆铁路，我在专列上向朱镕基总理汇报了中吉乌铁路前期工作进展情况以及线路走向，我们建议采用南线方案。若国家从发展中吉两国友好关系出发，我们可同意吉方坚持的北线方案。朱镕基总理指出，这条铁路对开发南疆、扩大外贸、巩固国防都有重要意义，应该努力促成，并说："你的建议很好，在适当外交场合我再次表态积极推动。"

中吉乌铁路若能顺利实施并建成通车，将成为新亚欧大陆桥的南部通道，也是东亚、东南亚通往中亚、西亚和北非、南欧的便捷运输通道。但是，20 多年过去了，该项目仍未能够如期实施。究其主要原因，我认为主要是吉尔吉斯斯坦国内没有达成政治共识，另外建设资金的困难和不同轨距之争，也对该项目的实施产生了一定影响。这实在是令人遗憾之事。

六、坦赞铁路合作

1976 年 7 月 14 日，中国援建的坦赞铁路正式移交给坦、赞两国政府，在两国总统任命的部长理事会（最高决策机构）和董事会（负责政策和管理）领导下，坦赞铁路局作为法人，负责运营管理。中坦赞三国政府商定，将继续开展坦赞铁路运营技术合作。

我任铁道部副部长期间曾分管对外经济合作。坦赞铁路技术合作一直在分期连续实施，每期两年或三年，而且不同时期的技术合作，中国专家组的工作任务也不一样。最初是进行技术指导，中国专家多达 1000 余人；后来改为技术指导并参与管理，中国专家减少到 100 ~ 200 人；到了 1995 年底，又改为只提供管理咨询和技术指导，专家减为 20 多人；2002 年后，确定中国专家仅对中国贷款项目进行协调和提供咨询，专家人数减到了 10 人以下。

1989 年 7 月 22 日，由外经贸部副部长吕学俭和我率领的中国政府代表团赴坦桑尼亚和赞比亚，参加坦赞铁路第六期技术合作会议。会上，我们听取了坦赞铁路局总经理关于坦赞铁路第五期技术合作期间的运营情况汇报，签订了第六期坦赞铁路技术合作议定书，由中方提供 5000 万元人民币的备用钢轨和零配件专项贷款协议，以及培训技术人员协议。

1992 年 11 月 28 日，我率领中国政府代表团参加坦赞铁路第七期技术合作会议，签订了第七期技术合作议定书，由中方提供 6000 万人民币的 30 辆客车及机车配件专项贷款协议，以及坦赞两国推迟中国政府贷款偿还期的协议。在这次会议上，坦、赞双方都谈到对坦赞铁路实行"商业化改革"的问题。按照出国前请示国务院领导同志的预案，我表明了中国政府的态度，尊重坦、赞两国政府的意见。

坦、赞两国对中国政府代表团来访高度重视，两国的总统和总理亲自会见了我。特别是赞比亚前总统卡翁达，对中国朋友特别有感情，"全天候朋友"就是卡翁达总统首创的友好词语。两国领导人都称赞"坦赞铁路工程质量是非洲最好的铁路"。坦赞铁路局总经理特意为我安排了专列，对全线进行回访。我察看了坦赞铁路起点达累斯萨拉姆站的站房，不仅建筑造型优美，而且结构坚固耐久。还看了我在援建坦赞铁路工作时住过的姆贝亚、姆比卡、姆库希等几个地方，以及坦赞铁路终点新卡比里姆博希站和沿线各区段有代表性的桥梁、隧道、路基工程等。在赞比亚的姆库希地段，我看到当时修建路基排水沟的混凝土板都完整无损时，轻声自语道：中国援建坦赞铁路的工程质量，经受住了运营考验和历史考验！

通过考察，我对坦赞铁路多年来沉积的许多经营管理问题有了进一步了解，难免产生忧虑。在坦赞铁路运营初期，曾经创造过辉煌业绩。1977—1978 年，坦赞铁路货物发送量达到127.3 万吨，随后，货物发送量就从波动起伏走向逐年下降，最低年度的运量仅有 60 余万吨，运营亏损愈来愈大。资金严重短缺又导致设备失修加重，行车安全恶化，运行速度缓慢，整体状况缺乏生机。

据介绍，坦赞铁路局除了取得中方的支持外，也在寻求其他出路。西方国家以实行商业化改革作为提供资金援助的先决条件，迫使坦赞铁路部长理事会于1993年同意制定商业化改革方案，但这项改革涉及的因素颇多，推进十分艰难。第七期中国铁路专家组经过认真调研，提出了《关于推进坦赞铁路商业化的建议》，从管理体制、经营方针、管理原则、市场开发、多种经营、分局"承包"、基层管理、企业整顿、强化基础等九方面，提出了具体建议，以推进改革、强化管理，建立起良好的运营机制。但是，多年过去了，坦赞铁路摆脱困境的道路仍未明朗。

这两次访问坦赞铁路期间，我都率领中国政府代表团成员，到坦赞铁路烈士陵园敬献花圈，深切悼念为援建坦赞铁路而长眠在异国他乡的中国铁路技术人员。

七、尼铁修复改造

1979年6月1日，经国务院批准，中国土木工程公司（以下简称中土公司）在铁道部援外办公室的基础上正式成立，成为我国最早进入国际工程承包市场的四家对外经营公司之一。中土公司成立后，继续在非洲开拓铁路市场，其中尼日利亚铁路就是重要目标之一。在中国驻尼日利亚大使馆大使吕凤鼎的全力帮助下，1995年10月中土公司与尼日利亚铁路公司洽商合作事项取得积极进展。1995年12月初，铁道部部长韩杼滨邀请尼日利亚交通运输部部长古迈尔将军访华。12月9日中国铁道部与尼日利亚交通运输部签订了合作谅解备忘录。同日，中土公司与尼日利亚交通运输部签订了尼日利亚铁路修复改造项目合同。合同内容包括：修复改造勘测设计 4288 公里，修复改造线路桥涵信号 3288 公里，提供内燃机车 50 台、客车 150 辆、货车 400 辆等。合同总额为 5.28 亿美元，工期为 30 个月。这是当时我国最大的对外承包工程项目。本来这是两个市场经营主体之间的工程经济合同，但尼日利亚方面坚持要中国铁道部出面，为中土公司做后盾。

尼日利亚位于西非东南部，国土面积 92 万平方公里，属于热带草原气候，几内亚湾自然条件相对较好，总人口 2.01 亿，是非洲第一人口大国，非洲第一大经济体。尼日利亚由天然气出口创汇作为主要经济支撑，石油出口收入占出口总收入的 98%，占国家总收入的 83%。尼日利亚铁路始建于 1898 年，现有路网由两条干线和一条联络线构成，线路轨距 1067 毫米，钢轨等级不高，为 22.32 ~ 39.38 公斤 / 米，轴重 20 吨。由于铁路设备年久失修，有的路段基本瘫痪，客车平均速度 30 公里 / 小时、货车平均速度 20 公里 / 小时，1996 年货运量仅有 14 万吨。尼日利亚把此项投资巨大的工程交给中土公司，是基于对中国的高度信任，也不排除还有其他想法。但是，中土公司对该项目的风险估计不足，时间过去了一年多，仍在进行开工准备，这难免引起尼方疑虑，尼日利亚新闻媒体也颇有微词，西方国家更是趁机制造反华舆论。在这种情况下，韩杼滨部长委派我赴尼日利亚督战。

1997 年 4 月 25 日至 5 月 5 日，我对尼日利亚铁路进行调研，行程 3300 公里，察看现场 22 处。在调研途中，我专程沿着山区小路，看望了 4 月 17 日在朗伽朗伽砟场遭到匪徒抢劫的沈阳铁路局职工，向他们表示亲切慰问。看了郑州铁路局负责施工的试验段工程，希望他们高标准、严要求，为全项目树立先进样板。在听取了各方面意见后，研究了总体部署。5 月 4 日上午，我在尼日利亚最大城市拉各斯，召开了中土公司所属各单位负责人会议，提出了项目总体目标要求，计划分五个阶段推进，确保安全、优质、按期完成。我在会上动员大家发扬援建坦赞铁路的精神，不负重托，为国争光。同时，我在会上宣布铁道部决定，派铁道部副总工程师周振远作为铁道部驻尼铁项目代表（对外称"中土公司顾问"），负责在现场协调解决重大问题。要求中土公司总经理王国卿加强尼铁项目经理部力量，派遣中土公司副总经理钱武云坐镇负责项目实施。采取这些实际行动后，迅速扭转了施工现场的被动局面，也打消了尼方的疑虑。

1997 年 6 月 26 日，尼日利亚铁路修复改造项目在卡杜纳车站举行了隆重的全线开工典礼。在热烈的气氛中，我代表中国铁道部表示祝贺，并转达了国务院总理李鹏对尼日利亚国家元首、三军总司令阿巴查将军的问候。在尼日利亚交通运输部部长古迈尔将军致辞后，国家元首、三军总司令阿巴查将军发表讲话，强调这是尼日利亚铁路发展史上的一个重要里程碑，对中国政府为尼日利亚修复改造铁路所做的努力表示感谢。他在开工典礼上宣布：尼日利亚政府还将考虑修建铁路新线。我陪同阿巴查元首和尼日利亚宾客，参观了由中国生产的两节客车，然后登上由中国内燃机车和客车编组的专列，在修复改造后的线路上以 80 公里 / 小时速度运行，尼方贵宾们竖起大拇指连连给予称赞。

1998 年 6 月 8 日清晨，尼日利亚国家元首阿巴查将军突然在首都阿布贾病逝，国内政局发生变化。对华友好的奥巴桑乔继任国家元首。尼日利亚铁路修复改造项目的工程进展，尽管受到尼方政局变动和供应轨料延迟等因素的影响，仍然按期完成了该项工程，使尼日利亚铁路运力显著提升，赢得了尼日利亚政府和民众的高度认可和充分肯定。

中土公司驻尼日利亚总经理陈晓星坚守岗位，长期耕耘尼日利亚铁路市场，经受了各种艰难曲折的考验，终于站稳脚跟，不断发展壮大。21 世纪初，尼日利亚国家元首奥巴桑乔力主推进"铁路现代化项目"。该项目南起尼日利亚最大城市、经济中心拉各斯，北至北部最大城市、工业中心卡诺，线路全长 1315 公里，以分段实施方式展开建设，寻求中国政府在技术和资金方面予以支持。经过中尼双方多轮磋商，2006 年 10 月 30 日中土公司与尼日利亚交通运输部签订了尼日利亚铁路现代化项目施工总承包合同。经过几年磨合，尼日利亚方面根据资金筹措情况，决定先修建首都阿布贾至北部重镇卡杜纳的标准轨距铁路（又称"阿卡铁路"）。阿卡铁路全长 186.5 公里，设计速度 150 公里 / 小时，是第一条在非洲按照中国标准建设的新线，2011 年 2 月开工，2014 年 12 月全线铺通，2016 年 7 月正式运营。就在阿卡铁路全线铺通前，2014 年 11 月 24 日中土公司又与尼日利亚交通运输部在其首都阿布贾，正式签署了承建尼日利亚沿海铁路项目的合同。我听后感到非常高兴，衷心期望中土公司再接再厉，在尼日利亚铁路建设中创造新的辉煌成就。

【第十章】 珍爱多彩生活

一、政协委员履职

在 20 世纪 90 年代，我曾先后当选为中共十四大、十五大代表，第九届全国人大代表。2002—2012 年，我被选为第十届、第十一届全国政协常委和第十一届全国政协经济委员会副主任委员。我非常感谢党组织和铁路职工对我的信任，使我有机会在党的代表大会和全国人大、全国政协召开的会议上，与党和国家领导人及各界代表、委员一起，共商国是、建言献策。特别是我被选为全国政协常委后，参加了全国政协组织开展的许多重要活动，使我对中国特色社会主义制度有更加深刻的理解，对中国实行的人民民主专政的国体、人民代表大会制度的政体、中国共产党领导的多党合作与政治协商的基本政治制度等更加自信。尽管前进的道路上会遇到曲折，但我坚信选择这条道路是正确的，前景是美好的。

　　人民政协是爱国统一战线组织，是体现各族人民大团结、大联合的组织，具有广泛的代表性和巨大的包容性。各界别委员联系着多元社会的各个利益集团，能够团结形成强大合力，在党的领导下共同为振兴中华而奋斗。人民政协是发扬社会主义民主的重要形式。我在参加全国政协的各种活动中深刻地体会到，选举民主与协商民主相结合是制度创新，只有中国能够如此。在多年实践中，人民政协不断丰富协商民主的实现形式，除了委员会议协商外，还采取了专题协商、界别协商、与政府部门对口协商、提案办理协商等多种协商形式，在沟通国家权力机关与社会公众等方面发挥了重要作用。党和国家作出重大决策之前，大都征询过政协常委的意见，政协常委所提许多建议都被采纳。所以，协商民主不是"走形式"，而是"有实效"。

　　政协委员要坚持团结、民主，围绕党和国家的中心工作，认真履行政治协商、民主监督、参政议政的职能。我特别重视加强政协委员与铁路部门的沟通交流。每次参加全国政协会议时，我都在会上介绍铁路改革发展情况，同时也把政协委员们对铁路工作的意见转达给铁道部党组，有效促进了铁路改进工作。在青藏铁路建设期间，我多次请青藏两省区政协委员到雪域高原的施工一线进行视察，他们在慰问职工的同时，也提出了许多宝贵建议。2008 年，我国先后发生"5·12"汶川大地震和南方低温雨雪冰冻灾害，由全国政协副主席李金华任团长、我担任副团长，率领全国政协常委视察团，赴四川、贵州、湖南三省调研后，向领导呈送了专题调研报告。我代表视察团在全国政协常委会上做大会发言，针对国家层面需要研究解决的问题，提出了6条建议：完善应急管理体制，建立统一的应急指挥体系；建立政策性巨灾保险基金；统筹应急物资储备；加强应急队伍建设；完善应急法律法规；普及应急自救知识，将"5·12"定为"防灾减灾宣传日"等。所提建议报送到党中央、国务院，受到高度重视，有些建议已被采纳实施。政协委员们十分关注我国高速铁路发展，在我国第一条350公里/小时高速铁路京津城际铁路建成之后，我陪同政协委员们先后乘坐京津城际和京沪高铁列车进行考察。政协委员们深入列车、站段召开座谈会听取意见，最后提出了加快铁路体制改革、转变发展方式、推进投资多元化、支持铁路实施"走出去"战略等5条建议，国务院领导批示有关部门认真研究。

在深入调查研究基础上，我以个人名义或联合其他委员，就经济社会发展和民生热点问题，共上报了14项提案，其中多数提案与铁路有关。例如：2010年我提交了"关于对铁路节能减排项目实施财税优惠政策"的提案（编号：第3842号），强调铁路在综合交通运输中的骨干作用和在节能减排方面的明显优势，认为国家为发展公路交通实施的燃油税费政策用于铁路很不合理。我提出的主要理由是，铁路内燃机车并未使用公路资源，征收铁路运输柴油税费以补贴公路交通支出，有悖于制定节能减排政策的初衷。这同欧洲一些国家征收公路税费以支持发展铁路的政策，形成鲜明反差。因此我认为，国家征收燃油税费不应包括铁路运输用油。财政部等受理本提案后，同我进行了多次交谈，认为我的提案有合理性，却又担心其他部门攀比。最后决定采取"先征后退"的办法解决，就是每年由财政部拨给铁道部约 150 亿元的专款，从而使不合理征收铁路燃油税问题得到了纠正。另外，我还上报了建立铁路发展基金、加大国家对公益性铁路建设和公益性运输的政策支持、尽快解决铁路立法滞后问题等提案，国家有关部门认真研究后，都给予了正式回复。例如："原则同意由铁道部按照市场化运作方式来设立铁路发展基金"；"中央财政将进一步加大对西部和东北地区公益性铁路建设的投资力度和比例"；"积极研究对公益性线路和公益性亏损制度安排"等。

全国政协副主席滕代远是中国共产党优秀党员，是久经考验的老一辈无产阶级革命家、人民军队领导者之一，也是新中国人民铁路事业的奠基人，我们十分崇敬的老部长。1999 年春天，滕代远部长夫人林一同志在院子里见到我，说滕部长老家百姓外出跨越锦江很困难，希望能修座大桥，麻阳县已作设计，但没有钱修。我当即表示，铁道部拨款资助。这座 100 多米长的"代远大桥"（3 孔上承式钢筋混凝土拱桥），2000 年 10 月建成通车，锦江两岸百姓齐声称赞。后来，尊重滕部长子女意见，将桥名改为"怀远大桥"，林一同志特别高兴。2004 年初，林一同志又找到我，谈及纪念滕部长诞辰 100 周年活动安排。我说这是一件大事，我向部党组汇报，后来又向全国政协汇报。2004 年 10 月 29 日，中共怀化市委、市政府在麻阳举办了"滕代远同志诞辰 100 周年纪念大会"，我代表铁道部出席会议并讲话，表达了全路职工对滕代远部长的深切怀念，回顾了滕代远部长对中国革命和新中国铁路事业所做出的丰功伟绩。铁路文工团演出文艺节目，向麻阳人民群众表示慰问。2004 年 11 月 16 日上午，由全国政协副主席王忠禹主持，在北京人民大会堂举行了"纪念滕代远同志诞辰 100 周年座谈会"。国务院、全国政协、总政治部、铁道部及有关部门领导同志参加。我们缅怀滕代远部长一生为公、鞠躬尽瘁，为国家立下的不朽功勋，学习他的高尚品德，弘扬他的革命精神，为实现我国铁路现代化而努力奋斗。

2013 年 3 月，全国政协进行换届，由于我已担任了两届全国政协常委，不再继续连任。5 月 21 日，全国政协主席俞正声在全国政协礼堂，给我颁发了纪念牌并合影留念。

二、发挥院士作用

1994 年成立的中国工程院是中国工程科学技术界最高荣誉性、咨询性学术机构，由院士组成。中国工程院院士，是国家设立的工程科学技术方面的最高学术称号，由选举产生。2005 年，由铁道部推荐，经过院士会议两轮评审并多次投票遴选，最后实行差额无记名投票选举，我被选为中国工程院院士（工程管理学部）。中国工程院院长徐匡迪亲自为我颁发院士证书。

在担任铁道部副部长期间，我曾先后 4 次在中央党校（国家行政学院）学习，对提高自己的理论水平和领导能力有很大帮助。2006 年 8 月，我卸任铁道部领导职务后，便有了充足的时间和精力，参加中国工程院的工程咨询活动，这为自己提供了一个"再学习、再提高、再奉献"的难得机遇。我十分珍惜院士称号，主持或参加了"重大灾害应急管理"等重大咨询项目，为国家科技发展建言献策，倾心建设高端智库。2009 年 12 月中旬，香港城市大学邀我和其他 7 位院士一起，赴香港进行学术交流，我在大会上作了"青藏铁路工程建设伟大成就"的专题报告。

2014 年，中国工程院工程管理学部院士推举我担任学部主任，我深感责任重大。我主持学部常委会研究学部发展问题时，明确学部的工作重点是坚持围绕中心，服务战略大局，集中抓好院士队伍建设和重大工程咨询研究。特别强调要抓好院士增选工作，这是学部生存和发展的关键。在学部院士统一思想的基础上，细化工程管理学部院士增选办法，充分发扬民主，确保评选质量，力争用足增选名额。2015 年，我们从 34 名有效候选人当中，选出了 6 名新院士，这是工程管理学部成立 15 年来，首次用足了中国工程院分配给工程管理学部的增选名额。2017 年工程管理学部院士增选中，又有 5 名新院士加入。由我和凌文院士等 6 位院士提名的候选人比尔·盖茨，高票当选为中国工程院外籍院士，为工程管理学部增选外籍院士开了先河。比尔·盖茨是享誉全球的计算机专家，首创了计算机 Windows 操作系统，主持开发了第四代核电行波堆（TWR）技术，创建了"卓越工程"管理模式，为中国信息科技进步和工程管理创新做出了重要贡献。这两届工程管理学部的新增选院士都比较年轻，使学部院士的年龄结构和知识结构得到了一定改善，为学部工作增添了活力。同时，学部也很重视院士的科学道德建设，自觉抵制学术不端行为和社会不良风气。

要把中国工程院建成国家的高端智库，学部是基础，院士是主体。工程管理学部的院士，具有跨领域、多专业的优势，在完成重大工程咨询项目中能够发挥综合作用。学部承担的咨询项目，既有院士申报的，也有国家有关部门或重要企业委托的。在确保高质量完成咨询任务方面，我非常重视选题方向，坚持围绕国家重大战略部署、重大科技决策和重大工程建设，突出战略性、前瞻性；非常重视学部院士参与，充分发挥院士在项目研究中的主体作用，组织开放的研究团队，形成实力强大的集群；非常重视全程管理，严格立项审评，加强中期检查和结题评审，监督经费使用情况，防止出现"虎头蛇尾"；重视研究成果应用，重要研究成果和院士建议，经中国工程院审批后，呈送党中央、国务院或有关部门，为领导决策提供技术支撑。有的研究成果还要向社会公布，决不能"束之高阁"。2016年，由我牵头同其他院士一起完成的《中国铁路"走出去"发展战略研究》，由中国工程院报送中共中央办公厅和国务院办公厅，中央领导同志十分重视并作了批示。2016年底，中国工程院院长周济对我说，受交通运输部部长委托，我院要开展《交通强国战略研究》，由你负责组织实施。我请原铁道部部长傅志寰院士和我共同担任这个重大咨询项目组组长，中国工程院副院长何华武院士和交通运输部原副部长、中国公路学会理事长翁孟勇任副组长，共有32位院士和100多位研究人员参加，分为17个课题开展研究。在历时近两年的研究中，我们认真贯彻党的十九大精神，提出了建设交通强国的战略目标、评价指标、战略重点、治理体系以及政策建议等，并多次征求全国政协副主席兼交通运输部党组书记杨传堂和交通运输部部长李小鹏的意见，进行修改完善。2018年9月，此项研究成果由中国工程院和交通运输部联合上报党中央、国务院，中央领导同志做了批示。2018年，我带领研究团队完成了《京沪高速铁路对经济社会发展重大作用研究》的咨询任务，使领导部门和社会各界对高速铁路的显著综合效益有了全面深刻理解。

工程管理学部各类学术活动开展，很好地发挥了学术引领作用，备受各方面关注。在前几届学部领导打下的良好基础上，我们继续开拓工作，争取办出特色、创出品牌。重点推进中国工程管理理论研究、工程哲学研究及工程人才培养研究，精心办好"中国工程管理论坛"等学术活动。同时加强工程管理学部与美国工程管理协会等国外同行的合作，邀请外国专家参加国际高端论坛。在中国工程院领导直接关怀下，加强了《工程管理前沿》（英文版）期刊的编辑力量，使期刊质量和影响得到了进一步提升。

三、加强"学会"服务

中国铁道学会成立于1978年4月1日，是经民政部批准注册，由中国科协和铁道部双重领导的全国铁道行业科学技术性的群众组织，也是全国性、非营利性的社会团体学术组织。学会成立以来，各项工作取得了显著成绩，为铁道行业的科技进步做出了重要贡献。在2005年到2017年，我担任中国铁道学会理事长期间，从加强学会自身建设入手，突出学会的"服务"功能，不断增强学会的创新活力，推动学会工作取得了新进展。

在这十多年中，中国铁道学会开展学术交流活动十分活跃。学会每年都要安排重大学术交流计划，各分支机构和各省级学会也都作了学术交流安排，同时还组织开展了一系列国际学术交流活动。2008 年，四川省汶川大地震后，我在成都主持召开了"地震灾害对铁路的影响及对策研讨会"，在现场调研基础上从多视角进行研讨，有针对性地向铁道部提出了应对震灾的专家建议。2009 年，在京津城际铁路开通运营一年后，我组织铁道行业的专家学者进行研讨，提出了重视发挥高速铁路对经济社会发展作用的建议。2011 年，我主持召开重载运输研讨会，提出了改造既有线开行 27 吨轴重货车和新建运煤专线按 30 吨轴重进行重载铁路设计的建议。2016 年，在青藏铁路运营十周年之际，我在拉萨主持召开研讨会，总结交流高原冻土铁路运营技术创新成果，提出了整治病害、铺设无缝线路、扩大运输能力等建议。此外，我还组织召开了铁路安全风险管理等一系列专题研讨会。这些学术交流活动形式多样，受到铁道行业科技工作者的普遍欢迎和好评；所提出的建议，得到了铁道部和有关部门的重视，有的建议已被采纳运用。应有关企业要求，我率领有关专业人员先后完成了"神华铁路大轴重重载铁路运输成套技术研究"项目验收评审工作，以及"太中银铁路运营管理模式研究""蒙华铁路运营管理模式研究"等课题，对发展合资铁路提供了智力支持。

由中国铁道学会主办的《铁道学报》，是全国铁道行业最具影响力的权威性学术期刊。自 1978 年创刊以来一直是双月刊，我感到这很不适应铁路大发展的新形势和新要求。经过调研，我提出了改双月刊为月刊的想法，得到了学会常务理事会的认可。从 2011 年 1 月起，《铁道学报》由双月刊改为月刊，同时加强了编辑部的力量，加大了刊发论文的数量，使论文发表更加及时。

根据国家有关规定，中国铁道学会承接了铁道部科技奖励工作。我听取了学会奖励评审工作汇报，在征求各方面意见后，提出按照"公开公平、规范评审、严格把关"的科技奖励评审要求。修订和完善了科技奖励评审办法和实施细则，强化评审组织、坚持评审程序、严格评审纪律、加大宣传力度，使科技奖励收到良好效果。

普及铁路科学技术知识是中国铁道学会的一项重要工作，对于提高全民科学素质和全路干部职工科学知识水平，助力铁道行业的发展，都具有非常重要的作用。我要求学会开展科普工作时，要面向广大铁路职工，同时加大向社会公众的宣传力度，把铁道知识通过各种方式介绍给广大群众。我特别强调，中国铁道学会要在参加"全国科技周""全国科普日"活动的同时，组织开展"铁路科技周"和"铁路科普日"等经常性的群众科普活动，采用发放科普期刊、拍摄专题影视、布设展板、组织讲座等多种形式，做好科普进站段、进车间、进工区工作，向铁路干部职工普及铁路安全、节能减排、风险管理等知识；通过建立铁路科普教育基地，参观铁道博物馆、铁路纪念馆、高速列车动车段，开展"话说青藏铁路""高速铁路安全科普宣传"等专题科普研究方式，向铁路职工和社会各界公众，普及铁路新技术、新知识等。这些铁科普活动的深入开展，受到了广大铁路干部职工和社会各界群众的普遍欢迎。学会的科普工作多次受到科技部和中国科协的表扬。

我担任学会理事长 12 年，对加强学会建设也有一些体会。第一，必须明确学会定位。因为中国铁道学会既不是政府的行政部门或附属机构，也不是企业实体，而是处于政府、企业之间的中介组织，是一个群众性的社会团体，发挥着桥梁和纽带作用。所以学会各项工作必须突出服务功能，坚持为政府服务、为企业服务、为会员单位服务。第二，要发挥学会优势。中国铁道学会具有专业齐全、人才荟萃的突出优势，可以开展铁路系统多专业的学术研究，制定中国铁道学会标准，把中国铁道学会科学技术奖办成品牌，激励铁道行业科技自主创新和人才成长。第三，要增强学会活力。中国铁道学会要可持续发展，必须研究解决影响学会发展的突出问题。这几年解决了省级铁道学会以单位会员身份加入中国铁道学会，研究提出学会分支机构改革方案等，较好地解决了长期困扰学会发展的难题。像这样的突出问题还有，如探索开展咨询服务的新路子等，需要下气力认真研究、大胆突破，使学会在突出服务功能、强化改革创新的发展道路上，迈出更大步伐，取得更大成效。

四、弘扬茅老精神

茅以升先生是我国著名的科学家、教育家和社会活动家。他设计建造了我国第一座现代公路铁路两用大桥——钱塘江大桥，曾任中国桥梁公司总经理，先后在唐山交通大学（今西南交通大学）等五所高校任校长或教授，长期担任铁道科学研究院院长，担任武汉长江大桥技术顾问委员会主任委员、人民大会堂结构审查组组长。茅以升先生是中国科学院首批学部委员（后称院士）、中国土木工程学会理事长、中国科协名誉主席、九三学社中央名誉主席、第六届全国政协副主席。2019年被国家授予"最美奋斗者"称号。

1989年11月12日，茅以升先生在北京逝世。1991年，由全国政协、中央统战部、九三学社中央、铁道部、交通部、建设部、中国科协等单位，发起成立了"茅以升科技教育基金会"，旨在纪念我国近代桥梁工程奠基人、科学家、教育家和社会活动家茅以升先生，继承茅老未竟事业，弘扬茅老崇高精神。我对茅以升先生仰慕已久，1985年我在一次会议上见到他，虽然那时他已年近90岁高龄，但精神矍铄，声音清亮。他语重心长地对我说，中国铁路发展必须科技教育先行。茅以升先生逝世后，我怀着崇敬的感情，参加了茅以升科技教育基金会的工作。基金会主任由全国政协副主席、中国科学院院士王志珍兼任，我担任第一副主任。2019年，我出任茅以升科技教育基金委员会主任。

多年来，我学习茅老的崇高精神深受教诲，茅老的崇高精神突出体现在"爱国、科学、奋斗、奉献"上，是我学习的光辉榜样。20世纪30年代，他怀着赤子之心慨然受命，为国建桥，克服重重困难，在钱塘江上架设了中国第一座现代化的公路、铁路两用大桥，为国争了光。大桥建成通车不久，为了阻断日军进攻，他又遵照有关方面的决定，毅然亲手炸毁了这座大桥，一直到抗日战争胜利后，他再次主持修复了钱塘江大桥。在茅老诞辰 120 周年之际，我在《人民铁道》报上发表了《中国铁路的骄傲》一文，以资纪念。2018 年 10 月 27 日，中国人民解放军海军 636A 型海洋综合调查测量船，被命名为"茅以升船 / 海洋二十九号"，正式入列海军舰船。以茅以升先生的名字命名海军测量船，不仅是为了纪念伟大的科学家、教育家和社会活动家茅以升先生，更在于以茅以升先生的光辉业绩和卓越贡献，引导海军广大指战员继承和弘扬茅老的崇高精神。在科技强国、科技强军的今天，此举意义非凡。

在各方面大力支持下，茅以升基金会工作取得显著成绩，影响不断扩大。民政部主管部门认为，在同类社会团体中，茅以升基金会的管理比较严格。为了更好地解决影响茅以升基金会各项事业发展的问题，我对基金会提出要求。主要是：加强制度建设，健全完善理事会换届等制度，实施规范管理；提高工作质量，重点是提高评奖质量，加强评奖监督；增强创新意识，在努力补齐短板基础上，不断拓展基金会业务，稳步开展新局面等。基金会秘书长茅玉麟认真组织落实，各项工作都有很大改进，为基金会持续健康发展打下了坚实基础。

茅老主持中国铁道科学研究院工作有 30 多年，提出了"一切为了科研，科研为了运输"的方针，开展科技研究，培养科技人才，为铁道科学技术进步做出了卓越贡献。基金会把开展学术交流和科技教育奖励作为工作重点，同中国科学院和中国工程院合作搭建了学术交流平台，围绕重大工程科技项目，组织院士专家作报告。为实现茅老"架设祖国统一之桥"的遗愿，2000 年以来基金会与台湾土木工程界开展了海峡两岸合作交流，我在北京多次接待过台湾土木工程界的访问团。2010 年 12 月，我和夫人黄宁曾应邀访台，并在台湾大学作了学术报告。茅以升科技教育基金会设有 11 类共 16 个奖项，从 1991 年设奖到现在，已有 3000 余人获奖，他们都是科技创新的先进代表。现在，桥梁大奖和土力学及基础工程大奖已成为我国土木工程界的知名奖项；铁道工程师奖和建造师奖等奖项已经备受业内高度关注，对激励科技人才成长，发挥了积极作用。

茅老曾担任过西南交通大学、北方交通大学（今北京交通大学）等五所大学的教授、校长，对教育革新有特殊贡献。茅老开创了"学生考先生"的启发式教学方法，致力于教育改革，倡导"先习而后学"，这是他教育思想创新的集中体现。他希望学生先接触工程实践，从感性知识入手，然后再回到课堂，系统地向学生传授理性知识，从"知其然"到"知其所以然"。基金会在总结经验基础上，推介了"茅以升班"培养模式，有 15 所高校开办了"茅以升班"。通过办班实践和调研，我感到不仅学生的基础要好，还要有理论联系实际的高水平教师，符合时代科技进步的优质教材和能够让学生充分锻炼的实践平台，这样就可以使"茅以升班"愈办愈好。

茅老大声疾呼"科学属于人民"，大力推进科普活动。茅老说"爱孩子就是爱祖国的明天"，要在科学家与青少年之间架起科普之桥。基金会主办学生夏令营活动，对青少年进行科普教育。同时，根据国家扶贫战略部署，从 2011 年开始，基金会发起了为边远山区、少数民族地区小孩上学修建"公益桥"活动，得到基金会成员的积极响应。我曾到重庆市彭水县、安徽省六安市金寨县等地，看到小学生们兴高采烈、欢声笑语地从公益桥上走向学校，深感这是实实在在的扶贫举措。茅老所著《中国石拱桥》一文编入了中学教材，让广大青少年在学习中热爱中国的桥梁文化。基金会开展了一系列的古桥研究，在福建、江苏、湖南等省举办了保护古桥会议，提出了具体建议，受到了地方政府的好评。

茅老充满哲理的人生格言，常在我的耳旁响起：

人生一征途耳，其长百年，我已走过十之七八，回首前尘，历历在目，崎岖多于平坦，忽深谷，忽洪涛，幸赖桥梁以渡。桥何名欤？曰奋斗。

茅老以奋斗的一生，为祖国架设了一座座有形的实体桥梁，也架设了一座座无形的精神桥梁。茅老像绚丽的彩虹，美好永留人间。

五、参与公益事业

我欣然接受好友之邀，参加了中华"健康快车"送光明公益活动，担任"中华健康快车基金会"副理事长和高级顾问。1997年，在香港回归祖国的喜庆时刻，香港同胞捐赠了一列"健康快车"，用于为祖国内地贫困地区的白内障患者免费实施复明手术，使他们重见光明，开始正常生活。当年 7 月，由青岛四方机车车辆工厂设计制造的第一列"健康快车"从香港开出，第一站停靠在京九铁路阜阳站，为皖北贫困地区的白内障患者免费治病。最初，很多人对"健康快车"不了解，甚至有人抱有怀疑态度，认为天底下哪有不花钱就给病人做手术治眼睛的好事。但没过多久，免费治疗白内障的消息就不胫而走，广为传播。后来，香港、澳门同胞又捐赠了第二列、第三列"健康快车"，接着中石化捐赠了第四列"健康快车"。随着"健康快车"服务地域的不断扩大，经卫生部等部门商议，2002 年在北京注册成立"中华健康快车基金会"，吴仪、董建华等领导人表示赞赏和支持。

所谓"健康快车"，就是一所沿铁路线流动的火车医院。每列"健康快车"由 4 节特制的车厢组成，包括装有完善设施的手术诊疗车、医护人员宿营车、患者休息卧铺车以及生活发电车等。由北京等地的医院，组织眼科专业志愿者上车工作，每到一地都由当地政府指定医院，配合"健康快车"筛选病人。列车停靠在车站安排的股道上，通过对白内障患者进行手术治疗，切除患者眼睛中已经混沌的晶状体，并植入人工晶体，两三天后即可复明。

我负责联系铁路部门，为"健康快车"的运转和安全检查提供服务。4 列"健康快车"全都停放在北京车辆段，按照"健康快车"年度计划，铁路部门安排运行车次、停靠车站股道并提供水电等。到 2019 年底，"健康快车"已到达过全国 28 个省、自治区、直辖市，停靠站的服务地点共计 187 个，贫困地区白内障患者通过复明手术的治愈人数超过 21 万。在新疆维吾尔自治区喀什市和黑龙江省齐齐哈尔市等地，我探访过一些复明的白内障患者，最小的年龄只有两岁，高龄的达到80多岁。他们脸上洋溢着欢喜的笑容，为能再看见自己的亲人、再看到缤纷的世界，而感到心情特别激动，一再感谢"健康快车"的善举。我在广西壮族自治区百色市和山西省晋中等地区，看望了开展治疗手术的"健康快车"工作人员，他们对铁路安排停靠在仓库专用线非常满意，认为场地比较宽敞，患者进出也方便。我也向铁路车站人员转达了"健康快车"的感谢之意。

20多年来，在"健康快车"创会主席方黄吉文女士的精心策划和各方面大力支持下，服务领域不断扩展。除了"健康快车"送医上门外，也为一些地区捐赠眼科设备和培训眼科人才，在全国24个省、自治区、直辖市的有关医院，成立了"健康快车"眼科中心，就地为患者服务，被誉为"不走的火车眼科医院"。我曾到西安、南宁等城市，检查过捐赠设备和培训人才的落实情况。近几年，基金会开展了"健康快车"糖尿病视网膜病筛查，积极治疗糖尿病视网膜病患者；正式启动了"健康快车'一带一路'国际光明行"项目，为邻邦斯里兰卡等国，治疗白内障患者；成立了"健康快车"国际眼科医院，志在扩大"健康快车"的国际影响。中华"健康快车"为我国动员社会力量推进慈善事业树立了榜样。

"健康快车"的活动经费由"香港健康快车基金会"和"中华健康快车基金会"筹集，筹款方式灵活多样，大多来自企业捐赠，也有部分个人捐赠。为此，基金会每年都在国家大剧院的小剧场，举办一场"中华健康快车光明行慈善演唱会"，宣传"健康快车"的业绩，争取各界大力支持。我也受邀上台演唱歌曲，如《天路》、《大青藏》、《卡莎莎》（彝语，"谢谢"之意）、《高铁驶进新时代》等，意在把铁路与"健康快车"紧密地联系在一起。

参与"健康快车"活动，使我热心公益事业。我曾向铁路青少年发展捐助中心捐款，资助经济困难的学生。我的捐款主要用于哈尔滨铁路局加格达奇铁路小学，帮助患病职工的子女坚持在校学习。此外，帮助北京交通大学为西藏自治区培养的贫困藏族学生，鼓励他们学成之后返回青藏铁路做贡献。我要求学校不要公布捐款人姓名，学校很负责任地给我送来接受捐赠的学生名单，我只记得一位藏族女学生名叫索朗卓嘎。

六、热心文体活动

个人情趣的形成，有先天的影响，也有后天所为。我的家乡长安，每逢春节等重要节日都会有盛大的社火，平日里傍晚时村里自乐班高声吟唱秦腔，青年朋友在聚会时经常会欢快地唱歌或扭秧歌。这些，都给我留下了深刻印象，培育了我对集体文化活动的热爱。

我在体育运动方面没有什么特长项目。虽然年轻时喜欢打乒乓球，那是因为走到哪里都能有球桌挥拍。到铁道部工作后，老部长倡导文体活动的优良传统，对我有直接影响。刘建章部长有一句名言：不动则退，动过则废。就是既要强调运动，又要防止过度。他曾对我说，身体是革命的本钱，工作再忙也要抽时间活动，并带我走进网球场。当我看到吕正操、万里等老领导在网球场上精神抖擞地挥拍击球，使我感到汗颜。从此，我也爱上了网球，几乎每周都安排练球。但到了70岁以后，我就基本上停止了这项剧烈运动。中国火车头体育协会李一同志热心组织铁道部机关开展群众性桥牌活动，在国家部委机关中居于领先水平，也吸引我加入到了这个行列当中。多年来，我和办公厅钱迈（后任集装箱公司副总经理）成为搭档，相互配合默契，有时也取得了好成绩。桥牌活动对增强智力、预防智障大有裨益，即使到了高龄也可以打桥牌。有一件意想不到的事情，就是我不会踢藤球，却在20世纪90年代被推举为中国藤球协会主席，推动藤球运动发展。藤球运动在东南亚、南亚地区比较盛行，双方各队均由3人上场比赛，只能用脚踢球或用头顶球，不能用手击球。我虽不懂藤球，但当上藤球协会主席后，还是非常上心，以火车头藤球队为主体，组建了中国藤球队，经常去观看球队训练和国内比赛。中国藤球队从领队、教练到队员，为熟练掌握技术都非常刻苦努力，水平提高很快，在代表中国参加亚洲藤球赛时获得了亚军。

我比较喜欢文娱活动，踊跃参加大合唱、集体舞和音乐会，也常常哼唱一些抒情歌曲和军旅歌曲。即使到了海拔5072米的唐古拉山铁路车站，我也被青藏铁路建设者们的澎湃激情所感染，情不自禁地与他们一起高歌《青藏高原》《天路》和《青藏之梦》。闲暇时，我也经常吟唱几首外国歌曲，如《故乡》（俄语）、《友谊天长地久》（苏格兰语）、《北国之春》（日语）、《欢乐颂》（德语）等。除了每年在"中华健康快车光明行慈善演唱会"上表演独唱、合唱节目之外，2012 年，我还参加了"爱乐之友业余合唱团"。这个合唱团俗称"三高合唱团"，由高级干部、高级知识分子（教授）、高级军官（将军）组成，由指挥家陈佐湟指导排练，并在北京、天津、南京、上海等城市演出。合唱团演出时，气势磅礴、音域宽广、音色丰富，力度变化大、音响层次多、表现力强，充满艺术感和陶冶感，使我心情愉悦，忘却疲劳，远离烦恼。丰富的文娱活动成为我感悟世界、思考人生、表达感情的美好方式。

夫人黄宁乐于欣赏文艺节目，读书钻研尤为勤奋。她长期坚持学习医学文献，参加学术研讨，在职学习英语、日语，被公派日本研修一年期间所发表的论文，得到了日本同行的肯定。她多年坚持在医院值班，热心为患病儿童服务，即使她在家休息也打电话随访，了解患者病情变化情况，并悉心指导用药和康复事宜，患者家属感动地称她有仁爱之心，多次赠送锦旗，这也使家庭充满了欢乐气氛。

随着年龄不断增长，使我越来越深感到，一个人对工作和生活充满情趣，有助于修身养性和身心健康。我参加文体活动，不仅增强了体质，而且广交朋友，保持良好心态。因此，我积极倡导和培养健康、科学、文明、向上的生活情趣，为投身伟大事业多做贡献。

七、幸福感永留心中

2019年9月底，我接到了参加国庆观礼活动的邀请函，心情特别激动。十年前，我曾登上天安门城楼参加国庆观礼活动，留下了美好记忆。这次国庆要展示中国特色社会主义新时代的坚强实力和坚定决心，意义更为重大。

9月30日下午，我身着正装，带着简单生活用品，到指定地点报到后下榻在东长安街附近一家宾馆。当晚11时后，开始听到大街上传来的重型机械隆隆响声，据说是受阅部队陆续进场了。天亮之前，完全宁静下来了。

10月1日清晨，参加国庆观礼活动的代表们按不同团组，乘坐中巴汽车沿着长安街自东向西前往天安门。我在沿途看到受阅部队全副武装，紧靠大街北侧集结待命。中巴汽车从天安门正门驶入，我们下车后登上天安门城楼。这时，我看到天安门城楼上大红灯笼高高挂起，两侧的鲜艳红旗迎风飘扬；往前看，天安门广场各界群众早已整齐地列队就位，"红色飘带"主题景观雕塑映入眼帘。整个庆祝大会会场充满了节日喜庆气氛。

庆祝中华人民共和国成立70周年大会，是以中共中央、全国人大常委会、国务院、全国政协、中央军委名义召开的。10时整，国务院总理李克强宣布大会开始后，全体肃立，礼炮齐鸣，升国旗，唱国歌。中共中央总书记、国家主席、中央军委主席习近平发表重要讲话，号召全党全军全国各族人民不忘初心、牢记使命，为实现"两个一百年"奋斗目标，为实现中华民族伟大复兴的中国梦而奋斗！习近平主席乘车到东长安街，检阅受阅部队。

10 时 15 分，阅兵仪式开始。习近平主席站在检阅车上检阅受阅部队。接着，受阅部队迈着整齐步伐，精神抖擞地经过天安门广场，接受全国人民检阅。70 架直升机组成巨大的"70"字样，象征中华人民共和国走过 70 年光辉历程。由上万名人民解放军、武警部队和民兵预备役部队官兵，组成了几十个方队，包括步兵方队、装备方队、空中梯队等。地面铁流滚滚，空中战鹰轰鸣，我看到了强军建设的伟大成就，威武壮观，气势磅礴。有不少装备是首次亮相，展示了我国武器装备研发水平。

接着是群众游行。几名少先队员无伴奏童声演唱《今天是你的生日，我的祖国》，带动全场群众合唱，深情表达对祖国母亲的生日祝愿。我感到现场从阅兵式转换到了群众游行，气氛更加热烈。大约有 10 万名群众，编成许多组彩车，组成众多方阵，沿着长安街自东向西游行，反映了建国创业、改革开放、伟大复兴等主题。有位好友告诉我，这次群众游行是采用"讲故事"的方式，每个方阵展现一个场景，讲述一段故事。正如有的同志所说，一个小方阵就是一幅大画卷，一个小场景反映一个大时代，一个小故事都能传递一个大道理。当我看到"复兴号"高速动车组模型驶来时，我情不自禁地热烈鼓掌，欢庆中国铁路走向世界前列。群众游行结束时，7 万羽和平鸽展翅高飞，7 万只气球腾空而起，祝愿祖国蒸蒸日上，更加繁荣富强。

晚上 8 时，在天安门广场举行了盛大的群众联欢活动。各省区市的表演，都生动呈现了各地特色文化，讴歌了幸福生活，颂扬了时代风尚。我在天安门城楼上观礼，同广大群众一起欢乐。联欢活动突出的特点是，全部演员由各界群众组成，没有一个专业歌唱演员。恢宏的联欢场面，响彻着"礼赞新中国，奋斗新时代"的昂扬旋律，唤起了我的共鸣，也跟着唱了起来。在天安门广场上空，烟花表演也有创新，分别在高、中、低三个空间燃放烟花，绽放出各种花式图案。70束烟花光柱，特效造型烟花"70"。特殊烟花装置表演，更展现了烟花艺术魅力。在锣鼓齐鸣、烟花怒放中，联欢群众怀着依依不舍的心情离开了天安门广场。

国庆观礼活动使我心潮澎湃，感慨万千。新中国成立70年来，各项事业都取得了历史性成就。特别是改革开放以来，我国经济实力、科技实力、国防实力和综合国力都更加强盛，人民生活更加富裕，发生了从"站起来"到"富起来"再到"强起来"的历史性巨变。我亲历了我国铁路从"跟跑"到"陪跑"再到"领跑"的发展历程，心情十分激动，也感到十分欣慰。

我庆幸自己赶上了这个好时代。看到国家繁荣昌盛，人民生活美满，铁路蓬勃发展，我的幸福感油然而生。这种终生难忘的幸福感，将永远留在我的心间。对国家的未来，人民的未来，铁路的未来，我更充满了幸福的期待！

"百倍其功，终有必成"。回顾自己六十多年的铁路生涯，感悟颇深：其一，学海无涯，学后方知不足，从而养成终身学习的良好习惯，并勤于思考，指导实践，受益终身；其二，珍惜党和人民给予的广阔舞台，牢记铁路事业赋予的光荣使命，抓住改革发展的难得机遇，认真履职，自我加压，勇于探索，不断创造新业绩；其三，淡泊名利地位，崇尚团队精神，努力合作共事，有海纳百川之胸襟，养包容兼顾之气度，"不要人夸好颜色，只留清气满乾坤"。迈进铁路门，一世铁路情。唱好人生三部曲（学铁路、修铁路、管铁路），只为做好一件事，就是钟情铁路，奉献铁路，无怨无悔，足慰平生。

附　录

一、工作大事年谱

1941 年 2 月 26 日生于陕西省长安县（现西安市长安区）韦曲东村。

1962 年毕业于长沙铁道学院桥隧系（现中南大学），1960 年 5 月 20 日加入中国共产党。

1962 年 12 月至 1964 年 9 月，任郑州铁路局桥梁鉴定队见习生、工务处技术员。

1964 年 10 月至 1973 年 6 月，先后任西南铁路工程局（1966 年 8 月更名为第二工程局）施工技术处技术员、局办公室秘书。（其中 1969 年 1 月至 1970 年 3 月，在第二工程局五七干校劳动。）

1973 年 7 月至 1975 年 11 月，参加中国援建坦赞铁路，任三机队生产组代副组长。（1975 年 12 月至 1976 年 2 月，回国休假。）

1976 年 3 月至 1980 年 8 月，任铁道部第二工程局施工技术处副科长、副处长。

1980年9月至1981年10月，任铁道部第二工程局第二工程处代处长、党委副书记（工程师）。

1981年10月至1982年6月，任中国土木工程公司深圳第二工程总队行政负责人。

1982年6月至1984年12月，先后任铁道部第二工程局副局长、党委副书记、局长。（1983年4月当选为四川省第九届人大代表。）

1984年1月至2月，在日本东京国际研修中心，研修工程管理。

1984年12月，任铁道部副部长、党组成员。

1985年12月至1989年12月，兼任铁道部衡广复线建设指挥部指挥长。

1986年至1990年，"七五"期间组织"南攻衡广""北战大秦""中取华东"三大战役。强化既有线改造扩能。推进铁路基建管理体制改革。（1989年技术职称评定为高级工程师。）

1990年3月至1994年12月，兼任铁道部直属机关党委书记。

1991年至2000年，"八五"期间组织"强攻京九、兰新，速战侯月、宝中，再取华东、西南，配套完善大秦"。建设广深准高速铁路。深化铁路基建管理体制改革。

1991年3月至5月，中央党校第10期省部级干部进修班。

1992年6月，当选为中共十四大代表。

1992年12月至1998年3月，任国务院京九铁路建设领导小组办公室主任，负责组织指挥京九铁路建设。

1995年7月，参加国家行政学院省部级干部改革研究班。

1996 年，"九五"计划安排"大战西南，强攻煤运，打通限制口，配套大干线"。加强既有线改造，实现繁忙干线的列车大提速。研究建设秦沈客运专线。研究铁路管理体制改革方案，推进政企分开，建立现代企业制度，实行经济包干责任制。

1996 年 1 月，任铁道部党组副书记、副部长。

1997 年 5 月，当选为中共十五大代表。

1997 年 5 月，受聘为西南交通大学名誉教授。

1997 年 10 月，参加国家行政学院省部级干部研究班。

1998 年 3 月，当选为第九届全国人大代表。

1999 年 10 月至 2003 年 6 月，兼任铁道部高速铁路办公室主任。主持高速铁路前期研究工作，将高速铁路科技成果应用于既有线提速工程和新建客运专线工程。确定线路走向位置和主要技术条件。

2000 年，主持编制铁路"十五"计划（草案），提出建设"八纵八横"大通道作为路网主骨架，发展目标确定为客运快（高）速化，货运重载化，管理信息化，适箱货物集装化。

2000 年 3 月至 5 月，参加中央党校第 28 期省部级干部进修班。

2001 年 5 月至 2006 年 8 月，任铁道部副部长、党组副书记，青藏铁路建设领导小组副组长（正部长级），兼任青藏铁路建设领导小组办公室主任。

2001 年 6 月 29 日，在拉萨参加青藏铁路开工典礼。

2002 年 7 月 1 日，在格尔木南山口主持青藏铁路开始铺轨仪式。

2002 年 4 月，受聘为中南大学兼职教授、博士生导师。

2003 年 1 月至 2008 年 1 月，任全国政协第十届常委。

2004 年，技术职称评定为工程一级（正高级工程师）。

2005 年 1 月，受聘为北京交通大学兼职教授、博士生导师。

2005 年 8 月 24 日，在唐古拉山车站（海拔 5072 米）主持庆祝青藏铁路铺轨胜利到达唐古拉山活动。

2005 年 11 月，当选为中国工程院院士。

2005 年 11 月至 2017 年 1 月，任中国铁道学会理事长。

2006 年 7 月 1 日，在拉萨参加青藏铁路通车庆祝大会。

2006 年 8 月，卸任铁道部领导职务。

2008 年 1 月至 2013 年 1 月，任全国政协第十一届常委、经济委员会副主任。

2009 年 10 月 1 日，应邀在天安门城楼参加国庆（60 周年）观礼活动。

2014 年 6 月至 2018 年 6 月，任中国工程院工程管理学部主任。

2019 年 4 月 23 日至 28 日，参加川藏铁路雅安至林芝段工程现场考察。

2019 年 4 月，退休。

2019 年 8 月 30 日，在拉萨受聘为西藏自治区人民政府川藏铁路规划建设专家咨询组组长。

2019 年 9 月，获得国家颁发的中华人民共和国成立 70 周年纪念章。

2019 年 10 月 1 日，应邀在天安门城楼参加国庆（70 周年）观礼活动。

出国（境）信息

1986 年 11 月，率中国铁路代表团赴捷克斯洛伐克、奥地利考察铁路技术。

1988 年 10 月，率中国铁路代表团赴瑞士签订中瑞铁路合作协议。

1989 年 7 月，参加中国政府代表团（任副团长）访问坦桑尼亚、赞比亚，主持中坦赞三国政府坦赞铁路合作会谈。

1991 年 8 月，作为国家主席杨尚昆率领的中国代表团成员访问蒙古国。

1992 年 11 月，率中国政府代表团（任团长）访问坦桑尼亚、赞比亚，主持中坦赞三国政府坦赞铁路合作会谈。

1993 年 8 月，作为全国人大常委会副委员长布赫率领的中国代表团成员访问缅甸，庆祝中国援建的仰光—丁茵公铁两用大桥通车。

1994 年 10 月，率中国铁路代表团赴德国参加第三届国际铁路大会。

1996 年 1 月，率中国铁路代表团赴法国考察铁路运营管理和铁路建设。

1997 年 6 月，率中国铁路代表团访问尼日利亚、加拿大。考察加拿大铁路，考察我国承建的尼日利亚铁路改造项目。

1997 年 10 月，率中国铁路代表团赴奥地利，参加世界银行铁路改革圆桌会议。

1997 年 11 月，率中国铁路代表团访问吉尔吉斯斯坦，参加中吉乌铁路联合工作委员会第一次会议。

1998 年 6 月，率中国铁路代表团赴德国，考察高速铁路（轮轨技术与磁悬浮技术）、西门子公司等。

1998 年 7 月，率中国铁路代表团赴法国，考察高速铁路、阿尔斯通公司等。

1999 年 10 月，率中国铁路代表团赴美国，考察铁路管理及重载铁路运输。

2000 年 6 月，参加中国计委代表团（朱镕基总理访德先遣组）赴德国，考察德国 TGV 高速铁路及常导磁悬浮铁路，洽谈中德磁悬浮技术合作事宜。

2000 年 10 月，参加中国国家计委代表团（朱镕基总理访日先遣组）赴日本，考察日本超导磁悬浮铁路及新干线。

2001 年 3 月，率中国铁路代表团访问秘鲁和俄罗斯，考察秘鲁高原铁路和俄罗斯冻土铁路。

2002 年 1 月，率中国铁路代表团赴西班牙，参加第四届世界高速铁路大会。访问西班牙铁路和意大利铁路。

2003 年 11 月，率中国铁路代表团赴挪威和南非，考察挪威寒区铁路和南非铁路"蓝色列车"。

2005 年 11 月，率中国铁路代表团赴加拿大和美国，考察加拿大铁路、庞巴迪公司（客车）、北方电讯（无线通信），以及美国铁路、GE 公司（内燃机车和信号）。

2009 年 12 月，赴香港参加"院士论坛"，在香港城市大学作报告。

2010 年 12 月，赴台湾参加"海峡两岸土木工程学术研讨会"，在台湾大学作报告。

二、主要论著条目

[1] 孙永福. 铁路建设管理论集 [M]. 北京：中国铁道出版社，2004.

[2] 孙永福. 青藏铁路工程重大技术和管理问题 [M]// 中国工程院. 中国科学技术前沿（第 10 卷）. 北京：高等教育出版社，2007.

[3] 孙永福. 青藏铁路工程论文集 [M]. 北京：中国铁道出版社，2018.

[4] 孙永福，等. 铁路工程项目管理理论与实践 [M]. 北京：中国铁道出版社，2016.

[5] 孙永福，等. 中国铁路"走出去"发展战略研究 [M]. 北京：中国铁道出版社有限公司，2019.

[6] 孙永福. 京九铁路对经济社会发展重大作用研究 [M]. 北京：经济管理出版社，2008.

[7] 孙永福，等. 京沪高铁对经济社会重大作用研究 [M]. 北京：中国铁道出版社有限公司，2020.

[8] 孙永福. 情系铁路文集 [M]. 北京：中国铁道出版社有限公司，2021.

[9] 孙永福. 衡广铁路复线建设（技术总结）[M]. 北京：中国铁道出版社，1992.

[10] 孙永福. 大秦铁路（技术总结）[M]. 北京：中国铁道出版社，

1995.

[11] 孙永福.京九铁路（技术总结）[M].合肥：安徽科学技术出版社，1999.

[12] 孙永福.中国铁路建设史 [M].北京：中国铁道出版社，2003.

[13] 孙永福.中国铁路桥梁史 [M].北京：中国铁道出版社，2009.

[14] 孙永福.青藏铁路建设冻土工程研究 [M].北京：中国铁道出版社，2007.

[15] 孙永福.青藏铁路建设卫生保障研究 [M].北京：中国铁道出版社，2007.

[16] 孙永福.青藏铁路建设环境保护研究 [M].北京：中国铁道出版社，2007.

主要获奖项目

2005 年　项目管理杰出领导者

2006 年　第三届中华环境奖

2006 年　中国十大建设英才

2007 年　青藏铁路多年冻土工程　铁道科技奖特等奖（排名第一）

2007 年　青藏铁路建设卫生保障综合技术　铁道科技奖一等奖（排名第一）

2008 年　青藏铁路工程荣获国家科技进步奖特等奖（排名第一）

2008 年　京九铁路对经济社会发展重大作用研究　铁道科技

奖一等奖（排名第一）

　　2008 年　科学管理特殊贡献奖

　　2010 年　荣获中国援外奉献奖金奖

　　2013 年　青藏铁路多年冻土区桥梁病害治理应用技术　铁道科技奖一等奖（排名第一）

　　2017 年　西部铁路运营技术研究——青藏铁路运营对经济社会发展作用研究　铁道科技奖一等奖（排名第一）

　　2018 年　铁路工程项目管理理论研究及应用　铁道科技奖一等奖（排名第一）

　　2019 年　交通强国战略研究　中国公路学会科学技术奖特等奖（排名第二）

后 记

"文章千古事，得失寸心知"。《自传》五易文稿，过程十分艰辛。由于时间跨度大，虽然有些事记忆犹新，但大多数事情已忘了细节。因此，我通过多种渠道查阅资料，包括铁路档案馆珍藏文件、《中国铁道年鉴》、各项工程总结报告以及我逐年写下的工作笔记等，有些问题还请相关单位进行核实。在大量历史资料面前，我确定认真选择，集中撰写自己亲历的、有价值的事情。但是，有许多自己组织实施的铁路建设项目和从事的铁路改革发展工作，有许多做出贡献的各级领导、部门负责人以及现场指挥者等，还有众多应当记述的人和事，均未能收录其中。挂一漏万，多有不周。对此，我深表遗憾并致歉意。

在铁道部工作期间，以及在自传写作和出版过程中，都得到了许多同志的热情帮助和大力支持。国铁集团董事长陆东福，总经理杨宇栋，党组副书记甄忠义，副总经理李文新、黄民、王同军、郭竹学等领导同志都十分关心，为《自传》编撰出版提供了有利条件。原铁道部副部长、原铁路总公司副总经理卢春房院士通览全部书稿，给予热情鼓励，提出中肯意见和建议。马力、孟凤朝、王晓州、吕忠扬和牛丰等五位秘书在我身边工作期间，勤勉刻苦，认真细致，这次又帮助我一起回忆往事，查阅文献，我手写的纸质文稿全部由牛丰同志整理成电子版。在文稿基本成型后，由刘新科、才凡和刘华同志全面核实材料并进行必要修改，刘志江、才铁军同志进行梳理并提出了建设性意见。韩江平、任喜贵、杨建兴、朱国键、朱振升、施德良、张梅、覃武凌、黄弟福、胡书凯、钱征宇、李宁、武勇、郭敏杰、王军、刘志明、田恒山、刘祯求、钱迈、李志义、刘生荣、杨忠民、周黎、马洪英、赵国堂、马福海、曲永堂、刘忠民、陈玉吉、林仲洪、冉理、朱颖、晏小康、章杰、赵静、方文慈、方国建、马有举、王晓罡等同志提供了重要资料，或提出了宝贵意见。在此，一并表示衷心感谢！

▲ 2021 年，孙永福与黄宁金婚纪念

▲ 母亲杨春兰

▲ 父亲孙权甫

◀ 1953 年，同父亲在一起
（右为姐姐孙碧云，前中
为外甥涂晋祥）

▲ 1990 年同母亲在一起（左起为弟弟孙瑞云、姐姐孙凤云，右为妹妹孙霞云）

▲ 2000 年，拜望小学恩师孟明镜（左）和堂兄孙荫学（右）

▲ 1971 年结婚照

▲ 1976 年于成都

◀ 1950 年岳父黄新义于成都市军管会

▲ 1945 年岳母辛锐与黄宁在八路军驻地

▲ 1962 年黄宁考入第三军医大学

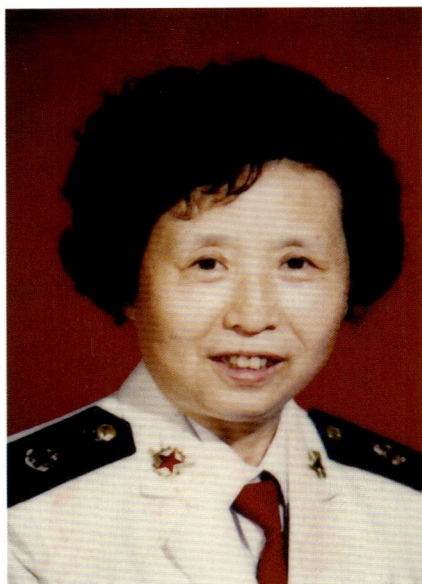

▲ 黄宁任海军总医院主任医师，
第二军医大学教授

▲ 1985 年，全家同岳父岳母合影

> 1985 年，一家
四口在北京团聚了

▲2020 年，全家福（前排左起夫人黄宁、孙女孙安澜，后排左起孙女孙婧涵、儿媳李珂、儿子孙亮、
女儿孙晶晶）

▲ 2019 年 9 月，佩戴中华人民共和国成立 70 周年纪念章

◀ 2019 年 10 月 1 日，在天安门城楼参加
庆祝中华人民共和国成立 70 周年观礼活动